康納曼——著 洪蘭——譯
DANIEL KAHNEMAN

快思慢想

THINKING, FAST AND SLOW

CB490D

關於

康納曼

Daniel Kahneman

康納曼的父母是立陶宛猶太教人，1920 年代初移民到法國。1934 年，他的母親到特拉維夫探親時生下他。他小時候跟家人住在巴黎，父親是一家大化學廠的研究主管，事業做得不錯。

在他爲諾貝爾經濟學獎提交的自傳中，康納曼提到，成長於納粹德國占領期間的法國，身爲猶太人的童年，以及常常聽到父母與朋友之間的閒聊，讓他從小對人的複雜性就有了概念，或許就是這種經歷讓他對心理學產生了興趣。

當時，法國猶太人跟其他德國占領區的猶太人一樣被送進集中營，死在集中營。康納曼的父親有一次被捕，德國人竟以爲抓錯人，把他放走；康納曼自己有一次違反宵禁，德國親衛隊員以爲他不是猶太小孩，不但開車載他回家，親切摟抱後，拿出自己小孩的照片給他看，還給他一些零用錢。回到家後，他對母親曾說過的「人性既複雜又有趣，永遠無解」，有了一番體悟。

從小腦筋發達、四肢簡單的康納曼，體育課的表現簡直不忍卒睹。1946 年他讀 8 年級時，體育老師拒絕讓他登上榮譽榜，理由是「老師做人再好，也是有限度的」。他小時候有一本寫文章的筆記本，封面題上「思緒隨筆」（康納曼現在想到自己小時候這麼自大還會臉紅呢）。第一篇文章是他在快滿 11 歲時寫的，內容談到信仰，還引用哲學家巴斯卡（Pascal）的名言：「信仰是心之所見的上帝。」接著寫到，「心中要看到上帝，可能很難體驗，也非時時靈光，因此人們創造出教堂與管風琴音樂，讓信仰所帶來的興奮感有更可靠的來源。」寫這段話的小孩，對心理學還眞有點天分。

搬到巴勒斯坦後，康納曼的生活徹底改變，原因之一是他重讀八年級，不再是班上年紀最小、體力最差的人，而且也交了朋友。他找到更好玩的消遣，不再只是躲起來寫文章。到了高中，康納曼從學術上獲得很多樂趣，這是因爲老師教導有方，同儕也志同道合，他很享受融入群體的感覺。

17 歲時，因爲日後必須服兵役，康納曼做了幾個決定。他打算申請可以延緩服役、先完成學位的單位，這表示他暑假必須到軍官學校受訓，服役內容也必須跟所學專長有關（參閱本書第 18 章）。當時，他已經決定要當心理學家，但過程並非沒有掙扎。他青少年時感興趣的問題，像是人生的意義、上帝的存在、不搗蛋的理由等等，都屬於哲學問題。但他後來發現，相較於上帝存在與否，他更感興趣的是，什麼原因讓人相信上帝存在；相較於自己對道德的看法，他更感到好奇的是，是什麼原因讓人對是非對錯有所堅持。康納曼接受職涯諮詢後，心理學成爲推薦選項的第一名，經濟學則排名第二。

康納曼 1954 年在耶路撒冷希伯來大學取得心理學學士學位後，加入以色列國防軍服役，退伍後到加州大學柏克萊分校取得心理學博士學位。1961 － 1978 年在希伯來大學心理學系任教期間，他遇到了一生的合作夥伴——特維斯基（Amos Tversky）教授，開啓了一段輝煌的學術生涯。

康納曼和特維斯基幾乎形影不離，時常漫步在希伯來大學的草地上，坐在小咖啡館裡，或在他倆共同的辦公室喝著咖啡，他們總是在交談，談論他們共同研究的問題。即使後來特維斯基至史丹佛大學及康納曼至加拿大英屬哥倫比亞大學任教，兩人每天還是熱線不斷。他們共同奮鬥，建立了一套解釋人們在危險和不確定的情況下如何做出判斷及決定的理論，與幾位先驅者一同創立了行爲經濟學。

2002 年，康納曼與開創實驗經濟學的史密斯（Vernon L. Smith）教授共同獲頒諾貝爾經濟學獎。康納曼的貢獻在於，「通過心理實驗研究證明『經濟決策的過程是理性的』假設不能成立，把心理學成果與經濟學研究有效結合，進而解釋了人類在不確定條件下如何做出判斷」。但康納曼卻認爲自己是心理學家，而不是經濟學家。

當他得知自己獲獎後，十分激動，竟把自己反鎖在屋外，後來不得不破窗而入。他說，「得獎是對行爲經濟學研究者的肯定」，在高興之餘，他「還有一點傷感」，因爲他長期的研究伙伴特維斯基因罹患皮膚癌，59 歲即辭世。他說，「這個獎不頒給已經去世的人，要不然 1996 年去世的特維斯基博士也應該分享這份榮譽。我覺得這個獎是我倆一起得的。」當被問到如何運用這 50 萬美元的獎金時，康納曼說，「年齡愈大，就愈能做出明智的投資決策，我現在的年紀可以讓我大賺一筆。」

資料來源：MBA智庫百科、Nobelprize.org

各方推薦

集數十年的心理學研究於大成，諾貝爾經濟學獎得主康納曼將心得化爲文字，帶領讀者探索人類思維究竟受何影響，例證說明豐富精采，文中有時會出現像「嘔吐與香蕉」的文字搭配，令人拍案。系統一與系統二分別代表大腦的快思與慢想，在書中化身成兩個人物，藉以說明人類爲何會有不懂卻以爲懂的心理，像直覺就是一例。康納曼在處理主題上清楚而仔細，這本書有可能會改變人類的思維方式，甚至是我們過生活的方式。《快思慢想》洞察人類內在思維，探討我們在反應、判斷、辨認、選擇，或是做出結論時，心中早有偏見。全書剖析深入，讀到某些研究發現，更讓人有驚竦之感。

—— Amazon.com 2011 年 11 月選書書評

康納曼的新作《快思慢想》是他最平易近人的一本書，內容除了釐清經濟學與理性的關係之外，更深入探討我們平常思考、反應、下結論的方法，其中，誤判的可預測性，是他最感興趣的一環。本書舉出許多在日常生活避免偏見的方法，例如「先找到你可能會誤判的跡象，然後放慢腳步，強化腦中的慢想系統。」下次有親戚大談股票或歐巴馬時，我心裡頭會想：他是眞懂，還是直覺反應罷了？讀完本書，我對思考這回事完全改觀，如此收穫不可謂不大。

——美國《商業週刊》書評　魯文斯基 Roger Lowenstein

內容極爲豐富的一本書：論點清楚、學識淵博，充滿讓人意想不到的新知，也有讓人自我成長的啓示。全書讀來引人入勝，時有動人的段落，尤其是康納曼回憶與特維斯基共事的那段時光。書中指出人類理性的缺陷，相當具說服力，《紐約時報》專欄作家布魯克斯（David Brooks）日前表示，康納曼與特維斯基兩人的研究「將流傳到未來幾百年」，而且是「人類自我認識的轉捩點」。布魯克斯說，他們兩人是探索人類心智的最佳拍檔。讀完《快思慢想》，我原本的懷疑態度早已消失，取而代之的是參與一場知識饗宴的滿足感。若以「頂峰－結尾」規則來評價這本書，我會信心滿滿地請大家去買來閱讀。但如果你只是想知道他對葛拉威爾（Malcolm Gladwell）的見解，我的看法如下：「如果你已經在可預測、有快速回饋的環境裡完成 1 萬個小時的訓練，例如西洋棋高手、救火隊隊員、麻醉醫生等等，那就訴諸直覺吧。如果沒有，請三思而後行。」

——《紐約時報》書評

從康納曼的新作《快思慢想》可深刻體悟到，人類容易訴諸非理性思考，礙於根深蒂固的偏見，再三做出不合理的選擇。看完本書，你可能會對所謂的專家改觀，像是明星執行長、體育記者、經濟學家、專業投資人以及暢銷作家並不如我們想像中厲害。讀完本書，你的決策能力會改善嗎？我希望可以，但儘管書中提供了一些自我成長的建議，康納曼對人類自我提升的能力存疑，他也懷疑自己會更上一層樓。套句他的話說：「找別人的錯誤，我有長足的進步；找自己的錯誤，我還是當局者迷。」

—— **Ideas Market** 部落格及《華爾街日報》專欄作家

席亞 Christopher Shea

序

以理性研究不理性行為的認知科學

中研院院士　曾志朗

毋庸置疑，這是一本非常棒的書，作者康納曼也因爲這書裡所提到的概念和所描述的精巧實驗的結果，得到了諾貝爾經濟獎。書才出版，就登上《紐約時報》2011年的最佳暢銷書之列，而且來自不同科學領域的學者，持續不斷的寫出讚美之語。爲什麼大家對這本書會有如此不同凡響的美譽呢？我個人認爲康納曼用簡而易明的科學論述，加上實驗的佐證，不但讓一般讀者從自身的生活經驗裡的「不合理」中，找到「合理」的解釋，而且也讓不同領域的學者（尤其是哲學和分析心理學），看到了尼采的人性黑洞和佛洛依德的行爲暗流，是可能在科學的明鏡之下，有了一道又一道可解的曙光。

康納曼成名很早，1960年代末期，他和亦師亦友的研究夥伴特維斯基發表了一系列很重要的著作，針對數據（Data）中的「數」如何代表不同測量的「質」和「量」有很多突破性的說明，例如郵政區號是數字，所以不同的區號有地點的區辨力，但這些數字不可以拿來加、減、乘、除的；又如溫度也是以數字代表，但攝氏零度到10度的溫差，和攝氏20度到30度的溫差，雖然都是10度，但意義完全不同，必須依附在心理物理學（Psychophysics）的感覺量表上，才有意義！這些對數字所代表的涵義之說明和他們兩人對測量所建構的數學模式，對社會科學和生物實驗的測量，非常重要，爲測量的研究領域開拓了一扇全新的門路。

從這些研究中，特維斯基和康納曼也看到了科學家即使接受了嚴格邏輯訓練也常常和一般人一樣，犯了很多不理性的邏輯推論。例如，他們也相信小樣本的證據，忘記了小樣本的結果是很不穩定的。尤其是一兩個特例剛好符合自己相信的學說時，就不顧一切地擁戴特例，犯了以偏概全的毛病而不自知。他們歸納了這種種的不理性行爲，得到一個結論：即人的認知錯覺，源自於許多經驗中的「捷徑」直覺思緒（heuristics），而把解題應有的演算法則（algorithm）拋到一邊去了。

這種「屈指算來」（Rule-of-Thumb）的直覺思維方式，表現在許多必須即時回應的情況裡。其中包括了「第一印象，以貌取人」的謬誤；還有「錨點」是大是小，所引起的高估或低估之謬誤；另外，以「看似」當作「確認」的謬誤，更是常見；最後，重視「想得到的」而忽略「想不起來」的錯誤判定，在生活上的事例，更是比比皆是！這些最早的研究對認知科學的發展，有巨大的影響，不但在心理學界引起注目，更撼動了經濟學界傳統的理性思考！繼賽蒙（Herbert Simon）（另一位獲得諾貝爾經濟獎的心理學家）的「組織裡的非組織行爲」，康納曼和特維斯基的捷徑直覺思維，更讓經濟行爲的研究，有了新的方向！

這是 1980 年之前的研究，那時候康納曼和特維斯基都回到以色列，爲猶太建國而努力。康納曼在那裡和來訪的英國牛津大學女教授安 · 特瑞斯曼（Anne Triesmen，一位非常了不起的認知心理科學家，是英國皇家學院院士，也是美國國家科學院院士）結婚，決定應聘到加拿大英屬哥倫比大亞大學任教，後來又輾轉至美國加州大學柏克萊分校任教，而特維斯基也回到美國，到加州的史丹佛大學任教。兩人在灣橋（bay bridge）的一北一南，合作無間，把捷徑思維的型態和其產生的脈絡，做了更深入的分析。這些發展都有寫在這本書前幾章的歷史回顧中。

很不幸地，特維斯基在史丹佛大學，忽然重病過世，對康納曼的打擊頗大。有一段時間，他不再談捷徑直覺了，而轉和太太 Anne 合作起注意力的研究。Anne 本來就是這個領域最重要的研究者，她的「注意力特徵學說」（feature theory of attention）是當代最主要的注意力理論，而康納曼很早的博士論文也是以注意力爲主題的研究，他對注意力的看法是從「自動化」和「需動用心力」兩個向度的對立切入，對心力的資源分配，有了很精確的模式，和 Anne 的學說剛好相輔相成。就在那個時候，我還在加州大學河濱分校任教，也在研究「不注意事件的語意處理」，從生物覓食的行爲去探討「地區特定的抑制現象」（location-specific inhibition）。康納曼和 Anne 在實驗心理學年會中，聽到了我的報告，就來到我的實驗室參觀。當晚住在我們家，聊台灣、中國、以色列、巴勒斯坦的種種問題，都是我們個人無法解決，卻必須承擔的民族宿命。康納曼和 Anne 邀我去他們實驗室作場演講，我就去了一趟柏克萊，演講完就住在他們在奧克蘭（Oakland）山上的大房子。又聊起學術，也談到他回到以色列的經驗。也許就在那一夜的談話中，植下了我幾年之後束裝回台灣，想為家鄉盡一份心力的意念吧！

他們的房子很漂亮，但夏天的一場大火，在焚風不停的情況下，庭院被烈火燒去一大半。房子雖然沒有毀損，Anne 卻嚇壞了，不敢留在乾燥的加州，就雙雙應聘到東部的普林斯頓大學去任教了。Anne 繼續她的注意力研究，康納曼也走出了摯友過世的陰影，把人的決策行為在理論的架構上，鋪陳得更為完整，實驗的證據也愈來愈豐富，雙系統的思維理論終於完成。對於快速的捷徑直覺系統，和慢條斯里的演算法則推論，也有了生物演化的種種論述。這些在書裡都寫得很詳細，所舉的案例，都是你我生活所見所聞，讀起來特別親切，也常常令我會心一笑！這真是一本好書！

最後我也要告訴讀者，這個雙系統的思維運作方式，最近也得到腦神經研究的證實，而功能性腦顯影所呈現的證據，就來自我實驗室的郭文瑞教授所作的研究，發表在《科學》（*Science*）期刊上，很棒吧！

導讀

掌握思考，使你擁有無憾的人生

洪蘭

這是我回台後翻譯的第五十一本書，我從來沒有翻譯任何一本書像翻這本書這樣快樂，也從來沒有像翻譯這本書一樣，後悔自己不會中文打字，要逐字的寫。我的原子筆心是論打去買的，不知寫掉多少枝，我一早爬起來，就坐在桌子前面寫，六親不認，貓咪繞著我的腳一直轉，也無暇理牠，迫不及待想把它譯完，介紹給讀者看。

作者的睿智深深吸引了我，他做的實驗都很簡單，卻有力地證明了人不是理性的動物，很容易被直覺和偏見誘導去犯錯。其實，這本書中所說的決策錯誤，我都犯過，比如說，因爲非常喜歡這本書，就完全忽略掉它是厚厚一大本，三十多萬字，簽合約時，沒有給自己多一點時間，到後來趕得不得了，勤奮程度只有當年大學聯考可以比。幸好 to err is human，人本來就會犯錯，只要從錯誤中汲取教訓，不再犯第二次錯就好了。相信看過這本書的人在做決策時，一定會避開系統一的陷阱，使自己成爲更有智慧的人。

康納曼和特維斯基的合作奠定了他拿諾貝爾獎的基礎，特維斯基卻在他得獎之前過世了，這是他一直引以爲憾的事。在書中，處處可見他對特維斯基的推崇。孔子說「友直、友諒、友多聞」，其實朋友的重要性還不止於此，我們初識一個人時，不知他的人品如何，但是只要看他的朋友是誰就知道了，所謂「物以類聚」，這揣測通常是八九不離十的。好朋友決定你一生的成敗，康納曼自己說，沒有特維斯基，就沒有這個諾貝爾獎，朋友的重要性由此可知，人眞的是互相影響的。

康納曼是傳統心理學訓練出來的認知心理學家，他在 1973 年所寫的《注意力和努力》（*Attention and Effort*）是我念研究所時的教科書，也是我後來出來教書時的教科書，他那時已是非常有名的認知心理學家，但是他毫不猶疑地拜比他小三歲的特維斯基爲師，因爲特維斯基有的是他所缺的數學心理學專業。韓愈說「聞道有先後，術業有專攻」，這句話眞是沒錯，他們兩人一拍即合，從此開始合作，在早期還沒有團隊的概念出來，所有的論文都是盡量單一作者，以免論文的份量被稀釋，他們兩人卻一直都是合作無間，不理外面人家說誰是 leader、誰是 follower，當然，他們會開風氣之先也跟當時的心理學界的氣氛有關。

從上個世紀初，心理學家就一直想用硬科學（hard science）的實驗方法把心理學帶進科學的領域，擺脫早期心理學給人那種非科學的印象。我在耶魯大學哈斯金實驗室做博士後研究員時，實驗室主任利伯曼教授（Alvin Liberman，他也是美國國家科學院的院士）就說，愈不是科學領域的學門愈是想得到科學的頭銜：政治學明明是講權謀的學門，卻叫 Political Science，圖書館學叫做

Library Science，最離譜的是社會科學叫做 Social Science，社會是人的集合，人是天下最說不準的動物，哪有一致性可言？所以，當時可以準確測量的行爲主義、心理物理學很盛行，大家都希望能找出可準確預測人類行爲的方式。康納曼他們想用數學公式找出人類做決策的內在機制，驗證傳統經濟學中，人是理性的核心假設，他們的努力把經濟學和心理學聯結在一起，開創了這個新領域。

實驗心理學家對科學最大的貢獻就是做實驗，我們懂得如何去除混淆變項（confounding variable），使實驗結果乾淨可用。以前我們上實驗法（methodology）時，老師就一再告誡「這是你們將來吃飯的傢伙，要好好學」，實驗法不及格就當掉了，有點像醫學院的病理學，考不及格便無法升級。如果這門課修得很紮實，它的確可以幫助我們馬上看到新實驗有漏洞。前一陣子有人說母乳可以增加孩子的智商，報紙大大宣傳了一番。但是仔細一看，實驗者並未控制基因和後天環境這兩個對智商有大影響的變項。因此這個實驗必須重做，他們找了 332 對來自同一家庭的孩子，如果一個吃母乳，另一個就是吃牛乳，一比較起來，現象消失，立刻破解了迷思。其實孩子要的是關懷，只要有營養，吃什麼沒有那麼大的關係，父母不需要花雙倍的錢去買益智奶粉，因爲根本沒有這種東西。

這本書中的實驗個個都像母乳實驗一樣，一發表出來就打破迷思，非常的精采，尤其是康納曼心胸寬大，對打擊他的人，不出惡言，還邀他一起做研究，兩人各自從自己的觀點出發合寫一篇論文，共同發表。這當然是非常辛苦的事，但是它的確是消弭成見最好的方法。國內常有學者打筆戰，或鄙視另外一派的成就，這種一山難容二虎的心態，令人不敢恭維。這本書對年輕學者來說，也是一個很好的榜樣，看看別人的風範，想想自己的行爲，能不慚愧乎？

這本書書名叫《快思慢想》（*Thinking, Fast And Slow*），主要是因爲我們有兩個系統在主宰著我們的思考與決策，只是自己不自覺而已。快的叫做系統一，就是各種直覺的思考，它是整個自動化的心智活動，包括知覺和記憶，康納曼說「直覺就是辨識，不多也不少」；慢的他把它叫做系統二，是要花力氣去思考的，通常在系統一失敗後，系統二才會上場。系統二其實就是「你」，套句佛洛依德的名詞就是 ego，而系統一是 id，它在你不自覺的情況下主宰著你的選擇和判斷，這些心智活動當然有上限，所以人會犯錯。但是若能把統計知識加進去，它就迫使你在思考時，同時考慮很多訊息，這時系統一只好退位，因爲它天生就不是設計來做這種事的。在統計數據的幫忙下，邏輯的思考就使我們能做出較正確的判斷，這時的你就是佛洛依德的 super ego 了。

我在翻譯這本書時，覺得很有趣，因爲社會心理學和認知心理學一向都是水火不相容，想不到，以數學公式爲核心的數學心理學家和專門研究注意力的認知心理學家在探討認知領域的「思考」時，會得出社會心理學的本我、自我和超我三個概念出來。知識是相通的，沒有任何一個例子比這本書更有說服力了。

書中的各種效應，如框架效應、錨點效應、小數效應每天都在生活上看到。的確，同樣一件事，換個說法民眾就較能接受。台中監獄附近的居民拉白布條不要法務部在旁蓋性侵治療所，美牛案鬧了那麼久，耗損了不知多少國力，這些都是書中的好例子，法務部和衛生署的官員們應該來看看這本書。這本書對所有社會科學領域的人都會有用，絕對不只是經濟學家和心理學家而已。

溝通是個藝術，但是溝通不只是藝術，它更是智慧，好的溝通者一定要知道人的心理，尤其是系統一的本質，因爲系統一是直覺的，我們只有在系統一走不通時，才會勞駕系統二，所謂「閻王好見，小鬼難纏」，如果系統一放行，後面就沒事了。書中舉了一個例子：奧地利和德國是同文同種，但是在器官捐贈上，奧地利的捐贈率幾乎是百分之百，而德國只有 12%；瑞典和丹麥都屬於北歐語系，文化和人種也相似，丹麥還被瑞典統治過，但是瑞典的捐贈率是 86%，而丹麥只有 4%。追究原因，原來表格的設計不同，高器官捐贈國家的表格是你不想捐，請在格子中打勾，不然假設你願意捐；低器官捐贈的國家表格是你必須在格子中打勾，你才會成爲捐贈者，就這麼一點點的差異，造成捐贈率這麼大的差別。人眞是個說不準的動物，誰會想到表格勾選的方式會造成完全不同的結果。執政者在民怨這麼高時，應該好好的來看一下這本書，檢討一下爲什麼做了半天，老百姓不但「無感」，還「怒感」。

我們常感嘆人老得太快，成熟得太慢，等累積到人生的智慧時，人生已過去了。其實不必悲觀，良書益友就是成熟的催化劑，這本書更是其中的翹楚，閱讀它使你擁有智慧無憾的人生。

目次

[第三部] 過度自信

[第四部] 選擇

[第五部] 兩個自我

前言

每一個作者在自己心中都會設定一個情景，讓讀者在讀這本書時，能夠從中獲益。我的場景則是一個辦公室的茶水間，大家來倒茶水時，交換一下意見或聊聊八卦。我希望在人們談論公司的新政策、別人的判斷，或同事的投資決定時，能夠因爲這本書而豐富他們的詞彙。

我們爲什麼要在乎閒聊？因爲我們在閒聊時，指出別人的錯誤並且貼上標籤，遠比看出自己的錯誤容易。我們不吝指出別人的錯誤，但如果要你質疑自己的信念，問自己到底想要什麼，則非常困難，特別是你不得不這麼做的時候，如果別人願意提供有見地的意見，我們可以獲益良多。我們面臨選擇時，很自然地會想知道朋友或同事的意見，所以，他們的評斷是好是壞、內容如何是重要的。別人閒聊時所提供的明智見解，是我們自我檢討的強大動機，比我們在新年時立下志願要改善工作和家庭的關係更爲有效。

如果一個醫師要做出正確診斷，這醫師需要知道很多疾病的名稱、有何症狀、發病原因、發展的過程、疾病的後果，以及治療的方法。學醫有一部分就是學習醫學的語言，各種專用的名詞。要深入了解判斷並做選擇，也需要比日常生活豐富的專業名詞。有些閒聊可讓我們增廣見聞，因爲我們的思考往往會出現獨特的錯誤型態。系統化錯誤就是偏見（bias），我們可以預期偏見在哪些特別的情況下重複出現。例如，當一個英俊、有自信的演講者跳上講台時，你可以預期聽眾會對他的演講內容給予比較高的分數（比他實際應得的更高）——這叫做「月暈效應」（halo effect），這個標籤讓我們更容易預期、辨識並了解。

當人家問你在想什麼時，你通常都能回答，你認爲你知道自己心中在想什麼，通常是一個有意識的念頭帶到另外一個有意識的念頭，按照順序，接連出現。但是這不是心智唯一的作用方式，也不是典型的作用方式。大部分時候，你意識經驗中的印象和思想，你根本不知道是怎麼跑到你心裡去的。你無法追蹤出，你怎麼知道書桌前面有一盞檯燈；或你從電話中察覺到配偶的聲音帶有一絲不快；或是你如何在自己覺識到之前，就已閃避路上的危險。這些印象、直覺，和許多決策歷程的產生，在我們心中是無聲進行的。

這本書很大一部分在討論直覺的偏見。然而，我把焦點放在錯誤上，並沒有貶低人類智慧的意思，就好像在醫學教科書上提到某個疾病，並沒有否認健康的意思一樣。我們大部分人在大部分時間是健康的，我們大部分的判斷和行爲也是恰當的。人一生中，通常是遵循我們的印象和感覺，我們平常對自己的直覺和偏好所做的選擇也往往是對的，但並非永遠都對，或全部都對。有時我們是錯的，但是我們仍然很有信心。所謂當局者迷，別人客觀的看法經常可以指出我們的錯誤。

這就是我對茶水間聊天的目的：可以增進我們的洞察力，看到並了解他人的判斷和選擇出現什麼錯誤，進而了解到自己所犯的錯誤在哪裡，提供比較豐富而準確的語言來討論這些偏見。至少在一些情況中，正確的診斷可以找到恰當方式來減少錯誤的判斷和選擇所帶來的傷害。

源起

這本書是我目前對判斷和決策制定的看法。我的看法受到心理學最近幾十年來研究的影響，不過我可以把源頭追溯到 1969 年幸運的那一天。那天，我請我在希伯萊大學心理系的同事特維斯基到我研究所開的專題討論課做個演講。特維斯基被公認爲決策領域的明日之星，他的確非常的耀眼，所以我知道這堂課會很精采。認識特維斯基的人都認爲他是天底下最聰明的人，他眞的是非常聰明，能言善道，很有魅力。他有著很好的記憶力，能夠記住很多笑話，在恰當的時機畫龍點睛地用出來，只要他在場，就不會有冷場。那時他三十二歲，我三十五歲。

特維斯基跟學生談他在密西根大學正在進行的一個研究：人是好的直覺統計學家（intuitive statisticians）嗎？我們已經知道，人是很好的直覺文法學家：一個四歲的孩子能毫不費力地說出文法正確的句子來，雖然他完全不知道文法的規則是什麼。人對基本的統計規則也有同樣的直覺嗎？特維斯基說，「是」。我們在課堂上辯論得非常熱烈，最後下了結論：「否」可能是比較好的答案。

特維斯基和我非常喜歡這樣的交鋒辯論，我們都認爲直覺的統計會是一個很有趣的題目，很值得我們兩人一起去探討。那個星期五，我們在耶路撒冷的雷蒙咖啡館（Cafe Rimon）一起吃午餐，這個地方是波希米亞人和教授們很喜歡去的地方。我們計畫了一個研究，想看看資深研究人員的統計直覺如何。我們已從專題討論上得到一個共識，即人的直覺是有缺陷的，雖然多年來教統計學和用統計來分析資料，我們並未發展出對小樣本群統計結果是否具可靠性的直覺。我們主觀的判斷是有偏差的，我們太願意相信控制不好的實驗所得到的研究結果，在我們自己的實驗中，也傾向於蒐集幾個觀察就下結論[1]。我們研究的目的是去看其他研究者是否也有同樣的毛病。

我們準備了一份調查問卷，包括在做研究時會遇到與統計有關的眞實情境，然後在數學心理學（mathematical psychology）年會時，拿去給與會的專家做，包括兩本統計學教科書的作者。正如我們所預期的，我們發現這些專家跟我們一樣，也會誇大小樣本群的實驗結果，認爲它一定可以成功被複製[2]。他們對問卷中，虛擬的研究生請教有關人數問題（即需蒐集多少人的觀察，實驗才會有效）也回答得不好。即使是統計學家對統計的直覺也不好。

當我們把這研究寫成報告時，特維斯基和我發現，我們很喜歡在一起工作，特維斯基總是非常幽默，跟他在一起，我也變得很幽默。雖然花很長的時間在工作，卻工作得很愉快，一起工作的愉悅使我們變得異常有耐性。假如你不覺得無聊，你就容易投入更多的時間和精力，使工作盡善盡美。或許更重要的是，我們倆在進門前，就把批評的武器交付門房收起來了[3]。特維斯基和我都非常會批評人，也很愛辯論，他恐怕比我還厲害，但是在我們這麼多年的合作中，我們從來沒有馬上否決對方的提案。的確，我發現跟特維斯基合作最大的快樂之一，就是有時當我的想法還很模糊，特維斯基往往看得比我自己還清楚，他是非常好的邏輯思考者，凡事會朝理論去想，而且有非常好的方向感；我比較直覺，而且屢屢從「知覺心理學」（psychology of perception）的觀點去看問題，我們也的確從知覺心理學中借了很多點子。我們的同質性很高，所以彼此有默契，互相了解，但是我們又有很多地方不同，常常會使對方驚訝。我們發展出一個一起工作的例行方式，通常是散很長的步，邊走邊談。往後十四年的合作，成爲我們生活的重心，那些年我們所做的研究，可說是畢生研究的精華。

我們很快採取了一個持續多年的工作方式：研究對話，並從中設計問題，然後一起來看我們的直覺答案。每一個問題常是一個很小的實驗，我們通常在一天之內就做完很多實驗，我們不是眞的很嚴肅去尋找我們提出問題的答案，我們的目標是去辨認和分析從直覺而生的答案，即第一個進入我們心中的答案。儘管我們明知它是錯的，我們還是很想要說出來的答案。我們認爲，任何我們兩人都有的直覺，別人也一定會有，我們可以很容易用判斷來顯現這個效應。

有一次我們很高興地發現，我們對彼此都認識的一些孩子將來的職業有同樣的傻念頭，我們可以指出，哪個好辯的三歲孩子將來可能是律師，哪個會是宅男教授，哪個富同情心、又喜歡介

＊ 本書各章注釋皆為譯注。

1 樣本群大時，個別差異的變異性可以相互抵消。

2 在科學上，一個實驗室所做出來的結果一定要被另一個獨立的實驗室成功複製後，這個現象才算成立。

3 在西方社會，進門之前，會把大衣手套帽子交與主人家的男管家，若有佩劍也會取下繳械，這是一種禮貌。

入的孩子會是心理治療師[4]。當然，這些預測是不合理的，但是我們還是認爲它很有意思，很吸引我們。我們發現，人的直覺是受到各行各業文化樣板形象的規範。這個好笑的練習使我們逐漸形成一個理論，關於相似性對預測的影響。我們做了幾十個實驗去測試和修正這個理論，下面就是個例子。

當你在考慮這個問題時，請假設史提夫是從一個有代表性的樣本群中，隨機取樣出來的人。

有一個人被他的鄰居描述為：「史提夫是個很害羞、不大方的人，他很願意幫忙，但是對人或真實世界沒什麼興趣。他是個溫和整潔的人，他喜歡秩序和結構，對細節非常執著。請問，史提夫比較可能是圖書館員，還是農夫？

史提夫的人格跟圖書館員的樣板形象很相似，但是我們常忽略了相關的統計。你知道在美國男性人口中，農夫人數是圖書館員的 20 倍以上。因爲農夫比圖書館員多得多，所以你幾乎可以確定這個溫和愛整潔的人是坐在耕耘機後面，而不是坐在圖書館詢問桌後面。然而，我們發現受試者會忽略相關的統計資料，只是注意角色的相似性，我們認爲，他們用這個相似性做爲一個簡單捷徑（simplifying heuristic）（即經驗法則），來做出困難的判斷。對這個捷徑的依賴，造成他們的預測出現了可預測的偏見（即系統化的錯誤）。

在另外一個場合，特維斯基跟我對學校中教授們的離婚率感興趣。我們注意到，這個問題啓動了我們搜尋記憶中，認識或聽說過的離婚教授，我們藉著這些離婚案例進入腦海的容易度來判斷這個類別有多大，我們把這個依賴記憶搜尋的容易度叫做可用性捷徑（availability heuristic）。在一個研究中，我們請受訪者回答一個簡單的問題：

在英文字母中，K 比較可能出現在單字的第一個字母，還是第三個字母？

任何一個字謎玩家都知道，你很容易想到某個字母開頭的字，但是你不容易想到同樣這個字母出現在第三個位置的字，英文字母中每一個字母皆是如此。所以我們預期選 K 開頭的人會比較多，雖然事實上在英文中，K、L、N、R、V 更常出現在單字的第三個位置。這又是一個依賴捷徑所造成可預期的偏見錯誤判斷。我最近開始懷疑，我長久以來一直認爲政客的通姦情形比醫生和律師多的看法可能是錯的。我以前甚至對這個「事實」有個解釋，我認爲它是「權力是春藥」這個效應和政客在外的誘惑比較多的結果。我後來發現，政客出軌容易被記者揭露，而醫生和律師比較不會。我直覺的印象可能完全來自記者的議題選擇，而我卻依賴可用性捷徑，才會發生這個錯誤判斷。

特維斯基和我花了好幾年來研究和記錄各種作業的直覺思考偏見。我們給事件不同的機率，預測它的未來，評估假設，估計它的頻率。在我們合作第五年時，我們在《科學》（*Science*）期刊上發表成果。這個權威的期刊是許多不同領域的學者都會讀的。這篇文章[5]題目爲〈在不確定情況下的判斷：捷徑和偏見〉（Judgment Under Uncertainty: Heuristics and Biases）。它描述簡化的直覺思考捷徑，解釋這種捷徑造成的二十個偏見，同時也顯現捷徑在判斷中扮演的角色。

4 這也是他們在設計問卷時必須要有的能力，因為他們必須能預測受試者的反應。

5 刊在本書附錄A。

科學史專家常常注意到，在某一個特定時間，在某特定領域的學者傾向把他們的基本假設跟別人分享。社會科學家也不例外。他們依賴人性的觀點，這種觀點爲大部分特定行爲的討論提供了背景知識，卻很少被質疑。在 1970 年代，社會科學家接受了兩個人性看法，第一：人是理性的，他們的思考大致是有理智的；第二：恐懼、情意和仇恨等情緒解釋了在大多數情況下，人爲什麼會失去理性。我們的文章挑戰了這兩個假設。我們記錄了一般正常人思考的系統化錯誤，並且追溯這些錯誤的根源是認知機制的設計，而不是情緒造成的思考偏差。

這篇文章吸引了很多人的注意，遠比我們想像的多。一直到現在，它仍是社會科學領域中，被引用最多的一篇論文（在 2010 年，有三百篇以上的學術論文引用）。其他領域的學者覺得它很有用，捷徑和偏見這兩個名詞在很多領域被大量使用，包括醫學診斷、法庭判決、情報分析、哲學、財經、統計和軍事策略。

例如，研究政策的人注意到，爲什麼有些政策在民眾心目中很鮮明，而有些又被忽略，原來是可用性捷徑的關係。假如人們能夠很快、很容易從記憶中提取資料，就會判斷這個議題或事情是重要的，而這又受到媒體是否大幅報導的影響。常常見報的議題很容易被想起，其他議題則會從我們意識中流失。結果，媒體選擇報導的東西就跟大眾當下心中所關切的相呼應，獨裁政府對獨立媒體施壓也就不稀奇了。因爲大眾的興趣最容易被戲劇化的事件或名人所激發，所以媒體炒作熱是很普遍的現象。在麥可 · 傑克森（Michael Jackson）突然死亡後好幾個禮拜，你幾乎不可能找到任何一家電視台是在播報其他主題。相反的，其他重要但不吸引人的主題，如教育程度的低落，或是醫療資源過度投資在臨終病人身上，就很少受到媒體的青睞，很少被報導（在我寫這段的時候，我注意到我在選擇很少被注意的例子時，用的就是可用性捷徑。我選來當做例子的教育和醫療資源比較常被提到，但還有很多同樣重要、比較難被提取的主題沒有進入我們心中）。

我們當時並未充分了解到這一點，但是這篇文章會引起心理學界以外的學者這麼大的注意，是我們研究的一個附帶的特質：我們每次在論文中都會附上我們問自己以及受訪者的完整問卷，這些問題是展示給讀者看，讓讀者辨識出自己的思考如何因爲認知的偏見而失誤。我希望你在讀到史提夫是否爲圖書館員的問題時，有這樣的體認。這個問題的用意，就是要使你充分了解相似度對判斷機率的威力，並且看到人是多麼容易忽略相關的統計事實。

這個「捷徑—偏見」的展示提供了其他領域的學者（尤其是哲學家和經濟學家），一個檢視自己思考缺點的不尋常機會。看到了自己犯錯，就比較可能去挑戰當時普遍的教條假設——即人性是理智和邏輯的。實驗方法的選擇非常關鍵：假如我們報告的只是用傳統實驗方法得出的結果，這篇文章就不會這麼有價值，也比較少人會記得它。此外，心存懷疑的讀者會對實驗結果心存疑慮，並會把判斷錯誤歸因到不負責任的大學生身上，因爲心理學實驗的參與者大多是大學部學生。當然，我們沒有選擇用傳統的實驗方式來做，是因爲我們想影響哲學家和經濟學家[6]。我們選擇用展現的方式，因爲這樣比較有趣，我們在方法的選擇上很幸運，其實，我們在很多其他方面都很幸運，在本書中，一個一直重複出現的主題就是運氣：運氣在每一個成功的個案中都扮演

6 康納曼後來拿到諾貝爾經濟學獎。

了重要的角色，你總是很容易在一個故事中，找到一個小小的改變，這個改變就扭轉了乾坤，把原來不怎樣的結局變成大大的成就，我們的故事也不例外。

對我們研究的反應不是全部都是正向的。尤其我們聚焦在偏見上，別人批評說是對心智不公平的負面觀點。就如在正常的科學中，有些學者會將我們的想法去蕪存菁，有些則提出更可信的說法。不過整體來說，現在一般已經接受心智易受系統化錯誤的影響的看法。我們關於判斷的研究對社會科學的影響，遠大於我們在進行實驗時的預期。

在做完判斷的研究後，我們立刻把焦點移轉到「在不確定的情況下做決策」這個議題。我們的目標是發展出一個心理學理論，顯示人們在玩簡單的賭局時，如何做決定。例如，你願意接受「在丟銅板時，人頭出現，你贏 130 美元；反面出現，你輸 100 美元」這樣的賭盤嗎？這類基本的選擇很久以來一直被用來檢視各種決策制定的問題，例如，人對確定的結果和不確定結果會有不同的加權。我們的方法還是沒有改變，我們會花好幾天設計一些選擇的難題，然後檢視我們直覺的偏好有沒有符合邏輯的選擇。在這裡，我們又觀察到跟判斷時一樣的系統化偏見，直覺的偏好一致性地違反理性選擇的規則。在上次《科學》期刊文章出現五年後，我們發表了〈展望理論：風險之下決策的分析〉（Prospect Theory: Analysis of Decision Under Risk）。有人認爲這個關於選擇的理論比我們對判斷的研究更有影響力，它變成行爲經濟學（Behavioral Economics）的基石之一。

後來我跟特維斯基兩人分隔兩地，很難再像以往一樣繼續享受一起做研究的樂趣。我們兩人分享心智，成效遠超過分開思考；

彼此關係融洽，更使工作充滿樂趣，生產力大大提升。我們在判斷和決策制定上的合作，是我後來在 2002 年獲得諾貝爾獎的原因。特維斯基如果沒有在 1996 年過世的話，他會和我一起得獎，他過世時才五十九歲，眞是英年早逝。

我們現在在哪裡

本書的目的並非只想闡述特維斯基和我早期研究的成果，這些年來已有許多研究者在這方面有很出色的表現了。本書主要的目的，是想用認知和社會科學最新發展出來的新知識，來解釋人的心智是如何運作。其中一個比較重要的發展是我們現在了解直覺思考的好處和壞處。

特維斯基和我並沒有談到直覺的正確性，只是輕描淡寫地說「捷徑的判斷很有用，但有時會帶來嚴重的系統化錯誤。」我們的焦點放在偏見上，一方面是偏見本身比較有趣，另一方面是它提供了捷徑判斷錯誤的證據。我們並沒有問自己，是否所有不確定性的直覺判斷都是來自我們研究的捷徑。現在我很清楚了，並不是，尤其是專家們的正確直覺不是來自捷徑，而是他們長期經驗的累積。我們現在可以畫出一張比較豐富、比較平衡報導的圖片了，技術和捷徑是直覺判斷和選擇的替代來源。

心理學家克萊恩（Gary Klein）曾經說過一個故事：一群消防隊員進入一間廚房著火的房子，他們很快就把火熄滅了，消防隊長聽到他自己大喊：「馬上撤出！」但他並不知道自己爲什麼會這樣說，結果消防隊一離開，地板就垮掉了。事後，消防隊長才知道，因爲這場火比一般的安靜，沒有劇烈燃燒的巨大聲音，而他的耳朵又比正常時更熱，這激發了他的「危機第六感」（sixth sense of danger）。他並不知道什麼地方不對，但是他知道不對勁了，後來發現原來火源不是在廚房，而是在地下室，消防隊員們當時就站在火源上頭。

我們都聽過這種專家直覺的故事：西洋棋大師在經過街頭棋局時，腳步都沒停，就說「再三步，白棋贏」；或是醫生只要看病人一眼就能做出複雜的診斷。專家的直覺在我們看起來好像是魔術，但其實不是。我們每個人每一天都有許多次在做專家的直覺判斷，大部分人在聽到電話中傳來的第一個字時，就能偵察到對方的憤怒；一走進房間，就立刻知道別人正在談論我們；或是開車時，旁邊車道的駕駛者有一些細微的動作，使我們馬上判斷他是個危險的駕駛者，立刻做出因應的避禍措施。我們每一天的直覺能力並不比有經驗的消防隊員或醫生差，只不過我們經歷的都是日常小事而已。

正確直覺的心理學並沒有任何魔術在裡面，或許最好的一句話就是賽蒙（Herbert Simon）這位研究西洋棋大師的心理學家說的：西洋棋大師和我們最大的不同是，在花過幾千個小時下棋後，他們看棋盤的方式已經跟我們不一樣了。從賽蒙下面所說的話，你可以感受到他很不耐煩坊間把專家的直覺神話化：「情境提供了線索，線索讓專家得以從記憶提取儲存其中的訊息，訊息提供了答案。直覺就是辨識（recognition），不多也不少，就是它。」

我們看到一個兩歲的孩子看到狗時叫出「狗狗」，一點也不奇怪，因為我們已經習慣了孩子每天都在學習辨識物體，並且「叫名」（naming）。賽蒙對專家直覺的奇蹟也抱同樣的看法，當專家已學會一個新的情境辨識出熟悉的元素，他就發展出正確的直覺，能夠依當下情境反應最恰當的行爲。好的直覺判斷就像孩子看到狗時叫狗狗一樣，是學習和經驗的累積。

很不幸的是，專業的直覺並非全部來自專家。許多年前，我去拜訪一位大型財務公司的投資部門經理，他告訴我，他投資了千百萬美元在福特汽車公司的股票上。我問他，他怎麼做出這個決定，他回答，他最近去一個汽車展示場，對福特的車子印象很好。「啊！他們眞的是知道如何去打造一輛汽車！」這就是他的解釋。他非常清楚地表示，他相信他的直覺，所以對他的決定很滿意。我非常驚訝他沒有考慮經濟學家一定會問的一個問題：福特的股票現在是低於它的市場價值嗎？相反的，他聽從他的直覺，他喜歡福特汽車，喜歡福特公司，喜歡擁有福特公司的股票，從我們對正確選擇股票的知識來說，這位投資專家可以說不知道自己在做什麼。

特維斯基和我研究的特定捷徑，對了解大公司老闆如何決定投資福特的股票來說，沒有什麼實質的幫助，但是現在有更廣泛的捷徑概念，它對上述行爲就有很好的解釋。一個重要的進步是，情緒在了解直覺的判斷和選擇上變得很重要，而且遠比過去的角色重要。今天，那個投資經理的決定會被稱爲情意捷徑（affect heuristic），即判斷和決策直接受到喜歡或不喜歡感覺的操弄，很少思辨和推理的成分在內。

當碰到問題，比方說，決定下一步棋怎麼走，或是否投資某個股票時，直覺思考的機制會盡力而爲。假如這個人有相關的專業經驗，他會辨識出情境，浮現他心頭的直覺解決方法很可能就是正確的。例如，一個西洋棋大師看到一盤複雜的棋，他腦海中馬上想到的好幾步棋全都是好棋。但當問題很困難，又沒有熟練的解決辦法時，直覺還是可能發揮作用，迅速想出一個答案進入中心，但此答案卻不是針對原來問題的回答。例如，投資經理面對的問題（我是否該投資福特的股票？）很困難，但是一個比較簡單而且相關問題的答案（我喜歡福特汽車嗎？）馬上就進入他的心中，決定了他的選擇，這是直覺捷徑的精髓：當面對困難問題時，我們經常回答比較容易的問題，而不是回答眞正的問題，而且通常沒有注意到這樣的問題替換。

自動搜尋直覺的解決方法有時會失敗，不論是專家的解決方式或捷徑的回答都想不起來，在這種情況下，我們會轉換到一個比較慢、比較特意、要費力氣的思考方式，這就是書名「慢的思考」（slow thinking）的意思。「快的思考」（fast thinking）包括各種直覺的思考——專家的和捷徑的，以及整個自動化的知覺和記憶的心智活動，這種操作使你知道桌上有一盞燈，或是回答出俄羅斯的首都在莫斯科。

在過去二十五年裡，許多科學家都曾探討過快和慢兩種思考方式的區別。我在下一章中會講到，爲什麼我用系統一和系統二的比喻來描述心智生活，系統一代表快的思考，系統二是慢的思考。我會談到直覺的和特意的這兩種思考的特質，就好像是你心中有兩個人的人格特質。從最近的研究中得知，直覺的系統一思考遠比經驗告訴你的更具影響力，它是你許多選擇和判斷背後的秘密作者。這本書大部分是關於系統一的工作情形，以及系統一和系統二之間相互的影響。

本書架構

本書分成五個部分，第一部分是兩個系統對判斷和選擇的基本元素。詳細說明系統一自動操作和系統二控制操作之間的差別，讓讀者看到聯結記憶（associative memory）這個系統一的核心，如何爲我們世界中任何時刻所發生的事件持續建構一個完整又合理的解釋。在直覺思考之下的無意識和自動化歷程的複雜性和豐富度，我嘗試給予比較好、比較有意義的解釋。這個部分的目標是介紹一套術語，供人們在思考和談論心智時運用。

第二部分是增訂捷徑判斷的新知識，並且探討一個主要的困惑，就是爲什麼用統計的方法思考這麼難？我們很容易用聯結的方式思考，也可以用比喻的方式，我們也可以有因果關係地思考，但是統計型思考需要你同時想到很多事情，而系統一不是設計來這樣用的。

統計型思考的困難會放在第三部分，我會談到心智的上限：我們對自認爲熟悉的事物過度自信，顯然不知道自己的無知會到什麼程度，也不知道我們所住的這個世界的不確定性。我們傾向於高估自己對這個世界的了解，低估機率在事件發生時扮演的角色。過度自信是來自後見之明（hindsight）的虛幻確定感。我對這個主題的看法受到塔里（Nassim Taleb）的影響。他是名著《黑天鵝效應》（*The Black Swan*）的作者。我希望在茶水間的閒聊能有智慧地探索過去學到的教訓，以及拒絕後見之明的誘惑及確定性的錯覺。

第四部分是用經濟學原則討論決策的本質，以及「經濟代理人都是理性的」假設。這部分提供了展望理論主要概念的最新看法，該理論是根據特維斯基和我在 1979 年發表的兩個系統模式而來的。後面的章節會談到人們脫離理性的幾種選擇方式，我談到人們很不幸的都把問題當作獨立事件來看待，用框架效應

(framing effect)來做決定，這是指人們常選擇非因果性的特質來做決定。這個觀察可以用系統一的特質來解釋，這對標準經濟學的理性假設提出了嚴重的挑戰。

第五部分說明最新研究中經驗自我(experiencing self)和記憶自我(remembering self)之間的差異，這兩個自我擁有不同偏好。我們讓受試者處在兩種痛苦的經驗中，一個絕對比另一個更痛苦，因爲它的時間比較長。但是自動形成的記憶(這是系統一的特質)有它自己的規則，我們可利用它使這個更痛苦的情境留下比較好的記憶。當受試者稍後選擇要再經歷哪一個情境時，他們會很自然受到記憶自我所引導，不讓自己(經驗自我)受不必要的痛苦。這兩個自我的差異可以應用到幸福感(well-being)的測量上，我們再一次發現，使經驗自我快樂的東西，不見得能滿足記憶自我。同一個身體裡的兩個自我如何追求快樂，這對個人以及幸福當作政策目標的社會都提出了一些難題。

最後，我在總結討論三種差異的意義及其可能的影響：一個是經驗自我和記憶自我的差異，另一個是古典經濟學和行爲經濟學上代理人概念的差異(這是從心理學中借用過來的)；第三個是自動化的系統一和特意的系統二之間的差異。我會回頭再談有教育性閒聊的好處，以及哪些機構可以增進判斷和決策的品質。

我與特維斯基合寫的兩篇論文放在本書附錄中。第一篇是〈不確定情況下的判斷〉，這篇我在前面講過了。第二篇是1984年發表的，總結了展望理論以及我們對框架效應的研究。這兩篇文章是諾貝爾獎委員會在討論我們的貢獻時引用的文章，你可能會很驚訝，覺得它們怎麼這麼簡單。閱讀這兩篇文章會讓你了解，我們以前知道了多少，經過這幾十年，我們又多知道了多少。

| 第一部 |

兩個系統

01
故事中的人物

要觀察你的心智在自動化模式中的情形，請看下面這張圖。

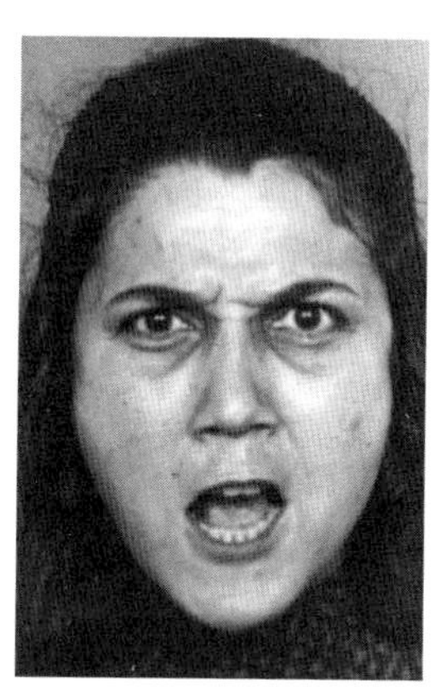

圖1

當你在看這個女人的面孔時，你的觀看體驗天衣無縫地結合了我們一般稱之爲看（seeing）和直覺思考的兩個歷程。你馬上注意到並且很確定這個年輕女子的頭髮是黑色的，知道她在生氣，此外，你所看到的東西延伸到未來，你感覺到這個女人即將要說出一些不好的話，可能很大聲又很刺耳，她下一步會做什麼很自動、毫不費力地進入你的心中。你並不刻意想知道她的心情如何或是預測她可能做什麼，而且你對照片的反應並不是你做了什麼才發生的。你的感覺就這麼產生了，這就是快速思考的一個例子。

現在請看下面這個問題：

17×24

你立刻知道這是一個乘法的問題，你可能知道即使不能心算，用紙筆算應可計算出來。你同時也約略知道這個答案的範圍，你馬上可以辨識 12609 和 123 都是不對的答案。然而，假如你沒有花時間計算這個題目，就不能確定答案是否爲 568。精準的答案不會馬上進入你心中，你覺得自己可以選擇是否要算算看。如果你現在還沒開始算，應該試一下這個乘法題，至少解一部分看看。

你一步步在做乘法時，你經驗到慢的思考。你先從記憶中提取在學校時學的乘法規則，然後用它把答案計算出來，你感覺到把東西記在大腦中的負擔，因爲你需要追蹤你做到哪一步，下面又該怎麼做。每一步都要把前面一步記在腦海裡，這個歷程就叫心智運作：特意的、花力氣的和有次序的運作。這正是慢的思考的典型。這個計算不只是你心中的事件，也動用到你的身體，你的肌肉緊張起來，血壓上升，心跳加速。在做計算時，如果有人看你的眼睛，他會發現你的瞳孔是放大的。當你的心智工作結束時，瞳孔就回到原來的大小；也就是說，當你得出正確答案（順便一提，是 408），或是你做不出來放棄時，瞳孔就恢復正常了。

兩個系統

最近幾十年來，心理學家一直對憤怒女子的照片和乘法問題所喚起的兩個思考模式很感興趣，給這兩個途徑取了很多的名字。我採用的名詞是最初由心理學家史坦諾維胥（Keith Stanovich）和魏斯特（Richard West）所提出的用法，我把心中的兩個系統叫做系統一和系統二。

- 系統一是自動化的運作，非常快、不費力氣，即使要費力，也很少，它不受自主控制。
- 系統二則動用到注意力去做費力的心智活動，包括複雜的計算。系統二的運作通常都跟代理人、選擇和專注力的主觀經驗有關。

系統一和系統二的名稱在心理學中受到廣泛使用，但是我在這本書中用的比一般的還深，你可以把它們當成兩個主角的一齣心理戲劇去閱讀。

當我們想到自己時，我們用到的是系統二，也就是有意識、理性的自我，它有信念，會做選擇，決定要怎麼想及怎麼做。雖然系統二自認為是做行動的人，本書的英雄卻是系統一。我描述系統一毫不費力就能產生印象和感覺，做為系統二明確的信念及特意選擇的主要來源。系統一的自動運作可以產出複雜的構想模式，但是只有慢一點的系統二可以一步一步地建構思想。我同時也描述在什麼樣的情況下，系統二會接手，駁回系統一隨心所欲的衝動和自由聯想。你可以把這兩個系統當作兩個代理人，它們各有各的能力、上限和功能。

大致依照複雜度的順序，下面是系統一自動化活動的一些例子：

- 偵察到一個物體比另一個物體遠。
- 轉頭朝向突然發生的聲音來源。
- 接續完成「麵包和……」這個片語（“Bread and……”）。
- 當看到一張可怕的圖片時，做出厭惡的表情。
- 偵察到聲音中的敵意。
- 回答 2+2= ？
- 閱讀大型廣告看板上的字。
- 在空無一人的道路上開車。
- 在棋局中發現一條好路（如果你是西洋棋大師的話）。
- 了解簡單的句子。
- 辨識「一個溫和、整潔、對細節很在乎的人」的敘述，很像某一個職業的刻板印象。

上面這些心智事件都和那個憤怒女子相關——它們自動出現、毫不費力或只要用到一點點力氣。系統一的功能包括我們跟其他動物天生共有的技能。我們天生就會感知周邊的環境、辨識物體、集中注意力、避免損失，以及害怕蜘蛛。其他心智活動則透過長期的練習，變得很快而且自動化。系統一學會兩個念頭之間的聯結（法國的首都是？）同時也學會一些技巧，例如解讀和了解不同社會情境之間的微妙差異。有些技巧只有特別的專家才具備，例如找到有力的棋路；其他技巧則是大家都有的。能夠偵察到某種人格的描述跟某個行業的刻板印象相似，則需要廣泛的語言和文化知識，這也是我們大部分人擁有的。這些知識儲存在記憶中，不用刻意也不費吹灰之力就可以提取。

上述清單中好幾個心智活動完全是非自主性的，你無法避免自己了解母語中的簡單句子，或把頭轉向突然發生的巨大聲響。你也不能阻止自己知道2＋2＝4，或在提到法國首都時不想到巴黎。而有些活動，例如咀嚼，屬於自主化的控制，但一般是自動運作。系統一和系統二分擔注意力的控制權，把頭轉向巨大聲音的來源，通常是系統一的非自主性運作，它馬上驅動系統二的自主性注意力。也許你在一個很擁擠的派對中，可以抗拒把頭轉向大聲又無禮的批評，但即使你沒有轉頭，你一開始還是會把注意力轉過去，至少一會兒。

系統二的運作相當多樣化，但是它們有一個共同的特質：都需要注意力，當注意力轉移時，系統二的運作會被打斷。下面是一些例子：

- 在賽跑時，注意裁判的鳴槍。
- 在馬戲團表演時，注意力集中在小丑身上。
- 在一個擁擠嘈雜的房間中，注意某一個人的聲音。
- 尋找白頭髮的女人。
- 搜尋記憶去找出剛剛那個讓人驚訝的聲音是什麼。
- 維持比平常更快的步伐。
- 在一個社交場合監控自己的行為，避免失禮。
- 數數看書中一頁有多少個字母a。
- 告訴別人你的電話號碼。
- 在很窄小的停車格中停車。
- 比較兩台洗衣機的整體價值。
- 填報稅表格。

• 檢視一個複雜的邏輯辯論的效度。

上述所有的情境，你常得用到注意力。假如你沒有準備好，或是你的注意力沒有放在應該注意的地方，你的表現會很差，或完全沒表現。系統二有能力改變系統一的運作，藉由重新設定，控制通常是自動化運作的注意力和記憶功能。例如，當你在繁忙的火車站等親戚時，可以自由設定自己去搜尋白頭髮的老太太，或是有鬍子的男人，藉此增加在遠處便看到親戚的機率。你可以設定你的記憶去搜尋N開頭的首都或法國存在主義的小說。當你在倫敦希斯羅（Heathrow）機場租車時，櫃檯小姐可能會提醒你，「我們這裡是靠左邊開車」。在這些例子裡，你被要求去做不是自然發生的行爲，你會發現，維持這個表現需要大腦持續的努力。

「請注意」（pay attention）這句常說的話其實很恰當：注意力就像預算，你可以分配你有限的預算到各個活動，如果超出預算，就會失敗。需要費力的活動會互相干擾，這是它們的特性，因此，我們無法或很難同時運作好幾件事。你無法一邊計算17×24，一邊左轉開進繁忙的車流中，你絕對連試都不應該試。你可以同時做很多事，但前提必須是：它們都很簡單，而且要求不高。你在沒有人的高速公路上，一邊開車一邊跟朋友說話，可能安全無虞，許多父母（或許帶點罪惡感地）發現，他們可以一邊念書給孩子聽，腦中一邊去想別的事情。

每一個人多少都了解注意力是有限的，我們的社會也寬容這個資源有限所造成的不禮貌行爲。例如在很窄的路上想要超越大卡車時，你的朋友會識相地閉上嘴巴，使你能專心超車，他們知道這時使駕駛人分心不是個好主意，同時也猜測到駕駛人這時是暫時性的耳聾……聽不見他們在說什麼。

完全聚焦在一件事上，會使人視而不見，甚至對平常會吸引他注意力的刺激毫無感覺。最戲劇化的例子就是查布利斯（Christopher Chabris）和西蒙斯（Daniel Simons）在其著作《爲什麼你沒看見大猩猩？》（*The Invisible Gorilla*）中所顯現的。他們拍了一個短片，兩隊的人在打籃球，一隊穿白球衣，另一隊穿黑球衣。他們請受試者在看影片時，去數白隊的人傳了幾次球，不要管黑隊的人在做什麼。這個任務很難，需要全神貫注。影片播到一半時，有個穿著大猩猩衣服的女生出現，走過籃球場，拍打她的胸部，然後走到球場另一邊。這個大猩猩出現整整9秒，好幾千人看過這個錄影帶，但是有一半的人沒有注意到任何不尋常的地方。這是因爲計算作業——尤其是請受試者不要注意另一隊人的要求——造成了「看不見大猩猩」現象。假如不要去數傳了幾次球，所有看影片的人都會注意到大猩猩。觀看和注意力的移轉本來是系統一的自動運作，但是它需要將一部分注意力分配到相關的刺激上。作者注意到這個研究最有趣的地方是，人們覺得結果相當令人驚訝。的確，沒有看到大猩猩的人，一開始都很確定大猩猩不曾出現——他們不能相信自己居然看不到這麼大的事情發生。這個大猩猩的研究顯現了心智的兩個重要事實：我們會對顯而易見的東西看不見，而且我們看不見自己的看不見[1]。

劇情提要

這兩個系統的互動是本書一再重複出現的主題，所以需要給一個簡單的提要。在我要講的故事裡，只要我們醒著，系統一和

1 人苦於不自知。

系統二都很活躍。系統一是自動化的運作，系統二平常則處於很舒適的低費力模式中，只動用一小部分的資源在運作。系統一持續給予系統二建議：給它印象、直覺、意圖和感覺。一經系統二認可，印象和直覺會轉爲信念，而衝動便化作自發的行動。當一切進行順利時（大部分時候如此），系統二會採納系統一的建議，常常照單全收，或可能微調一下。你通常相信你的印象，並且根據欲望去行動，通常來說，這樣很不錯。

當系統一碰到困難，就呼叫系統二支持，提出比較詳細和比較特定的處理方式，以解決目前的困難。當系統一不能提供答案時，系統二就會動員起來，像你在做 17×24 的時候那樣。每當你覺得驚訝時，你也會感覺到一股有意識的注意力湧出來。當一件事被偵測出違反系統一維繫的世界的模式時，系統二會被激發起來。在系統一的世界中，檯燈是不會跳的，貓不會汪汪叫，大猩猩不會穿越籃球場。大猩猩的實驗顯示，要偵察到令人驚訝的刺激，需要一些注意力。驚訝會活化並且引導你的注意力，你會瞪大眼睛看，搜尋你的記憶，看有沒有故事可以解釋這個驚奇的事件。系統二同時也負責持續監控你自己的行爲——使你在憤怒時仍保持禮貌，不失風度；提醒你是在夜晚開車。當偵察到一個錯誤馬上要發生時，系統二會動員起來，增加心智的努力以避免災難。還記得有一次你差一點脫口而出一句不恰當的話，你是多麼努力恢復自我控制嗎？總的來說，大部分你在想或做的事源自系統一，但是在遇到困難時，系統二會把工作接過來，一般而言系統二擁有最後決定權。

系統一和系統二的工作分配非常有效率：它將工作減至最低，將效能充分提高。這個安排大多運作良好，因爲系統一通常很稱職，應對熟悉情境的模式通常很正確，它的短期預測通常也很正確，面對挑戰的立即反應也很快，而且很恰當。然而，系統一有偏見，並在一些特定情況常會發生系統化的錯誤。我們下面會看到，系統一常常避重就輕，回答容易回答的問題，而不是被問到的問題。它對邏輯和統計也不了解。系統一還有一個更大的缺陷是：它無法被關掉。假如你在螢幕上看到一個字是你認得的，你就會去讀它——除非你的注意力完全投注到別的地方。

衝突

圖 2 是一個製造兩個系統衝突的經典實驗修正版，在你繼續閱讀下去之前，先做一下這個實驗。

你的第一個工作是沿著兩欄讀出每一個字是大寫還是小寫，做完這個作業以後，再沿著兩欄讀一次，不過這次你要說出這個字是印在左邊還是右邊。

左欄		右欄	
LEFT		upper	
	left	lower	
right			LOWER
RIGHT		upper	
	RIGHT	UPPER	
	left		lower
LEFT			LOWER
	right		upper

圖2

這兩個作業都很簡單，你幾乎不可能犯錯。你會發現，兩個作業都有一部分比較容易，當你在區辨大寫（upper）、小寫

（lower）時，左邊的字比較容易辨識，而右邊那一欄的字則使你慢下來，有時還會口吃或口齒不清。當你在判斷這個字在左邊（left）或右邊（right）時，左邊的那一欄就變得比較困難，而右邊的比較容易。

這個作業動用到系統二，因爲說「大寫／小寫」或是「右邊／左邊」並不是你往下看一行字時慣常會做的事。爲了要做這個作業，需先設定好你的記憶，使相關的字彙（大寫／小寫）在你的舌尖準備好。所以你在讀左欄時，選擇有優先權的大寫／小寫就很有效，你很容易抵抗文字對你的誘惑，你不去管它，只管大寫和小寫。但是右欄就比較困難了，因爲它包含了你設定好要講的話，你無法忽略它，你雖然可以做得很正確，但是爲克服競爭的反應就使你慢下來了，你經驗到你要做的作業和自動化反應之間的衝突，後者會去干擾前者。

自動化反應和控制意圖之間的衝突在生活中很平常。我們都有這種經驗，在餐館吃飯時，想辦法控制自己的眼睛，不去看隔壁桌奇裝異服的客人。我們也都知道，強迫自己去讀一本很無聊的書時，眼睛會回到已經看過的地方，因爲不知它在講什麼，注意力就游離了，等一下回過神來，只好再從那裡讀起。在冬天酷寒的地方，很多開車族都曾經遭遇過車子在冰上滑行失控，這時努力違反平日的做法：順著打滑的方向走，不管你做什麼，就是不能踩剎車[2]！系統二的作業之一就是駁回系統一的衝動；換句話說，系統二是主掌自我控制。

錯覺

請你好好看一下圖3，你才會領略系統一的自動化，以及印象和信念之間的差異。

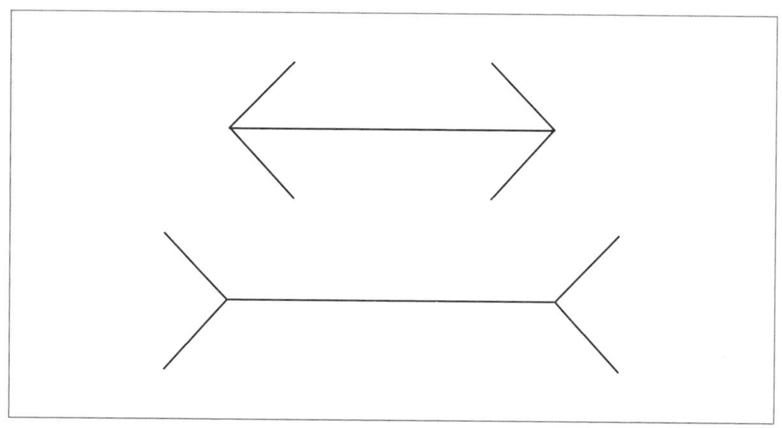

圖3

這張圖很尋常：兩條不同長度的平行線，尾端附有指向不同方向的鰭狀物，下面那條顯然比上面那條長，這是我們看到的，我們當然相信自己親眼見到的東西。假如你曾經看過這張圖，你應該知道這就是有名的慕勒－賴爾（Müller-Lyer）錯覺。只要拿一把尺測量一下，很容易就能確認它們是不折不扣一樣長的兩條線。

現在你測量過了，你──即系統二，你稱爲「我」的有意識的存在，擁有一個新的信念，你「知道」這兩條線是一樣長的。假如我再問你這兩條線的長度，你會回答一樣長，因爲你已知道

2 這句話是救命的忠告，我碰過很多次車子在冰上打滑，這時絕對不能踩剎車，只能輕觸、放開、輕觸、放開，直到你覺得車子的主控權又回到你手上為止。

了，但是你還是會「看到」下面那一條比較長。你選擇去相信測量，但是你沒有辦法阻止系統一不去做它的工作：你不能決定可以把這兩條線看成一樣長，雖然你明明知道它們一樣長。要抵抗錯覺，只有一個方法：你必須學習不信任自己的印象，當你看到附有鰭狀物的直線長度時，你要告訴自己，線條是一樣長的。要執行這個規則，你必須能夠辨識這個錯覺的型態，而且要回憶你知道它們是一樣長的。假如能做到這點，你永遠不會再被慕勒－賴爾錯覺愚弄，但是你仍然會「看到」一條線比另外一條線長。

並不是所有錯覺都是視覺上的，思想上的錯覺稱作認知錯覺（cognitive illusions）。我在當研究生的時候，上過藝術和心理治療課，在某一堂課中，老師跟我們分享了一點臨床上的智慧，他說：「你們不時會碰到一種病人，他以前看過很多心理治療師都沒有治好，這個病人可以活靈活現地描述之前的治療師如何錯解了他，犯了多少錯誤，但是他一看到你，馬上就知道你是不同的。你也跟他一樣有同感，你相信你了解他，並且有能力幫助他。」這時，老師突然提高聲音，大聲地說：「絕對不要收這種病人！把他趕出去，他很可能是心理病態（psychopath），你怎樣也幫助不了他！」

多年以後，我才了解，這位老師警告我們要抗拒心理病態的魅力。在這個領域，最頂尖的研究者證實了我們老師的話是對的。這和慕勒－賴爾錯覺有很相似的類比，老師沒有教我們不要跟病人感同身受，因爲他知道我們對病人的感覺不是我們自己能控制的，它是來自系統一；此外，老師也沒有教我們懷疑自己對病人的感覺，他告訴我們，被一個有重複失敗醫療史的病人強烈吸引，是一個危險的訊號，如同那兩條平行線尾端的鰭狀物一樣。這是錯覺，一種認知錯覺，我（即系統二）被老師教導如何辨認訊號，並且不要相信它或做出任何反應。

關於認知錯覺，最常被問到的問題就是，它可不可以被克服。這些例子的訊息不是很激勵人，因爲系統一是自動化運作，不能隨意志被關掉，直覺想法的錯誤通常很難防止。我們不是每次都能成功避開偏見，因爲系統二根本就不知道有這個錯誤。即使可能犯錯的線索就在身邊，也只有靠系統二強化監控和特意努力下才可能避免。但是假如你想好好過日子，一直處在警戒的狀態下不一定是好的，也太不實際。一直質疑自己的思考，實在太繁瑣乏味了。而且系統二運作太慢、太沒有效率，無法代替系統一來做例行性的決定。我們唯一能做的就是妥協：學習去辨識錯誤可能發生的情境，如果代價很高，便加倍努力避免犯下重大錯誤。這本書的前題是，人很容易看到別人的錯誤，卻不容易看到自己的[3]。

有用的故事

請你把這兩個系統想成心智的兩個代理人，兩人各有人格特質、能力和限制。我常把兩個系統當作主詞來描述它們，如「系統二計算成果」。

在我所處的專業圈子中，這種擬人化的句子被認爲是罪惡（sin）的，因爲這好像是說一個人的思想和行動，是受到大腦中另一個人的思想和行動的指揮。在文法上，系統二的這種句子就好像「男管家偷了家用錢」。我的同儕會說，男管家的行爲便解釋了現金消失的原因，所以他們便質疑「系統二計算成果」這

3 古人說「明察秋毫，不見輿薪」就是這個意思。

句話是否解釋了成果如何被計算。我的回答是，這個簡短主動句把計算歸因於系統二，是要做爲一種描述，而不是解釋。只因爲你已經知道什麼是系統二，它才具有意義。它是以下敘述的簡略：「心智計算是一個自主的活動，它需要花力氣，它不會在你開車左轉時運作，而且跟瞳孔的放大和心跳的加速有關係。」

同樣的，像「在高速公路開車，一般情況是交由系統一運作」這句話，意指操控駕駛盤是自動化、幾乎不需花力氣的動作，同時也暗示，一個有經驗的司機在無人的高速公路上是可以邊開車邊聊天的。最後，「系統二阻止了詹姆斯對侮辱做出愚昧的反應」這句話表示，假如詹姆斯自我控制的努力受到干擾的話，他的反應會厲害得多（例如，他喝醉了）。

系統一和系統二攸關我在這本書中要告訴你的故事，所以我必須百分百說清楚它們只是虛構的角色。系統一和系統二不是一般認知的那種可以互動的系統。在大腦裡，沒有一個部分是這兩個系統可以稱爲「家」的地方。你可能會問：你在一本嚴肅的書中介紹兩個虛構又有難聽名字的角色，目的是什麼？我的答案是，這兩個角色很有用，因爲你我心中都有怪癖，一個描述某個代理人（系統二）在做什麼的句子，會比描述這東西是什麼、它有什麼特性，更容易了解。換句話說，系統二是比「心智計算」更好的主詞。心智（尤其是系統一）顯然具有建構和解釋積極代理人故事的特殊傾向，這些代理人具有性向、習慣和能力。你很快就會對一個偷錢的男管家形成不好的印象，並預期他會有更多不好的行爲，而且會記得他一陣子。這正是我對兩個系統的語言所抱的希望。

爲什麼要叫系統一和系統二，而不用更具描述性的「自動化的系統」和「花力氣的系統」？理由很簡單：「自動化的系統」比「系統一」來得長，占據較多的工作記憶空間。這很重要，因爲任何占據工作記憶空間的東西都會減低你的思考能力。你可以把系統一和系統二當作小名，就像鮑伯（Bob）和喬（Joe）一樣[4]，藉此學習辨識你在讀這本書時會認識的角色。虛擬的系統使我較容易思考判斷和選擇，也會讓你較容易了解我在說些什麼。

說到系統一和系統二

「他有一些印象，但是有的印象是錯覺。」

「這單純只是系統一的反應。在她辨識出威脅之前，已經做出反應。」

「這是你的系統一在說話。放慢下來，讓你的系統二來操控吧。」

4 鮑伯是Robert的小名，喬是Joseph的小名。

02

注意力和努力

萬一這本書被拍成電影，系統二會是一個自認爲是英雄的配角。在這故事中，系統二的人物特性定義是，它的運作是要花力氣的，而且主要特性之一是懶散，也就是若非必要絕不多花力氣。結果，系統二認爲它已經選擇的思想和行動，卻通常是由故事的主角系統一指派。然而，有些關鍵作業只有系統二才可以做，因爲它們需要花力氣和自我控制，用以克服系統一的直覺和衝動。

心智努力

假如你想體驗系統二全力運作的情況，下面的練習可以幫助你，在 5 秒之內將認知能力發揮到極限。開始時，先擬出幾個四位數的數字，全部都要不一樣，把每一個四位數字寫在一張小卡片上，拿一張空白的小卡片放在這堆卡片最上面，這個作業叫做「加一」（add-1），並依下面的指示做：

請把節拍器定在每秒一拍，你需要一個穩定的節奏。

拿掉第一張卡片，大聲讀出四位數字，等到第二拍，把每一個數字加一，再大聲唸出來。假如卡片上的數字是5294，那麼正確的反應是6305。維持節奏是很重要的事。

很少人能夠在「加一」的作業上處理超過四位數字，如果你想要挑戰更難的，請嘗試「加三」。

假如你想知道心智忙碌時，你的身體在做什麼的話，請把兩疊書放在一個穩定桌子的兩側，把一台錄影機擺在其中一疊書上面，然後把頭倚在另一疊書上，當你開始做加一或加三的作業時，眼睛盯著錄影機的鏡頭。你會從瞳孔的大小改變中發現，它忠實地記錄了你的心智工作得有多辛苦。

我個人進行「加一」這個作業已經很久。我剛展開職涯時，以訪問學者的身分在密西根大學（University of Michigan）的催眠實驗室待了一年，我那時在尋找有用的研究題目，發現《科學人》（*Scientific American*）的一篇文章中，心理學家赫思（Eckhard Hess）把眼睛的瞳孔稱爲靈魂之窗（window to the soul）。我最近又把這篇文章重讀了一遍，發現它非常有啓發性。赫思在文章開頭表示，他太太發現，當他在看漂亮的風景照片時，瞳孔會放大。文章結尾是同一位美女的兩張相片，但是其中一張看起來比另外一張更吸引人。這兩張唯一的差別在具吸引力的那張相片瞳孔是放大的，另一張瞳孔則是收縮的。赫思同時寫到一種用在化妝品上，可使瞳孔放大的藥物Belladonna，也寫到有些奇怪的客人，買東西時會戴上墨鏡，使人不知道他對商品究竟有沒有興趣。

赫思的一個發現特別引起我的注意。他觀察到，瞳孔是心智工作的敏感性指標——當人們在做二位數乘法時，瞳孔會放大，問題愈難，瞳孔放得愈大。他的觀察顯示，瞳孔是心智工作的反應，與情緒的警覺不同。赫思的研究跟催眠無關，但是我認爲這個看得見的心智工作窗口，倒是一個值得研究的題目。實驗室中另一位研究生比提（Jackson Beatty）跟我一樣感興趣，於是我們便開始動手研究。

比提跟我設計出一個跟驗光師檢查室很相似的房間，受試者把頭靠在下巴及前額靠座上，眼睛看著攝影機，耳朵聽一個事先錄好的訊息，然後依照節拍器的速度來回答問題。這個節拍器每秒閃動一個紅光，使攝影機拍下受試者瞳孔的相片。在實驗結束後，我們便衝去洗相片，把瞳孔影像投射到銀幕上，然後用尺去量直徑。這個方法對年輕、不耐煩的研究者可以說是非常理想，我們幾乎馬上知道實驗的結果，而且結果永遠是非常清楚的。

比提和我聚焦在有步調（pace）的作業上，因爲我們已經知道受試者在做「加一」作業時，心智在幹什麼。我們依照節拍器的速度錄製數字串，指示受試者重複這些數字，或是「加一」再說出來，但是要維持同樣的節奏。我們很快就發現，瞳孔的大小每一秒鐘都在變化，反映出作業不斷改變的要求。這個反應像個倒寫的 V 字，當你試「加一」或「加三」時，你會感受到，每增加一個聽到的數字，你就要增加一些力氣去做它，終於到達一個幾乎不可忍受的頂點，此時你迫不及待要說出轉換的數字，當你把短期記憶卸載時，你會慢慢放鬆，瞳孔便慢慢恢復原狀。瞳孔的數據跟主觀的經驗完全符合：數字串愈長，每次都會使瞳孔放得愈大，這個轉換作業需要花力氣去做，瞳孔放最大的時間跟心智需求量最大的時間相符合。在四位數「加一」的作業，比記住七個數字然後複誦出來時的瞳孔來得大。而「加三」的作業更難了，是我觀察到要求最高的——頭 5 秒，受試者瞳孔放大 50%，而心跳每分鐘增加 7 次。這是人們可以忍受的極限，如果再增加數字，他們就會放棄不肯做了。當我們給受試者更多數字，超越他們能夠記住的範圍時，瞳孔便停止放大，甚至反而縮小了。

我們在地下室一個相當寬敞的房間工作了幾個月，裝設了一個閉路電視系統，它可以把受試者的瞳孔影像投射到走廊的銀幕上，我們同時也可以聽到實驗室裡的聲音。投射出來的瞳孔直徑大約有 1 英呎，站著那裡看著受試者接受測試時瞳孔放大和縮小，是一個非常有趣的經驗，相當吸引來實驗室參訪的人。我們工作得很愉快，訪問者也對我們的實驗能力大爲激賞。在做乘法心算時，受試者的瞳孔在幾秒之內放大，然後一直保留在放大階段，直至受試者找到答案或放棄時，即刻縮回原來大小。當我們在走廊上觀察這個情況，有時會令受試者本人和參訪者感到驚訝，因爲我們會說，「你現在爲什麼停止了？」而實驗室裡面則傳出驚訝的聲音說：「你怎麼知道？」這時，我們回答：「我們有一扇直通你靈魂的窗戶。」

我們在走廊上隨便觀察，有時跟正式實驗一樣能提供情報。當我正閒散地觀察一位女士在兩個作業之間的空檔，她的瞳孔變化的情形時，得到一項重大發現。她一直把下巴放在靠座上（比如說，她在與實驗者說話時），使我可以觀察到她的瞳孔。我很驚訝地發現，她在說和聽時，瞳孔並沒有放大或縮小，而是保持原狀，這表示我們一般說和聽時需要很少力氣或根本不需要花力氣，跟在腦海中保留二到三個數字沒什麼差別。這眞是一個阿基米德式的大發現時刻。我了解到，原來我們選的這個實驗作業，是需要大費周章才能夠做到的。有一個影像來到我們心頭，心智生活——現在我談的是系統二的生活——平常是以很舒適的步調運作，有時候被幾小段慢跑打斷，在更罕見的情況下，則被突發的百米衝刺打斷。這個「加一」或「加三」的作業就是百米衝刺，而一般談話就是散步！

我們發現，人們在做心智衝刺的作業時，會變成效率的盲者（effectively blind）。《爲什麼你沒看見大猩猩？》作者把受試者的注意力轉移到需要高資源的傳球計數上，使他們看不見大猩猩。我們報告一個在「加一」作業時的類似例子，不過沒有大猩猩那麼戲劇化。我們的受試者暴露在一連串快速閃爍的字母下進行實驗，他們被告知「加一」是必須最優先處理的作業，但是在實驗終了時，實驗者會問：剛剛一直快閃的字母序列中，有出現K嗎？我們發現，在作業一開始的前10秒，受試者幾乎都可以正確報告出目標字母來，在加一作業的一開始和結尾，他們都能正確的報告字母K有出現，但是在進行到一半，心智需求達到最高點時，有一半的時候，他們沒有看到字母K，雖然我們有影像證明，他們的眼睛就瞪著字母K看。沒看到字母的曲線，跟瞳孔放大的型態是一樣的，都是倒寫的V，這個相似性給了我們一顆安心丸：瞳孔的確是一個有效的生理激發（arousal）和心智努力的好指標。我們可以藉此了解心智怎麼運作。

瞳孔很像你們家屋外的電錶，讓你知道用了多少心智能量，這個類比其實有更深入的解釋。你的用電量多寡是你的選擇，你選擇去開燈照亮一個房間或選擇去烤兩片吐司。當你開燈或按下烤麵包機的開關按鈕時，它會消耗需要的電力，但是不會多用。同樣的，我們決定自己要做什麼，但是對資源的多寡卻沒有主控權。假設我給你看一個四位數（例如 9462），告訴你最好記住它 10 秒，不然你就死定了。不管你多麼想活下去，你都沒有辦法挪用更多資源到這個作業上，就好像你被迫去投資需要更多資源才能完成「9462 加三」這個作業一樣。這個資源的分配不是你個人意志可以主控的。

系統二和你家的電路一樣電容有限，但是對潛在的過載，反應卻是不同。當用電量超越負荷時，斷路器會跳電，中斷電源。相反的，大腦對心智超越的反應卻是有選擇性且精準的：系統二會保護最重要的活動，使它得到所需的注意力，「剩餘容量」再一秒接著一秒地分配到其他活動上。在我們的大猩猩實驗版本中，我們告訴受試者要優先考慮數字作業，我們也知道他們有遵循這項指示，因爲視覺目標出現的時機對主要作業沒有任何影響。假如目標字母是在作業需求量最高的時候出現，受試者就會看不到。當轉換作業的需求沒有那麼高時，受試者對字母的偵察效能就會上升。

這種對注意力的精密調配，是受到漫長演化歷程的磨練。能夠轉向最嚴重的威脅或最有希望的機會並立刻做出反應，會增加存活率，這種能力當然不是人類獨有。即使在現代人身上，我們還是看到系統一在緊急時會馬上接管，把優先目標設定在自我保護的動作上。想像你開車時，突然地上有一灘油，車子打滑了。你會發現等你做完應變措施之後，才充分感覺到車子在打滑。

比提和我只合作一年，但是這項合作對我們兩人日後的職涯發展都有很大的影響，他最後變成認知瞳孔測量（cognitive pupillometry）最權威的人士，而我則寫了一本書叫《注意力和努力》。這本書大部分是根據我們一起做的實驗，以及後來我在哈佛所做的後續實驗寫成的。我們從測量瞳孔在各種不同作業中運作的情況，學到很多關於心智的運作——我現在認爲這就是系統二。

當你對一項作業變得熟練時，對能源的需求會愈來愈少。大腦的研究顯示，技術精進時，相關的活動型態也會跟著改變，大腦活化的部位比較少。天分也有類似的效果，愈聰明絕頂的人在解決同樣問題時，所花的工夫愈少，我們可以從瞳孔的大小和大腦的活動看出來。一般來說，廣義的「最少努力法則」（law of least effort），適用於認知及身體的活動上。這個法則說，假如有好幾個方式可以達到同樣的目標，人們最後會選擇採用行動需求最少的那一條路。在行動的經濟學上，花力氣就是成本，學習技術是受到利益和成本平衡所推動。惰性是深深烙印在我們的本性上。

我們所研究的作業在瞳孔上有很多不同的效應，我們的基準線是受試者必須很清醒，並且準備投入作業——警醒和認知準備度可能比一般更高。把一、兩個數字保持在短期記憶中，或是學習把文字和數字聯想在一起（如 3 ＝門），只要維持在警覺基準線上面一點，都會得到很可靠的效果。但是這效果很小，只有 5% 的瞳孔放大，跟「加三」的作業有關聯；區分兩個音調音高（pitch）的作業，則會使瞳孔顯著放大。最近的研究發現，抑制想去看分散注意力的文字的傾向（如第一章中的圖 2），也會使花費的力氣減少一點。六到七個數字的短期記憶測驗是比較花力氣的。我想你有過這個經驗，當被要求大聲說出你的電話號碼或配偶的生日，需要花費短暫但是顯著的工夫，因爲你的回應是組織好的，你必須將這串數字儲存在記憶中。心算兩位數的乘法和「加三」的作業，已逼近大多數人可以做到的上限。

什麼因素使得某些認知作業比其他認知作業耗費更多的大腦資源和工夫？是什麼樣的結果，讓我們必須以注意力做爲代價來換得？什麼是系統二可以做到，但系統一做不到的？我們現在對這些問題已有初步的答案。

要在大腦中同時保持好幾個想法，而每一個想法又需要不同的動作，或需要根據規則去把它綜合起來，是需要下工夫的。例如，在進入超市時複誦你的購物單、在餐館點菜時選擇魚或小牛肉，或是把根據小樣本得來的資訊跟一項驚人的調查結果結合在一起。系統二是唯一可以遵循規則、根據不同屬性比較物件，並且在兩個選項間審愼做出決定的單位。自動化的系統一並沒有這些能力，它偵察到簡單的關係（「它們都很相似」、「兒子遠比父親高」），對整合一件事的訊息很拿手，但是無法同時處理很多不同的主題，也沒有辦法採用純粹的統計資訊。系統一可以偵察到，被形容爲「性情溫和整潔、講求秩序和結構，對細節很堅持」的人，很像漫畫裡的圖書館員。但是把這種直覺跟美國圖書館員比農夫人數少 20 倍的認識結合起來，是只有系統二做得到的工作——假如系統二知道該怎麼做，因爲這種能力很少人有。

系統二的一個關鍵能力是作業情境（task set）的採用，它可以設定讓記憶去遵守「推翻習慣性反應」的指示。例如：請計算出本頁所有 F 字母的總和，這是你從來沒有做過的作業，對你來說並不容易，但是你的系統二可以處理。讓自己接受並且執行這項練習，要花一點工夫，雖然你經過練習一定會進步。心理學家用「執行力控制」（executive control）來描述採用和終止作業的情境；神經科學家已經找出大腦中，做這個功能的主要區域。有一個區域是當有衝突發生時，解決衝突的地方，另一個區域是前額葉（prefrontal lobe），這個部位是人類大腦比其他靈長類大的地方，它跟智慧有關。

現在假設在本頁末端，你得到另一個指示：計算下一頁中所有的逗點。這個會比較困難，因爲你要克服剛剛才學會、把注意力放在字母 F 上的習慣。最近幾十年間，認知心理學家的一個重要發現，就是從一個作業移轉到另一個作業是要花資源的，尤其在時間壓力下，更需花很大的力氣。「加三」的作業和心智乘法這麼困難的原因之一，就是它需要快速的轉換作業。要做「加三」的作業，你必須先把好幾個數字放在工作記憶中，同時，將每一個數字與一項特定作業聯結：有些數字是等待被轉換，一個正在轉換，其他的則是已經轉換好，正在等待被報告出來。現代的工作記憶測試需要受試者在兩個高要求的工作中重複轉換，保存一項作業的結果，同時操作另一項作業。在這種測試上表現良好的人，智力測驗的表現也很好。然而，控制注意力的能力並不只是測量智力，測量控制注意力的效率可以預測塔台空中交通管制員的表現，和以色列空軍駕駛員的能力，比測量智力測驗的效果更好。

時間壓力是另一個要用力氣的驅力。當你在做「加三」的作業時，你被節拍器的速度驅使，同時也被記憶中的負擔所壓迫。就像雜技團中拋接球的表演者，當你同時丟好幾個球到空中時，根本不可能慢下來。影像在大腦中消失的速度強迫你加速步調，迫使你在它消失前複誦訊息。任何需要你同時維持好幾個想法在心智中的作業，都有相同的快速本質。除非你幸運擁有很大的工作記憶，不然你會被迫快速工作，最耗費腦力的慢思考形式，就是那些催促你快快思考的形式。

你當然觀察到，在你做「加三」作業時，你的心智是如何費力工作。即使你是爲生活而思考，你在上班時所做的事也很少像「加三」那麼要求心智資源，或和儲存六個數字在記憶中，然後馬上回憶出來那樣苛求。爲避免心智負擔過重，我們一般會把作業切割成幾個容易的步驟，並且會把這些步驟先儲存到長期記憶中，或寫在紙上，不會輕易使工作記憶負荷超重。我們要走很遠的路時會慢慢來，用最少力氣法則來管理我們的心智生活。

說到注意力和努力

「我不要在開車時解決這個問題，這是一個會使瞳孔放大的作業，它需要心智力氣！」

「最少力氣法則在此發揮作用，他是盡量能不思考就不思考。」

「她並沒有忘記開會，她因為完全專注在別的事情上，所以在討論開會時間時，她根本沒有聽到你的話。」

「馬上進入心中的是系統一的直覺。我必須從頭開始，特意去搜尋我的記憶。」

03

懶惰的控制者

我每年都在加州柏克萊（Berkeley）住上幾個月，在那裡最大的樂事之一，就是每天在有標記的山林步道走上 4 英里，邊走邊欣賞舊金山灣的美景[1]。我通常會記錄我走的時間，發現走一英里大約花 17 分鐘，這對我來說是散步，這種速度所花的體力和燃燒的卡路里當然高於坐在搖椅上搖晃，但是我沒有感受到壓力，沒有衝突，不需要逼迫自己。我也能在這個速度下，一邊走，一邊思考。的確，我認爲散步帶來的中度生理激發，會使心智的警覺性更高。

系統二也有它自己的速度，即使你什麼也沒做，你還是花了一些心智資源在胡思亂想，和監控身邊發生的事情上，但是你不會感到費力，除非你是在令你感到憂慮或自我意識的不尋常情境中（例如別人都在看我），不然監控你環境中發生的事或你大腦中胡思亂想什麼，不需要花什麼力氣。你在開車時，其實做了很

1 柏克萊校園後面有許多步道，它不像台灣有鋪木頭或石板，而是天然的步道，兩旁野草比人高，很容易迷路，所以作者說是有記號的步道。

多的小決定，你在看報紙時，吸收了很多訊息，你跟同事或配偶寒暄都沒花什麼力氣，也沒有壓力，就像散步一樣。

一般來說，散步是件很容易而且相當愉快的事，尤其能邊走邊想事情。但是在極端的情況下，這兩件事會爭奪系統二有限的資源。你可以做一個簡單的實驗來確定這個說法。當你跟朋友很悠閒地散步時，請他用心算的方式告訴你 23×78 是多少，並且馬上回答你。你會發現他幾乎一定會停下來，佇足不動去做心算。我的經驗是，我可以一邊散步一邊想事情，但無法一邊散步一邊去做需要大量短期記憶負荷的作業。假如我必須在時間的壓力下去想一個複雜的論點，我會站住不動，寧可坐著也不要站著。當然，不是所有慢思考都需要像做心算那樣集中注意力——我這一生中做過最好的思考，是在跟特維斯基散步時所想的。

假如我加快平常散步的速度，它會完全改變我散步的經驗，因爲轉換到快速的步伐會使我周延思考的能力急劇下降。當我快步走路時，我的注意力會被維持快速步伐所吸引，我把思緒帶到結論的能力會因此受影響。我所能保持最快的上山速度大約是 14 分鐘走 1 英里，在這種速度下，我根本不會試著去想任何事情，除了努力沿著步道快速移動身體，還需要擁有心智的自我控制力，以抵抗想要慢下來的欲望。自我控制和特意的念頭，顯然會動用到有限的大腦資源。

對我們大部分人來說，大部分時候，維持一個合理的思緒，以及偶爾做一些費力的思考，都是需要自我控制的。雖然沒有做過系統化調查，我懷疑，常常去轉換作業並且加速心智作業，並不是一件愉快的事，人們會盡量避免這樣做，這也是最少努力法則會變成一個法則的原因。即使沒有時間壓力，維持連貫的思緒也是需要紀律的。觀察我在一個小時的寫作時間裡看了多少次電子郵件或是冰箱，可以合理推論，這是一種想逃避的欲望，並且下結論說，持續專注寫作所需要的自制力，高於我能夠輕易動用的自制力。

幸運的是，不是所有認知作業都是討人厭的。人們有時候不需要透過意志力，就可以花很長的時間，付出大量努力。心理學家契克生米哈利（Mihaly Csikszentmihalyi）投入不花力氣的注意力狀態研究，他把這種狀態叫做「心流」（flow），現在這個詞已經變成一個心理學術語了。體驗過心流的人，描述這個感覺是「一個完全不花力氣的專注狀態，你深陷其中，完全忘記時間、自己或手邊的問題。」他們形容在這種全神貫注、忘卻一切的喜悅是多麼強烈，契克生米哈利把它叫做「最佳經驗」（optimal experience）。從繪畫到摩托車賽車，許多活動可以把人帶進心流的境界，對我所認識的某些幸運的作者來說，甚至寫一本書也是個最佳經驗。心流把兩個費力的形式分開了：集中注意力在作業上，及特意的控制注意力。以時速150英里的速度騎摩托車，和參加一場競爭激烈的西洋棋比賽當然非常花力氣。然而，在心流的狀態中，將注意力集中在這些令人專注的活動上，並不需要透過自我控制，因此反而釋放出可轉用於手邊工作的大腦資源。

忙碌且筋疲力盡的系統二

現在大家都知道自我控制和認知努力是心智工作的形式。好幾個心理學的研究都顯示，如果人面臨一項嚴苛的認知作業，同時受到誘惑的挑戰，他比較會對誘惑屈服。假設實驗者要你把一串七個數字記在腦中一到兩分鐘，並告訴你，你的首要任務是記住這些數字。當你把注意力放在這些數字時，他們端上兩種點心讓你選：一個是巧克力蛋糕，另一個是水果沙拉。證據顯示，當你心中塞滿了數字，你比較可能選擇巧克力蛋糕。當系統二忙不過來時，系統一對行爲有更大的影響力，而人喜歡甜食。

人在認知繁忙時，也比較可能做出自私的選擇，使用性別歧視的語言，在社交情境做出表面膚淺的判斷。系統二爲了要記住和複誦這些數字，只好鬆開對行爲的管控。當然，認知的負荷不是自我控制減弱唯一的因素。多喝幾杯酒也有同樣的效果，晚上失眠也會。習慣早起的人晚上的自我控制會比較差，夜貓子在早上的自我控制也會比較不好。太關心自己在某項作業的表現，有時反而會干擾表現，因爲短期記憶中塞滿了無意義的焦慮思緒。這個結論非常直截了當：自我控制需要注意力和努力。另一個說法就是，控制思緒和行爲是系統二的責任之一。

心理學家鮑密斯特（Roy Baumeister）和同事做了一系列令人驚訝的實驗，結果顯示，所有自主性努力的形式，包括認知、情緒，或身體上的努力，都從一個共用的心智能源庫抽取資源。他們的實驗是序列性的作業，而不是同時性的作業。

鮑密斯特的團隊一再發現，刻意掌握意志或自制力的行動很累人：假如你必須強迫自己做某件事，你會比較不願意或不能夠透過自我控制去面對下一個挑戰。這個現象叫做「自我耗損」（ego depletion）。在一項典型的實驗中，受試者被要求看完一部能引起情感共鳴的影片後，壓抑自己的情緒反應。這些受試者後來在身體耐力測驗中表現很差，他們必須用力握一個壓力計（dynamometer）——儘管不適感愈來愈強——看他們能握多久。前半段實驗的控制情緒努力，降低了肌肉持續收縮所造成的痛苦耐受力。因此，自我耗損的受試者很快就受不了，投降不做了。在另一個實驗裡，受試者先吃對身體有益的食物，如蘿蔔和芹菜，同時要抵抗巧克力和高熱量餅乾的誘惑。然後再給他們做一些認知上困難的作業，結果他們比一般人更早放棄。

現在，已知會耗損自制力的情境和作業項目繁多，它們都涉及衝突並需要壓抑自然的偏好，如：

避免去想白熊
抑制對令人激動的影片產生情緒反應
做一連串涉及衝突的決定
想要使別人留下深刻印象
對夥伴不好的行爲做出仁慈的反應
（有種族偏見的人）跟不同種族的人互動

耗損指標的清單內容也是五花八門：

偏離原來的飲食習慣
因爲購物衝動而超支
對挑釁過度反應
很快就放棄需用力氣去做的作業
在認知作業和合理的決策上表現很差

這些證據頗具說服力：對系統二要求很高的活動需要自我控制，而施加自我控制會使人精力耗損而且不愉快。自我耗損跟認知負荷不同，自我耗損會使人喪失部分動機。你在一項作業中運用自我控制後，就不想再做下一個，雖然如果眞的要做的話，你還是可以做。在一些實驗中，如果提供強烈誘因，人們可以抗拒自我耗損的影響。相反的，當你必須在短期記憶中保有六個數字，同時做另一個作業，即使增加努力也是行不通的。因爲自我耗損和認知忙碌是不一樣的心智狀態。

鮑密斯特團隊最驚人的發現是，心智能量（mental energy）的想法絕不僅是個比喻而已。神經系統比身體任何一個部位消耗的葡萄糖都多。若把葡萄糖當錢幣來比喻的話，費力的心智活動顯然特別昂貴。當你主動做一個困難的認知推理，或做一個需要自我控制的作業時，你的血糖會下降。這個效應跟短跑選手在衝刺時，會把儲存在肌肉中的葡萄糖拿出來用，使體內血糖降低一樣。這個想法的明顯意涵是，自我耗損的效應可以用攝取葡萄糖來抵消。鮑密斯特和他的團隊做了好幾個實驗來確認這個假設是正確的。

在一個實驗中，受試者看一部很短的默片，片中有一個女人接受面試。看完後，實驗者請受試者解釋她肢體語言透露出的訊息。當受試者在做這個作業時，一連串字慢慢顯示在電腦螢幕，實驗者特別指示他們不要去理會這些字。假如他們發現自己的注意力被字所吸引，就需要馬上把注意力拉回來，重新集中在那個女人的行爲上。大家都知道這個自我控制的作業會耗損自我。在參與第二個作業之前，所有受試者都喝一杯檸檬水。有一半的檸檬水因爲加了葡萄糖而變甜，另一半的檸檬水是用代糖。接著，所有受試者都去做第二個作業，他們必須克服直覺的反應才不會做錯。直覺式錯誤較常出現在自我耗損組中，喝了代糖檸檬水的受試者表現出預期的耗損效應，喝了葡萄糖檸檬水的受試者則沒有出現耗損情況，因爲大腦中血糖濃度獲得補充，表現沒有下降。我們需要更多時間和更多研究來確定，引起葡萄糖耗損的作業同時也會引起暫時性的警覺，使心跳加快，瞳孔放大。

最近《美國國家科學院院刊》(*Proceedings of the National Academy of Sciences*）有一篇令人不安的報告，證實了判斷上的耗損效應。受試者是以色列的八位假釋委員，他們整天審核假釋申請案。個案是以隨機方式呈現，假釋委員在每一個案子上花很少的時間，大約平均6分鐘一個案子（預設決定是駁回假釋，只有35%的通過率，每一個決定所花的確切時間有做記錄，假釋委員早上、中午、下午三次的點心時間也有記錄）。實驗者把獲准假釋的案子比照上次吃點心以後的時間畫成圖表，結果發現吃完東西後的通過率最高，大約是65%。在下次吃東西前大約兩小時間，通過率逐漸下降，到再次吃東西之前，幾乎是零通過率。你可以預期，這是個不受歡迎的結果，作者仔細檢查並排除了許多替代的解釋，對這數據所做的最佳解釋卻帶來壞消息：疲倦和飢餓的委員往往會仰賴較容易的預設立場（default position），即駁回假釋要求。

懶惰的系統二

系統二的一個主要工作是監控系統一所「建議」的思想和行動，使其中一些可以直接表現在行爲上，並且壓抑或修改其他思想和行動。

例如下面這個很簡單的問題，先不要去解題，請先聽一下你自己的直覺。

一支球棒和一顆球要價1.10美元。

球棒比球貴了一美元。

請問球要多少錢？

一個數字馬上出現在你心裡，這個數字當然就是 10 美分。這個簡單問題的特點就是它引起了一個直覺、吸引人的答案，而這答案是錯的。現在做這題數學，你就會明白。假如球是 10 美分，那麼總金額就是 1.20 元（球是 10 美分，球棒是 1.10 元），而不是 1.10 美元，正確答案是 5 美分。你可以假設那些答對的人，直覺的答案也有進入他們心中，只是他們設法抵抗直覺，沒有採用。

佛烈德瑞克（Shane Frederick）和我一起研究基於這兩個系統的判斷理論，他用球和球棒這個問題去研究一個核心問題：系統二有多密切採用系統一的建議？他的推理是，我們知道，回答球要 10 美分的人，他的系統二並沒有主動檢查答案對不對便放行了。其實只要稍微想一想便知道答案不對。此外，我們知道，會回答直覺答案的人也沒有察覺到一個顯著的社會性線索，他們應該想，爲什麼有人會在問卷裡問一個答案這麼明顯的問題。沒有檢查是大錯特錯，因爲檢查的代價很低，只要幾秒鐘的心算（問題難度不高），肌肉緊張一點點，瞳孔放大一點點，就可以避免令人發窘的錯誤[2]。那些回答 10 美分的人，顯然是「最少努力法則」的遵從者。避開這個陷阱的人顯然有比較主動的心智。

好幾千個大學生都做了這個球棒與球的問題，結果令人震驚：哈佛大學、麻省理工學院、普林斯頓大學有 50% 以上的學生給了直覺的答案，也就是錯誤的答案。入學申請難度較低的學校，錯誤率更是高達 80% 以上。這個球棒和球的問題是我們第一次觀察到本書中一再出現的一個主題：許多人太過自信，太信任自己的直覺。他們顯然覺得，認知努力是不太舒服的事，會盡量避免。

現在我要給你看一個邏輯的辯論，兩個命題和一個結論。請盡快決定，這個辯論是否合乎邏輯，結論可以從它的命題中得出嗎？

所有玫瑰都是花。

有些花很快就凋謝。

所以有些玫瑰很快就凋謝。

絕大部分的大學生認爲，這三段論法是合理的。事實上，它是不合邏輯的，因爲玫瑰花可能不包含在很快凋謝的那些花中，就像球棒和球的問題一樣，一個似是而非的答案馬上進入你的心中，如果要反駁它，需要花力氣，你腦海中一直堅持著「它是眞的，它是眞的！」使你很難去檢查它的邏輯性，大部分人都懶得去仔細想問題。

這個實驗對日常生活中的推理有著令人沮喪的影響，它顯示，當人們認爲某一個結論是對的時候，他們很可能也相信看起來支持這個結論的命題，即使這個命題是不周延的。假如系統一也參與其中，會先得出結論，才有命題。

請看下面這個問題，並且盡快回答。

密西根州一年有多少謀殺案發生？

這個問題也是佛烈德瑞克想出來要挑戰系統二的。回答的「計謀」在於受試者是否記得底特律（Detroit）這個高犯罪率的城市位於密西根州。美國大學生知道這個事實，會正確指認底特律

2 中國也有類似的故事，在大路旁的果實一定是酸的，如果甜，早就被人採光了。

是密西根州第一大城。但是我們對事實的知識並不是全有或全無（all-or–none），已知的事實在我們需要時，並不一定會來到我們心中。那些記得底特律位於密西根州的人，估計的謀殺率會比不知道的人高。但是大部分佛烈德瑞克的受試者被問到密西根州時，並沒有想到該州有底特律這個城市。的確，他們對密西根州謀殺率的估計，比對底特律的估計來得低。

你可以歸咎系統一和系統二都沒有想到底特律。在提到州名時，城市有沒有進入你的心中，因爲這有一部分要仰賴記憶自動化的功能，而每個人在這個層面各有不同。有些人對密西根州很了解：住在那州的人比住在別州的人更可能找出許多關於該州的事實；喜歡地理的人會比專精於棒球統計數字的人找出更多該州的訊息；比較聰明的人對大部分事情的陳述可能會比別人豐富。聰明不單指推理能力，同時也是指在記憶中找到相關資訊，而且在需要時能部署注意力的能力。記憶的功能是系統一的屬性之一，然而，每一個人都能選擇慢下來，主動去搜尋記憶中所有可能的相關事實——就像他們可以放慢速度去檢查「球棒與球」這個問題的直覺式答案。特意去檢查和搜尋是系統二的特質，這個特質每個人很不一樣。

球棒和球的問題、玫瑰花的三段論法，及密西根和底特律的問題，有一些共同之處。答錯這些題目的人，就某些方面來說，是動機不足，沒有盡力去試。任何一個可以申請進入一流大學的人，絕對有能力做前面兩個題目，而且能反思密西根州，直到記起該州的主要城市是底特律，以及它的犯罪問題。要不是被誘惑接受最先進入心中看似合理的答案，這些學生其實可以解決更困難的問題。他們很輕易就滿意答案，不再思考，這是相當令人憂心的事。「懶惰」對這些年輕人的自我監控和他們的系統二是嚴厲的判斷，但是這個判斷並沒有不公平。那些避開知識怠惰之罪的人可以稱爲「投入」（engaged）。他們比較警覺，在學術和知識上比較活躍，比較不願意滿足於表面上吸引人的答案，對自己的直覺比較存疑。心理學家史坦諾維胥會認爲他們比較理性。

智慧、控制和理性

研究人員用很多種方法研究思考和自我控制之間的關連。有些是用詢問相關的問題來處理：假如按照自我控制和認知能力對人們進行排序，他們在這兩種排序上會處於類似的位置嗎？

心理學史上最有名的實驗之一，是米邱爾（Walter Mischel）和他的學生讓四歲孩子處在殘酷的兩難情境。他們讓孩子選擇要馬上吃一塊巧克力餅乾，還是等 15 分鐘，可以吃兩塊巧克力餅乾？孩子會被單獨留在房間裡，面對桌上的兩樣東西：一塊餅乾，和一個可以隨時呼叫實驗者，表示願意接受這塊餅乾的搖鈴。如同對實驗的描述：「這個房間裡沒有玩具，沒有書、圖片，或任何可以令小孩子分心的東西。實驗者離開了房間，十五分鐘以後才回來，而孩子不是選擇搖鈴，就是吃掉了餅乾、站起來，或是表現出難過的跡象。」

實驗者在單向鏡（one way mirror）後面觀察孩子的行爲[3]，記錄小朋友單獨在房間行爲的影片，每次都能使觀眾哈哈大笑。有一半的孩子設法把注意力從誘惑人的餅乾移轉開來，成功等待了 15 分鐘。十或十五年以後，能夠抵抗誘惑的孩子和那些無力抗拒者的表現，差距開始拉大。可以抵抗的孩子在認知作業上有比較

3 兒童實驗室通常都會有這樣的觀察設備，即在遊戲室有一面鏡子，但是對站在鏡子後面房間內的人來說，它是一扇窗戶，可以看得見遊戲室的情形。

高的執行控制力，尤其是有效地重新配置注意力的能力。他們長大以後，比較不會吸毒。四歲時，自我控制能力較強的孩子，在智力測驗上的分數也比較高，這種智能上的差異相當顯著。

奧瑞岡大學（University of Oregon）的研究團隊用好幾個方法探索認知控制和智慧之間的關係，包括用增進控制注意力的方式來提升智商。在五個 40 分鐘的實驗過程裡，他們讓四到六歲的孩子玩各種特別需要注意力和控制的電腦遊戲。在一個練習裡，孩子們用搖桿追蹤一隻卡通貓，把牠移到草地上，同時避開泥濘區域。草地慢慢縮小而泥濘區域慢慢擴大，愈來愈需要正確的控制。這些測驗發現，訓練注意力不但改善執行控制力，非語言的智力測驗成績也提升，效果可以維持好幾個月。這個團隊的其他研究找出涉及控制注意力的特定基因，讓我們看到教養孩子的方式也會影響這個能力，並且證明，孩子控制注意力的能力跟控制情緒的能力有密切關係。

佛烈德瑞克建構了一個認知反思測驗（Cognitive Reflect Test），包含了球棒和球的問題，和兩個其他問題，他選這兩個是因爲它們也會得出令人信服卻錯誤的直覺答案（問題請見第五章）。他接著研究得分非常低的學生——系統二監控能力較不好的這群學生——發現他們習慣以最先進入腦中的答案作答，不肯再多花一點工夫檢查自己的直覺。對直覺照單全收的人，往往會接受系統一提供的其他建議。尤其在他們衝動、不耐煩，急於立刻得到滿足時。例如 63% 的直覺回答者說，他們寧願這個月就有 3400 元，也不願等到下個月拿 3800 元。正確解決三個問題的人中，只有 37% 是如此短視，寧可現在就拿 3400 元。當詢問他們願意付多少錢，以限時專送方式隔天就拿到訂購的書時，在認知反思測驗上得低分的人，願意付的錢是拿高分者的兩倍。佛烈德瑞克的發現顯示，我們心理劇中的兩個角色有著不同的「人格特質」。系統一是衝動和直覺，系統二是理性和小心，但是對有些人來講，也是懶惰的。我們在不同人身上看到相關的差異：有些人比較像系統二，有的人比較像系統一。這個簡單的測驗後來成爲懶惰思考的預測工具之一。

史坦諾維胥和他長期的研究夥伴魏斯特是最早介紹系統一和系統二的人〔他們現在改稱第一類型（type 1）和第二類型（type 2）流程〕。史坦諾維胥和他的同事花了幾十年研究不同的人在本書所關心的各種問題上，有什麼樣的不同處理方式。不同的人，他們用各種不同的方法問一個基本問題：爲什麼有些人比別人更容易受判斷偏誤的影響？史坦諾維胥在《理性和反思的心智》(*Rationality and the Reflective Mind*) 一書中發表結論，對本章主題提出大膽和獨特的看法。他將系統二的兩個部分做了清楚的區分。的確，這個區分如此明顯，所以他稱之爲兩個不同的「心智」。其中一個心智（他稱之爲演算 algorithmic）掌管慢的思考和高要求的運算。有些人在這類腦力作業上比別人好——他們會在智力測驗上表現良好，並且擅長從一個作業快速有效地轉換到另一個作業。然而，史坦諾維胥認爲，高智商不見得會使人對偏見免疫。能不能對偏見免疫和另一種他稱之爲理性（rationality）的能力有關。史坦諾維胥對理性的概念，跟我前面所說的投入概念相似。他的核心論點是，理性應該要和智力分開，依他所見，粗略或「懶惰」的思考是反思心智的一個瑕疵，是理性的一項失敗。這是個吸引人而且耐人尋味的想法。爲了支持這個說法，史坦諾維胥和他的同事發現，球棒和球的問題以及其他類似問題，比 IQ 測驗等傳統智力測驗更能顯示出我們多麼容易受認知錯誤的影響。時間會說明，智力和理性之間的區別是否會促成新的發現。

說到控制

「她持續努力工作數小時也不覺得吃力，她處在『心流』狀態中。」

「在開了一整天的會議後，他的自我嚴重損耗。所以他回到標準的操作程序，而非徹底思考問題。」

「他壓根兒就不想檢查他說的話合不合理。他是早已習慣用懶惰的系統二，還是今天特別疲倦？」

「不幸的是，她往往把第一個進入她心裡的話說出來。她可能也難以遞延滿足感。衰弱的系統二。」

04
聯結的機器

在開始探索系統一驚人的運作之前，先看下面的字：

香蕉　　嘔吐

在剛剛一、兩秒間，有很多事情發生。你體驗到一些不愉快的影像和記憶。你的臉因爲顯出厭惡而有些扭曲，你可能不自覺地把這本書推遠一點。你的心跳加速，手臂的汗毛稍微豎起，汗腺被活化了。簡單的說，你對這個令人厭惡的詞所產生的反應，會是你對嘔吐眞正發生時的反應的減弱版，這一切都是自動發生，不是你能控制的。

你其實沒有什麼特殊理由要這樣做，但是你的心智自動假設出一個時間上的序列，以及香蕉和嘔吐之間的因果連結，形成一個概略的情節，在這情節中，香蕉使人嘔吐。因此，你對香蕉產生了暫時性的反感（不要擔心，它會過去）。記憶的狀態以其他方式改變了：你現在非常容易辨識和回應與「嘔吐」有關的物體和概念，例如噁心、惡臭或暈眩，以及跟香蕉有關的詞，例如黃色、水果，甚或蘋果和漿果。

嘔吐通常是在特定的情況下發生，如宿醉或消化不良。你也非常容易辨認跟引起嘔吐的其他原因有關的字，此外，你的系統一注意到，這兩個字並列在一起很不尋常，你可能從來沒有碰過，感到有些驚訝。

這一連串複雜的反應，快速、自動而且毫不費力地發生。你沒有支配它，也無法阻擋它，它是系統一的作業，這個事件會發生是因爲「聯結活化」（associative activation）的歷程：在腦中一連串擴散的活動中，被喚起的一些想法激發了很多其他想法。這組複雜心智事件的重要特質就是它的連貫性（coherence），每一個元素都是相連的，而且支持和強化其他元素。字會激發記憶，記憶又激發情緒，情緒又激發臉部表情和其他反應，例如一般肌肉緊張和避開的傾向。臉部表情和避開的動作會強化它們所連接的感覺，這個感覺又回過頭來強化類似的念頭。這些發生得非常快，而且全部同時發生，得到一個自我強化的認知、情緒和生理反應型態（self-reinforcing pattern），這個反應型態是多樣和整合的，這就叫做聯結的連貫性（associatively coherent）。

在一、兩秒之內，你無意識地自動完成一件大事。從一件完全沒有預期的事件開始，你的系統一盡可能把這個情況——兩個簡單的詞奇怪地並列在一起——合理化，編了一個具因果關係的故事將兩個詞連結起來；它評估了可能的威脅（從溫和到中度），並且爲未來的發展建立一個情境，做法是幫你對可能發生的事件做好準備[1]；它也爲目前的事件建立一個情境，做法是評估這件事有多令人驚訝[2]。最後，你知道了過去，也爲未來的發展盡可能做好準備[3]。

關於發生之事的一個奇怪特點是，系統一把兩個並列在一起的詞當做是真實世界的表徵。你的身體做出了反應，只是沒有像對真實事件的反應那麼強，你情緒的反應和身體的退縮都是對這個事件的解釋，就如同認知科學家近年來所強調的，認知是跟身體有關的，而不是僅僅用大腦而已[4]。

我們早已知道引起這些心智事件的機制：它是意念的聯結。我們全都從經驗中了解，念頭以井然有序的方式，在我們的意識中一個接一個出現。17 和 18 世紀的英國哲學家都在尋找這個序列性規則的解釋。蘇格蘭哲學家休謨（David Hume）在 1748 年時出版了一本《有關人類理解的探究》（*An Enquiry Concerning Human Understanding*），他在書中把聯結的原則化約到三個：相似性（resemblance）、時間和地點的連續性（contiguity in time and place）及因果關係（causality）。從休謨的時代之後，我們對聯結的觀念已經大幅改變，但是他的三個原則還是探究聯結的好起點。

我會從廣義的角度來探討這個想法，它可以是具體或抽象的，可由許多方式表達出來：可以是名詞、動詞、形容詞，或是握緊的拳頭。心理學家把念頭看成廣大網路中的節點（node），叫做「聯結記憶」，每一個念頭都跟很多其他念頭連結。聯結的類型有許多種：有因果的聯結（病毒→感冒）；屬性的聯結（檸檬→綠色），所屬類別的聯結（香蕉→水果）。我們超越休謨的一點

---

1 香蕉本來不會使人嘔吐，但是因為這兩個詞並列的關係，現在你覺得說不定有這可能性，你對這「完全不可能」的接受度就進步了一點，變成「說不定有可能性」了。

2 驚訝程度就代表了你原來認為它們不應該有因果關係的，這就是捕風捉影會傷害人的原因。

3 如果隨便把兩個字並列，就能得出這麼多訊息，「有筆如刀」的殺傷力就可想而知了。

4 這就是馬克．強森（Mark Johnson）所說的「身體內含的認知」。認知不是只有概念和知覺，它還有身體的成分在內。

是，不再認爲心智會逐一經歷一連串有意識的念頭。目前認爲，聯結記憶是大量立即同步發生。一個被激發的念頭不僅僅激發另一個念頭，而是激發了很多念頭，然後這些念頭又去激發很多其他念頭。此外，僅有少數被激發的念頭會進入意識。大部分聯結思考是無聲進行著，躲在我們意識的自我之後。我們對心智運作的認識有限，這個觀念令人很難接受，因爲跟我們的經驗不合，但它是眞的：你對自己的了解遠比你自認的少得多。

神奇的促發作用

如同科學中常見的情形，我們在了解聯結記憶機制上的第一個重大突破，是測量工具的改進。幾十年前，研究聯結唯一的方式是詢問人們：「當你聽到 DAY 這個字時，第一個進入你心中的字是什麼？」研究者記錄反應的頻率，如 night、sunny 或 long。在 1980 年代，研究者發現看到一個字後，這個字可以馬上引起許多相關字的出現，而這些字出現的容易度是可以測量到的。例如你剛剛看到或聽到一個字 EAT（吃），然後馬上請你塡出 SO_P，你會塡 SOUP（湯）而不會塡 SOAP（肥皂）。當然，假如你先聽到或看到的是 WASH（洗），你就會塡 SOAP，而不會塡 SOUP。我們把這叫做促發效應（priming effect），並認爲 EAT 這個念頭促發了 SOUP 這個念頭，WASH 促發了 SOAP。

促發效應有許多種形式，假如 EAT 目前存在你心中（不論你是否有意識地知覺到），不論人們是悄聲說出 EAT，或是以模糊的字型呈現出來，你都會很快辨認出 SOUP 這個字。當然，EAT 不只有對 SOUP 有促發作用，它對跟食物有關的各種念頭都有作用，包括叉子、飢餓、胖、節食和餅乾。如果你剛到桌子會搖晃的餐館解決了一餐，你可能對「搖晃」也會有促發。此外，被促發的念頭也會再促發別的念頭，不過效力比較弱。就像池塘中的漣漪一樣，促發效應是從廣大聯結網路的一小部分開始擴散。繪製這些漣漪圖是心理學研究最令人興奮的研究目標之一。

研究記憶的另一個重大突破，是發現促發效應並不限於概念和文字。當然，你無法從意識的經驗得知這一點，但是你必須接受這個不熟悉的看法：你的情緒和行爲會被連你自己都未意識到的事件所促發。在甫問世即變成經典的實驗中，心理學家巴夫（John Bargh）和他的同事請 18 到 22 歲的紐約大學（New York University）學生從五個字中選四個字造句，例如：finds、he、if、yellow、instantly。有一組學生一半的造句裡包含跟老人有關的字眼，例如 Florida、forgetful、bald、gray、wrinkle，做完之後，這組年輕學生要到走廊另一端做另一項實驗，實驗者測量他們穿越走廊的時間，果然如巴夫所預測的，以老人相關字眼來造句的這組學生，穿越走廊的時間比其他人顯著緩慢。

這個「佛羅里達效應」（Florida effect）包含了兩階段的促發，第一，這些字促發了「老年」的思想，雖然「老」這個字從來沒有出現過；第二，這些關於老的思想，促發了行爲，使人走得比較慢，因爲老跟慢是聯結在一起的。這些都是在不自覺的情況下發生的，事後問起這些大學生，沒有一個人注意到這些字有共同的主題（老），他們都堅持自己沒有受到那些字的影響，老年的念頭從來沒有進入他們的心中，然而，他們的行動卻被改變了。這個顯著的促發現象——念頭影響行爲——稱爲「意念動作效應」（ideomotor effect）。雖然你眞的沒有意識到，讀這段文字也促發了你。假如你需要站起來去喝一杯水，你會比平常慢一點從椅子上站起來——除非你碰巧不喜歡老年人，研究發現你可能比平常更快一點起身！

在相反的情況下，意念動作效應也同樣適用。德國一所大學進行的一項研究，跟巴夫和他同事在紐約所做的初期實驗正好相反（鏡像）。他們請學生在房間中走 5 分鐘，每 1 分鐘走 30 步，這是大學生平常步伐速度的三分之一。在這短暫的經驗後，研究者發現，學生對跟老年有關的字辨識得特別快，例如 forgetful、old、lonely，這個雙向互惠的促發效應會產生連貫性的反應：假如你被促發而想到老年，你的動作就會比較像老年人；動作像老年人也會強化關於老年的思想。

雙向互惠的連接在聯結網路上很平常。例如，看到愉快的事會使你微笑，而微笑又會使你覺得愉快。請輕咬一枝鉛筆，在牙齒之間停留幾秒鐘，橡皮那一頭朝右，筆尖朝左。現在把橡皮那一頭咬住，鉛筆頭直直向前，你會發現，一個動作使你皺眉頭，另一個動作則使你微笑。他們請大學生咬住鉛筆，然後替拉森（Gary Larson）的幽默卡通漫畫《遠方》（*The Far Side*）評分[5]。微笑組的學生（不自覺自己有微笑）會認爲卡通很幽默，而皺眉組的學生就比較不會。在另一個實驗中，受試者被要求把眉頭皺起來，結果這個皺眉動作強化了他們對飢餓兒童、吵架者、車禍傷患的情緒反應。

很簡單、尋常的手勢也會潛意識地影響我們的思想和感覺。在一個實驗中，受試者從一副新耳機中聽一些訊息，實驗者告訴他們，實驗的目的是測試新耳機的性能好不好，所以他們在聽這段訊息時，要不斷搖動頭部，看聲音會不會被扭曲。有一半受試者被要求前後點頭，另一半受試者被要求左右搖頭。他們所聽的訊息是一篇廣播電台的社論，點頭者（這是肯定的表示）比較會接受社論的論點，搖頭者就比較拒絕接受社論的論點。這些受試者也完全不自覺，只是做一個習慣性的動作，但是因爲這個動作跟我們身體表達拒絕或接受的態度有關連，它就造成了判斷上的差異。所以你現在了解，「不管你的感覺怎樣，你的行爲要冷靜而仁慈」是一個很好的忠告，因爲這樣做，才有可能得到冷靜而仁慈的回報。

引導我們的促發

我們認爲自己是有意識而且自主地做出判斷和選擇，但是部分促發效應的研究發現威脅到這種自我形象。例如，我們大部分人認爲投票是個特意的行爲，反映出我們的價值觀和對政策的評估。如果沒有受到不相干事物的影響，我們投的票不應該受到投票所所在地的影響，但是事實上有受影響。2000年，亞利桑納州（Arizona）一個針對投票模式所做的研究顯示，當投票所設在學校時，選民對增加學校經費案的支持率，遠高於投票所設在附近的其他地點。另一個研究顯示，讓選民看著教室和學校置物櫃圖片投票，也會增加選民贊成學校經費案的比例。圖片的效果大於父母親和其他選民對受試者的影響。促發效應已經從最開始時提醒人們，老年會使他們走路比較慢，變成進入我們生活的每一個角落了。

跟金錢有關的提醒則會產生一些不太好的效果。有一個實驗是給受試者看五個字，請他們從中選擇四個字造出跟錢有關的句子（如 high a salary desk paying 造句成 a high-paying salary）。其他

---

5 Gary Larson是美國公認最有創意的漫畫家，像台灣的CoCo一樣，他的漫畫全世界報紙都有連載，包括台灣的英文《中國郵報》（*China Post*），真是紅得不得了，是美國學生的偶像。

的促發則微妙得多，包括背景中出現離題的金錢相關物體，例如桌上一疊「大富翁」（Monopoly）遊戲假鈔，或一張張漂浮在電腦螢幕保護程式水面上的紙鈔。

被錢促發的人比沒有被錢聯結促發的人更獨立，他們在嘗試解決一個很困難的問題時，堅持花了幾近兩倍長的時間後，才開口向實驗者求救，這清楚證明了，金錢增強了人的自我依賴（self-reliance）。被金錢促發的人也比較自私：他們比較不願意花時間幫助另一個假裝不懂該怎麼進行這項實驗的學生；當實驗者不小心掉了一把鉛筆到地上時，那些用錢促發組（不自覺）的受試者不太願意幫忙撿鉛筆。在同系列的另一個實驗中，實驗者要介紹另一個人跟受試者認識交談。當實驗者去接這個人過來時，他請受試者幫忙先把場地的椅子排好。結果，用錢促發的那一組受試者把椅子排得很開，兩張椅子間隔 118 公分，而其他一般受試者只間隔 80 公分。這顯示，受金錢促發的大學生偏好單獨一個人，不願被打擾，不願跟別人談話。

這些發現基本上都顯現一個共同點，即金錢會引發個人主義：不願意跟別人在一起，不願意依賴別人，或接受別人的要求。做這個實驗的心理學家沃斯（Kathleen Vohs）並沒有很詳細討論她研究的意義，而是留給讀者自己去想。她的研究很有深度，並顯示生活在一個不斷提醒金錢的文化中，金錢會以我們不了解、也不會引以爲傲的方式塑造我們的行爲和態度。有些文化常常提醒人民要尊重他人，有些文化經常向人民提醒上帝的存在，有些社會用大量的領袖相片來促發人民的服從，難怪獨裁社會中到處都看得到國家領導人的相片，這不但會讓老百姓感到「老大哥在監視你」，同時還會減少人民自發的想法和獨立的行動。

促發研究的證據顯示，提醒人們死亡率會增加他們對威權想法的贊同，這又會強化對死亡的恐懼。其他實驗則確認了佛洛依德對於象徵和比喻是潛意識聯結在一起的看法，例如，想想 W_ _H 和 S_ _P 這兩個模稜兩可的字，要是最近被要求回想自己做過的一件羞愧的事情，人們會把這個字塡成 WASH 和 SOAP，比較不會看成 WISH 和 SOUP。此外，光是考慮要在同事背後捅一刀，就會使人傾向去買肥皂、消毒水或洗潔劑，而不會去買電池、果汁和糖果，這個衝動被稱做「馬克白夫人效應」（Lady Macbeth effect）。

人們會特別清洗涉及罪惡的身體部位。有一個實驗是要受試者在電話或電子郵件中對一位想像中的人物說謊。然後請他們去選自己想要的產品。在電話中說謊的受試者會選漱口水，在電子郵件中說謊的受試者則會選擇肥皂。

當我們對聽眾描述促發研究時，一般的反應是不相信。這並不令人驚訝，因爲系統二自認爲總管，它知道我們做選擇的原因。你心中可能會想，對情境進行這麼微不足道的操弄，怎麼可能產生這麼大的效果？難道這些實驗證明，我們完全受環境隨時提供的刺激所左右嗎？當然不是，促發效應很強[6]，但是不見得影響範圍很大。假如投票所是在學校中，而不是在教堂，在幾百名選民中，只有一些一開始不確定偏好的人[7]，在學校議題上會做出不同的選擇——但是，只要少數幾個百分點就可以推翻選舉結果。

不過你應該注意的想法是：要相信相關的研究結果。這些結果不是假造出來的，也不是統計上的偶然巧合，你不得不接受這

6 很強（robust）是說，即使實驗環境不理想，效果還是會出現，例如在授課班上做促發效應的實驗，效果還是會出現，雖然混淆變項會比在實驗室中多得多，但效果仍然可見。

7 即我們台灣所講的「中間選民」。

些研究的主要結論都是事實。更重要的是，你必須接受，關於你的部分都是眞的。假如你的電腦螢幕保護程式是漂浮的紙鈔，你就比較不會認眞幫掉筆的陌生人撿起筆。你不相信這些結果對你適用，因爲它跟你的主觀經驗不合。但是你的主觀經驗主要是系統二告訴自己發生了什麼事，促發現象則來自於系統一，你無法有意識地知道系統一在做什麼。

在英國一所大學辦公室的茶水間進行的實驗，最能夠證明促發效應，我就以這項實驗來總結。多年來，這個辦公室的成員自己投錢到「誠實箱」（honesty box），支付他們喝咖啡或茶的費用，茶水間牆上貼有茶和咖啡的價格。有一天，價目表上方出現了一張海報，裡面沒有警告，也沒有解釋。連續十週，每一週有一個新的影像呈現，有時是花，有時是直視著觀看者的一雙眼睛。沒有人提到這個新的裝飾物，但是誠實箱裡的錢卻有顯著的改變。圖 4 爲海報與人們投入誠實箱中的金額（相對於人們花掉的金額）的關係。這值得仔細研究一下。在實驗第一週（在圖 4 最下面），是一雙眼睛看著喝茶或喝咖啡的人的海報，那一週平均投入誠實箱的錢是平均每公升牛奶有 70 便士（pence）；第二週，海報圖案變成花卉，誠實箱平均金額掉到只有 15 便士。這個趨勢持續著。平均來說，在「眼睛」週，辦公室同仁投下的金額是「花卉週」的 3 倍。顯然，用純粹象徵性的提醒物來提醒人們，他們正受到監視，會使人們改善行爲，此時，一如我們的預期，這個效果是在沒有任何自覺下產生的，你現在相信你也會落入相同的行爲模式嗎？

幾年前，心理學家威爾生（Timothy Wilson）寫了《佛洛依德的近視眼》（*Strangers to Ourselves*）一書（英文書名的意思是「陌

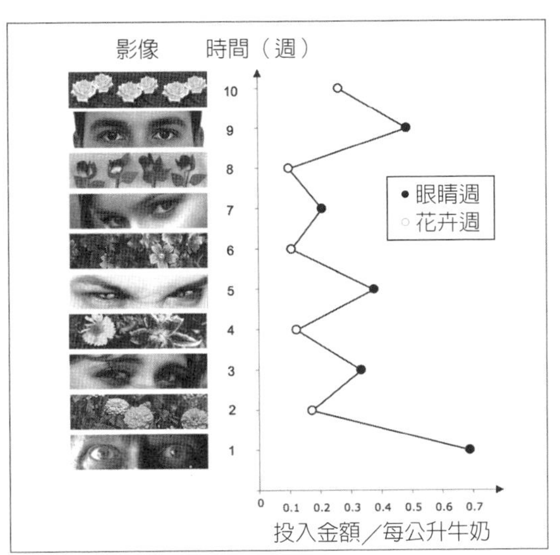

圖4

生的自己」）。現在你已經認識你身體裡的陌生人，它很可能控制你大部分的行爲，雖然你幾乎不曾看過它。系統一提供的印象常常變成你的信念，是你衝動的來源，這衝動通常變成你的選擇和你的行動。系統一對你周遭發生了什麼事，把現在和不久之前，以及現在和對未來的期望連接起來，提供一個內隱的解釋，它包含對這世界的認知模式，能持續評估事件是正常還是意外的。它是你快速判斷而且常是正確直覺判斷的來源。它在做這一切時，你並不知道。下一章會看到，系統一也是許多直覺系統化錯誤的來源。

說到促發

「看到這麼多穿制服的人，我不會想到創造力。」

「這世界遠比你想的更不合理，連貫性主要是來自你心智運作的方式。」

「他們是蓄意去挑毛病，果然被他們挑到了。」

「他的系統一建構了一個故事，他的系統二相信了，這會發生在我們每一個人身上。」

「我強迫自己微笑，這樣我真的覺得比較好過。」

05

認知放鬆度

不論在有意識或是無意的時候，大腦都不停地做多重運算。這些運算不斷地更新一些重要問題的答案：有什麼新鮮事發生了嗎？有威脅出現了嗎？一切進展都順利嗎？我是否應該注意別的事？我需要花更多力氣來做這件事嗎？你可以將大腦想成飛機駕駛艙，裡面有許多儀表告訴你每一個重要變項目前的情況。系統一會自動評估當時的情況，系統的功能之一就是決定是否需要系統二更多的協助。

其中，有一種儀器測量認知放鬆度（cognitive ease），範圍介於「容易」和「困難」之間。「容易」是說事情進行得很順利——沒有威脅，沒有重大情事，沒有必要去轉移注意力，或投入更多的精力。「困難」表示問題出現了，需要系統二支援，你感覺到認知緊張的使勁（cognitive strain）。認知緊張是受到目前費力程度和未被滿足的需求兩者的影響。令人驚訝的是，認知放鬆的過程與多種輸入和輸出活動的網路相聯結。圖 5 即解釋此過程。

圖 5 說明，當一個句子是印刷清晰、被多次重複，或已深植於腦海，你就可以在認知放鬆的狀態下，順暢地解讀出來。你在心情好時聽一個人說話，或當你嘴裡輕咬著鉛筆，迫使你「微笑」時，你會感到認知放鬆。相反的，當你在讀印刷不清楚、顏色褪淡的說明書，或是句子冗長、用語複雜，或者心情不好，甚至在皺眉頭時，你會感受到認知緊張的狀態。

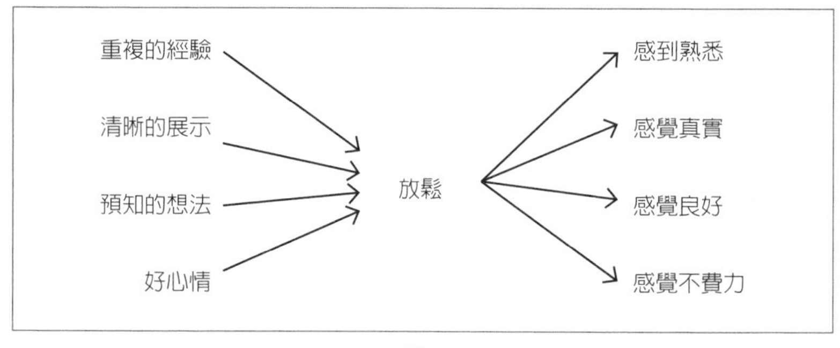

圖5

造成這些認知放鬆或緊張的各種原因會互相影響。當你處於認知放鬆的狀態時，有可能心情不錯，因此會喜歡你看到的東西，相信你聽到的訊息，並信任你的直覺，因爲你覺得目前的情況是很舒適而熟悉的。你的思想可能相對隨意。當你感到認知緊張時，你會比較警戒和多疑，會花更多力氣在你做的事情上，並覺得不太舒服，但比較不會犯錯，你會比平常更沒有創意與直覺。

記憶的錯覺

錯覺這個詞會讓人聯想到視覺的錯覺，因爲我們都熟悉那些令人產生誤解的圖片。但是視覺並非唯一產生錯覺的地方：記憶也會有錯覺發生，思考更是如此。

史登比爾（David Sternbill）、比高茲基（Monica Bigoutski）、提拉納（Shana Tirana）這些都是我剛剛編造出來的名字。假如你在接下來幾分鐘看到這些名字，你很可能會記得在哪裡看過。你知道並且記住一陣子，這些不是什麼名人的名字。但是假設好幾天以後，我給你看一長串人名，裡頭包括這幾個人名，還有其他你從來沒有聽過的新名字，你的任務是把你認得的人名勾出來。你就可能以爲史登比爾是位名人，雖然你不知道在哪裡看過他的名字，但是你猜很可能是在電影、運動或政治相關情境中看過他的名字，所以他可能是位名人。第一個在實驗室中展示這種記憶錯覺的是心理學家雅各比（Larry Jacoby），他在〈一夜成名〉（Becoming Famous Overnight）這篇論文中談到怎麼誘使這個現象發生。一開始時，請你先問問自己：你怎麼知道某一個人是否有名？對於愛因斯坦、波諾（Bono）、希拉蕊・克林頓（Hillary Clinton）等這些眞正有名的人，你腦海中會爲他們建立一個訊息心智檔案。但是你的腦海中，不會有史登比爾的檔案，假如你只是幾天前見過他的名字的話。你只會有一種熟悉感——似乎在什麼地方看過這個名字。

雅各比很巧妙地闡述了這個問題：「熟悉感對過去發生的事（pastness）有著簡單而強烈的感覺，這種感覺是對先前經驗的一種直接反應」，這個「過去的感覺」就是一個錯覺。眞相是，史登比爾的名字會看起來熟悉，因爲你較容易辨識出它來。以前看過的詞再度看到時——無論是在你眼前一閃而過或在嘈雜的環境中讓你指認，曾經看過的詞會比其他詞容易辨識，也會辨識得比較快（大概快幾百分之一秒）。簡單的說，當你指認曾看過的詞時，你會體驗到認知放鬆，正是這種放鬆的感覺，讓你覺得熟悉。

圖 5 指出測試這個觀點的方法。請選一個完全新的詞，寫大一點，讓它容易辨識，比較容易有過去看過的感覺。的確，假如這個新字在測試前，很快地在你眼前閃過（即使只有幾毫秒的時間），或是這個詞比其他詞的輪廓對比更鮮明，你就可能覺得這個新詞很熟悉。這種情形在相反的情況下也適用。想像你正在看一串模糊的單字列表，有些字嚴重模糊，有些字還好，你的任務是挑出印得比較清楚的字來。這時，你最近才看過的字會顯得比較清楚，就如圖 5 所示，引發認知放鬆或緊張的各種方法是可以互換的，你自己不知道究竟是什麼造成認知放鬆或緊張，這正是熟悉感造成錯覺的原因。

真相的錯覺

「紐約是美國的大城」、「月球圍繞著地球公轉」、「雞有四條腿」，在這些句子中，你很快地接收到許多訊息。在讀過這些句子後，你馬上就發現頭兩句是對的，最後一句是錯的。請注意，「雞有三條腿」比「雞有四條腿」更容易判斷出是錯的，你的聯結機制對四條腿的判斷會相對緩慢，因爲許多動物都有四條腿，或許超級市場也買得到四支包成一包的雞腿。系統二負責過濾訊息，或許會提出疑問：紐約那句會不會太簡單了？或許該查一下「公轉」是什麼意思。

請回憶一下，你最後一次考駕照的情況。駕駛三噸重的車輛需要考特別的駕照嗎？這題是對還是錯？或許你很用功準備，記得答案在哪一頁的哪個位置，以及問題背後的邏輯。當我搬到別州時，我可不是這樣準備駕照考試的[1]，我的方式是趕快把那一州的規則拿來看一遍，然後努力祈禱。從多年的駕駛經驗中，我知道一些規則，但還是有很多問題我不知道答案，我只有依賴認知放鬆。假如這答案覺得熟悉，我就假設它可能是對的；假如某個答案看起來生疏（或太過極端），我就會排除它。這種熟悉感是來自系統一，而系統二則依照熟悉感做出對或錯的判斷。

圖 5 帶給我們的教訓就是，假如我們是基於認知放鬆或緊張做出判斷的話，可預測的錯覺一定會發生。任何使聯想機制運作得更輕鬆、更順暢的事物，同時也會使我們產生偏見。要使人們相信謬誤的方法就是不斷重複，因為人們很難分辨熟悉感和眞相。獨裁政府和行銷人員很清楚這點，但是心理學家發現，你不需要重複整個事件或想法，只要重複一部分，人們就可能相信你的話。經常聽到「雞的體溫」這句話的人，比較容易接受「雞的體溫是 62 度」的說法（或是任何隨意編造的數字）。只要熟悉句子中的某個片語，就會使整句話聽起來很熟悉，也就容易接受這句話是眞的。假如你不記得在哪裡聽過這句話，又沒有辦法跟其他已知事物連接起來，你就只能依賴認知放鬆的感覺，別無他法了。

如何寫出具說服力的訊息

假設你必須寫一則讓人信服的短訊，當然，你的訊息一定要是眞的，但是，人們未必相信。你利用認知放鬆來幫助自己是很合理的。眞相錯覺（truth illusions）的研究提供了很多方法讓你可以達到這個目的。

一般的原則是任何緩解認知緊張的做法都有效，所以，你應該先想辦法把易讀性增至最大，請比較下面兩個句子：

1 美國每一州都有自己的駕駛執照，搬到別州時，六個月之內要換該州的駕照。

希特勒生於 1892 年

希特勒生於 1887 年

這兩句話都是錯的（希特勒是生在 1889 年），但是實驗顯示，人們比較會相信第一句話。假如你的訊息是要印出來的，請用品質較好的紙，使字和背景的對比度加大。假如你要印成彩色的，鮮藍或大紅色的字會比黃、綠或淺藍色更容易讓人相信內容的眞實性。

假如你希望別人認爲你是可靠、聰明，有智慧的，請不要用複雜的語言，盡量用簡單的句子來表達。我在普林斯頓大學的同事歐本海默（Danny Oppenheimer）寫了一篇論文反駁一個在大學生中流行的迷思（很多教授都對此事印象深刻）。他在〈不顧需求爲顯示博學而濫用華麗詞藻的後果：不必要使用長句的問題〉（Consequences of Erudite Vernacular Utilized Irrespective of Necessity: Problems with Using Long Words Needlessly）的論文中指出，用虛情假意的語言來表達熟悉的想法是沒有智慧、可信度低的象徵[2]。

除了要維持訊息簡單，還要使它容易記住。把你的想法寫成詩或韻文，別人比較會相信你的話。有一個實驗是請受試者閱讀幾十個不熟悉的格言，例如：

同仇敵愾，	Woes unite foes.
滴水穿岩。	Little strokes will tumble great oaks.
知過能改，善莫大焉。	A fault confessed is half redressed.

另一批學生則讀不押韻的格言：

Woes unite enemies.

Little strokes will tumble great trees.

A fault admitted is half redressed.

結果，有押韻的句子被受試者評爲較有智慧，見解高超。

最後，假如你要引用一個人的話，請選名字容易讀出來的。有一個實驗是請受試者依兩家投資經紀公司的報告來評估該不該投資到一些虛擬的土耳其企業上。對每一家企業他們都提供兩份報告，一份來自名字容易唸的經紀公司（例如，Artan），一份來自不好唸的經紀公司（例如，Taahhut），兩家公司給的報告內容不盡相同，有些出入。照理說，投資者應該是把兩份報告綜合起來評估才對，但事實不然；受試者比較相信名稱好唸的公司的報告，比較不相信名稱不好唸的公司的報告。請記住，系統二是很懶惰的，要花心力的工作是它不想做的。所以，你的訊息一定不能讓系統二覺得要花力氣去做苦工，包括要避開難唸的名字。

這些都是很好的忠告，但是不要高興過頭，假如你的訊息明顯不合理，或跟聽眾熟知的事實相反，即使是高品質的紙張、鮮豔的顏色、押韻或簡單的語言也不能提高訊息的可信度。做這些實驗的心理學家並不認爲老百姓是愚蠢、無知的；心理學家認爲，我們的生活大部分是受到系統一的印象所引導，但我們通常不知道系統一的印象從何而來。你怎麼知道那句話是眞的？假如它合乎邏輯，或跟你的信念或偏好有很強的連結，或是來自你信任或喜愛的訊息來源，你就會感到認知放鬆。問題是，還有別的因素會使你感到認知放鬆——包括字型、字體、紙張的品質、有沒有押韻，你無法輕易追蹤這放鬆感覺的來源，這就是圖5要表

2 這有點像好萊塢重拍一些經典電影，雖用現代技術去拍，卻了無新意；用華麗的辭藻去寫別人已經說過的話也是了無新意，不足取也。

達的：放鬆或緊張的感覺可由許多原因引起，很難釐清。雖說很困難，但也不是不可能；假如有夠強的動機，人們還是可以克服一些導致真相錯覺的外在因素。不過，在大多數情況下，懶惰的系統二會採取系統一的建議，如常度日。

認知緊張與系統二的努力

在討論聯結的連貫性時，聯想關係的對稱性是最重要的主題。像我們前面所談到的，輕咬鉛筆或把球放在皺起的眉心，來使自己微笑或皺眉時，也感受得到平時微笑和皺眉時表達出來的情感。這個自我強化的互惠作用，在認知放鬆的研究中也有發現。一方面，如果系統二需要努力工作，我們就會感到認知緊張；另一方面，不管是什麼原因引起的，當你感到認知緊張時，便會啓動系統二，把人們對解決問題的態度從隨意直覺的模式轉換到專注、分析的模式。

前面提到的球棒和球的問題，就是測試人們習慣用第一個浮現腦中的答案來回答問題，而不去檢視它的正確性。佛烈德瑞克的認知反應測驗就包含了球棒與球的問題和其他兩個問題，因爲它們都會立刻引發錯誤的直覺答案。其他兩個問題如下：

假如 5 台機器能在 5 分鐘製造出 5 個三角錐，那麼，100 台機器要多久才能製造出 100 個三角錐？

100 分鐘　或　5 分鐘？

湖中有一些布袋蓮，每天布袋蓮會長大一倍，假如要花 48 天才能把整片湖面蓋滿，請問把湖面蓋覆半滿要多少天？

24 天　或　47 天？

這兩個問題的答案在本頁的下方[3]，研究者找了40名普林斯頓大學的學生來做這個認知反應測驗，一半的受試者看到的題目字體很小，而且印在暗灰色的紙上。雖然可以看得見題目，但是看得很吃力。結果顯示，看正常大小字體的受試者有90%至少會錯一題，但是看灰底小字題目的受試者只有35%犯錯。字印得愈不清楚，表現得愈好。這是因爲，不論認知緊張是什麼因素造成的，都有可能啓動系統二來拒絕系統一的直覺建議。

認知放鬆的樂趣

〈心智放鬆會使微笑浮上臉龐〉（Mind at Ease Puts a Smile on the Face）這篇論文提到一個實驗：受試者很快地瀏覽一些物體的圖片，有些圖片在整體出現之前，輪廓會先出現，受試者比較容易辨識出這些物體。但是這些輪廓呈現的時間短到連受試者常常無法察覺到。實驗者用測量臉部肌肉脈衝（impulse）的方式來測量情緒的反應，因爲臉部表情有時變化太快、太細微，肉眼經常觀察不到。果然如預期的，人們在看到容易辨識的圖片時，臉上會出現淡淡的微笑，眉頭是舒展的。這顯然是系統一的特性，認知放鬆和良好的情緒是聯結在一起的。

正如我們所料，容易讀的詞也會引發正面的態度。容易唸的公司名稱在股票發行上市第一週，成績往往比別家好，不過這個效應無法持久，還是要靠眞本事。好讀的股票代號（如KAR或LUNMOO）比難讀的PXG或RDD表現要好。瑞士曾經做過一項研究，投資者相信名稱好唸的股票（如Emmi、Swissfirst，和Comet）比Geberit和Ypsomed這種繞舌的公司股票賺的錢多。

3 5分鐘；47天。

我們在圖5有看到，重複性會引發認知放鬆的舒服和熟悉感。著名的心理學家載陽（Robert Zajonc）花了很多時間研究重複某種刺激跟後來引發的溫和情感波動之間的關係，載陽把它稱之為「單純曝露效應」（mere exposure effect）。他在密西根大學及密西根州立大學的學生報上所做的實驗，是我最喜愛的實驗之一。實驗的做法是：學生報頭版有一段時間，都有一個像廣告一樣的小方塊，裡面是土耳其語的詞（或土耳其語發音的字）：如kadirga、saricik、biwonjni nansoma和iktitaf。這些字被重複刊登的頻率各不同，有的字只有出現一次，有的字出現兩次、五次、十次或二十五次（在A校出現最多次的字在B校就出現最少次）。學生報沒有給任何解釋，對學生的詢問，學生報一律以「購買此廣告版面者不願透露身分」回答。

當這個神秘廣告結束後，實驗者請學生回答問卷，問他們對這些字的感覺是好還是壞。結果發現，相較於只出現一次兩次的字，出現頻率高的字會被學生評分為較有好感。在其他用中國字、臉孔，或不規則形狀所做的實驗中，也得到同樣的結果。

單純曝露效應並不依賴有意識的熟悉度。事實上，這個效應根本跟意識無關：即使這些詞非常快速地呈現，在受試者根本沒有意識到有看到的情況下，也能得到單純曝露效應——受試者會喜歡出現頻率高的字詞或圖片。這個原因現在你應該很清楚了，系統一對系統二沒有意識到的事件印象起反應。的確，單純曝露效應在受試者完全沒有意識到、不知情的情況下，效果最強。

載陽認為，這種重複效應有生物演化上的重要性，所有動物都有。要在處處充滿危險的大自然中生存，生物必須對新刺激很小心地給反應才行，牠一定是先戒慎恐懼，確定無害後，才大膽向前。演化對一隻沒有戒心的動物是毫不慈悲的；但是如果新刺激物是安全的，這個一開始的謹慎小心也得快快去除才行。載陽說，會產生單純曝露效應，是因爲如果一個刺激的重複出現並沒有帶來不好的結果，動物就得趕緊學會（別人吃了沒死，下次我也可以吃），最後這個刺激就變成一個安全的訊號，安全的就是好的。當然這個論點不可能只適用於人類，爲了證實這點，載陽的一個同事就給兩組受精的雞蛋聽不同的音樂，當小雞孵出來後，牠們只要聽到還在蛋殼中所聽到的音樂，就比較少發出緊張的叫聲。

載陽對他的研究作了下面這段結論：

> 重複曝露的後果使生物在所處環境中得到立即的好處，生物因而能區辨物體和環境的安全性，這也是最原始的社會依附（social attachment）基礎。因此，重複曝露成爲社會組織和社會凝聚的基礎——它正是心理和社會穩定的基礎。

系統一正向情緒和認知輕鬆之間的連接有很長的演化歷史。

放鬆、心情和直覺

在 1960 年左右，年輕的心理學家麥尼克（Sarnoff Mednick）認爲，他找到了創造力的本質。他的想法很簡單卻強而有力：創造力是超強的聯結記憶。他設計出聯想力測驗（Remote Association Test, RAT），現在過了五十年，仍是研究創造力最好的測驗。

簡單舉例如下：

農舍	瑞士人	蛋糕
cottage	swiss	cake

你能找出一個字跟這三個字都有聯結嗎？你可能馬上想到，這答案是「起司」(cheese)。現在試試：

俯衝	光線	火箭
dive	light	rocket

這題就難多了。但是它有獨一無二的正確答案，每一個會說英語的人都應該會知道，雖然不到 20% 的學生能在 15 秒之內想到答案。這個答案是「天空」。當然不是任意三個詞都能聯想到與三者有關的答案，例如「夢、球、書」就找不到一個大家都同意的答案。

最近，好幾個德國心理學家的團隊在研究聯想力測驗時，對認知放鬆有了重大發現。有一個團隊提出兩個問題：人們在答案出現之前，能否感知這三個詞一定有一個共有的聯想詞？（即在答案出現之前便知道答案嗎？）心情會不會影響答案的出現？爲了測試這點，他們先分別請受試者花幾分鐘的時間回想生活中快樂和悲傷的事。然後給他們看一連串三個字的字組，一半是有解答的，如俯衝、光線、火箭；另一半是無解的，如夢、球、書，然後請他們盡快按鍵表示他們認爲這三詞組有沒有相關聯的字詞，他們有兩秒鐘的時間可以猜。兩秒實在太短了，來不及讓正確的答案浮出心頭。

第一個令人驚訝的發現是，受試者猜對的比率比他們隨機選出答案的正確性要高。我覺得這個結果很令人驚訝。顯然聯想機制有送出微弱訊息，使得認知放鬆，這個機制早在詞組之間的共同聯結被解析出來之前，就能「得知」三個詞是有關聯的。認知放鬆在判斷上所扮演的角色，被另外一個德國研究團隊所做的實驗證實了：提高認知放鬆（如促發、清楚的字體、事先看到這個詞等）能增加受試者看出關聯的機率。

另一個重要的發現是，人的心情（mood）對直覺表現有強力的效應。這個實驗計算「直覺指數」（intuition index）來測量正確率。他們發現，讓受試者回想愉快的事件，使心情變好，然後再做測驗，可以使正確率提高一倍。更令人驚訝的結果是，不快樂的受試者完全無法完成這個直覺的任務，他們的猜對率跟隨機猜測沒兩樣。心情顯然能影響系統一的運作：當我們不舒服或不開心時，便跟直覺失去了聯繫。

這些發現提供愈來愈多的實驗證據，好心情、直覺、創造力、易相信和對系統一的依賴，是聚集在一起的；悲傷、警覺、懷疑、分析和努力是聚集在一起的。快樂的心情會解開系統二對行爲的控制：當人們心情好時，直覺和創造力會增強，但同時也較不警覺，易犯邏輯上的錯誤。就像單純曝露效應一樣，這種關聯性也有演化上的原因。好心情是事情進展順利的信號，環境是安全的，你可以放下警戒心和武器；不好的心情表示事情進展不順，可能有威脅存在，需要提高警覺。認知放鬆既是愉快感覺的原因，也是結果。

聯想力測驗告訴我們的，不只是認知放鬆和正向情緒之間的關連。請想一下這兩個三字詞組：

睡覺	郵件	開關
sleep	mail	switch
鹽	深	泡沫
salt	deep	foam

你當然不可能知道，你在看第二組字詞時，臉上露出微笑，因爲這組字詞能引起共同的聯想（答案是「海」），只要測量你臉部肌肉的電流活動就能發現這點。這種微笑反應，出現在完全不知道共同聯結是什麼的受試者臉上；實驗者只是給他們看直排的三個字詞組，要他們讀完就按鍵。看到一組相關聯的詞組，會產生認知放鬆，認知放鬆就會使你面帶微笑。

好心情、認知放鬆和看出關聯的直覺，用科學的術語來說，是相關的，但不一定有因果關係。認知放鬆和微笑是同時發生的，但是好心情眞的會引發直覺反應嗎？答案是肯定的。這個證據來自一個非常聰明的實驗方法，現在愈來愈多人採用這方法。實驗者先告訴一部分的受試者：「先前的研究發現，你從耳機中所聽到的音樂，會影響情緒反應」，這個提示可完全去除受試者對於關聯性的直覺反應。結果顯示，三字詞組出現後引起的短暫情緒反應（如果詞組有關聯，受試者會有短暫愉快的感覺；如果沒有關聯，則有短暫不愉快的感覺），確實是判斷關聯性的基礎。系統一的影響是無所不在的。現在受試者的情緒變化是可期待的，而正因爲情緒變化不足爲奇，情緒與詞組的連結就沒有因果關係。

這個實驗很成功，效果非常令人驚異。過去幾十年間，我們對系統一自動運作的歷程知道了不少，我們現在所掌握的知識在三、四十年前聽起來會像科幻小說，遠超出我們的想像。我們絕對不會想到，不易閱讀的字體影響我們對眞實的判斷，還會提高我們認知的表現；也想像不到，我們對三字詞組的認知放鬆連帶引發的情緒反應，會喚起腦中對關聯性的印象。心理學研究實在有長足的進步。

說到認知放鬆

「不要因為字體難以辨認，就把商業計畫書丟到垃圾筒去。」

「因為它已經重複出現這麼多遍，我們一定傾向相信，不過，還是從頭到尾想一遍再決定。」

「熟悉了就會喜歡，這就是一種單純曝露效應。」

「我今天心情非常好，這表示我的系統二比平常虛弱，我得更加小心。」

06
常模、驚訝與原因

我們已經介紹過系統一和系統二的主要特性和功能，尤其系統一介紹得很詳細。我們每個人的大腦，都可以視爲一台功能強大的電腦，以傳統硬體標準來看，它不夠快，但是足以用很大的網路系統把各種形式的想法和觀點聯結起來，也能把外面世界的結構在大腦中展現出來。大腦聯結機制的活化擴散（spreading of activation）是自動進行的，但是我們（系統二）具有某種控制記憶搜尋的能力，可偵察到環境中吸引我們注意力的事件。接下來，我們要更進一步了解系統一的偉大功能和其限制。

從驚訝到習以為常

系統一的主要功能是維持並更新你個人世界的模式，呈現的都是常態下的思維。這個模式是由聯想同步發生的事件、動作和結果所建構的；即使不是同步發生，也是在很短的時間一起出現。當這些連結形成並被強化時，這些被聯結的想法和念頭就形成生活事件的結構，它決定你對目前事件的解釋以及對未來的期望。

驚訝的能力其實是精神生活中一個重要的層面，而驚訝本身是我們對世界了解和預期最敏感的指標。驚訝有兩個主要型態，有些預期是主動而有意識的——你知道你在等待某一件事的發生。當時間迫近時，你會期待敲門的聲音，因爲孩子放學了。當門開時，你期待一股熟悉的聲音，假如這個主動預期的事件沒有發生的話，你會覺得很驚訝。被動預期的事件類型就多了很多，你不會等待它們，但是當事件發生時，你不會感到驚訝，這些是通常在正常情境會發生的事，只是尚未達到主動預期的程度。

有一件事可能會使重複出現較不令人驚訝。許多年前，我跟太太去澳洲的大堡礁度假，島上只有四十個客房，當我們下樓去吃晚餐時，我們很訝異竟然會在此地遇見熟人。我們熱情地向心理學家約翰打招呼，雙方都說怎麼可能在此相遇，這機率太小了。約翰第二天便離開小島。兩個禮拜以後，我們在倫敦的戲院看戲，燈暗，有個晚到的人坐到我旁邊。當中場休息，燈再度打開時，我很驚訝地發現，那個遲到的人竟然是約翰！我跟太太後來聊到這件事，我們同時意識到兩個事實：第一，劇院中相遇比第一次在島上相遇更加巧合；第二，我們第二次遇見約翰的驚訝度比第一次低了很多。顯然第一次的碰面改變了我們對約翰的看法。他現在是「我們在海外旅遊時，碰到的心理學家。」我們（系統二）知道這是一個滑稽的念頭，但是系統一使我們覺得，在陌生地方碰到約翰是件正常的事，假如我們遇見的不是約翰，而是其他熟人，我們會非常驚訝。不管你怎麼去算機率，在劇院中遇見約翰絕對比遇見其他幾百個朋友的機率更低，然而，我們卻覺得遇到約翰很正常。

在有些情況下，被動預期會很快轉爲主動，像我們在另一個巧合中所見到的。許多年前，某個星期天的晚上，我們從紐約市開車去普林斯頓，就如長久以來的每一個週末一樣。那天，我們看到了一件不尋常的事，路邊有輛車起火燃燒。當我們下一個星期天經過同一路段時，又有一輛車起火了。我們發現，第二次看到車子著火時，沒有第一次那麼驚訝。現在這個地方變成「汽車燃燒的地方」。因爲事件出現的情境相同，第二輛車起火燃燒就變成了主動預期。這件事發生後好幾個月，甚至好幾年，每當我們經過那裡，就會想起火燒車事件，心裡也準備好，預期看到另一輛車著火（當然，我們並沒有再看到了）。

心理學家米勒（Dale Miller）和我曾經合寫一篇文章來解釋，一個事件是怎樣被看成是正常，還是不正常。我現在用那篇文章中，我們描述「常模理論」（norm theory）的例子來解釋，不過我現在的解釋已經有一點不一樣了。

> 有一個人坐在高級餐廳中，隨意觀察隔壁桌的客人用餐。他注意到第一個客人喝湯時，皺了一下眉頭，好像很痛苦的樣子。接下來發生的幾件事會因爲這個觀察而改變。當侍者碰觸到剛剛那位喝湯的客人，使他嚇了一大跳時，這個事件好像就沒有那麼令人驚訝。當另外一個客人從同一碗湯中舀一口來喝，立刻用手摀住嘴巴，以免叫出聲音來時，好像也沒有那麼令人驚訝。這些事件和其他事件本應是不尋常的，現在看起來卻顯得正常。這是因爲它重複了前面的那個事件，前面的事件被

從記憶中提取出來解釋後來的行爲，就不覺得驚訝了。

想像你自己是餐館中觀察到這些現象的人，你看到第一個客人喝湯的反應時，你是很驚訝的；你對那個人被侍者碰一下就跳起來的反應也感到驚訝。然而，第二個不尋常事件會從記憶中提取出第一個事件來，兩件事放在一起似乎就合乎情理了。這兩件事符合一個型態，就是這個客人很容易緊張。從另一方面來講，假如第一個客人嚐了一口湯後，扮了鬼臉，第二個客人也不愛喝這湯時，這兩個事件就會被連在一起，這碗湯一定很難吃。

「摩西帶了多少種動物到他的船上？」發現這個問題問錯了的人極少，後來心理學家把這現象稱之爲「摩西錯覺」（Moses illusion）。摩西並沒有帶任何動物上方舟！諾亞才有。就像喝湯後扮鬼臉一樣，摩西錯覺可以用「常模理論」來解釋。動物進入方舟是聖經中的一個場景，摩西也是聖經場景中的人物，你並沒有預期他會出現在方舟上，但是提到他的名字並不會使你驚訝。同時，摩西和諾亞都有相同的母音，同樣的音節數，就像三個一組的語彙產生認知輕鬆樣，你潛意識把摩西和方舟聯結在一起，所以很快使人就接受這個問題。如果把摩西用布希（George W. Bush）來取代，你就不會有這種錯覺（只會覺得這是個很爛的政治笑話而已）。

當不符現在談的東西出現時，系統會偵察到不正常，就像你剛剛經驗到的，你並不知道在某些字之後應該接什麼字，但是你知道「水泥」不符合句子的需求，它是不正常的。許多針對大腦的研究報告指出，系統對違反常態的察覺速度非常快，而且我們幾乎感覺不到。最近有個研究，請受試者聽一個句子：「地球每年繞著麻煩轉」。大腦在「麻煩」這個奇怪的字眼出現的200毫秒之內，顯現出很不一樣的腦波型態。更了不起的是，當同一個人聽到一個男人的聲音說「我覺得我懷孕了，因爲我每天早上都想吐」，也是同樣快的反應；或是當一個上流社會的人說，「我背上有一大塊刺青」，大腦會馬上偵察到不正常。這表示，有一大堆關於世界的知識會立刻進入大腦中，我們才會這麼快就察覺出不一致。一聽到聲音就辨識出，那是上流社會的口音，然後察覺到，一般來說，上流社會的人有一大片刺青是不尋常的。

我們能夠彼此溝通，是因爲我們擁有相同的世界知識和文字的使用習慣，當我說「桌子」而沒有特別說明時，你知道我指的是一般正常的桌子，你非常確定桌面是平的，桌腳的數目比25個少很多。我們認定很多類別的東西都有常模，這些常模提供了背景知識使我們能馬上偵察到不正常，例如，男生懷孕和上層社會人刺青。

爲了解常模在溝通中扮演的角色，請看下面這個句子：「大老鼠爬上小象的鼻子」，我想你知道老鼠一般來說有多大，象一般來說又是多大，我知道你心中想的和我心中想的不會差太遠。常模就是這個動物的典型或一般平均的大小，同時也包括這類別（老鼠或小象）中的變化範圍和差異性，我們心中不大可能會有老鼠大於象的影像出現，雖然人有個別差異，但是談到這兩種動物時，我們都會有共同的影像——即老鼠比鞋子小，大象比沙發更大。系統一了解語言，也懂得常模的類別，並能辨明這些類別中可能價值的範圍，以及最典型的例子。

看到原因和意圖

「佛瑞德的雙親到得很晚，外燴師傅馬上就要來了，佛瑞德很生氣。」你知道佛瑞德爲什麼會生氣，他生氣不是因爲外燴師傅馬上要來了，在你的聯結網路中，憤怒和不準時是連在一起的，有可能的因果關係；但是憤怒和期待外燴師傅卻沒有連接在一起。一個合理而一致的故事在你讀到這個句子時，立刻就建構起來：你立即知道佛瑞德生氣的原因了。找到這種因果的連接是了解故事的一部分，這是系統一自動操作的功能之一。系統二是有意識的自我，提供原因的解釋，並且接受這樣的因果關係。

塔里所著的《黑天鵝效應》說明了這個自動搜索因果的歷程。他指出，海珊（Saddam Hussein）被捕時，美國公債價格開始上揚。那天早上，投資者顯然是在尋找安全的資產，彭博新聞社（Bloomberg News Service）的頭條是「美國政府債券上漲，海珊被捕可能不會遏止恐怖主義。」半個小時以後，公債價格下跌，頭條變成「美國政府債券下跌，海珊被捕提高投資風險。」很顯然的，海珊被捕是那天的重大事件，人們會自主搜尋原因形成思考，這個事件就變成那天市場漲跌的原因了。這兩個頭條似乎可以解釋那天市場發生的事，但是，解釋兩個相抵觸結果的一句話，其實等於什麼都沒有解釋。事實上，所有頭條標題都是爲了滿足人們對一致性、連貫性的需求：重大事件應該有其影響力，並帶來後果的，而後果需要原因來解釋它。由於我們對每天發生的事所知有限，系統一便把知識的碎片連接起來，組合成合理的因果關係。

請讀下面這個句子：

在擁擠的紐約大街逛了一天後，珍妮發現她的皮夾不見了。

讀過這個句子的人後來被要求做回憶的測驗（他們同時也讀許多其他故事），結果「扒手」跟這個句子的聯結遠大於「逛街」，雖然後者有在句子中出現，而前者沒有。聯結連貫性的規則告訴我們發生了什麼事。丟掉皮夾（錢包）可能有很多不同的原因：皮夾從口袋掉出來，掉在餐廳中等等。然而，當皮夾搞丟、紐約、擁擠這幾個字眼並列時，共同激發了皮夾是被扒手扒去的解釋。在前面那個喝湯的故事中，不論是客人在嚐一口後做鬼臉，或是第一個客人對侍者碰觸到的極端反應，都讓你對一開始的驚訝做聯結連貫性的解釋，整個故事也變得合理。

比利時貴族心理學家米夏特（Albert Michotte）在 1945 年出版的一本書（1963 年被譯爲英文），推翻了幾百年來對因果關係的思考方式，它一直回溯到哲學家休謨對念頭聯結的看法。過去大家普遍接受的看法是，我們從重複的觀察中看到事件的相關性，從而推論出物理性的因果關係。我們時常看到一個運動中的物體碰觸到另一個物體，這個物體馬上開始移動，通常往同一個方向，不過不完全如此。這就和撞球的母球打到另外一顆球時的情形一樣；也和碰觸到花瓶，便掉下來打破了一樣。但是米夏特有不同的看法：他認爲我們看因果關係可以像看顏色那樣直接。爲了說明他的看法，他在紙上畫了一連串就像在移動的黑色方塊，一個方塊碰到另一個方塊，就馬上開始動了起來。看的人知道方塊之間並沒有眞正碰觸到（因爲是畫在紙上），但是他們卻有很強的「因果關係錯覺」（illusion of causality）。當第二個物體馬上移動時，他們會以爲是第一個方塊所引發（launched）的。實驗顯示，六個月大的嬰兒看到這類序列事件就會產生因果關係的想法了，假如序列事件倒過來，他們會很驚訝。我們顯然從一出生就準備好有因果關係的印象。這是系統一的作用。

在 1944 年，大約就是米夏特發表他的物理性因果關係時，心理學家海德（Fritz Heider）和西梅爾（Mary-Ann Simmel）用和米夏特類似的方法展現了意圖性因果關係（intentional causality）。他們拍了一部 1 分 40 秒的電影，裡面有一個大三角形、一個小三角形和一個繞著打開了門的房子跑來跑去的圓，受試者看到大三角形在霸凌小三角形，並嚇到旁邊的圓，這個圓和小三角形聯合起來把大三角形打敗，他們也看到這些幾何圖形多半在門邊互動，劇終則是個大爆炸。每個人都能感受到意圖和情緒；只有自閉症孩子體驗不到。當然，這一切都在你心中。你已準備好，甚至迫不及待認同這些幾何圖形，給他們人格特質和特殊意圖，並把他們的動作看成個體特質的展現。在此，再次證實我們生來就準備好要做意圖歸因（intentional attribution），不到一歲的嬰兒就能指認霸凌者和被霸凌的人，並且期待追捕的人循走最直接路徑，捉到他正在追的東西。

按自由意志行事的體驗跟物理性因果關係是不同的，雖然是你的手拿起了鹽罐子，但是你不會從物理性因果關係去想這件事，你會做這個決定是因爲你想在食物中加些鹽。許多人本來覺得他的心是他行動的來源和產生動作的原因，心理學家布隆姆（Paul Bloom）2005 年在《大西洋月刊》（*The Atlantic Monthly*）上發表了一個非常有爭議性的文章，他說我們天生就有能力區分物理性和意圖性因果關係，這一能力也解釋了宗教信仰爲何是全世界幾乎都有的現象。他說「我們對物質世界跟精神世界的感知不同，這使我們可以想像沒有靈魂的軀體及沒有軀體的靈魂。」這兩種因果關係使我們很自然地接受許多宗教中都存在的兩個主要信念：無形的神是物質世界最終極的原因，而不朽的靈魂在我們活的時候，暫時控制我們的身體，當我們死後，靈魂也將離開軀體。從布隆姆的觀點，這兩種因果關係的觀念是演化過程中分別塑造成的，宗教的起源也是建構在系統一上的。

因果關係的直覺是本書一再出現的重點，因爲人傾向於把不對的因果思考應用到需要統計推理的情境上。統計的思考是把不同類別中的個案特質綜合起來下結論。很不幸的是系統一沒有能力做統計推理：系統二可以透過學習去做統計性思考，但是很少人接受過必要的訓練。

有了因果關係心理學做基礎，我決定用代理人去比喻心理歷程。我有時把系統一當作有某些特性和偏好的代理人，有時又把它當作透過複雜的連接型態來表現眞實世界的工具。這個系統和工具都是虛擬的，我這麼比喻是因爲它們符合我對因果關係的看法。海德爾的三角形和圓圈並不是眞正的代理人——只是把它們想成代理人非常容易、也很自然。這樣做比較不必費力思考。假設你（像我一樣）覺得這種方式比較容易去想像心智活動是怎麼回事，假如用人格特質和意圖去想這兩個系統的話，我並不想說服你這兩個系統是眞實存在的，就像海德爾並沒有要你相信大三角形眞的是霸凌者一樣。

說到常模和原因

「當看到第二個申請人又是我的老朋友時，我就沒有那麼驚訝了。我們實在只需要一點點的重複，就能使新經驗感覺起來很尋常。」

「在我們調查對這個產品的反應時，不要只注意平均值，應該考慮正常反應的整個範圍。」

「她不能接受她只是運氣不好，她需要一個有因果關係的解釋。不然她會認為有人蓄意要破壞她的作品。」

07
驟下結論的機制

美國喜劇演員丹尼凱（Danny Kaye）有一句話，我從青少年期聽到後就沒有忘記。他這樣形容一個他不喜歡的女人：「她最喜歡的姿態是得意忘形，她最喜歡的運動是馬上跳入結論中。」我記得第一次想到這句話是跟特維斯基說統計直覺的理性的時候。現在我認爲這句話對系統一的功能是個非常好的解釋。跳入結論是非常有效率的事，假設這個結論是對的，而偶爾犯錯的代價又是可以接受的話，快速下結論可以節省很多時間和力氣。不然，驟下結論是很危險的，尤其在情勢還不明朗或是錯誤的代價很高的時候。這是直覺錯誤最容易發生的時候，或許可以運用系統二的介入來加以避免。

忽略模稜兩可和壓抑懷疑心理

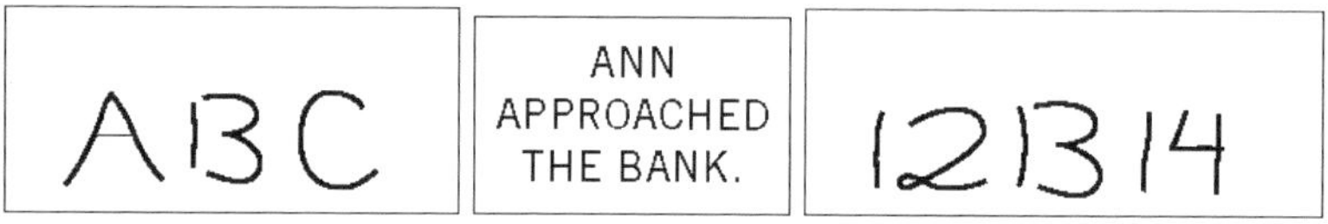

圖6

這三張圖有什麼共同點？這答案是它們都是模稜兩可的圖。你一定會把最左邊的圖讀成 A、B、C，最右邊的圖讀成 12、13、14，但請注意，左右兩張圖中間的那個字是完全相同的，你也可以解讀成 A、13、C 或 12、B、14，但是你不會這樣讀，爲什麼？同樣這個形狀在字母的情境中會讀成 B，在數字的情境中會讀成 13。情境幫助你決定每一個元素。形狀雖模稜兩可，但是你跳入結論來指認，根本意識不到你已賦予這模稜兩可的形狀一些解釋了。

至於圖中間的安（Ann），你可能把她想像成一個滿腦子都是錢的女人，正走進一個有銀行櫃檯人員和保險箱的大樓。但是這個可能的解釋並不是唯一的解釋。這個句子模稜兩可。假如前面句子是：「他們慢慢地從河中順流而下。」你就會想像出完全不同的場景來。當你想到河流時，Bank[1] 就不會聯結到金錢上，在沒有明確的場景下，系統一會自己找一個最可能的解釋，我們知道是系統一自行判斷的結果，因爲你並沒有覺識到 Bank 這個字有兩種選擇，也沒有意識到可能有另外的解釋。除非你最近才去划獨木舟，否則你去銀行的時間一定比在河中飄流來得多，所以你根據經驗化解了這個模稜兩可。當我們不確定答案時，系統一會依據過往經歷賭一個答案。這種下賭的規則是很明智的：最近發生的事件和目前情境在選擇解釋上占最重的份量。沒有近期事件進入腦中時，遠期記憶就會出來主導。你最早、最記得的經驗一定是唱 ABC 字母歌，這首歌的開頭一定是 A、B、C，而不是 A、13、C。

這兩個例子最重要的地方是：你做出一個確定的選擇，你自己卻沒有意識到。你腦中只出現一個解釋，你從來不知還有另一個解釋的可能性存在。系統一並不會去追蹤它拒絕的其他可能性，甚至不記得曾有過其他可能性，被它拒絕的事實。有意識的懷疑不在系統一的資料庫內，同時記住多種不合適的解釋，需要付出努力，這並不是系統一的強項。不確定性和懷疑是系統二的責任範圍。

信念的偏見和確定信念

心理學家吉爾博特（Daniel Gilbert）因著有《快樂爲什麼不幸福》（*Stumbling to Happiness*）一書而非常有名，他曾經寫過一篇文章，叫做〈心智系統如何相信〉（How Mental Systems Believe）。在這篇文章中，他發展出相信和不相信的理論，他把這源頭一直追到 17 世紀的哲學家史賓諾沙（Baruch Spinoza）。吉爾博特認爲，了解一句話一定要先從嘗試相信它開始：你一定要先知道這個想法如果是正確的，它是什麼意思。只有這樣，你才可以決定要不要去懷疑它。一開始相信的嘗試，是系統一自動化的歷程；包括建構最可能的解釋，甚至一個毫無意義的句子也會引發人們最初的信任。請試試吉爾博特的例子：「白魚吃糖果（whitefish eat candy）！」你可能意識到一些魚和糖的模糊印象，

1 Bank有岸邊和銀行兩種意義。

這個印象的產生過程，就是聯結記憶自動搜尋魚和糖的關聯，從無意義中找出意義來。

吉爾博特把不相信或懷疑當作系統二的操作，他做了一個非常好的實驗來支持這個看法。受試者看一些沒有意義的句子，例如：「一個卡是一團火焰」（a dinca is a flame），幾秒鐘以後，出現「對」或「錯」的字樣。做完以後，受試者接受記憶測試，找出他們記憶中標示爲「對」的句子來。這個測試還有一個條件，即受試者在過程中要記住一些數字，同時去做對或錯的實驗。系統二的干擾產生選擇性的效應：它使受試者很難不相信錯誤的句子。在後來測試記憶時，這些筋疲力竭的受試者竟把許多錯誤的句子都當作正確的了。這個實驗很重要：當系統二在忙的時候，我們就會隨便相信所有事情。系統一好騙、又容易產生偏見，系統二是管理懷疑和不相信的，但是系統二有時候太忙，不忙時也很懶，所以有證據顯示當人們很累或精力耗盡時，就容易相信空洞、沒有說服力的話，例如人們在累時會相信廣告中的話。

聯結記憶使我們易有「確認偏見」（confirmation bias）。當人家問：「山姆很友善嗎？」關於山姆各種行爲的不同事件會來到你心中，若是問你：「山姆不友善嗎？」你較難想起他的許多行爲。特意去尋找支持的證據叫做「正向測試策略」（positive test strategy），也是系統二驗證假設的方式。這跟科學哲學家的規則不同，科學哲學家認爲，驗證假設最好的方式是反駁它，人們（包括很多科學家在內）尋找支持他們信念的證據，來證實假設是否成立。系統一的確認偏見喜歡接受沒有證據的建議和誇大的言詞，假如你被問到在未來三十年中，加州發生海嘯的可能性，你心中產生的影像很可能就是海嘯的影像，跟吉爾博特無意義的句子「白魚和糖果」一樣；你會傾向於高估災難發生的可能性。

誇張的情緒一致性——月暈效應

假如你喜歡總統的政策，你可能也會喜歡他的聲音和他的外表。當我們喜歡一個人的時候，我們傾向於喜歡他的全部，包括那些你沒有觀察到的，這就叫月暈效應（當你不喜歡一個人的時候，你也會討厭他所有的事）。這個名詞在心理學上已經用了一百年了，卻還沒進入我們的日常生活中，眞是可惜！因爲月暈效應是個很好的例子，可以用來解釋這種偏見在我們平時對人和事的看法上扮演的重要角色。系統一用比現實更簡單、更一致性的方式來看這個世界。

你在宴會上碰到一個名叫瓊恩的女人，發現她的個性很容易親近，下次有人在問誰可以做些慈善公益時，她的名字就會從你心中浮起，你怎麼知道瓊恩是慷慨的呢？正確的答案是，你什麼都不知道！因爲你實在沒有證據說，人緣好、隨和的人就一定會從事慈善公益，但是因爲你喜歡她，你想到她時，就會提取出喜歡的感覺，你也喜歡慷慨的人，透過這種聯結，現在你相信瓊恩是慷慨的了，你可能比以前更喜歡瓊恩，因爲你把慷慨這個好品德加到她令人愉悅的屬性上。

慷慨的眞正證據在瓊恩的故事中是找不到的，你用你對她的感情（猜測的）來塡補這中間的差距。在其他的情境下，證據是慢慢累積，第一印象產生的感覺會影響你對事物的解讀。在一個經典的心理學研究中，艾胥（Soloman Asch）給受試者看兩個人的描述，請受試者就他們的性格特徵寫評語：你怎麼看艾倫和班？

艾倫：聰明—勤勉—衝動—愛批評—固執—嫉妒

班：嫉妒—固執—愛批評—衝動—勤勉—聰明

假如你像大多數人一樣，你會比較喜歡艾倫，比較不喜歡班。前幾項性格特徵會改變後面出現特徵的含義。一個固執的聰明人可能被認為是擇善固執，或許還會引起別人的尊敬；但是一個嫉妒心強又固執的人，即使他很聰明，人家可能覺得這種人更危險。月暈效應可以化解模稜兩可的情境：就像 bank 這個字一樣，形容詞「固執」也是一個模稜兩可的字，要看情境怎麼說。

關於這個主題有許多研究，有個實驗是先請受試者考慮描述艾倫的頭三個形容詞，再考慮後三個形容詞，實驗者告訴受試者，這三個形容詞是在形容另外一個人。當他們在腦海中形成艾倫和另一個人的影像後，實驗者又問，有沒有可能，這六個形容詞是描述同一個人？大部分的受試者都覺得不可能。

我們對一個人個性的觀察序列通常是隨機的。然而，順序的確很重要，因為月暈效應增加了第一印象的比重，很多時候，後面再進來的訊息已經沒有用了。在我初當教授時，我是用一般大家用的方式來改考卷，我會挑一份出來改，閱完所有題目，算完總分，再改下面一個人的考卷。我後來發現，我的評分非常一致，開始懷疑我的給分有月暈效應。第一題的分數對整體成績來說，份量太重。這個機制很簡單：假如我給某學生的第一題高分，我就等於先相信他成績不錯，除非證據指出另一方向。因此，當我在後面幾題讀到模稜兩可的句子時，我會替她解釋她可能是對的意思，畢竟，一個在第一題答得這麼好的人，怎麼會在第二題犯這種愚蠢的錯誤呢？但是我這樣做有嚴重的錯誤，假如學生只回答了兩題，一題答得很好，一題答得不好，我最後可能打出不同的分數來，就看我是先改哪一題。雖然我告訴學生兩題比重一樣，但是我卻不是這樣打分數的，第一題在總成績上占的比重較大，這是不對的。

於是我採取了新的做法，我現在會改完所有學生的第一題，再改所有學生的第二題。我確定我有把成績寫在考卷內側，避免在改第二題時產生偏見（即使無意識的偏見我也避免），使第二題的分數不受第一題的影響。改用這種方法後，我注意到，我對自己改考卷的信心降低很多，我一直有種不舒服的感覺，那是以前沒有過的。當我對學生第二題的表現很失望，翻到考卷背後登記分數時，我有時會發現，這個學生在第一題得到最高分，我注意到自己很想去改她的分數，縮短第一題和第二題之間的距離。我發現，不遵循這個簡單法則是很難的。同一個學生問答題的分數差距很大，這種不一致性讓我很挫折。

我現在對我自己改卷子的表現感到失望，也較沒有自信，但是我了解這是一樁好事，它表示新的改卷子方式是比較好的，我以前感受到的一致性是假的，只是製造出一個認知放鬆的感覺。我的系統二也很高興地接受最後的成績，因爲系統二的本性是懶惰的，我讓第一題的成績嚴重影響第二題的評分。我不會發現同一個學生有的題目回答得很好，有的回答得不好，因爲沒有發現，我就不會感到不舒服。現在我改用新方法，這個方法雖然比較好，但是它顯露出我過去沒有感受到的不舒服和不一致性。第二個方法好的原因是，我們不該用單一問題來測量學生學了多少，這是不恰當的評量方式，這也顯現我給分的不可靠性。

我所採取減低月暈效應的方式，其實符合了一般性的原則：去除相關錯誤（decorrelate error）！要了解這個原則如何運作，請想像我們向很多人展示裝有硬幣的玻璃瓶，要他們猜猜一個瓶子裡有多少硬幣。就如索羅維基（James Surowiecki）在他的暢銷書《群眾的智慧》（*The Wisdom of Crowds*）中所說的，有些作業一個人去做效果不好，但是把所有人的意見綜合起來，判斷的正確性就會很高。有些人大大地高估了硬幣的數量，有些人又低估了，但是把許多判斷拿來平均時，這個平均值就相當接近正確值。這個機制很簡單：所有人都看同一個瓶子，他們的判斷都有一個共同的基礎；但是從另一方面來說，他們的錯誤率卻是每個人都不同的，在沒有系統化的偏見之下，最後會互相抵消爲零。不過這個錯誤減低的魔力只有在觀察者是獨立的，而且彼此的錯誤是沒有相關的情況下才成立。假如觀眾都有偏見，那麼所有人判斷的聚集也不能減低錯誤。當你允許觀眾互相影響時，就等於減少樣本數，樣本數小時，團體估算的正確率就降低了。

如果要從不同來源的證據中得出最有用的資訊，你應該使這些來源各自獨立，這個規則是好警察辦案程序的一部分。當一個案件有好幾個目擊者時，在作證之前，不能允許他們討論案情。這個目的不僅是防止有敵意的目擊者共謀，同時可以防止沒有偏見的目擊者被別人影響，或影響別人。交換意見的目擊者常會在證詞上犯同樣的錯誤，而減少了證詞的價值。去除訊息來源的重複性絕對是個好主意。

獨立判斷的原則（以及去除相關的錯誤）在主持會議上也有立即應用的效果。任何組織的總裁都花很大一部分的工作時間在主持會議。一個簡單的原則就能發揮作用：在討論一個議題之前，請要求所有與會者簡短地寫下他們的觀點。這個程序會使與會者的背景和多樣性知識得到最大的發揮。傳統的做法會使早發言者的意見占了太大的份量，迫使別人附和他的意見。

你所看到的就是全貌

我早年跟特維斯基一起工作時，最愉快的記憶就是他喜歡模仿大學時的哲學老師，特維斯基會用帶有濃重德國口音的希伯來文咆哮著說：「你們一定不准給我忘記（Primat of the Is）。」我到現在不知道這個老師說這句話的意思（我相信特維斯基也不知道），但是，特維斯基的笑話永遠都是有意義的，他是用這句話提醒自己，不論什麼時候，我們兩人手邊現有訊息與未知訊息不對稱時，他就這樣說（我後來也這麼做）。

聯想機制一個重要的特性是，它只代表被活化的想法，那些無法從記憶中被提取出來的訊息（即使無意識的提取）就等於不存在。系統一善於在把目前活化的想法納進來，建構最可能的故事情節。這點它做得很好，但是它沒有辦法提取系統中沒有的訊息。

測量系統一是否成功的方法是看它創造出來的情境是否有連貫性，與故事所需數據的數量和數據品質沒有關係。當訊息很少時（這現象常發生），系統一會輕率下結論。請思考一下這個說法：「閔迪克會是一個好領袖嗎？她很聰明又堅強……」。你的腦海中一定馬上出現一個答案，這個答案是肯定的。你根據很少的訊息做了最好的決定，但是你太快做決定了，萬一後面兩個形容詞是「腐敗」與「殘暴」呢？

請注意你在很快對閔迪克做出是不是好領袖的判斷時，你沒有問：「在我對這個人的領導能力下結論之前，有什麼是我應該知道的？」系統一從第一個形容詞出現便開始自己工作了。聰明是好的，聰明又堅強，那是好上加好，系統一毫不費力的就把故事編出來了。假如新的訊息進來（例如閔迪克很貪腐），這個故事就得修改，但是系統一不會等待，也不會出現主觀上的不自在，我們的偏見是第一印象就決定了。

尋求合理一致性的系統一加上懶惰的系統二，表示系統二會支持很多系統一的直覺信念，而這信念正是系統一製造出來的印象。當然系統二有能力採取系統化，仔細小心的檢驗，勾選完決策單子上的每一個檢核項目才做決定。想想看，買房子時，你會特意去尋求你沒有的資訊，然而，即使是深思熟慮後的決定，系統一也會去影響系統二的決定，系統一的訊息輸入是從來沒有停止的。

在證據不足的情況下就倉促做決定，對我們了解直覺思考很重要，本書也會一直提到，所以我現在用英文字母簡寫「WYSIATI」（What You See Is All There Is）來代表這種情形，意思就是「你所看到的就是全貌」。系統一對造成印象和直覺訊息的質與量完全不敏感。

特維斯基和他在史丹佛大學的兩名研究生做了一項跟 WYSIATI 直接相關的研究。他們請受試者看下面短文：

> 在 9 月 3 日，原告大衛・索頓（David Thornton）——四十三歲工會的代表——進入節儉藥房第 168 號店，去做例行的工會訪視。在他到達 168 號店十分鐘不到，店長就告訴他，他不能在店內跟工會員工談話，他可以在員工休息時，去後面的房間談話。這個要求是寫在工會與

> 節儉藥房的合約上，但是從來沒有被執行過。當索頓先生拒絕時，他被告知他有三種選擇：1. 服從店長的要求；2. 離開這家店；或 3. 被警察逮捕。此時，索頓先生跟店長說，他以前都可以在店裡跟工會員工談話十分鐘，只要他沒有干擾到店裡做生意，所以他寧可被捕也不願改變例行訪視的行程。店長於是打電話報警，警察以非法侵入的罪名逮捕索頓。在做完筆錄並被短暫關入看守所後，索頓的罪名被撤銷了，索頓先生反控節儉藥房不當逮捕。

除了這份文件是所有受試者都得讀的，不同組受試者還會看到兩造律師的辯詞，當然，工會律師形容逮捕是恐嚇威逼的行爲，而藥局律師則說在店裡談話會妨礙做生意，店長的處置是合理的。有些受試者則像陪審團一樣，兩造說詞都仔細聽。律師的說法並沒有增加任何新訊息，他們所說的話，從背景故事中都可以得到。

所有受試者都非常了解這個情境，即便只聽一面之詞的人也很容易想出對方會講的話。雖然如此，律師單一方面的話仍然對判斷造成了很大的影響；此外，只看到一方證據的受試者，比看到兩造證據的受試者，對自己的判斷更具有信心。這正說明人們依已知訊息建構出合理故事的連貫性，增強了他們的信心。這跟故事的一致性有關，跟完整性無關。的確，你常會發現，知道一點點反而使你容易把你所知道的編成合理的故事。

WYSIATI 加速了合理性和一致性的達成，而認知放鬆使我們傾向於接受這件事是眞的。這件事解釋了我們可以快速思考的原因，以及我們如何用部分訊息就對複雜的外界建構出合理的故事來。很多時候，我們拼湊出的故事是跟外界很相似，相似到足以支持我們合理的行動。然而，我會用 WYSIATI 原則來對判斷與選擇中的各種偏見做出解釋，包括這些：

- 太過自信：就如 WYSIATI 原則所示，無論是證據的數量還是質量，都與主觀自信關係不大。每個人對他信念所持的信心大部分來自他們對親眼所見所編故事的品質，即使他們所見到的非常少也沒有關係[2]。我們通常不會考慮到決定這件事的關鍵證據還沒有出現，卻以爲我們所看的就是全貌，而這是不足以判斷的。此外，我們的聯結系統傾向於選擇一個已被活化的連貫模式，壓抑懷疑和不確定性。
- 框架效應：用不同方式呈現相同訊息常會引發不同情緒。例如，「在手術後一個月內的存活率是 90%」就比「手術後一個月內的死亡率是 10%」更有說服力；同樣的，夾三明治的肉，如果寫成「90% 不含脂肪」就比「含 10% 脂肪」更具吸引力。這兩種呈現方式不同，但訊息的內容是一模一樣的，但是人們通常只看一種形式，而且覺得他所看到的就是全貌，不管完整性。
- 忽略基率：記得前面提到溫和又整潔的史提夫嗎？他常被誤認爲圖書館員。這人格方面的描述非常鮮明而生動，以致於人們忘記了男性農夫比男性圖書館員多了 20 倍。這個統計事實在你第一次考慮到這個問題時，幾乎一定不會出現在你心中，你覺得你看到的就是全部了，便忽略了基準線的不平等。

說到驟下結論

「她對這個人的經營手段一點都不了解，只是憑著優越的簡報得來的月暈效應做判斷。」

「在提出任何討論之前，先各自判斷這個問題，以避免互相干擾，我們才能從每個人獨立的評估上得到較多資訊。」

「他們根據一個顧問的正向報告就做了這個重大決定。WYSIATI ——你所看到的就是全貌，他們沒有想到自己掌握的訊息太少了。」

「他們不想知道更多訊息，以免破壞他們原有的故事情節，他們較相信自己所見到的就是事實—— WYSIATI。」

2 最近的實驗顯示，大腦會自動替記憶填補空白。

08

我們如何做出判斷

你可以回答無限的問題，不論問題是別人問你的，或是你問自己的；你可以評估的屬性也是沒有限制的，你可以計算一頁文字中，大寫字母的數量；比較你家和對門鄰居家的窗戶高度；你可以用量表去評估議員的政治前途，這些問題由系統二來解決。系統二能調整注意力，搜尋記憶找出答案。系統二接受問題或者自己提出問題，不論哪一種，都能重導注意力並搜尋記憶以得出答案。系統一的運作則不同，它持續不斷地監控大腦內外發生的事情，沒有特別的意圖，也很少付出努力，只是持續不斷地評估情境的各種層面。這些基本的評估在直覺判斷上扮演了重要的角色，因爲人們常把這些基本的評估拿來取代較困難的問題——這是捷徑和偏見的最核心觀念。系統一的其他兩個特質也支持用一種判斷去取代另一種。其中一個特質是跨面向（dimension）的價值轉換能力，用在回答比較容易的問題上，例如：「假如山姆的身高跟他的智商一樣，他有多高？」這時，快速思考的方式便開始運作。系統二會自動回答某個特定問題或是評估某個情境的特定屬性，並自動激發其他計算，包括一些基本的評估。

基本評估

演化使系統一不停地對有關生存的問題持續的評估：一切都好嗎？是威脅還是機會？一切都正常嗎？我該前進還是該逃避？這個問題對身處都市環境的人類可能不及大草原上的羚羊那麼急迫，但是我們從演化繼承而來的神經機制持續不斷地評估危險，這是關不掉的。系統一會不停地評估情況是好是壞，需要馬上逃跑還是可以前進。人的好心情和認知放鬆相等於動物對安全性和熟悉感的評估。

一個基本評估的最好例子，就是一眼就能區分出是敵是友的能力，所有動物都發展出這種特定的能力。我在普林斯頓大學的同事托朵洛夫（Alex Todorov）曾經研究過跟陌生人互動的快速判斷的生物機制。他發現，我們生來就有這種能力，只要看一眼陌生人的臉，就能決定這個人的兩個重要事實：他有多強勢（因此他有潛在的威脅性），以及他值不值得信任（他的意圖是傾向友好還是敵意）[1]。臉型提供了評估強勢與否的線索：方下巴通常是控制慾強的人；臉上的表情（微笑或皺眉）則提供陌生人意圖的線索；方下巴和下垂的嘴角通常是找麻煩的象徵。光憑臉部來判斷當然很不準確：圓下巴絕對不是溫和的可靠指標，而微笑也有可能是假笑[2]。不過，即使是不完美的評估能力也還是對生存有利。

在現代社會裡，這個古老的機制有了新用途：它會影響人們的投票。托朵洛夫給學生看一個男人的臉，大約只給他們看十分之一秒的時間就閃過去，然後請學生判斷這個人友不友善、討不討人喜歡，能力如何。結果發現，學生的評估非常一致。托朵洛夫選的臉不是隨機取樣，他選的是候選人的臉，結果普林斯頓大學的學生認爲有能力的人，有 70% 選上參議員、國會眾議員，和州長。這個效果很快地也在芬蘭全國性選舉、英國的區域代表選舉，以及澳洲、德國，和墨西哥的選舉上得到證實。令人驚訝的是（至少對我而言），托朵洛夫的研究對這些人能力評估的預測力，竟比民意調查更準確。

托朵洛夫發現，人們總是綜合強度和信任感這兩個向度來判斷一個人的能力。有能力的臉是強壯的下巴加上一點點自信的微笑。沒有任何證據顯示，可以依這種臉預測這個人在執政上的表現。但是大腦造影的研究顯示，人類生物上的傾向會拒絕缺乏這種屬性的人。在這個研究裡，落選的人在受試者的大腦反應中有較強的負面情緒反應。這是我在下一章中要談「判斷的捷徑」（judgment heuristic）的例子。選民會在腦海中形成某候選人的執政表現未來可能多好的印象，系統二再依據這個簡單的評估法做出它的決定。

政治學研究者開始從托朵洛夫原始的實驗中，找出哪一種選民最受系統一自動化偏好的影響。結果發現，那些政治資訊不夠，但是有看大量電視的選民（如我們預期的），依面孔來判斷候選人能力的效應是資訊較多、看較少電視選民的三倍。顯然系統一在候選人的判斷決定上的影響並非每個人都相同的。我們會在其他例子看到這個別差異。

當然，系統一了解語言，這了解則仰賴平日例行執行的基本

1 向陌生人問路時，我們對女性問路者比較沒有戒心，因為我們比較不會把女性看成強勢的威脅。

2 所以才會有成語笑裡藏刀，笑面虎這種名詞出來。

評估，因爲系統一要不停地了解事件和理解訊息的意義。這個評估包括計算相似性和代表性、因果關係的屬性、聯結和樣本取用的可能性，甚至在沒有特別任務時，也在進行評估。一旦需要，評估結果就可以馬上拿出來應用。

基本評估的內容很多，但並不是每個可能的屬性都需要評估，如圖 7。

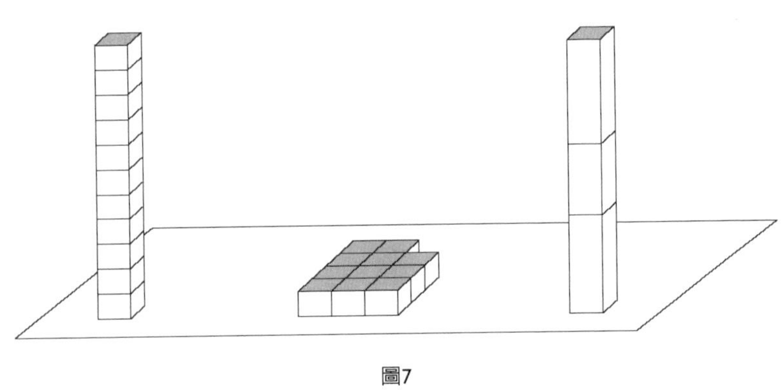

圖7

一眼望過去，你會對圖的很多特徵有印象。你知道左右兩堆積木是一樣高的，兩者的相似性遠大於左邊的積木與中間的積木，但是你不會馬上察覺左邊的積木數與中間的積木數是一樣多的。爲了要確認這些積木的數量是否一樣多，你可以數數看，這個工作只有系統二可以做到。

組件與原型

接下來一個例子是：請問圖 8 中各個線條的平均長度是多少？

圖8

這個問題很簡單，系統一馬上可以回答。實驗發現，只要幾分之一秒就足以讓人們相當正確地說出線條的平均長度。此外，判斷的正確率不會因受試者認知上的繁忙（例如：正在記憶）而減低。認知系統不一定知道如何描述平均長度是多少公分或多少英吋，但是如果要非常正確地調整另外一條線的長度，使其跟心目中的平均值一樣長，系統二不需要形成平均長度的印象，系統一就可以自動毫不費力地完成，就像登錄線條的顏色和線條是否平行一樣輕鬆。我們同時可以對眾多物品的數量形成立即的印象，假如數量小於 4，印象會很準確；超過 4 的話，就會較粗略。

現在再來看另外一個問題：圖 8 線條全部加起來的總長度是多少？這就是全新的經驗了，因爲系統一沒有任何意見可提供。要回答這個問題只能活化系統二，系統二必須很辛苦地估計平均值，估算或數出有幾條線，然後乘以條數。

光看一眼系統一不能計算出全部的長度，對你來說可能一點也不意外：你從來沒想過可以這樣做，這就是系統一的限制。因爲系統一是用原型或一組典型的事件來代表類別，它善於處理平均數問題，但對總和就很不擅長。一個類別的規模和其中包含的案例數量，常常在判斷我稱之爲總和之類的變項（sum-like variables）時被忽略掉。

在一個系列的實驗中，實驗者問受試者：願意出多少錢買網子覆蓋漏油區域，因艾克森石油公司的油輪觸礁沉沒，原油外洩而淹死很多遷徙的水鳥。三組受試者都看到一張全身羽毛被原油污染而溺死的水鳥照片，受試者依各自意願拯救鳥的數量分組，分別爲 2 千隻、2 萬隻，及 20 萬隻水鳥。假如拯救水鳥是一項經濟物品，其價值應該像總和的變項：救 20 萬隻鳥應該比救 2 千隻鳥花得錢多。但事實上，這三組的平均捐款爲 2 千隻鳥 80 美元，2 萬隻鳥 78 美元和 20 萬隻鳥 88 美元，鳥的總數居然沒有造成捐款金額的差異，這三組受試者都只是對那張受難的鳥在做反應，幾乎完全忽略了數量。這種因情緒反應忽略數量概念的案例，在其他實驗中也被證實了。

強度的配對

你的幸福感、總統受歡迎的程度、金融騙子的判刑輕重，及政客未來的前途等問題都共有一個重要的共同特質：這些問題都觸及強度或數量，我們會用「更」這個字來做比較：更幸福、更受歡迎、更嚴厲，或更有權力（對政客而言）。例如，對候選人政治前景的形容可以從「她會在初選就被刷掉」到「她有一天會當上美國總統」不等的程度。

在這裡，我們遇見系統一的另一項新能力。我們內在的強度量表可以跨越不同向度去做比較，假如犯罪可用顏色表示的話，謀殺的顏色應該是深紅，比偷竊的顏色更深；假如犯罪可用音樂來表達的話，大屠殺就應該是很強大的聲音，而停車罰單累積未繳就是很微弱的聲音。當然，你對處罰的強度也有同樣的感覺。在一個古典的實驗中，受試者調整聲音的大小來表示罪行的嚴重程度，假如你聽到兩個聲音，一個代表犯罪，一個代表懲罰，當一個聲音比另外一個大很多時，你會覺得不公平。

請看下面這個例子，我們在後面還會提到：

茱莉四歲時就能閱讀。

現在把茱莉的閱讀能力跟下面這個強度量表配對：

某人的身高跟茱莉的早熟程度一樣，他有多高？

你會想到180公分嗎？顯然太少，210公分呢？可能又太多，你在找一個跟四歲就能閱讀的兒童同樣了不起的高度，雖然應該很了不得，但是沒有到非常卓越的程度。如果十五個月大就會閱讀，那就非常非常了不起，就像一個身高230公分的人一樣。

在你的專業領域中，薪水要多高才能跟茱莉的閱讀成就一樣？

哪一種犯罪的嚴重程度可跟茱莉的早熟程度相符？

哪一所長春藤明星學校畢業生的平均成績跟茱莉的閱讀水準一樣？

並沒有很難回答，不是嗎？可以確定的是，跟你同樣文化環境中的其他人做出的配對結果會很接近。我們發現，受試者被要求從茱莉學會閱讀的年齡去預測她將來的學業總平均時，他們會把一個量表的分數轉換到另外一個量表去，選出相對應的學業總平均來。我們也明白，爲什麼用配對來預測的做法犯了統計上的錯誤——雖然對系統一來說很自然；但對統計學家以外的大多數人來說，他們的系統二也可以接受這種配對的預測方法。

心智的發散性

系統一隨時都在做各種計算，有些計算是例行的評估，是持續不斷在進行的。只要你的眼睛一睁開，你的大腦就在計算在你視覺範圍內三度空間的任何東西，包括物體的形狀、所處空間的位置，及物體的名稱。你不需要刻意激發這個評估動作，或持續監控有沒有任何事情違反了我們的預期。與這些例行評估相反的是，其他計算只有在需要時才會去運作，你不會持續評估你有多快樂或多富有，即使是政治狂熱份子，也不會一直評估總統滿意度有多高。這些偶爾的判斷是自主性的，只有在你要做時，才會發生。

你也不會自動去數你讀的每一個字有多少音節，但是假如你想要，的確可以這樣做。然而，很難控制讓刻意的計算能夠很精確：我們的計算常常比我們需要的多，我把這種過量計算叫做心智的發散性。就像用散彈槍去瞄準某一點是不可能的一樣，因爲散彈槍的子彈是亂飛的，想要叫系統一不要多做系統二沒有吩咐的事，也是一樣的困難。我很早以前從書上看到的兩個實驗正好可以說明這一點。

實驗一讓受試者聽幾對字詞，如果聽到字詞有押韻就要盡快按鍵。這些字的押韻可以有下列兩種方式：

Vote － Note

Vote － Goat

因爲你看到了這兩組字，會覺得很明顯都有押韻，但是 Vote 和 Goat 的拼法不同。受試者是「聽」到字，卻受到拼字的影響，聽出 Goat 那組有押韻的速度就慢下來了。雖然研究人員只要他們比較有沒有押韻，受試者其實還是比較了字的拼法，與聲音無關的訊息妨礙他們迅速做出判斷。刻意回答一個問題卻引發了另一個問題，這不僅是多餘的，也不利主要任務的完成。

在另一個研究中，受試者聽一序列的句子，只要句意是正確的就按鍵，請問對下列句子的正確回應是什麼？

有些路是蛇	Some roads are snakes.
有些工作是蛇	Some jobs are snakes.
有些工作像監獄	Some jobs are jails.

這三個句子在文意上都是錯的，但你可能覺得第二個句子的錯誤更明顯，受試者在第二句子的反應時間跟另兩句比起來有顯著性的差異。這差異的原因是第一、第三句在比喻上可能是對的，我們再次看到，刻意去計算會激發另一個計算，而且正確答案在衝突中更明顯，但這不相干答案的衝突會干擾系統的表現。在下一章中，我們將看到把心智發散性和強度配對綜合起來，就可以解釋為什麼我們對自己所知甚少的東西會有直覺的判斷。

說到判斷問題

「評估一個人有沒有魅力是一種基本評估，不管你想不想，這種評估都會自動進行，評估的結果也會影響你。」

「大腦中的神經迴路會從臉型去評估控制慾。他看起來就像個領導人。」

「如果懲罰不符合犯罪的嚴重程度，我們會覺得不公平，就像你可以把聲音的大小和光線的強弱配對一樣。」

「這是心智發散性最清楚的例子，人家只是問他這家公司的財務穩不穩，他卻想到該公司某項他很喜愛的產品。」

09

回答一個比較容易的問題

你的心智生活有一個很了不起的地方是，你很少受到回答不出來的挫折。沒錯，你偶爾會碰到 17×24 =？這種答案不能馬上進入你心中的問題，但是這種讓你啞口無言、不能回答的情況很少。在正常的心智情況下，你對幾乎所有進入心中的事情都有直覺和意見。你喜歡或不喜歡這個人，遠在你跟他們熟悉之前就決定了，你不知道爲什麼就會信任或不信任這個陌生人，你沒有經過分析就覺得這個企業一定會成功。不管你能不能說得出來，你常常對不完全了解的問題有現成的答案，而你依賴的是自己完全不能解釋、也不能辯護的證據。

取代問題

我提出一個簡單的說法，來解釋我們對複雜的事情如何得出直覺的意見。假如對一個很難的問題無法馬上找到滿意的答案，系統一會找一個容易一點的相關問題來替代困難的，然後回答這個容易一點的問題。我把這種回答另一問題的操作方式叫做「替代」(substitution)，並採用下面這些名詞：

目標問題是你要去評估和回答的。

捷徑的問題是你比較容易回答的。

捷徑在技術上的定義是「一個比較簡單的程序」，它能幫助兩個困難的問題找到合適、但有時是不完美答案的方法。heuristic(捷徑)這個字從希臘文 eureka(我發現了)而來。

這個替代的想法來自早期我與特維斯基一起工作的時期，後來成為捷徑和偏見研究的核心。我們問自己：人們如何在不知道什麼叫機率的情況下，去做機率的判斷？我們的結論是，人們一定是把複雜的問題簡化到自己可以處理的階段，所以我們就開始研究人們是怎麼處理那些不可能的作業。我們的答案是：當人們要去做機率判斷時，他們其實是去判斷別的東西，但是自以為在判斷機率。系統一在面對困難的目標問題時，常常這樣做，尤其是當一個相關且較容易的捷徑問題的答案馬上來到心中的時候。

用一個問題去替代一個問題，是解決困難問題的好策略。波利亞(George Pólya)在他的經典著作《怎樣解題》(*How to Solve It*)說：「假如你不能解決這個困難的問題，一定有個容易的問題是你能解決的，去找到它！」波利亞的捷徑法，是需要系統二去完成的策略程序，但是我在這章中所談到的捷徑並不是特意選的：它們是心智發散性的後果，是我們對問題的回應不精確控制的結果。

請看下列表 1 的目標問題。這些都是困難的問題，在你能夠找到合理的答案去回答之前，必須先處理其他困難的議題。什麼叫快樂？接下來六個月最可能的政治發展是什麼？對其他金融犯罪的標準判刑是多少？這些政治候選人所面對的競爭有多激烈？還有哪一些環境的原因是我們該考慮的？嚴肅的去處理這些問題是完全不切實際的。但是沒有人規定你一定要完美地回答這些問題。但是這些問題有可替代的捷徑方式，它有的時候很有效，有的時候卻會帶出錯誤的答案來。

目標問題	捷徑問題
你願意捐多少錢去拯救瀕臨絕種的物種？	當我想到快死的海豚時，我的感情有多強烈？
這些天來，你的生活有多快樂？	你現在的心情如何？
六個月後，總統的滿意度有多高？	總統現在的滿意度有多高？
欺騙老年人的理財顧問應該要怎麼懲罰？	當我想到金融騙子時，有多憤怒？
參與總統大選初選的這位女性候選人，她的政治前途能走多遠？	這位女性候選人看起來像是政治贏家嗎？

心智的發散性使我們很快能對這些複雜的問題得出立即的答案，且沒有對懶惰的系統二增加什麼負擔。跟左邊相對應的每一個右邊的題目都能很快得出容易的答案。你對海豚和對騙取老人退休金的惡棍的感覺、你目前的心情、你對候選人政治的能力或目前總統的聲望都有現成的答案。這些捷徑問題爲那些困難的目標問題提供了現成的答案。

但是在這故事中，還是有個不完整的地方：這些答案需要符合原始的問題。例如，我對瀕死白海豚的感覺必須用金錢去表達出來，系統一的另一個能力——強度配對，可以用來解決這個問題。感覺和捐錢都是強度的量表，我心中對海豚感覺的強弱可由我捐款的多寡來配對。進入我心中的金額就是配對的數量，同樣的強度配對可以應用到所有問題上。例如，候選人的政治能力從可悲的到特別令人印象深刻的；而政治上的成功也可以從很低的「她會在初選中被淘汰」，到很高的「她有一天會成爲美國總統」。

心智發散性的自動化歷程及強度配對，常爲困難問題的替代問題產生一個或多個答案。有的時候，捷徑問題的替代答案會得到系統二的支持。當然，系統二有機會可以拒絕這個直覺的回答，或去修正它，把別的訊息綜合進去。然而，懶惰的系統二通常遵循著最不費力的路線，連想都不想就支持捷徑答案，沒有花心思去想這答案合不合適。你不會被目標問題絆倒摔跤，也不必工作得太辛苦，你甚至沒有注意到，你根本沒有回答你被問的問題。此外，你可能不了解目標問題很難，因爲直覺的回答很快就來到你心中了。

3-D 的捷徑

請看一下圖中這三個人，然後回答下面的問題：

圖9

右邊那個人有比左邊那個人大嗎？

你心中馬上冒出明顯的答案：右邊的人的確比較大。但是假如你拿把尺去量的話，你會發現，事實上他們是一模一樣大。你對他們的印象主要是受到強有力錯覺的影響。這個錯覺清楚地說明了替代的歷程。

這三個人所處的走廊畫得看起來有深度，你的知覺系統自動把它解釋成三度空間的情景，而不是印在紙面上的二度空間圖畫。在三度空間的解釋中，右邊的人比左邊的人站得遠而且比較大。對大部分的人來說，這三度空間的印象是非常強烈的，只有視覺藝術家和有經驗的攝影師才會發展出把這張圖看成平面的特殊能力。對我們一般大眾而言，替代便產生了：這個強有力的三度空間影像完全控制了二度空間大小的判斷，這個錯覺來自 3-D 捷徑（3-D heuristic）。

這裡出現的是一個真正的錯覺，而不是誤解問題。你知道問題是要你比較圖畫中人的大小，假如我請你估計這些人的大小，我從實驗中得知，你會回答幾英吋，而不是幾英呎。你不會混淆這個問題，但是你會被一個你並沒有被問到的問題所影響：「這三個人有多高？」

在這捷徑中，最重要的一個步驟是把三度空間替代成二度空間的歷程是自動產生的。這張圖中有線索告訴你去做三度空間的解釋。這些線索跟你手邊的作業——判斷圖中人物的大小——是無關的，所以你應該忽略它們，但是你不行。這個跟捷徑聯結在一起的偏見，是物體看起來比較遠的比較大，這個判斷是基於替代，所以不可避免地會朝預期的方向偏誤。在這個例子中，它深深發生在我們的知覺系統中，你根本沒有辦法抵抗它。

快樂心情的捷徑

有一個對德國學生的調查，是替代最好的例子。這些年輕受試者需要回答下面兩個問題：

這幾天你有多快樂？

你上個月約會了幾次？

實驗者想知道這兩個問題之間的相關性，約會很多的學生會不會比約會少的快樂？很令人驚訝的是：不會。這兩個問題的相關是零。顯然約會不是學生在評估他們是否快樂時，第一個進入心中的答案。另一組學生也是同樣看這兩個問題，但是次序不一樣。

你上個月約會了幾次？

這幾天你有多快樂？

結果這次的相關完全不同。在這個順序中，約會次數跟快樂有相關，這是怎麼一回事？

這個解釋很簡單，它是替代最好的例子之一。約會顯然不是學生生活的中心（在第一個調查中，快樂和約會是沒有相關的），但是當學生想到他們的浪漫生活時，就產生了情緒反應。有很多約會的學生被提醒了生活中的快樂層面，而那些沒有約會的人則被提醒了寂寞和被拒絕。這個因約會而被提醒的情緒還停留在受試者心中時，下一個有關快樂的問題就出現了，所以相關也就跟著出現。

這個相關的心理學跟圖 9 大小錯覺的心理學是完全可以類比的。「這幾天有多快樂」不是一個很自然或很容易回答的問題。好的答案需要時間去思考。然而，那些剛剛被問到約會次數的學生並不需要花時間去思考，因爲他們心中已經有一個答案是跟這個問題相關的；他們的愛情生活有多快樂？他們把這個問題用剛剛被問過的問題去替代，然後馬上講出答案。

我們可以像剛剛在第一章中提到的錯覺一樣，再問：這些學生是否混淆了問題？他們眞的認爲這兩個問題——一個是他們被問到的目標問題，另一個是他們回答的替代問題——是相同的問題嗎？當然不是，學生絕對不會分不清楚羅曼蒂克的生活和日常生活。假如你問他們這兩個概念，他們會告訴你，是不一樣的。但是他們被問的不是這兩個概念有什麼不同，而是他們有多快樂，系統一已經有現成的答案了。

約會的問題並不獨特，學生在被問到與父母的關係或是他們的經濟情況後，馬上再問他是否快樂時，同樣的相關形態也會出現。在這兩個情況下，任何會顯著改變一個人心情的問題，都會產生同樣的效應。這就是前述的 WYSIATI，當人們在評估快樂程度時，目前的心情狀態會放得非常大。

情意的捷徑

情緒的影響非常大，心理學家史洛維克（Paul Slovic）提出了「情意捷徑」這個名詞，認爲人們讓自己的好惡決定他們的世界觀。像政黨偏好會決定你要不要相信某個政客講的話；假如你喜歡目前的健保政策，你會相信現行政策的好處很大，花費比另一方案少；假如你對其他國家的政治態度屬鷹派的，你可能會認爲那些國家都很弱小，你的國家可以強勢地逼迫他們屈服；假如你是鴿派，你可能認爲那些國家很強悍，不容易說服。你對這種事的情緒態度就像對輻照食物、紅肉、核能、刺青，或摩托車，會驅使你認爲他們是有利還是有害的。假如你不喜歡上面任何一樣東西，你可能會認爲危險性很高，收益性可以被忽略。

這個結論並不是說你的心智是完全關閉的，你完全不理會訊息和理性的推理，便形成意見。在你了解你不喜歡的活動的風險性比想像中小時，你的想法，甚至情緒態度會改變（至少一點點），同時，關於風險性較低的訊息也會改變你對效益的看法（會變得更好），即使你所接受到的訊息中完全沒有提到效益。

我們在這裡看到系統二另一個新的人格。直到現在，我所描述的都是默默順從的監控者，它給了系統一很多空間；同時也描述系統二主動搜尋記憶、做複雜的計算、做計畫、做選擇的功能。在球棒與球的問題和其他兩個系統互動的例子中，系統二都是最後的決策者，它有能力抵抗系統一的建議，把事情放慢，提供邏輯分析。自我批評是系統二的功能之一。然而，在態度方面，系統二更像是系統一的支持者，而不是批評者或執行者。它通常在跟現行信念符合的訊息中搜尋，而不是眞的刻意去審視這些訊息。主動尋求一致性的系統一，對不苛求的系統二提出了解決方案。

說到替代和捷徑

「還記得我們要解決的問題嗎？還是，我們已經把它和容易的問題替換過來了？」

「我們面對的問題是，這個候選人是否會贏？而我們卻回答，她是否在記者會上表現得好。請不要替代。」

「他喜歡這個專案，所以他認為代價很低、收益很高。這是情意捷徑的一個很好的例子。」

「我們用去年的表現來做捷徑，預測這個公司幾年以後的價值。這個捷徑夠好嗎？我們需要其他資訊嗎？」

下表是系統一的特質和活動。每一個主動句替代一個比較正確、但較難懂的話。我希望這個人格特質的清單能幫助你發展出對虛擬的系統一人格的直覺。就像其他你知道的特質，你對系統一在不同情境下會做些什麼有預感，而你這些預感大部分是正確的。

系統一的人格特質

- 產生印象、感覺、傾向。當系統二支持時，這些就變成信念、態度和意圖。
- 自動化、迅速地運作，花很少力氣或幾乎都不花任何力氣，沒有自主的控制。
- 當某一個特定型態被偵察或搜尋到時，可以依系統二的命令去驅動注意力。
- 在經過訓練後，可以執行有技巧的反應以及產生有技巧的直覺。
- 在聯結記憶中對活化出來的想法創造出合理、有一致性的型態。
- 把真相的錯覺、愉快的感覺、降低的警戒心聯結到認知放鬆上。
- 區分出驚訝和正常。
- 推斷並臆測出原因和意圖。
- 忽略模稜兩可的不確定性和壓抑懷疑。
- 偏向相信和肯定。
- 誇大情緒的一致性（月暈效應）。
- 聚焦在現存的證據上，忽略不在眼前的證據（WYSIATI）。
- 做一些有限的基本評估。
- 用常模和原型來代表基本評估，但沒有綜合能力。
- 跨量表的強度配對（如把體型大小和聲音大小配對）。做比所需更多的計算（心智發散性）。

- 有時用容易的問題去替代困難的問題（捷徑）。
- 對改變比狀態更敏感（展望理論 prospect theory）*。
- 過度看重低的機率*。
- 對量（心理物理學）的敏感度愈來愈小*。
- 喜賺厭賠（損失規避）*。
- 把問題規範得很窄，把它跟別的問題區隔出來*。

---

* 第四部分會詳細介紹這些特質。

| 第二部 |

捷徑與偏見

10

小數原則

一項針對美國3141個郡所做的腎臟癌研究，顯現出一個很令人驚異的型態。腎臟癌發生率最低的郡多半是在鄉下、人口稀少、傳統上屬於共和黨的州，分布在中西部、南部和西部。你會怎麼評斷這個分布型態？

在過去的幾秒間，你的心智非常活躍，主要是因爲系統二在工作。你特意去搜尋記憶要來形成假設。這是要花力氣的，你的瞳孔放大，心跳加快。但是系統一也沒閒著，因爲系統二的運作要靠從聯結記憶中提取出來的事實和建議。你可能會反駁共和黨政客提供腎臟癌防治方法這個念頭。最後你很可能聚焦到人口稀少的鄉村、腎臟癌也很少會發生的這個事實上。聰明的統計學家魏納（Howard Wainer）和翟威林（Harri's Zwerling）（我就是從他們那取得這個例子的）解釋道：「我們很容易去推論罹癌率低是因爲鄉下空氣乾淨、沒有污染、水源清潔，加上食物新鮮、沒有添加物。」這聽起來非常有道理。

現在來看一下腎臟癌發生率最高的郡，這些郡大部分是在鄉下、人口稀少、傳統上屬於共和黨的州，分布在中西部、南部和西部[1]。魏納和翟威林半開玩笑地說：「我們很容易去推論高罹癌率可能跟鄉村貧窮的生活型態有關——沒有好的醫院、高脂肪食物，太多的酒精、香菸。」這裡不太對了。鄉村的生活型態不可能既能解釋低腎臟癌發生率，又能解釋高腎臟癌發生率。

主要的問題不是那個郡是鄉下、還是共和黨，而是鄉村人口稀少，這裡最大的教訓不是流行病學，而是心智和統計之間的複雜關係。系統一已經非常適應一種思考形式——自動、不花力氣地找出事件之間的因果關係，有時甚至是假關係。當你被告知高癌症郡時，你立刻假設這些郡跟別的郡不同，這些差異一定有因果關係。然而我們面對統計的事實時，系統一就一籌莫展了。統計事實會改變後果的機率，但是不會使它發生。

一個隨機的事件，並沒有解釋的能力，這是隨機的定義，但是蒐集很多隨機的事件，的確會出現一個相當固定的行爲型態。你可以想像，一個罐子中裝了很多彈珠，一半是紅的，一半是白的，然後想像一個非常有耐心的人（或是機器人），矇著眼睛，每次從罐中抓 4 個彈珠出來，登記有多少顆是紅的，然後放回罐子，再從罐中抓 4 個。如此重複做 N 次，如果你把結果綜合起來看，你會看到 2 紅 2 白比 4 紅或 4 白多 6 倍。這個關係就是數字的事實。你可以非常有信心地預測這個結果，就像你會非常有信心地預測用鎚子敲雞蛋的結果一樣。你不能預測蛋殼會怎麼破，但是你可以確定這顆蛋一定會破。這裡有一個差別：你可以感受到用槌子敲雞蛋的因果關係，這在從罐子中取樣本做研究時是沒有的。

一項相關的統計事實跟前面這個癌症例子有關。兩個非常有耐心的人輪流從罐子中取彈珠，傑克每次取 4 顆彈珠，吉兒每次取 7 顆，每次都登記他們拿到全白或全紅的次數。假如他們重複這個動作夠久的話，傑克會比吉兒觀察到更多的這種極端成果，大約多到 8 倍（預期的百分比是 12.5% 和 1.56%）。這與槌子或因果關係無關，只有數學的事實：每次拿 4 顆會比每次拿 7 顆，會出現更多的極端結果（全白或全紅）。

現在把全美國的人口想成罐中的彈珠，有些彈珠上面寫著 KC（腎臟癌），每次輪流在這些郡中取樣本。鄉下的樣本比其他樣本小，就像傑克和吉兒的實驗一樣，極端的結果（非常高或非常低的罹癌率）容易出現在人口少的郡，這就是唯一的原因。

我們從尋找原因的任務開始：腎臟癌發生率在全國各州的差異性很大，而且這差異是系統化的。從統計角度來解釋：極端的結果（高和低的癌症率）本來就比較可能在小樣本中出現。這個解釋與因果關係無關，人口少的郡既沒有引起、也沒有防止癌症，它只是讓癌症率這個數字與人口稠密的郡相比，變得比較高（或比較低）。眞相是沒有什麼可解釋的。人口少的郡癌症率並沒有更高或更低，它只是在某一年看起來是這樣，因爲取樣的關係。假如我們在下一年重複這個取樣的話，可能會觀察到和小樣本群同樣的極端型態，但是去年高的郡，今年就不一定高了。假如是這樣的話，人口稠密與人口稀少的郡就不是眞正的事實，而是科學家所謂的「假象」（artifact）——因研究方法而產生的現象——在這裡是指因樣本大小所產生的差異。

上面這個故事可能令你很驚訝，但是它並不令人意外，你

1 和上面發生率最低的條件一模一樣。

很早就知道大樣本比小樣本值得相信，即使不懂統計的人也聽過「大數原則」（law of large numbers）。但是「知道」並不像「對－錯」問題，你會發現下面幾句話可以應用到你身上：

- 在你讀流行病學故事時，並沒有立刻想到「人口稀少」這個特質與研究有關係。
- 你對取 4 個樣本和 7 個樣本所得到的差異多少感到驚訝。
- 即使現在，你必須要花些力氣才能看懂下面兩句話是講完全相同的兩件事：
    - 大樣本比小樣本精確。
    - 小樣本比大樣本容易得出極端的結果。

第一句話一看就曉得是眞話，但是一直要到第二句話變成你的直覺，你才會眞正了解第一句話。

結論就是，是的，你眞的知道大樣本的結果比較精確，但是你可能現在才了解你並沒有很清楚。你不是唯一會這樣的人，特維斯基與我合作的第一個實驗就顯示，即使是很嚴謹的科學家也會有很差的直覺，而且不清楚樣本效應。

小數原則

我跟特維斯基在 1970 年代初期的合作，是在探討「沒有統計訓練的人卻有好的統計直覺」。他告訴我和我的學生，密西根大學的研究者對直覺的統計很樂觀。我對那句話感受很強烈，因爲最近剛剛發現自己不是很好的直覺統計學家，而我不認爲自己比別人差。

身爲研究型心理學家，取樣的變異性（sampling variation）並沒什麼特別，只是個討厭又很花錢和精神的障礙物，它把每一個研究專案變成賭博。假設你想證明，六歲女孩的詞彙量比同年齡男孩多的假設。這個假設在母群中是成立的，一般女孩的詞彙量的確比男孩多。然而，男孩和女孩的差異性很大，運氣好的話，你會選到差異不明顯的樣本，甚至男孩的分數比女孩高的樣本。假如你是研究者，這個結果對你來說，代價就高昂了。因為你耗費了時間和精神，卻無法確認假設是否符合事實為眞。唯一可以減少這個危險的方法是用很大的樣本群，那些用很少樣本的研究者等於是把自己交到取樣運氣（sampling luck）的手中。

任何樣本大小的錯誤風險，可以用一個很簡單的方式來預估。不過，傳統上，心理學家不用計算來決定樣本大小。他們用判斷力，而這是會出錯的。在我跟特維斯基辯論之前，我讀了一篇專講研究者犯的錯的論文（他們到現在仍然在犯），這位作者指出，一般來說，心理學家選的樣本小到有50%的機會不能成立他們的假設[2]，如果推翻了虛無假設，那麼對立假設（alternative hypothesis）就成立。沒有任何一個心智健全的研究者會接受這樣的機率。比較可能的解釋是，心理學家關於樣本大小的決定，反映出他們對取樣變異數有普遍性的直覺迷思。

這篇論文讓我很震驚，因為它解釋了我自己在研究時所碰到的問題。像大部分的心理學家一樣，我習慣性地選了太小的樣本群，常常得到無法解釋的資料，現在我知道為什麼了：這些奇怪的資料其實是研究方法上的假象。會犯這種錯誤特別令我發窘，因為我教統計，知道如何去計算樣本大小來減低達不到可接受度的風險。但是我從來沒有用計算的方式去決定樣本大小。像我的同事一樣，在計畫實驗上，我相信傳統，也相信自己的直覺。

2 讀者知道在統計上，我們設立虛無假設（null hypothesis）。

我從來沒有眞正思考這個問題。當特維斯基來到我的書報討論課時，我已經知道我的直覺是有缺陷的，在這一門書報討論課中，我們很快都同意密西根實驗者的樂觀是錯的。

特維斯基和我於是設計實驗，想要了解我是唯一的傻瓜，還是眾多傻瓜中的一個。我們找數學專家來做實驗，看他們會不會也犯類似的錯誤。我們發展出一個描述眞實研究情境的問卷，包括一再成功的一些實驗，我們請研究者選擇樣本的大小，評估他們選定樣本大小的失敗率，並對假想的研究生提供忠告，教他們如何計畫實驗。特維斯基在數學心理學年會時蒐集了一群專家的反應，包括兩位統計學教科書的作者。結果很清楚：我不是唯一的傻瓜，我犯的每一個錯誤，數學專家們都犯了。這表示即使是專家，都沒有對樣本大小給予足夠的注意力。

特維斯基把我們共同寫的論文命名爲〈對小數原則的信任〉（Belief in the Law of Small Numbers）。我們開玩笑地解釋：「隨機取樣的直覺顯然對小數原則很滿意。這顯示，大數原則也可應用到小數原則。」我們同時也強烈建議研究者，要適度懷疑自己的統計直覺，盡可能用計算來取代印象。

對自信的偏見壓過懷疑

在針對 300 名老人的電話調查中，有 60% 支持總統。

假如你要爲上面這句話做總結，你會怎麼說？幾乎可以確定的是，你會說「老人支持總統」。這些字的確表達了上面那句話的意義，但是它簡化了調查的細節——用電話採訪，樣本群是 300 人，這背景知識沒有吸引什麼人的注意。你的結論即使在樣本群不同的情況下，也是一樣。當然，一個無稽的數字會引起你的注意（在全國 6 名或 600 萬名老人中的電話訪問調查顯示……）。除非你是專業人士，不然你對樣本群 150 人和樣本 3 千人不會有不同的反應，這就是「人們對樣本大小沒有足夠的敏感度」要表達的意思。

這個電話調查的訊息包含了兩種訊息：這個故事及故事的來源。當然你會聚焦在故事上而不會注意結果的可信賴度。當信賴度很低時，這個故事就沒有人相信。假如別人告訴你「某政治狂熱團體做了一個有偏見、有問題的調查，來顯示老人支持總統……。」你當然會拒絕這項調查的發現，它就不會變成你信念的一部分。你反而會把它拿來當做政治謊言的新例子，你可以選擇不相信這種一看就曉得是假的例子，但是你有足夠的信心區辨「我在《紐約時報》上看到……」和「我在茶水間聽到……」的差別嗎？你的系統一可以區分出相信的程度嗎？ WYSIATI 的原則認爲：不可以。

如我前面所說，系統一不擅長懷疑，它會壓抑不確定性，而且會自動去建構故事，使一切看起來合理，除非這個訊息被立刻否定，否則它會認爲訊息是眞的，進而激發聯結擴散。系統二可以懷疑，因爲它可以同時維持兩個不相容的可能性，然而，維持懷疑比維持肯定辛苦得多。小數原則就是系統一偏好肯定，不喜歡懷疑的例子，我們在下面的章節中還會一再看到這種偏見。

我們強烈的相信小樣本就代表了大母體，這偏見也是大故事中的一部分：我們傾向誇大所見事物的一致性和合理性。在月暈效應中，可以看到研究者誇大的信心，我們常以爲了解對方，其實對他們一無所知；系統一跑在事實的前面，去建構一個豐富的影像，而它所根據的證據實在少得可憐。如果我們相信小數原則，快速下結論就會運作起來。通常，它會建構出一個非常合理的眞實，讓你相信。

原因和機率

聯結的機制尋找原因。我們在統計規則上的難處，就是因爲統計的取向（approach）不同。統計不去看手邊的事件怎麼了，而是去看可能會怎樣。沒有什麼特定的東西使事件變成現在的模樣，一切只是機率問題。

對因果想法的偏好，把我們帶到嚴重的錯誤中，使我們在評估眞正的隨機事件的隨機性上犯了錯。例如，在同一家醫院出生的六名寶寶，性別是男是女顯然是隨機的，這是獨立事件，前面幾小時出生的男女數量，跟後面幾小時出生的男女數量沒有任何關係，甲家生男並不會影響乙家生女，這叫獨立事件。現在請想一下，下面這個序列的可能性：

男男男女女女

女女女女女女

男女男男女男

這些順序是否有同樣的發生機率？直覺的反應是「當然沒有」。這個反應是錯的。因爲這些事件是獨立的，而且生男和生女的機率（幾乎）一樣，所以任何一種六個寶寶的性別序列發生機率都是一樣，即使你現在已經知道這個結果是眞的，它還是跟你的直覺預期不符，因爲只有第三個序列看起來是隨機的。如我們所預期的，受試者認爲「男女男男女男」被判斷比另兩個更符合隨機。我們是型態的尋找者，合理世界的信仰者，在這世界中，規則（如連生六個女孩的序列）不只是隨機出現，而是像機械的因果關係或是某人的意圖。我們並不期待隨機的歷程會有規則出現，當我們偵察到隨機序列像是有規則在後面操作時，會馬上拒絕這個歷程眞的是隨機。隨機歷程製造出許多人們認爲一點都不是隨機的序列。你可以看到，假設因果關係有演化上的好處，這是從我們祖先身上繼承來的普遍性警覺，我們會自動搜尋環境中的任何改變。獅子隨時可能出現在大草原，但是假如獅群出現的頻率好像有增加，哪怕這增加是隨機歷程的隨機結果，你最好還是注意一下，爲了安全起見，先做個萬全的準備。

我們對隨機的誤解相當常見，有時會產生嚴重的後果。在特維斯基跟我的論文中，我們引用統計學家富勒（William Feller）對人們多麼容易憑空看到某個型態的說法。二次世界大戰時，倫敦遭到猛烈轟炸，人們認爲這轟炸不是隨機的，因爲被炸到的地方從地圖上看來很可疑，有人認爲沒被炸到的地方是因爲有德國間諜住在那裡。一項嚴謹的統計分析顯示，被炸的地方完全是隨機丟彈的結果，但是它引起的印象卻是不隨機，富勒說，「對沒有經過訓練的眼睛來說，隨機看起來是有規則可循或是聚集的。」

我很快就有機會應用我從富勒處學來的東西。1973年爆發的贖罪日戰爭[3]（Yom Kippur）。我勸以色列空軍的高級軍官不要浪費時間做調查，因爲空戰一開始對以色列很不利，大家沒有想到埃及地對空的飛彈表現這麼好，以色列損失慘重，而且受創的地方看起來不像隨機分布的結果。我被告知，同一基地的兩個飛行大隊，一隊失去了四架飛機，另一大隊一架都沒有損失，所以

3 10月6日是猶太教中最神聖的日子，這一天要禁食。敘利亞和埃及等阿拉伯國家認為，以色列在這天的戒備應該最鬆，所以採取突擊式，結果被以色列打到離開羅85公里、離大馬士革35公里處才談和。這是近代史上，全面開戰的一個例子，又叫十月戰爭。

以色列成立了調查小組來研究那一隊有什麼地方做不好。其實沒有任何理由相信哪一個大隊表現得比另一個好，兩隊的運作也沒有任何差異。當然，飛行員的生活有很多隨機上的不同，包括在兩個任務期間他們回家的頻率，以及出任務時，任務報告的方式等。我的忠告是，司令需要接受這不同的結果是來自機率，也就是運氣。他應該要停止面談飛行員，我告訴他，運氣是最可能的答案。他如果隨便尋找不顯著的原因，不但徒勞無功，還會傷害到已經受創的士氣，使隊員覺得死去的隊友似乎犯了什麼錯。

多年以後，特維斯基和他的學生吉爾維胥（Tom Gilovich）、瓦隆（Robert Vallone），針對籃球場上隨機迷思所做的研究引起了一陣騷動。教練、球迷和球員都相信上場者偶爾會出現手氣正旺（hot hand）、投球必中的時候。於是這個推論幾乎理所當然：球員連投中三、四次時，你無法不形成因果關係的判斷，這個球員手氣正「旺」，他現在得分率會高，有投必中，而且兩邊的球員都有這種想法——隊友會想辦法把球傳給他，讓他上籃得分，敵隊則會派出雙倍人力去防守他。但是分析出幾千次這種情況後發現，根本沒有「手氣旺」這回事，不管是投籃或罰球都沒有。當然，有的球員比別的球員準確一些，但是投中或沒有投中的序列是完全符合機率的。所謂「手氣旺」完全存在於人的眼中，人們太容易看到因果關係，這是一個影響深遠的認知錯覺。

大眾的反應，也是這研究的一部分。這個驚人的結論上了報紙，一般人的反應是不相信。波士頓塞爾提克隊著名的教練奧爾巴哈（Red Auerbach）聽到吉爾維胥的研究時的反應是：「這傢伙是誰？他做了研究？我才不理呢！」人們在隨機中看到規律型態的傾向，真是無法抗拒，絕對比這傢伙做的研究更令人印象深刻。

規律的錯覺對我們生活的影響很大，絕對不只在籃球場上而已。你要多少年都得到好的投資報酬，才承認你的投資顧問其實是不錯的？要多少次合併成功，董事會成員才會相信執行長是相當能幹的？對這些問題的簡單回答是，假如你相信直覺，你會誤把隨機事件判斷爲系統化的結果，我們拒絕相信我們所見到的規律性是隨機的結果[4]。

我在本章一開頭用美國癌症的例子來說明，這個例子原本是寫給統計老師看的，我是在前面提過的魏納和翟威林兩位統計學家所寫的有趣報告中看到這個例子。他們這篇論文是聚焦在一筆 17 億美元的大投資案上：這是由比爾蓋茲基金會（Gates Foundation）贊助，用以打造一個成功的教育環境。許多研究者都在尋找成功教育的秘密，他們找出最成功的學校，希望發現這些學校與眾不同之處。這個研究的一個結論是，一般來說，大多數成功的名校都是小學校，在調查了賓州 1662 個學校之後，前 50 名學校中，有 6 所是小型學校。這使得蓋茲基金會投入大量資金去創立小型學校，甚至把大校分割成幾個小校，至少有六個基金會跟進，如安能堡基金會（Annenberg Foundation）、皮優慈善信託基金會（Pew Charitable Trust），連美國教育部都成立了小型學習社區專案（Smaller Learning Communities Program）。

你可能覺得上面的做法很正確。我們很容易建構一個因果故事，來解釋小校如何能提供比較好的教育並教出高成就的學生：因爲小校能給學生較多注意和鼓勵。很不幸的是，因果分析的結果是它們一點意義也沒有，因爲這個事實是錯的。假如問向比爾蓋茲基金會報告的統計學家：最糟學校的特性是什麼？他

---

4 我們相信無風不起浪，其來必有自。

就會發現，壞學校比好學校的規模還要小。眞相是，小學校不是比一般學校更好，只是變異性更大。魏納和翟威林說，如果眞有區別的話，大學校其實有比較好的成績，尤其在各種課程的選擇上，大學校的成績更高[5]。

多虧了最近認知心理學的進步，我們現在才清楚，當年特維斯基和我只了解了一部分：小數原則是心智運作兩大故事中的一部分。

- 對小樣本誇大的信心只是一般錯覺的例子之一。我們對訊息內容的注意力，大過訊息的可信賴度，這個結果使我們將世界變得比數據能證明的，更簡單、更具一致性。「快速下結論」在我們想像的世界中，比在眞實世界中安全。
- 統計產生許多觀察起來具因果關係的解釋，但是它其實沒有解釋力。這個世界的許多事實是來自機率，包括取樣的意外在內。對機率事件提出因果的解釋一定是錯的。

說到小數原則

「是的，本製片公司自從新執行長上任後，已推出三部成功的電影，但是現在就說他的好手氣會持續下去，恐怕還太早。」

「我不願相信新任的業務員是個天才，我要先去問一下統計學家，請他估算一下他的成功是來自機率的可能性有多少。」

「這個觀察的樣本太小了，以致不能得出任何推論，我們不要被小數原則給騙了。」

「我想先對實驗的結果保密，直到有足夠大的樣本，不然我們會面對太早下結論的壓力。」

5 大學校因為人多，可以開出許多選修的課。

11
錨點

特維斯基和我曾經做過一個幸運大輪盤（wheel of fortune）的實驗，這個輪盤上面標示 0 到 100 的數字，但是我們的設計是輪盤數字不管怎麼轉，都只會停留在 10 和 65 這兩個數字上。我們再請奧瑞岡大學的學生來做這個實驗。特維斯基和我其中一人會站在一組學生前面，轉動幸運大輪盤，請他們寫下輪盤停住時的數字，當然不是 10 就是 65，然後問他們兩個問題：

在聯合國中，非洲會員國的數量比剛剛寫下來的數字大，還是小？

你認為聯合國中，非洲國家會員國的比率是多少？請盡力猜猜看。

這個大輪盤不可能帶給你什麼有用的訊息，照理說，受試者應該忽略它才對。但是他們沒有。看到 10 的人，平均估計值爲 25%，看到 65 的人，平均估計值爲 45%。

我們所研究的現象，在生活中其實非常普遍，也非常重要，因此你應該知道它的名字叫做「錨點效應」(anchoring effect)。當人們考慮一個未知數量之前，會用某種特定價值，來做估算的比較。估算值會跟你心中考慮的那個價值很相近，這是實驗心理學中，最可靠、最強大的結果，就像錨一樣穩定而可靠。假如你問「甘地死時是不是已經 114 歲了？」會得到比問「甘地死時是否 35 歲」來得高很多的估算值。假如你在考慮要花多少錢買一間房子，你會被開價所影響，開價高的房子看起來比較有價值。假如開價很高，即使你已決心要抵抗這個數字的影響，你還是會受到開價的影響。在估算的問題上，人家問你的任何數字都會影響你的決定，這就是錨點效應。

我們並不是第一個觀察到錨點效應的人，但是我們的實驗是第一個展現它的荒謬的：人們的判斷會被一個怎麼看都沒有訊息價值的數字所影響。你怎麼想都想不出理由，爲何幸運大輪盤對聯合國有多少非洲會員國有影響。特維斯基跟我把這篇文章發表在《科學》期刊上，這是我們在《科學》期刊上發表過的文章中最著名的一篇。

但是這裡有一個問題：特維斯基跟我並沒有完全同意心理學的錨點效應。他支持一個解釋，我則喜歡另一個。我們沒有找到可以解決這個分歧的方法。終於在幾十年以後，透過很多研究者的努力解決了這個問題。現在我很清楚，特維斯基和我都是對的，有兩個不同的機制製造出錨點效應——每個系統對應一個機制。在系統二的運作上，錨點的形式發生在判斷的特意調整過程上。在系統一促發效應上的自動歷程也有錨點效應。

錨點和調整

特維斯基喜歡把「調整－錨點」捷徑的想法，當作估算不確定值的策略：從一個錨點數字開始，去評估它是太高還是太低，慢慢調整你的估算值，在心智上慢慢移動你的錨，這個調整通常不成熟，未達到最後目的就提早結束了。因爲人們在不確定是否該再往前走時，會停頓下來。在我們的看法出現分歧後幾十年，也就是特維斯基過世好幾年，兩名心理學家各自獨立的研究提出這個歷程的確實證據。這兩個人都曾與特維斯基密切合作過，薩佛（Eldar Shafir）和吉爾維胥跟他們的學生——特維斯基聰明的孫子們，一起做出來了。

要驗證這點，請拿一張紙畫一條 2½ 吋長的線條，從底往上畫，請不要用尺。現在，拿另外一張紙從上緣往下畫，在距離底端 2½ 吋處停住。請比較這兩條線，你會發現第一次由底往上畫的 2½ 吋比較短（比第二張紙上線條所留下的 2½ 吋空白要短）。原因是，你並不知道 2½ 吋的線條長什麼樣，這裡存在不確定性。當你從頁底往上畫時，你在不到 2½ 吋處就停下來，但是當你從頁頭往下畫時，你在到達 2½ 吋之前就會停住了。列波（Robyn LeBoeuf）和薩佛找到日常生活中這種機制的許多例子。調整不足解釋了爲什麼你下高速公路進入市區後，會開得比較快，尤其當你一邊跟別人說話時；調整不足也是青少年和父母之間關係緊張的原因，青少年喜歡在房間裡把音樂開得很大聲，列波和薩佛注意到「即使孩子好意把很大聲的音量調小一點，以達到父母親對『合理的音量』的要求，但是孩子的錨點高，所以雖然音量調低了，對父母來說仍嫌高，使孩子的好意未被看到」。開車的人和孩子兩人都特意向下調整，但是兩人的調整程度都不夠。

現在請看下面這些問題：

喬治・華盛頓什麼時候當選總統？

在聖母峰的頂上，水的沸點溫度是多少？

當你看到這兩個問題時，第一個進入你心中的是錨點數字，你知道這是錯的，也知道答案的方向。喬治・華盛頓在 1776 年以後成爲美國總統，你也知道聖母峰的水沸騰溫度低於攝氏 100 度。你必須要調整方向離開這個錨點數字。就像線條的問題一樣，當你不確定該不該往前走時，你會停下來，待在不確定區域的邊緣。

艾卜利（Nick Epley）和吉爾維胥證實了「調整」是爲了離開錨點所做的特意行爲：假如受試者被要求在聽到錨點時搖頭，就好像他們不接受的模樣，那麼他們會把分數移得離錨點遠一些；而聽到錨點時點頭的人，則會移得近些。艾卜利和吉爾維胥確認了「調整」是要花力氣的行爲。當心智資源用光時，人們會停留在離錨點比較近的地方，因爲他們的記憶塞滿了數字，或是有一點醉了，當系統二很弱或很懶時，「調整」就變強了。

所以，我們現在知道特維斯基是對的，至少在系統二去調整某個特定方向，以離開錨點的一些例子中是如此。

錨點是一個促發效應

特維斯基跟我在辯論時，我承認調整有時會發生，但是我對此覺得不自在。調整是個有意識的特意行爲，但是在大多數對錨點效應的實驗中，缺乏主觀的經驗，請看下面兩個問題：

甘地死亡時，比 144 歲大還是小？

甘地去世時幾歲？

你會把你的估計從 144 歲往下調整嗎？可能不會，但是這個高得不合理的數字（沒有人活那麼久）仍然影響了你的估計。我感覺到，錨點僅僅是一個「建議」。這是當有人讓我們看到、聽到或感覺到某個東西時，我們所用的字。例如：「你現在覺得左腿有一點麻嗎？」這句話總會使一些人回報說他們的左腿的確有一點怪怪的。

特維斯基比我保守，他不相信暗示或感覺（hunch），他正確地指出「建議」（suggestion）並不能使我們了解錨點效應，因爲我們不知如何去解釋「建議」。我必須承認他是對的，但是我不同意調整不足是產生錨點效應的唯一原因。我們做了很多實驗想去了解錨點，但是都沒有成功，最後就放棄了。

這個打敗我們的謎團現在解開了，因爲「建議」這個觀念已經不再晦澀不明：建議是個促發效應，它選擇性地找出相容的證據。你沒有一秒鐘會相信甘地活到 144 歲，但是你的聯結機制一定會對一個很老的人產生印象。系統一理解句子的方式，就是盡量相信它是眞的，而選擇活化相容的思想產生了一串系統性偏誤，這使得我們輕信或傾向於堅信我們所相信的東西。我們現在明白，爲什麼特維斯基和我沒有看出其實有兩種錨點效應？我們所需的研究方法和理論基礎在我們研究當時尙未出現，它們是到後來才被發展出來的：系統一盡力建構一個將錨點數字當作眞實數字的世界。我在本書第一部描述了這個聯結連貫性和合理性。

德國心理學家馬斯魏勒（Thomas Mussweiler）和史崔克（Fritz

Strack）提出了最令人信服的證據，展示出聯結連貫性在錨點中扮演的角色。他們在一個實驗中，提出錨點問題：「德國的年平均溫度是高於還是低於攝氏 20 度（華氏 68 度）？」或是「德國的年平均溫度是高於還是低於攝氏 5 度（華氏 40 度）？」

然後他們給所有受試者看一些字，請他們指認。結果發現，攝氏 20 度使受試者更易辨識跟夏天有關的字（如太陽、海灘），而攝氏 5 度則促發了跟冬天相關的字（如，下霜和滑雪）。對相容的記憶的選擇性活化，解釋了錨點的作用：高或低的數字活化了記憶中不同組的想法和念頭。因爲選出來的樣本有偏見，所以估計一年的平均溫度就有偏見。在另外一個實驗中，他們要求受試者估計德國車的平均價格。高錨會選擇性地促發高級車品牌（如賓士、奧迪）；而低錨則會促發大眾普遍使用的車款（如福斯）。我們在前面看到，任何促發都會激發跟它相容的訊息，建議和錨點都可以用系統一的自動化運作來解釋。雖然我當時並不知道如何證明它，我的感覺後來證實是對的，錨點和建議之間是有關係的。

錨點指數

許多心理學的現象可以用實驗的方法展現出來，但是很少可以眞正測量到。錨點效應是一個例外。錨點可以被測量，而且效果很大。有人曾問去舊金山探索館[1]（Exploratorium）參觀的人兩個問題：

> 美國最高的紅杉（redwood）是高於或低於 1200 英呎呢？
>
> 你猜測最高的紅杉的高度是多少？

在這實驗中，高錨是1200英呎，另一組受試者看到的則是180英呎（低錨），兩者相差了1020英呎。

如我們所預期的，這兩組產生了差異頗大的平均估計值：844英呎和282英呎，差了562英呎。錨點指數是兩者差異的比例562／1020＝55%。這個錨點的測量對盲從錨點數字的人來說是100%，對能夠忽略錨點數字的人來說是0。而55%是典型的錨點指數，在很多其他的實驗中，都得到相似的數字。

錨點效應不僅是實驗室的好奇心，它在眞實世界中，影響力一樣強大。許多年前有個實驗，實驗者請房屋仲介者評估一棟在市場上待售的房子價值多少。他們參觀了房子，打聽了行情，也看到了售價。有一半的房仲看到的價錢遠高於屋主的開價，另一半的房仲看到的價錢則遠低於屋主的開價，每一個仲介都寫下他對這棟房子的估價，以及他願意賣的最低價錢（假如房子是他的）。然後實驗者問房屋仲介者，影響他們判斷的因素是什麼。很驚訝的是，屋主的開價並沒有被列在單子上，仲介者很驕傲自己能忽略這個因素，他們很堅持屋主的開價並沒有任何影響力。但是他們錯了：這個錨點效用是41%。的確，這些房屋仲介專家跟沒有房地產經驗的商學院學生一樣受到錨點效應的影響，這些沒有實務經驗的學生的錨點效應是48%。這兩組受試者唯一的差別是，學生承認他們受到錨點的影響，而專業人士則否認錨點的影響。

強有力的錨點作用在人們做金錢有關的決定時，最易展現出來。例如，當人們決定要捐獻多少錢時。我們告訴探索館實驗的

1 這是法蘭克・歐本海默（Frank Oppenheimer）在舊金山漁人碼頭利用二次世界大戰後剩餘的木條、保麗龍和廢棄倉庫所建的博物館，不收門票，可以讓孩子動手做（hands-on），還有志工導覽，造福了千千萬萬的學子。法蘭克的兄長羅勃・歐本海默（Robert Oppenheimer）是原子彈之父，竟是麥卡錫白色恐怖的受害者，他是二十世紀最偉大的科學家之一。

受試者，油輪造成了環境污染，問他們願意捐多少錢來救助這些在太平洋岸受污油傷害的五萬隻海鳥；「從清除岸邊小範圍的漏油污染，進而找到防止漏油污染的方法，到要求油輪船主負責善後。」這些問題需要強力的配對：受試者被要求找出他所願意捐獻的金額，與他對海鳥奄奄一息所感受到的情緒強度，有些受試者一開始就被問到錨點問題：例如，「你願意捐 5 美元……」然後，才問你願意捐多少錢。

會參訪探索館的人，一般來說，都對環保意識較敏感。當沒有錨點問題時，願意捐的平均金額是 64 美元。當錨點只有 5 美元時，他們願意捐的金額降到 20 美元，當錨點高到有點離譜的 400 美元時，他們願意捐的金額上升到 143 美元。

高錨和低錨的差異是 123 美元，錨點效應是 30%。這表示，一開始增加 100 美元的要求，平均可得到 30 美元的回饋。

同樣的，在各種估計或捐獻實驗中，甚至可以看到更大的錨點效應。例如，飽受污染之苦的法國馬賽市民被問到他們願意多花多少錢，移居到比較不受污染的地方，得到的錨點效應是 50%。在線上交易時，最容易看到錨點效應。同樣品項在不同的「立即買」（buy now）有不同的價錢，尤其在藝術品的拍賣上，「估價」就是一個錨，它影響第一個出價的人。

當然，錨點也有合理的情況。畢竟，那些被問到困難問題的人一定會抓住救命的稻草，這個錨是看似合理的稻草。假如你一點都不了解加州的樹，當別人問你紅杉可不可能長到 120 英呎，你可能會推論這數字跟真相相差不遠，是知道紅杉會長多高的人所想出的問題，所以這個錨可能是個有價值的暗示。然而，錨點研究最主要的發現是，即使很顯然是隨機數字的錨，也跟有訊息價值的錨一樣有效。當我們用幸運大輪盤請受試者估計聯合國的非洲會員國數時，錨點指標爲44%，是在錨點暗示的有效範圍之內，相似大小的錨點效應在很多的實驗上有觀察到，這個實驗以受試者社會安全號碼[2]（social security number）的最後幾碼做爲錨點來，估計這個城市有多少醫生。結果非常的清楚：錨點失去了作用，因爲人們對腦海中的資料有信心。

隨機錨點的力量在下面這個實驗中可以看到。實驗者請有十五年審判經驗的法官先讀一個女性在大賣場偷東西失手被捕的案子，然後請他們擲兩個骰子，但是這兩個骰子被做了手腳，每次擲出來不是3，就是9。骰子一停住時，實驗者就問法官，他對那個偷東西的女人的刑期判決，會多於骰子的數目還是少於骰子的數目。最後，實驗者請法官寫下他們會判多久的刑期。平均來說，擲出9的法官會判8個月的徒刑；而擲出3的法官會判她5個月，錨點效應是50%。

使用和濫用錨點

現在，你應該已經很相信錨點的效應了。有的時候它是來自促發作用，有的時候來自不適當的調整。這個現象到處可以看得到。產生錨點作用的心理機制讓我們太容易受別人的影響，遠比我們願意承認的多得多。當然，也有許多人很樂意、也有辦法利用我們的愚蠢。

錨點效應解釋了爲什麼限量購買在行銷上很有效。幾年前，愛荷華州蘇市（Sioux City, Iowa）的超市打出促銷廣告：康寶濃湯（Campbell's soup）減價10%。某幾天，廣告牌上寫「每人限買十

---

2 美國沒有身分證，美國人一出生就給一個社會安全號碼，作用就和我們的身分證一樣。

二罐」，某幾天廣告牌又寫「購買數量不限」。結果在限買十二罐的日子，消費者平均買七罐，比沒有限制數量時多了兩倍。不過錨點不是唯一的解釋，限量配給給人的感覺，是物品不夠，只能限量分配，貨品很快會從架上消失。它給消費者一種急迫感，最好趕快囤點貨。但是我們也知道，12 罐就是一個錨點，它會產生錨點效應，哪怕 12 這個數字是從幸運大輪盤中產生的。

我們在買房子時的討價還價上，看到同樣的策略。賣方定售價，他走了第一步，就像許多遊戲一樣，先走第一步是有好處的，尤其在單一議題的協商上，例如價錢是買方和賣方唯一要談的東西。你可能在跳蚤市場經驗過討價還價的過程。第一個錨是最重要的錨點，有著強有力的作用。在我教授協商課時，我都告訴學生，假如你認爲對方是漫天喊價，開出不合理的價格，你不應該提出一個同樣不合理的出價，殺得太低反而會製造無法或很難協商的差距。你應該假裝生氣，大聲喊叫，馬上離開或威脅要離開，你要很清楚地讓對方知道，你不會繼續以他的開價協商。

心理學家賈林斯基（Adam Galinsky）和馬斯魏勒提出一個微妙的方式來抵抗討價還價時，錨點效應的影響。他們教學生把注意力集中到記憶的搜索上，以抵抗錨點效應，這個活化系統二的策略是成功的。例如，當出價者（第二個人）把注意力放在對方可以接受的最低價，或協議不成時對方的損失，錨點效應會減少，甚至消失。一般來說，特意爲對方著想的策略，可能是抵抗錨點效應很好的防禦方式，因爲它把產生錨點效應的偏見思想扳正了。

最後，試試看如何去除公共政策中的錨點效應：個人傷害的賠償裁定。這類賠償數目有時非常大，常被告的公司行號（如醫院和化學公司）就遊說立法委員爲賠償設一上限，在你讀本章之前，或許認爲賠償上限可能對被告有利，但是現在你不確定了。假設上限是100萬美元，它會阻擋掉更大額的賠償，但是這個錨點也會把很多小額的賠償金額拉高，這些本來應該很低的賠償金額會因爲錨點設在100萬美元而大大提升了。你可以確定，錨點效應對嚴重傷害及大公司的好處大於小公司及輕傷。

錨點和兩個系統

隨機錨點的效應對了解系統一和系統二之間的關係很有幫助，錨點效應過去都是用判斷和選擇的作業來研究，這是系統二的範圍。然而，系統二是在系統一自動、非自主性的運作下，根據記憶中提取出來的資料做判斷，所以系統二會受到錨點效應的影響，因爲它使某些訊息容易被提取出來。此外，系統二完全不知道有這個效應存在，也沒有控制權。接觸到隨機或荒誕的錨點（如甘地的死亡年齡是144歲）的受試者，可以很自信地拒絕這個顯然無用的訊息，並認爲不會對他們的估計產生影響——他們錯了。

我們在小數原則中有討論到，一則訊息（除非它是謊言，馬上被拒絕）不管它的可靠性如何，都會對聯結系統有同樣的作用。訊息的重點就是個故事，這個故事是基於手邊所有的訊息組成的，即使訊息量很少、品質很差也一樣有效：WYSIATI。當你讀到拯救山難者的英雄故事時，它影響聯結記憶的作用就跟新聞報導或電影情節一樣。錨點效應來自記憶的活化，這個故事是否爲眞、可信，其實不重要。隨機錨點的強大影響是這個現象的極端例子，因爲隨機錨點顯然不可能提供任何訊息。

我在前面談到促發作用的各種型態，你的思想和行爲會受你根本沒有注意到的刺激影響，甚至你根本沒覺識到的刺激也會影響你。促發作用的研究主要是告訴你，你的思想和行爲是受到當時環境的影響，這個影響比我們知道或想要的都多得多。許多人不肯相信促發作用，因爲它和你的主觀經驗相去甚遠；許多人不喜歡促發作用的結果，因爲它威脅到我們自主性的主觀感覺。假如一個不相干電腦螢幕圖案會影響你，使你願意幫助陌生人，而你自己並不知道是這個原因，那你有多自由呢？錨點效應也是同樣令人感到威脅，就算你一直知道有這個錨點，也注意到它，但是你還是不知道它如何引導你，規範你的思想，因爲你無法想像假如錨點改變或是沒有這個錨點的話，你會怎麼想。不過，你應該假設任何一個在桌上的數字對你都有錨點效應，假如代價太高，你應該動用系統二（就是你自己）去對抗它。

說到錨點

「我們想要併購的公司送來了他們的商業計畫，包括預期營收，我們不應該被那個數字影響，把它放到一邊去。」

「計畫都是描述最好的狀況，我們在預測實際結果時，避免把錨點設在計畫上。去設想計畫可能失敗的各種方式是預測真正結果的一種方法。」

「我們協商的目的是使他們錨點落在這個數字上。」

「讓我很清楚地告訴你，如果這是他們的提案，協商就破裂了，我們不想從那裡開始。」

「被告律師輕浮地提出一個低得不合理的損害賠償金，而法官把錨下在那一點上了。」

12

可用性的科學

特維斯基和我研究成績最好的一年是在 1971 － 72 年間，我們在奧瑞岡州尤金市（Eugene, Oregon）做研究的時期。我們受邀去訪問奧瑞岡研究院（Oregon Research Institute），那裡有好幾個各領域的未來之星，我們在那裡展開對判斷、決策，和直覺的研究。我們的東道主是史洛維克，他是特維斯基在密西根大學的同學，也是他終生的朋友。史洛維克那時正在朝風險（risk）這個領域領頭羊的地位前進，他後來果然成爲該領域的頂尖學者長達數十年，領過許多獎。史洛維克和他的太太羅絲（Roz）帶領我們融入尤金市的生活，我們很快做尤金一般市民做的事——慢跑、烤肉，帶孩子去看籃球賽。我們同時也很努力工作，做了幾十個實驗，寫判斷捷徑的論文。晚上，我則埋首撰寫《注意力和努力》這本書，那是忙碌而完美的一年。

我們的計畫之一是研究「可用性捷徑」。我們問自己：人們在估算一個類別的頻率時會怎麼做，例如「六十歲以後離婚的人」

或「危險的植物有多少」。這答案非常簡單：看我們能從記憶中提取多少這類例子出來，假如提取是容易且流暢，那麼這個類別會被判斷爲很大。我們定義「可用性捷徑」爲「依例子進入心中的容易程度，做爲頻率判斷的歷程」。當我們想出這個定義時似乎很清楚，但是「可用性」（availability）的概念後來被修正、精緻化了許多。當時，兩個系統的理論尚未發展出來，我們並沒有想到應決定這個捷徑是個特意的問題解決策略，還是一個自動化的操作。我們現在知道兩個系統都有參與。

我們那時所想的是，要提取出多少例子，我們才會覺得是很容易？我們現在知道答案是：一個都沒有。例如：請用下面兩組字母盡量組合出字來，愈多愈好：

XUZONLCJM

TAPCERHOB

你在沒有找到任何一個例子之前，就馬上知道其中一組較容易組合出更多字，可能容易十倍左右；同樣的，你不需要找出某則特定新聞，就知道哪個國家在過去一年上新聞的次數比較多（如比利時、中國、法國、剛果、尼加拉瓜、羅馬尼亞等）。

可用性捷徑就像其他判斷捷徑一樣，可以用一個問題來替代另一個問題。你想估計某個類別的大小或某個事件出現的頻率，但是你報告的，其實是這些例子來到你心中的容易度所帶給你的印象。替代問題不可避免會導致系統性錯誤。你會發現，捷徑如何用一個簡單的歷程導致偏見：列出頻率以外，其他很容易想出的例子。你單子上的每個因素，都是偏見的可能來源。例如下面事件：

- 凡是吸引你注意力的鮮明事件，會很容易從記憶中提取。好萊塢電影明星離婚和政客性醜聞會吸引很多人的注意力，所以這些事件很容易進入你心中，因此，你比較可能誇大好萊塢明星離婚和政客性醜聞的頻率。
- 戲劇性的事件會暫時增加這個類別的提取可能性。飛機失事會引起媒體的大幅報導，這會暫時改變你對飛行安全的感覺；在你目睹汽車在路邊燃燒後，這個意外事件會留在你心中一陣子；有好一陣子，世界對你來說是個危險的地方。
- 個人的經驗、影像和生動的記憶，都會比發生在別人身上的事、單純的文字，或統計數字，容易提取。法官的誤判會使你對司法失去信心，你的切身之痛遠比你從報上讀到相似事件來得印象深刻。

你可以盡量抵抗這個容易取得的大量訊息所造成的偏見，但是會很辛苦。你必須花精神重新考慮你的印象和直覺，並問自己這類問題：「我們把青少年偷竊看成主要問題，是否因爲社區最近發生好幾起類似案件？」或是「我認爲沒有必要注射流感疫苗，因爲我認識的人裡，去年沒有一個人感染流行性感冒。」時時維持你對偏見的警戒心是件辛苦的事，但是假如偏見帶來的代價很高，那麼還是值得這樣做。

有個很著名的實驗指出，覺識到你自己的偏見，可能會爲婚姻帶來和諧，也可能使你在其他合作專案上，與他人關係融洽。在這個研究中，實驗者問參與訪談的夫妻：「你在維持家的整潔上，貢獻有多大？請以百分比表現之。」同樣，他們也要回答其他類相問題，如「倒垃圾」、「主動提議做社交活動」等等，你覺得你的貢獻度有多大？這個對貢獻家事時間的自我評估會加總到 100% 嗎？還是不到 100% ？如我們所預期的，自我評估做家事的時間加起來超過 100%。可用性偏見（availability bias）即可解釋這個例子。夫妻兩人都記得自己的貢獻，而且記得自己所做的遠大於記得配偶所做的，這個差異導致對頻率判斷的不同。但是這偏見不見得對自己有利：配偶常高估自己的貢獻，以至於引起吵架[1]，這個偏見也在需要合作的團隊中看到。每個人都是覺得自己做的比應該做的還多，而別人都不感激他，或別人沒有表達出他認爲自己應得的感激。

一般來說，我對人們控制偏見的能耐並不這麼樂觀，不過這裡是個例外。你可以成功地把偏見清除掉，因爲現在是一個講究團隊合作的時代，你常會看見團隊中好幾個人同時覺得自己的努力沒有被老闆或同儕看到，沒有得到適當的獎勵。只要看到每個人覺得自己的努力加起來超過 100% 時，你就要趕快把這不滿的引線解掉，以免累積到最後，情緒爆炸。無論如何，每個人都要記得，你偶爾會做的比你應該做的還多，但是你要知道，團隊中每一個人也可能都有同樣的感受。

可用性心理學

可用性捷徑的研究在 1990 年代初期突飛猛進，因爲在施華茲（Norbert Schwarz）的領導下，德國研究團隊提出了一個很具啓發性的問題：人們對某一類別頻率的印象，會不會被我們要求他寫下多少數量的例子，而受到影響？想像你自己是下面這個實驗的受試者。

請列出6個你覺得自己行事果決的例子來。

然後，請評估你自己是不是一個很有決斷力的人。

再想像你被要求列出12個你行事果決的例子（大多數人都覺得很難列到12件這麼多）。這時，你再評估自己是不是個有決斷力的人，會不會跟上面列出6個例子時有差別？

施華茲和他的同事觀察到，寫出上面這些例子的作業，在兩種方式下，可加強受試者的判斷。

- 能夠從記憶中提取出例子的數量。
- 這些例子有多容易來到你心中。

對被要求寫出12個例子的人來說，這兩件事是有些矛盾的。一方面，你剛從記憶中提取出幾個行事果決的例子；另一方面，前面三、四個例子都很輕易進入你心中，但是後面的就要好好想一想了。結果，是例子的數量，還是提取的容易度和流暢度比較占優勢？

結果非常明確：那些好不容易想到12個例子的人，覺得自己的決斷力不及寫出6個例子的人。此外，被要求寫出12個沒有決斷力例子的人，覺得自己其實還相當有決斷力。假如你好不容易才想出12個優柔寡斷的例子，當然會認爲自己很有決斷力，自我評估是受到容不容易想到例子所影響。從記憶提取有多流暢，比提取的數量更重要。

這一組的其他心理學家對流暢性做了一個更直接的研究。在這個實驗中，所有受試者都要寫下6個很有決斷力或沒有決斷力的例子，在寫的時候臉上要保持「微笑」或是「皺眉」，你

1 例如，配偶會講你「從來」不做家事，都是「我一個人」在做。

從前面已經知道，皺眉會伴隨認知緊張的感覺。這個效果是對稱的：當人們做作業要皺眉時，他們眞的會更努力做，經驗到更多認知緊張。研究者預期皺眉組在提取有決斷力行爲的例子時，會遇到較大的困難，所以把自己評估得較沒有決斷力，結果也確實是如此。

心理學家喜歡得出矛盾結果的實驗，他們把施華茲的發現熱心地廣泛應用，例如：

- 在回憶出自己多次騎腳踏車的經驗後，人們認爲自己並不常騎腳踏車。
- 當要求人們找出更多論點來支持自己的看法時，他反而變得比較沒有信心。
- 在列出很多可以避免事故的可能性後，人們對事故的可避免性反而比較沒有信心。
- 人們在列出這部車的很多優點後，反而對這部車的印象沒有那麼好了。

美國加州大學洛杉磯分校（UCLA）的教授發現了一個很聰明的方法，可以探索可用性偏見造成的例子。他請不同組的學生寫下如何改進一門課，每組的改進點不能相同。正如我們預期的，那些必須寫出更多改進方法的學生，對這門課的評分最高。

或許這個矛盾研究最有趣的發現，是矛盾不一定每次都找得到。人們有時依照提取的內容，而不是依照提取的容易度來判斷。你眞正了解一個行爲形態的證據是，你知道如何把這行爲反過來。施華茲和他的同事發現，在某個情境下，會發生倒過來的行爲。

他們使受試者很容易想到前面幾個例子，但是後面的例子就變得很難想得出來。當然，受試者本來也知道後面的例子不會像前面那麼流暢就想出來，但是從 6 個到 12 個例子，流暢性下降的幅度實在太大了，超出受試者自己的預期。結果受試者就做了這個推論：假如我要比預期的辛苦這麼多倍才能找出這些例子，那我一定不是很果斷的人。請注意，這個推論是根據驚訝而來的——流暢性比預期的還要差。對此例中的受試者而言，比「可用性捷徑」更好的名詞應該是「無法解釋的不可用性」捷徑（unexplained unavailability heuristic）。

施華茲和他的同事認為可以中斷這個捷徑，並告訴受試者他們所經驗到的提取流暢性是因為他們聽到的背景音樂其實不是普通的音樂，而是能夠幫助他們回憶和提取的音樂；另外一組受試者則被告知背景音樂會干擾他們提取回憶，使表現變差。結果，經驗到「流暢」提取的受試者並沒有用流暢度做為捷徑；被告知音樂會干擾提取的受試在提取 12 個例子時，評估自己的決斷力跟評估在提取 6 個例子時相同。用其他故事去解釋流暢度的實驗，也常得到同樣的結果：受試者的判斷不再受到提取容易程度的影響，而歸因到實驗者所給的假的理由上面。有些實驗者告訴受試者，電腦螢幕的顏色會增強或減弱他的表現；有些實驗者告訴受試者，測試箱上的直線或曲線會增強或減弱他的提取；或是任何實驗者想出來跟實驗毫無關係的理由，但足以騙得過受試者的故事都會有效。

如我前面說過的，導致決定的歷程其實是一個相當複雜的推理程序，受試者在寫出例子來時，會經驗到文思枯竭、想不起來的困境，他們當然知道例子會愈來愈難想得出來，但是他們的預期錯了：想起新例子的困難度比預期中快多了，被要求寫出 12 個例子的人因爲這個低提取率，而對自己失去信心。當驚訝被去除時，低提取率就不再影響判斷了。這看起來是一個非常嚴謹的推論歷程。自動化的系統一有能力做到嗎？

答案是，其實不需要複雜的推理。在系統一的基本能力中，有一個就是設定預期的能力。假如違反預期，它會很驚訝，系統一也會尋找引起驚訝的可能原因，通常是從最近發生的驚訝中尋找。此外，系統二可以重新設定系統一的預期，使一個本來會引起驚訝的事件變得正常。假設有人告訴你，隔壁的三歲小男孩通常會在娃娃車中戴著大禮帽，那麼，當你眞的看到他戴著大禮帽時，會比沒有被事先警告，突然看見他這樣，少了很多驚訝。在施華茲的實驗中，實驗者告訴受試者，背景音樂是提取困難的原因。所以提取 12 個例子的困難對受試者來說就不那麼驚訝了。因此，他們在判斷自己的果斷程度時，就比較不會受到作業的影響。

施華茲和他的同事發現，做跟自己相關的判斷的人，比較會考慮從記憶中提取出例子的數量，比較不受流暢度的影響。他們找了兩組學生來做心臟血管疾病機率的研究。一組受試者是有心臟病家族史的，他們對這個作業的態度就比沒有家族史的來得嚴肅。所有受試者都被要求回想出 3 個或 8 個日常生活中有可能影響心臟病發作的行爲（有的要寫增加危險的行爲，有的要寫預防的行爲）。沒有心臟病家族史的受試者對這個作業就沒那麼在意，是可用性捷徑的關係。所以，很難寫出 8 個危險行爲的人，認爲自己相對安全，不會有心血管疾病。而那些努力回想自己做過什麼預防行爲的人，覺得自己可能得當心一點。至於那些有心臟病家族史的受試者，他們的行爲正好相反——當他們回想出許多安全行爲的例子時覺得很安全；當他們回憶出許多危險行爲時覺得非常危險，也覺得自己未來的行爲會受到自己對危險行爲評估的影響。

結論是，如果很容易想到例子，那是因爲系統一走捷徑，當需要系統二花比較多力氣時，這個捷徑會被提取的內容所取代。不同實驗室所做出的不同實驗證據，都指向同一個結論：那些受系統一主導的人有比較強的可用性偏見，在下面一些例子的情況中，人們比較容易跟著感覺走，受到提取容易度的影響，比較沒去管提取出來的例子內容：

- 當他們同時在做另一件很花精神的工作時。
- 當他們正好想到一件快樂的事情，心情很好時。
- 假如他在憂鬱症量表上得分很低時。
- 假如他們在這個作業上是個新手。
- 當他們在直覺信心量表上，得分很高時。
- 假如他們是（或實驗者使他們覺得）很有力的人士。

我對最後一項特別有興趣。作者在這篇論文的開頭引用了美國總統布希在 2002 年 11 月說的一句名言：「我不需要花很多時間去全世界做調查來告訴我，我的想法是正確的，我只要知道我的感覺就好了。」實驗者接著說，仰賴直覺有一部分是人格特質，他只是提醒，人們有時候會強有力地增加自己對直覺的信任，雖然不見得正確。

說到可用性

「因為上個月，兩架飛機相撞，她現在只敢搭火車，她真傻，失事的機率並沒有因此而增加，這是可用性偏見在作祟。」

「他低估了室內污染的危險性，因為媒體很少報導，這是可用性效應的現象。他應該去查一下統計數字。」

「她最近看了太多間諜電影，所以覺得到處都有陰謀。」

「這位執行長最近有好幾個案子都很成功，所以失敗的可能性不容易進入她心中，可用性偏見使她過度自信。」

13

可用性、情緒和風險

研究風險的人馬上就看出，可用性跟他們的領域很有關係，即使在我們的研究還沒有發表之前，經濟家學庫魯瑟（Howard Kunreuther）就發現，可用性效應（availability effect）可幫助解釋災後買保險和採取防護行動的行爲模式，那時庫魯瑟的事業不過剛起步，只是個研究風險和保險關係的年輕學者。受災戶或可能的受害者都非常關心保險的問題。每回大地震過後，美國加州住戶總是有一陣子會非常緊張地狂買保險，並採取各種措施以保護自我和減輕損失。他們將熱水爐固定好以防在地震中損壞、把地下室的門縫封緊防堵洪水進來，還有確保急用物資準備就緒[1]。然而，地震的記憶隨著時光流逝而淡去，人的警戒心也一樣。記憶的動態性，爲災難發生、災後擔憂關心，然後逐漸鬆懈自滿的週期循環提供了解釋，研究大災難的人員也一再看到這種循環發生。

庫魯瑟同時觀察到，不論是政府還是個人的保護措施，通常

1 我那時在加州大學教書，我的同事很自豪地說，他們家除了人和貓，所有東西都固定住了，除非牆倒了，他們家的熱水爐是八個人都抬不走的。

都是依照他們經歷過的最糟的、最嚴重的災難所設計的。就像埃及法老王時代，人們是按照尼羅河曾氾濫的最高水位做記號，然後依這個記號做準備，也就是假設洪水不會超越這個警戒點。因此，人們很難想像更糟會是什麼樣子。

可用性和情意

最有影響力的可用性偏見實驗，是我們在尤金市的朋友——史洛維克和他長期的合作者列支斯坦（Sarah Lichtenstein）及我們以前的學生費希霍夫（Barush Fischhoff）一起合作完成的。這項了解大眾對風險看法的開創性研究，現已成爲可用性偏見的標準範例。他們提出兩組死亡原因：糖尿病和氣喘；中風和意外。要受試者思考各組中哪一個是較常發生的死亡原因？發生率高多少？他們把判斷結果跟當時的統計數字相比較，下面是他們調查發現的一些例子：

- 中風死亡人數其實比所有意外的死亡人數加總起來還高兩倍，但是 80% 的受試者判斷，意外致死的人數比較高。
- 雖然死於氣喘者是被龍捲風襲擊致死的 20 倍，受試者卻認爲，因龍捲風死亡的數量比死於氣喘者多。
- 受試者認爲，被雷打死的人比食物中毒而死的人少，其實被雷打死的人數比因肉毒桿菌而死的多了 52 倍。
- 病死是意外死亡的 18 倍，但是受試者卻評得一樣高。
- 意外死亡被認爲是糖尿病致死的 300 倍，但事實上，應該是 1：4。

這個教訓很清楚：對死亡原因的預測受到媒體報導的影響。媒體報導本身就是偏好新奇和辛辣的。媒體不只是塑造大眾有興趣的議題，同時也被這些議題所塑造。編輯不能忽略大眾的需求，於是對某些議題和看法特別加以報導。不尋常的事件（如因肉毒桿菌中毒而死）會吸引到廣大觀眾或讀者的注意，因此就被誤認爲沒有那麼不尋常了。我們大腦裡的世界並不能精準反映眞實世界。我們對事件發生頻率的預期，也會受自己接觸到訊息的頻率及對事件的情緒強度所影響。

對死因的評估幾乎是聯結記憶中念頭或想法激發的直接反應，它也是替代的好例子。但是史洛維克和他的同事卻有更深層的洞見：他們看到，人們很容易就想到各種風險，而且對這些風險有強烈的情緒反應，兩者緊密地糾纏在一起。可怕的念頭和影像總是特別容易進入我們心裡，而那些生動的危險想法又加劇了我們的恐懼。

如前面所說的，史洛維克最後發展出情意捷徑的看法。他認爲人們會依照情感來做判斷和決定。我喜歡它嗎？我討厭它嗎？我對它的感覺有多強烈？史洛維克說，人們在生活的許多層面中，會依感覺直接形成意見和做選擇，他們自己其實不知道爲什麼會這樣做。情意捷徑是替代的一種，即對容易問題的回答（我對它的感覺是什麼？）替代了比較難的問題（我對他的看法是什麼？）。史洛維克和他的同事把他們的觀點和神經科學家達馬吉奧（Antonio Damasio）的研究聯結起來。達馬吉奧認爲，人類對結果的情感評估、身體狀態，以及跟這兩者有關的趨前或逃避傾向，都在決策制定上扮演了重要的角色。他們觀察到，那些在做決定前沒有展露適度情緒的人（有時是因爲大腦受傷），是無法做出好決策的。他們無法接受壞後果「健康的恐懼」（healthy fear）的指引，常會走向災難性的結局。

史洛維克在一個很令人信服的研究中，呈現情意捷徑運作的方式。他的研究團隊調查人們對各種科技的意見，包括飲用氟化水、化學工廠、防腐劑，和汽車。他請受試者列出每一種科技的好處和風險，並觀察到受試者給的兩個估計值之間有非常高的負相關：他們對一種科技的好處評價和對它的風險程度預估之間出現負相關。當人們喜歡某項科技，他們會說科技帶給人類很大的好處，並把風險評得很低；當他們不喜歡某項科技時，他們只想到它的壞處，想不起有什麼好處。由於這些科技是從好到壞，依序排開，沒有任何利益交換可言，如果是在時間壓迫下做評估，人們對風險和好處的評估更是接近。令人驚訝的是，英國毒物協會（British Toxicology Society）會員的反應也是如此：他們對自己認爲有風險的物質和科技評得非常低，一無是處，但對喜歡的卻評得很高，沒有壞處。這種一致性的情意，就是我稱之爲「聯結連貫性」的主要元素。

下面是這個實驗最精采的部分。做完問卷以後，受試者要讀一篇短文，內容是對各種科技的支持。有的受試者是讀某科技的各種益處，其他受試者讀的是強調該科技沒什麼風險，這篇短文很有效地改變了受試者對這項科技的情緒。令人驚訝的是，那些讀到科技好處的受試者也改變了他們對風險的看法，雖然他們並沒有接受任何相關證據。現在他們比較喜歡這項科技，同時也認爲風險較小。同樣的，那些讀到這項科技風險低的受試者，也發展出比較喜歡該科技好處的態度。結果是很清楚的，就像心理學家海特（Jonathan Haidt）在〈情緒的尾巴搖動著理智的狗〉（The emotional tail wags the rational dog）一文所說的，情意捷徑簡化了我們的生活，因爲它創造的世界比眞實世界更井然有序。好科技在我們所居住的想像世界中，壞處很少，壞科技則一點好處都沒有。所有決定在這裡都變得很容易，當然，在眞實世界裡，我們常得面對利益和成本痛苦的權衡。

大家與專家

史洛維克對人類如何做出風險判斷，知道的可能比任何人都多。他的研究讓老百姓看到自己是怎麼做決策：一般人是受到情緒指引而不是理智，我們很容易因不重要的細節而改變心意，對低機率和可以忽略的極低機率之間的差異，一點都不敏感。史洛維克也研究專家，他們在處理數字上顯然比一般人強，但專家跟我們一樣有各種偏見，只是形式弱一點而已。不過，他們對風險的判斷和偏好與一般人很不一樣。

專家和一般老百姓的判斷差異，有一部分可以用偏見來解釋，但是史洛維克讓我們看到，在很多情境中，這個差異其實反映了價値觀的衝突。他指出，專家通常用死亡人數或壽命來測量風險，而老百姓的區分則比較細膩。例如，「善終」(good death)和「非善終」(bad death)，或隨機的意外死亡和自主活動中的死亡（如滑雪）。統計常常忽略這些合理的差異，只計算數字。史洛維克從這些觀察中歸納出：老百姓對風險的概念比專家豐富，因此，他強烈抵抗應該由專家來做決定的看法。當專家意見跟老百姓的意見有衝突時，他不認爲應該無條件接受專家的意見。當專家與老百姓的優先順序不同時，他認爲：「雙方都應該尊重對方的洞見和智慧。」

在他想要把風險的控制從專家手中搶奪出來的努力中，史洛維克挑戰這些專家的根本概念——風險是客觀的。

> 風險並不能脫離我們的心智和文化而獨立存在，等著我們去測量。人類發明了「風險」的概念，是爲了幫助他們了解和應付生活中的危險和不確定性。雖然這些危險是眞實存在，但是世界上並沒有所謂「眞正的風險」（real risk）或「客觀的風險」（objective risk）這種東西。

爲了說明這一點，史洛維克列出九種界定毒氣外洩到空氣中死亡風險的方式，從「每 100 萬人中死亡一人」到「每生產 100 萬元產品造成的死亡」。他的意思是，風險評估決定於你採用的測量方法，而測量方式的選擇很可能會受到偏好某一種結果的影響，他接著下結論說：界定風險是權力的角力（defining risk is thus the exercise in power）。你可能不會猜到，你居然能從心理學判斷研究的實驗中得出這麼辛辣的政策議題！然而，政策終究是跟老百姓有關的，包括老百姓要什麼，什麼對老百姓最好。每一個政策都牽涉對人性的假設，尤其是老百姓可能做的選擇，以及選擇的結果對他們自己和社會的影響。

另一個我很景仰的學者兼朋友孫斯坦（Cass Sunstein）完全不同意史洛維克對專家和老百姓的看法，他捍衛專家的角色就像抵抗民粹主義進攻的堡壘一樣。孫斯坦是美國最著名的法律學者，而且無畏與其他同領域領袖分享看法。他知道他可以很快掌握任何領域的知識，他也眞的做到了，包括判斷和決策心理學及規範和風險政策。他認爲，美國目前監管體系的優先順序非常糟，只是對公眾壓力做出反應，而不是經過仔細客觀地分析具體情況。他認爲，爲減低風險而採取的風險規範和政府干預，應受合理權衡成本和益處的引導，其分析單位應該是有多少人能獲救（或拯救多少年的壽命，這增加了救助年輕人的比重）以及經濟上的成本開支。監管不力會浪費生命與金錢，這兩者都應該被客觀測量。孫斯坦沒有被史洛維克對風險和測量是主觀的論點所說服，風險評估在很多方面是值得商榷的，但是他對風險的客觀性有信心，認爲透過科學、專業和仔細的審議可能達成。

孫斯坦認爲，對風險的偏見反應是公共政策優先順序不對、不穩定的重要原因。立法者和執行者可能對老百姓的不合理要求過度反應了，因爲他們都有政治敏感度，也因爲他們和老百姓一樣，容易犯同樣的認知偏見。

孫斯坦和他們的合作者法學家庫倫（Timur Kuran）把偏見影響政策的機制稱作「可用性級聯」（availability cascade）。他們說，在社會情境裡，「所有捷徑都相等，但是可用性比別的更相等。」在他們心中對捷徑有較擴充的看法，除了頻率以外，可用性還提供判斷的捷徑。尤其是概念的重要性通常是依它從記憶中提取的流暢度和情緒來判斷。

可用性級聯是一個自續的連鎖事件，可以從媒體報導的一個很小的事件，到大眾恐慌，以及政府大規模的反應。在一些情況中，媒體對某個風險的報導故事抓住了大眾的注意力，轉而變成警戒與擔憂，這種情緒反應又促使更多媒體去報導它，引發更多的關心與政府干預。這種週期循環有時會因「可用性企業家」（availability entrepreneurs）的特意介入而加速，這些個人或組織持續使這個令人擔憂的新聞一直出現，一直流傳。媒體競相製造吸引注意力的頭條新聞，使得危險更加誇大。科學家和其他有識之士想要阻止這種持續增加的恐懼和厭惡情緒，使它得不到媒體的注意或是引來敵意 —— 任何人敢說這個危險被誇大，馬上會被懷疑是一手遮天或包庇。這個議題變成政治上重要的議題，因爲每一個人都關心它，而政治體系是受到群眾感情強度的指引。可用性級聯現在就要重新設定優先順序了。其他風險和原本可對大眾有益處的資源，現在全都隱匿到背後去了。

庫倫和孫斯坦聚焦在至今仍有爭議性的兩個例子上，第一例是勒夫運河（Love Canal）事件[2]的廢料都埋在那裡。後來人口愈來愈多，尼加拉市政府便在上面塡土開發，蓋房子、建學校。1979 年，一場大雨把地底下的毒物沖出來，穢氣也隨之出現，居民才發現原來他們住在垃圾堆上。居民的憤怒和恐懼是可想而知的，其中有一個叫吉布斯（Lois Gibbs）的人，熱中於維持人民的憤怒和恐懼熱度。這個可用性級聯就依照標準劇本一幕幕展開了。在這事件最受關注的時候，每天新聞都有勒夫運河的故事，科學家解釋說這個危險被誇大了，但是根本沒人理，而且被轟下台。美國廣播公司（ABC）製作了一個節目叫「殺人的土地」（Killing Ground），節目中，人們抬著空的嬰兒棺材在市議會前遊行。結果由公家出錢讓大部分勒夫運河的居民搬遷，毒物廢料的控制變成 1980 年代環保的主要議題。政府制定了規定毒物清除的法律，叫做 CERCLA，並成立超級基金（Superfund），這件事被認爲是環保立法的一大成就。這些措施非常昂貴，有些人認爲同樣的錢如果用在別的地方，可以救助很多人的性命。至於勒夫運河事件究竟是怎麼一回事，到現在仍然有兩派意見，對健康造成的傷害到現在沒有實質的證據。在庫倫和孫斯坦筆下，勒夫運河事件幾乎像個假事件，而環保人士則仍然把它稱爲勒夫運河災難（Love Canal Disaster）。

第二個例子的意見也很分歧。庫倫和孫斯坦用「阿蠟事件」

（Alar incident）說明「可用性級聯」的觀念。阿蠟是一種化學物質，噴在水果樹上可保持水果顏色鮮豔、同步成熟、易於收採，最常用在蘋果上。恐慌起於新聞報導說這種藥會致癌，這種故事當然馬上引起老百姓驚慌，而恐懼的情緒又吸引更多媒體去採訪，這就是可用性級聯的基本骨幹。這個主題主控了 1989 年的新聞，電影明星梅莉史翠普去國會作證，人們不敢吃蘋果、不敢喝蘋果汁，及任何跟蘋果有關的東西，讓蘋果業受到重大打擊。庫倫和孫斯坦引用電視節目叩應者的話：「把蘋果汁倒進下水道安全嗎？還是要送到毒物處理中心去[3]？」。公司只得回收這個產品，美國食品檢驗局禁止它用在食品上。後來的研究發現，這種化學物質會引起癌症的機率其實非常小。但是阿蠟事件絕對是對一個小問題的超巨大反應。這個事件對公共健康的淨效益是不利的，因爲人們連好的蘋果都不敢吃了[4]。

阿蠟事件顯示，心智對付小小的風險其實一點用也沒有：我們要不是忽略它，就是太看重它，並沒有中間的地帶。每天晚上等女兒從派對回家的父母都有這種感覺。你可能知道沒有什麼好擔憂的，但是你沒有辦法不去想那些一直湧上心頭的災難影像。就像史洛維克說的，你關心的程度跟傷害可能發生的機率是不成比例的：你想的是分子（你在新聞報導上看到的悲劇故事），你

---

2 十八世紀末期，美國企業家威廉勒夫（William Love）希望把尼加拉河被尼加拉瀑布所區隔開的兩岸連接起來，所以他挖了一條運河，叫勒夫運河，但是因為遇上1892年經濟崩盤，只挖了一英里就停止了，留下一個15呎寬，10呎深的大溝渠。後來這塊地在1920年賣給政府，[illegible]府就把它當作垃圾掩埋場，尤其在1942－1953年間，虎克化學公司（Hooker Chemical）[illegible]料埋在哪裡。

3 從這句話中可以看出人們是多不理智，蘋果汁頂多有阿蠟農藥殘留，怎麼會對下水道說有傷害呢？事實上，這個報告一開始是給老鼠吃大量的藥，發現牠們長了惡性腫瘤[illegible]人跟老鼠有不同，光看到食用量就知道不應該恐慌。

4 一天一個蘋果不必看醫生。

沒有想到分母。孫斯坦創造了「機率忽略」（probability neglect）一詞來形容這種行為。機率忽略加上可用性級聯的社會機制，不可避免地把小小的威脅放大一百倍，有時甚至導致嚴重後果。

當今的世界裡，恐怖份子是最會利用可用性級聯達成目的的人。除了幾個重大的恐怖攻擊事件（如 911），因恐怖攻擊死亡的人數，比起其他死因只占很小的比例。即使在被恐怖份子視為攻擊目標的以色列，每個禮拜因恐怖份子而死亡的人數從來沒有像交通意外死亡那麼多。問題出在這兩種風險的可用性，它們有多容易被想起來，以及有多少例子進入你心中。電視不停播放血肉模糊的影像，使每個人的神經都緊繃，據我的經驗，這是你最不可能用講理的方式使一個人冷靜下來的例子。恐怖主義直接跟你的系統一對話。

這兩個朋友的爭論，我應站在哪一邊呢？可用性級聯是個真實現象，它無疑扭曲了許多公家資源應該擺放的優先順序。孫斯坦會探索把決策者跟大眾壓力絕緣的機制，讓公共資源的分配，交由對風險有寬廣看法的專家來決定。史洛維克不相信專家，他對民眾的信任遠比孫斯坦高。他指出，民主社會無法把專家跟民眾情緒隔離，這樣制定出來的政策，老百姓也不能接受。他們兩人都非常有道理，我同意他們兩人的說法。

我跟孫斯坦一樣對不合理恐懼和可用性級聯對公共政策的影響覺得不舒服，然而，我也了解史洛維克的看法——即使是不合理的恐懼，只要大多數人都有這種恐懼，政策的制定者就不該忽略它。不論合不合理，恐懼是件痛苦的事，執政者應該努力保護民眾免於恐懼，這不單指真正的危險，還包括老百姓心中莫名的恐懼史洛維克強調，老百姓會抗拒非民選、也不見得懂的專家做決定，我覺得他是對的。此外，可用性級聯使老百姓看到風險的可能性，也讓政府編列減少風險的預算，這些都有長期的效益。勒夫運河事件可能使太多資源導向清除毒廢料上，但是它同時也提升了民眾對環保的意識。民主社會不可避免會比較混亂，部分原因是可用性和情意捷徑會造成老百姓信念和態度上的偏見，即使這些因素都指著對的方向。心理學應該告訴老百姓，好的風險政策應該由專家的知識，加上老百姓的情緒和直覺一起制定才對。

說到可用性級聯

「她在鼓吹一個只有收益沒有成本的創新計畫，我懷疑這只是情意捷徑。」

「這是一個可用性級聯的例子：媒體和民眾炒熱一個事先大肆宣揚的事件，直到新聞充斥電視螢幕，變成每個人在討論的主題。」

14

湯姆的專業

請看一下這個簡單的問題：

湯姆是你州裡重要大學的研究生，請將下面九個研究所領域排序，標出湯姆就讀這些領域的可能性，1代表可能性最高，9代表可能性最低。

企業管理

電腦

工程

人文與教育

法律

醫學

圖書館學

物理和生命科學

社會學和社會工作

這個問題很容易，你馬上知道，不同領域學生的人數比率，就是解決問題的關鍵。據你現在所知：湯姆是隨機從這所大學的研究生中挑出來，就像要判定從罐子中取出的彈珠是紅色還是綠色，你需要先知道罐子中這兩種顏色的彈珠各有多少顆。某種顏色的彈珠在全體彈珠中占的比例，叫做基率（base rate）。同樣的，人文和教育的基率在這題裡是指它的研究生人數占全體研究生的百分比是多少。在缺乏湯姆的特定資訊下，你只能依基率去判斷，猜測他比較可能是人文和教育領域，比較不可能是電腦或圖書館學的，因爲人文和教育研究所的學生多於另外兩個科系。在沒有其他資訊的情況下，採用基率的訊息是最好的方式。

接下來，請看一個跟基率完全無關的作業。

下面是對湯姆的人格素描，這是湯姆念高三時，心理學家根據一些心理測驗結果寫的，只不過這些測驗的效度（validity）還不確定：

湯姆是個很聰明的學生，但缺少真正的創造力。他喜歡整潔和秩序，他的每一樣東西，不管多少，都有條有理的擺放在恰當位置上。他的作文有點無趣、呆板和機械式，偶爾會出現一些陳舊、過時的雙關語和類似科幻想像的句子。他的好勝心很強，對人冷淡，沒什麼同情心，也不喜歡跟別人來往。雖然以自我為中心，卻有很強的道德感。

現在，請拿一張白紙，把剛剛那幾個領域再排序一下，你認為湯姆最可能是哪個領域的研究生，1代表可能性最高，9代表可能性最低。

假如你試著做這個作業的話，就會對本章了解更深。你讀到上面對湯姆的報告後，你對他會念哪一個研究所的判斷，就跟前面很不同了。

下面這個問題也非常直接，需要提取或建構一個不同領域研究生的刻板印象。當 1970 年代，實驗剛開始進行時，受試者的排序如下，跟你的排序可能不會有多大差異：

1. 電腦
2. 工程
3. 企業管理
4. 物理和生物科學
5. 圖書館學
6. 法律
7. 醫學
8. 人文與教育
9. 社會學和社會工作

你可能會把電腦排在最前面，因爲文章中說他是書呆子，還會寫些過時陳舊的雙關語。事實上，湯姆是依典型的電腦科系研究生所寫的。受試者排序第二高的是工程（因爲他很愛整潔，喜歡有條理的系統）。你可能覺得湯姆跟你腦海中的社會學和社會工作者不相配（對人冷淡，沒有同情心），專業的形象從我設計湯姆的描述以來，在這四十年間看起來沒什麼改變。

爲這幾個領域排序是很複雜的任務，需要紀律和組織，所以它屬於系統二的範疇。然而，描述中各種暗示（如陳舊過時的雙關語等），又容易激發跟典型有關的聯結記憶，這是系統一自動化的工作。

這個作業要我們把對湯姆的描述跟各種領域的典型放在一起

比較。這些描述的正確性與作業的目的無關，你不必管它是否眞實描述了湯姆這個人；也與你對各領域基率的知識無關。個人跟群體典型人員的相似性，不受這個群體大小的影響，的確，即使這所大學中並沒有圖書館系，你還是可以比較湯姆跟圖書館系研究生的典型。

假如你再次檢視湯姆的描述，你會發現他其實跟校園中很多小團體的典型學生很符合（電腦系、圖書館系、工程系），但是就比較不符合大一點的團體（人文和教育、社會學和社會工作）。幾乎所有受試者都把這兩大領域排在最後面，我特意把湯姆設計成「反基率」人格，他符合很多小領域的專業，但不符合大領域的專業。

用表徵來預測

同系列第三個實驗是請心理系的研究生依湯姆最可能是某一個領域的研究生排序。這一群受試者知道相關統計事實：他們熟悉不同領域的基率，也知道有關湯姆的描述並不是這麼準確（記得前面提到，心理測驗的效應還不是那麼準確）。我們預期這群心理系研究生會聚焦在湯姆的描述與典型的相似性上——我們稱之爲表徵（representativeness），而忽略基率以及對描述準確性的懷疑。他們將電腦排在第一位，因爲湯姆最符合電腦系的表徵。

特維斯基和我在尤金市訪問那一年，非常賣力工作，我有時整晚都待在辦公室中。我徹夜工作就是在寫人格的描述，使表徵和基率之間的衝突凸顯出來。湯姆的描述就是我辛苦工作的成果，我在凌晨時寫完他的描述，那天早上第一個來上班的是我的同事兼朋友道斯（Robyn Dawes），他既是優秀的統計學家，也是一個懷疑直覺判斷效度的人。假如有人能看出基率的相關性，那就非他莫屬了。我給他看我剛剛寫下的問題，並問他湯姆應該是哪個專業領域。我到現在還記得他那狡猾的笑容，他試著說：「電腦科系嗎？」那眞是個令人開心的時刻！當然，在我提到基率後，道斯馬上發現他的錯誤，但是他並沒有自動想到！雖然他跟別人一樣，知道什麼叫基率，也知道基率在預測上扮演的角色，但是我給他看湯姆的人格描述時，他還是忽略了基率。正如我所預期的，他用表徵替代了我請他評估的機率判斷。

特維斯基和我蒐集了三所大學中114名心理系研究生的資料。他們全都修過統計學的課[1]。結果確實沒有讓我失望，他們對這九個領域機率的排序跟典型形象的排序並沒有不同。替代在這裡眞是完美極了：受試者什麼都沒有做，就是依表徵來判斷，關於機率的問題較難回答，但是關於相似性的問題卻較容易，所以受試者就回答了這個容易的問題。這是一個嚴重的錯誤，因爲相似性的判斷和機率的判斷並不是受同一種邏輯法則的規範。你可以接受相似性的判斷不受基率影響的事實，也可以接受描述不是很正確的可能性，但是如果有人在機率評估的問題上忽略基率證據的品質，就一定會犯錯。

「湯姆是念電腦的機率」並不是一個簡單的觀念。邏輯學家和統計學家對它的意義有不同的意見，也有人說根本不具意義。對許多專家來說，機率是對信念主觀程度的測量。有些事情你很確定，例如，早上太陽會升起來；有些事情你會認爲是不可能的，例如太平洋全部結冰；又有一些事情，你的信念介於確定和不可能之間，例如隔壁鄰居是電腦科學家——這就是你給這個事件的

1 統計學在心理系是必修。

機率。

邏輯學家和統計學家都各自對機率發展出自己的定義，也都非常準確。對門外漢來說，機率（用日常生活的語言來說，就是可能性）是一個模糊的概念，跟不確定性有關。模糊性並不只針對機率這個概念，也不會特別的麻煩。我們在說話的時候，多少知道我們要用的字的意思，如民主或美麗；跟我們說話的人，多少也知道這個字的意思，曉得我們想說的是什麼。多年來從事機率實驗中，從來沒有學生舉手問：「老師，你說的機率是什麼意思？」但是假如我要他們評估一個奇怪的概念，例如「全球性」（globability）的話，他們一定會舉手問我這個字是什麼意思。每一個人都表現得似乎知道怎麼回答我的問題，但我們都了解，要他們解釋這個字，對他們很不公平。

被要求評估機率的人並沒有被你難倒，因爲他們根本不會像統計學家或哲學家那樣用字，也不會去判斷機率，像機率這樣的問題會活化心智發散性，使受試者回答比較容易的問題。其中一個容易的答案就是對表徵的自動化評估——這在語言中是個例行動作，這句話（假的）「貓王普利斯萊的父母親曾希望他成爲一名牙醫」是有一點好笑，因爲我們會自動偵察出貓王和牙醫的形象，而兩者實在相差很大。系統一會產生相似的印象，雖然它並不是特意這麼做。表徵捷徑（representativeness heuristic）在有人說「她會贏這次的大選，你可以看出她是個贏家」或「他在學術這條路上走不遠，他有太多的刺青」時會自動參與工作。當我們依下巴的形狀或演講時強有力的措詞來判斷一個候選人的領導力時，便是用到表徵捷徑。

雖然用表徵來預測的做法很普遍，卻不是統計學上最好的方式。路易士（Michael Lewis）的暢銷書《魔球》（*Moneyball*）就是在講這種預測模式的沒有效率。傳統上，職業棒球隊和球探是用球員的體格和面貌來預測他以後會不會成功。路易士書中的英雄比利畢恩（Billy Beane）是奧克蘭運動家隊的經理，他做了一個不受歡迎的決定——駁回球探找來的球員，而用球員過去表現的統計數據來選新球員。運動家隊所挑選的球員都不貴，因爲他們多是別人挑剩的，但是他們很快就打出漂亮成績來。

表徵的罪惡

用表徵來判斷機率有個重要的好處——直覺印象通常比憑運氣猜測來得準確。

- 在大多數情況下，表現友善的人事實上的確比較友善。
- 又高又瘦的職業運動員比較可能是籃球員，而比較不會是足球員。
- 有博士學位的人，比高中畢業就不再接受教育的人更有可能訂閱《紐約時報》。
- 年輕人比老婆婆開車勇猛。

在上面例子中（以及無數的其他例子），這些典型都具部分眞實性，可以用表徵去做判斷，這個捷徑預測出來的也很可能正確。在其他情境中，這個典型是假的，那麼表徵捷徑就會誤導了，尤其是當它使人們忽略基率的訊息，而基率又指向另一個預測方向的話。即使捷徑有一定的效度，完全依賴捷徑會違反統計的邏輯，是很嚴重的「罪」。

表徵的頭一條「罪」是過度偏好預測一個不太可能發生（即基率很低）的事件會發生。下面就是一個例子：你看到一個人在紐約地鐵上看《紐約時報》，下面何者最符合這個人的情況？

她有博士學位。

她沒有上大學。

表徵會告訴你選博士學位，但這不一定是明智的選擇。你應該認眞考慮第二個可能性，因爲在紐約坐地鐵的，大學沒畢業的比博士多。假如你必須猜測一個「害羞又愛詩」的女性讀的是中國文學或是企業管理的話，你應該猜企業管理。即使每一個讀中文的女生都很害羞而且喜歡詩，你還是要猜企業管理，因爲在企業管理系中害羞又愛詩的女生，是比中文系的學生多。

沒有受過統計訓練的人一樣可以用基率做預測。在湯姆的第一個版本中（即沒有提供你任何有關湯姆訊息），每個人都知道，判斷湯姆念哪個領域，完全看該領域註冊學生有多少。然而，當對湯姆個性的描述一出現，基率馬上被拋到九霄雲外。

特維斯基跟我一開始時，根據早期的證據認爲基率的訊息在某個特殊訊息存在時，一定會被忽略掉，但是這個結論太過絕對。心理學家做了很多特意提供基率的實驗，果然，受訓者有考慮到基率，雖然關於個人的資訊比重還是比統計數據多，但至少基率發揮了影響作用。施華茲和他的同事在實驗中告訴受試者，假想自己是統計學家並用統計學家的方式思考，就能加強受試者利用統計基率的訊息。但是假如他們指示學生「假裝你是臨床醫生，用臨床醫生的方式去思考」就會出現相反的結果。

幾年前，有一個針對哈佛大學生的實驗，結果令我驚訝：加強活化系統二會使湯姆問題的正確率提升。這個實驗把原本的問題與認知流暢的修正版本結合在一起。要求一半受試者在做作業時把臉頰鼓起來，另外一半受試者則皺眉頭。我們前面已經看到，皺眉頭會增加系統二的警戒心，減少過度自信及對直覺的依賴。那些吹氣把臉頰鼓起來的受試者（這是情緒的表示）完全依賴表徵而忽略基率，而皺眉頭的受試者的確有顯露出他們對基率的敏感，這些都符合實驗者的預期。這是一個非常有啓發性的發現。

當一個錯誤的直覺判斷發生時，系統一和系統二應該都脫不了關係。系統一建議了不對的直覺，系統二還爲它背書，把這判斷運用在決策上。不過，系統二的失敗有兩個原因：無知或懶惰。有些人忽略基率，因爲他們認爲在個人基率資訊與問題無關的情況下，也有人因注意力不在作業上而犯同樣的錯。假如皺眉會造成差異，懶惰似乎就是忽略基率的合理解釋了，至少對哈佛大學生是如此。他們的系統二「知道」基率是有關的，即使沒有特別強調基率，但是，只有當受試者特別花力氣在這作業上時，才會把基率的知識應用在問題中。

表徵的第二個罪是對證據的品質不敏感。記得系統一的 WYSIATI 規則。在湯姆的例子中，活化聯結機制的是對湯姆的描述，而這不一定是正確的描述。「湯姆對人很冷淡，也沒有什麼同情心。」可能就夠說服你（和大多數讀者），他不太可能是社會學或社會工作領域的研究生。但是你已特別被告知，不可相信這個描述！

你當然了解原則上，沒有價值的資訊跟完全沒有任何資訊是相同的，但是 WYSIATI 使你很難應用那個原則，除非你立刻決定拒絕這個證據（例如，你知道散播這個訊息的人是個騙子），你的系統一會自動處理這個訊息，就好像它是眞的一樣。當你懷疑證據品質時，你可以做一件事：讓你的機率判斷往基率那邊靠。不要期待這種紀律練習很容易——它需要付出相當力氣來做自我監控和自我控制。

對湯姆這個問題的正確答案是你應該緊跟著你先前的信念，稍微減低一點一開始人口密集領域的高機率（人文和教育，社會科學和社會工作）。稍微提高一點很少人念的領域（如圖書館系、電腦系）的機率，你不會跟假如你完全不知道湯姆的任何事情時情況一樣，但是你手邊的一點證據又不可信賴，所以基率應該主控你的統計。

如何管教直覺

你認爲明天會下雨的機率是你信念的主觀程度，但是，你不該相信任何進入心中的想法。爲了要實用，信念應該被機率的邏輯所規範，所以，假如你相信明天有 40% 的機會下雨，就必須相信明天不下雨的機會有 60%；你就不能相信明天早上有 50% 的機會下雨。假如你認爲 X 候選人有 30% 的機會當選總統，有 80% 的機會連任（假如他第一次便選上的話），那麼你得相信他贏得連任的機率是 24%。

像湯姆這類問題的相關「規則」（rule）是來自貝氏統計（Bayesian statistics）。這個近代非常有影響力的統計法是因十八世紀英國牧師貝葉斯（Thomas Bayes）而得名的。他最大的貢獻是找出人們在看到證據後，如何改變心意背後的邏輯。貝氏推理指出先前的信念（以本章的例子來說，就是基率）應該跟證據的診斷結合，來看偏向你的假設而拒絕另一可能假設的程度。例如，假如你相信有3%的學生是電腦系的學生（這是基率），你也相信，依據對湯姆的描述，他是電腦系學生的機率比他是別系學生的機率高四倍。那麼貝氏推理認爲，你應該相信湯姆是電腦系的機率是11%。假如基率是80%，新的信念機率就是94.1%。

數學的細節跟本書無關，關於貝氏推理以及我們如何傾向犯錯，有兩件事要記在心頭。第一就是基率很重要，即使你手邊有這個個案的證據，基率還是很重要。這一點在直覺上通常不是很顯著。第二點就是診斷性證據給人的直覺印象常常是誇大的。WYSIATI跟聯結連貫性的結合，會使我們相信自己編織的故事。貝氏推理最重要的關鍵可簡述如下：

- 把你機率判斷的錨點下在一個最有可能的基率上。
- 質疑你對證據的診斷。

這兩個想法都很直截了當，當我發現我從來沒有學過如何應用它時，我眞是非常震驚，直到現在，我仍然覺得自己做得很不自然。

說到表徵

「草地修剪得很漂亮，接待員看起來很能幹，家具很吸引人，但這並不表示這是一家經營良好的公司，我希望董事們不會依表徵來做決定。」

「這家新創公司看起來好像不會倒，但是這個產業的成功基率很低，我們怎麼知道這家公司跟別家不同？」

「他們一直在犯同樣的錯誤：從很不充分的證據來預測罕見的事件。當證據薄弱時，我們應該依基率來做判斷。」

「我知道這個報告真是糟透了，它可能是根據可靠的證據寫的，但是我們有多確定？我們一定要在思考中保留一些懷疑。」

15

琳達：少就是多

在我們的實驗中，最著名也最具爭議性的是一個名叫琳達的虛構女子。特維斯基和我創造出琳達來，想為捷徑在判斷上所扮演的角色，以及它和邏輯的不相容性，提供一些確定性證據[1]（conclusive evidences）。下面是我們對琳達的描述：

琳達是個三十一歲、未婚、有話直說的聰明女性。她主修哲學，在學生時代非常關心歧視和社會公義的問題，也參與過反核遊行。

在八〇年代聽到這段描述的人會立刻笑起來，因為他們馬上就知道琳達讀的是加州大學柏克萊分校，因為那時的柏克萊是激進派、自由派學生的大本營。在一項實驗中，我們給受試者看琳達的八個可能場景，請他們排序，有的依我們給的琳達表徵，有的依機率。琳達問題跟湯姆問題很相似，但是有一點不同。

1 這種確定性證據是實驗結果出來的，黑白立分，蓋棺論定，通常是最高層次的實驗設計。

琳達是小學老師。

琳達在書店工作，也上瑜伽課。

琳達是女性主義的擁護者。

琳達是精神病方面的社會工作者。

琳達是婦女投票聯盟成員。

琳達是銀行行員。

琳達是保險公司業務員。

琳達是銀行行員也活躍於婦女運動。

這個問題在很多方面顯現出年代的訊息。婦女投票聯盟的地位已不像從前那麼重要了，而婦女「運動」（movement）聽起來怪怪的，因爲那是三十年前開始爭取的婦女自主權、社會地位的運動。即使在臉書時代，你還是很容易猜出近乎完美的判斷：琳達非常符合一個活躍的女性主義者的形象，也很符合在書店工作且上瑜伽課的人，但是非常不符合銀行行員或保險公司業務員的形象。

現在請注意這個單子上的關鍵項目：琳達比較可能是銀行行員，還是活躍於女權運動的銀行行員？每個人都同意，琳達符合支持女性主義的銀行行員的程度，大於「銀行行員」。大家對銀行行員的刻板印象不是女性主義的活躍份子，加上這個細節使故事更合理。

它跟湯姆故事不同處，在機率的判斷上，因爲這兩個故事有邏輯上的相關性。請用維恩圖[2]（Venn diagram）來想。支持女性主義的銀行行員的圓圈是完全被包含在銀行行員的大圓圈中，因爲每一位支持女性主義的銀行行員都是銀行行員，所以琳達是女性主義銀行行員的機率，一定比她僅僅是銀行行員的機率低。當你愈詳細描繪特點，就愈降低了這個新特點的機率。這個問題是特意設定了表徵直覺與機率邏輯兩者之間的衝突。

我們最初的實驗採「受試者組間設計」（between-subjects）。每位受試者都看一組有七個句子、包括一個關鍵句（銀行行員或女性主義銀行行員）的單子。有的人依琳達跟銀行業刻板印象的相似度來排序，有的人依機率來排序。就像湯姆的實驗結果一樣，用表徵和用機率的排序結果都一樣，女性主義銀行行員的排序比單純銀行行員高。

然後我們進一步用「受試者組內設計」（within-subject）深入研究。我們編寫問卷，把銀行行員列在第六，把女性主義銀行行員列在最後。我們相信受試者看得出這兩個句子之間的關係，他們的排序應該可以符合邏輯。事實上，我們確信一定會如此，完全沒有想到應該再做一個專門的實驗來證實。我的助理在實驗室中做另外一個實驗，她請受試者在領車馬費之前，先把新的琳達問卷填完。

在我不經意看到這些問卷之前，大約已有十份已塡好擺在她桌上了。我發現所有受試者都把女性主義的銀行行員排在銀行行員之前，我感到非常震驚，直到現在，當時的「鎂光燈記憶」（flashbulb memory）仍歷歷在目：灰色的金屬書桌和每個人站的位置。我馬上打電話給特維斯基，很興奮地告訴他這個新發現：我們成功地讓邏輯和表徵對立起來，而表徵贏了！

用本書的語言來說，系統二失敗了：受試者有公平的機會察覺邏輯規則的相關性，因爲兩個結果都包含在同樣的問卷中，但

2 維恩圖是用圓圈來表示事件之間的邏輯關係，兩圓重疊部分即為兩者共有的特性等等。

是受試者沒有利用這個機會。當我們擴大延續這個實驗時，我們發現受試者中，有 89% 的大學生違反了機率的邏輯。我們認爲，受過嚴謹統計訓練的受試者應該會表現得好一點，所以我們把這份問卷拿去給史丹佛大學商學院企管所專攻決策科學的博士班研究生做，這些學生全都上過好幾門進階的機率統計和決策理論。我們再一次得到非常令人驚訝的結果：85% 的博士生也把「女性主義銀行行員」排在「銀行行員」前面！

爲了消除這個錯誤（我們把它叫做「持續加強的絕望」），我們讓一大群人做琳達這個問題，只問下面這幾簡單問題：

下面哪一個比較可能？

琳達是銀行行員。

琳達是銀行行員，也是活躍的女性主義運動者。

這個明顯對照版的問題使琳達在某些領域聲名大噪，讓我們許多年來都處在爭議中。大約有 85% － 90% 的重點大學學生選擇第二項，違反了邏輯。奇怪的是，似乎沒有人覺得羞恥。當我問我自己教的大學部大班課學生：你們知道自己違反了基本的邏輯規則嗎？有些坐在後排的學生喊道：「那又怎樣？」有一個犯了同樣錯的研究生說，「我以爲你只是問我個人的意見。」

一般來說，「謬論」（fallacy）是指人們沒有應用有顯著相關的邏輯原則。特維斯基和我引介了「連接的謬論」（conjunction fallacy）這個新想法，即人們認爲兩個事件（銀行行員和女性主義者）聯合出現比單獨出現的可能性更大。

就像在慕勒－賴爾的錯覺中，即使你已了解這個謬論是怎麼一回事，它仍然非常具吸引力。自然學家史帝文・傑・古爾德

（Stephen Jay Gould）描述他自己對琳達問題的掙扎。他當然知道正確答案是什麼，是的，他還是寫了「有個小精靈在我腦中跳上跳下，喊道：但是她不可能只是銀行行員，去讀關於她的描述就知道了。」這個小精靈當然就是古爾德的系統一在堅持己見（他寫這段話時，兩個系統的專有名詞還沒有發明出來）。

在簡短版琳達問題的研究中，只有一個研究中的大部分受試者知道正確答案：64% 的史丹佛大學和柏克萊大學社會科學研究生正確判斷出「女性主義的銀行行員」機率比「銀行行員」低。在原始版的八個結果中：同一組研究生卻只有 15% 選對了。這個差別立刻讓我們想探究原因：在八個句子的版本中，兩個關鍵句中間夾了一個「她是保險公司業務員」的機率，所以受試者是獨立判斷每個句子，並沒有把各句拿來比較；而在簡短版中，非常清楚看出需要做比較，這就動用到系統二，使得大部分統計好的研究生避開了這個陷阱。可惜的是，我們沒有探究那些答錯的 36% 的博士班研究生，他們的推論哪裡出錯了。

湯姆和琳達的這兩個機率判斷的研究，都是要受試者做表徵（跟刻板印象的相似性）的判斷。表徵屬於一群有緊密關係的基本屬性，想到一個屬性常常會順便把相關屬性一串都帶出來。大部分的表徵訊息都能與人格特質結合，使故事有完整性、連貫性。但是最完整而合理的故事不一定是最可能（probable）發生的，也可能似是而非（plausible）。所以，一致性、可能性和機率的看法和觀念很容易使我們混淆。

如果我們把場景或描述拿來做爲預測工具時，輕率地用似是而非的判斷去替代機率，會嚴重影響我們的判斷。請思考下面兩個場景，實驗者請兩組受試者評估機率：

明年北美洲會有水災，超過1千人會喪命。

明年加州會有大地震，並引發水災，導致1千多人喪命。

加州地震的場景比北美洲發生水災看起來比較可能發生，雖然機率還是很低。如我們所預期的，場景描述得愈詳細、資訊愈豐富，機率的判斷愈高，這一點跟邏輯正好相反。這是預測者和其委託者設下的陷阱：增加場景細節的描述，使它們看起來較有可能性，卻更不可能是眞的。

要了解似是而非的作用，請看下面的問題：

下面哪一個選項的可能性較高？

馬克有頭髮。

馬克有頭金髮。

以及，

下面哪一個選項的可能性較高？

珍是個老師。

珍是個老師，而且走路去上班。

這兩個問題跟琳達問題一樣，有著同樣的邏輯結構，但是不會引起謬誤，因爲更多細節只是描述得更詳細些，它們不是更似眞或更合理，更有一致性或是更有故事性。評估似是而非和合理性並不能有助於回答機率問題。在缺乏直覺的競爭下，邏輯就能勝出了。

少就是多，甚至在聯合評估時

芝加哥大學教授奚愷元（Christopher Hsee）請受試者替當地商店出清的一套餐具標價，餐具一套通常在30美元到60美元之間，實驗中有三組受試者，下面是一組受試者所看到的展示。奚教授把它定名爲「聯合評價」（joint evaluation）， 因爲受試者可以同時比較兩套餐具。另外兩組是「單獨評價」（single evaluation），受試者只有看到兩組中的一組。聯合評價是受試者組內設計，而單獨評價則是受試者組間設計。

	A組：40件	B組：24件
餐盤	8個全都完美無缺	8個全都完美無缺
湯碗和沙拉碗	8個全都完美無缺	8個全都完美無缺
甜點盤	8個全都完美無缺	8個全都完美無缺
杯子	8個中有2個打破	
杯托	8個中有7個打破	

假設這兩組餐具的品質都一樣，哪一組的價值比較高？這個問題很簡單，因爲A組中包含了B組所有的盤子，還多了七件，所以A組的價格一定比較高。的確，受試者願意付多一點錢買A組：A組標價爲32美元、B組標價爲30美元。

但是這個結果在單獨評估時，便反過來了。他們給B組的標價33美元高於A組23美元。我們知道爲什麼會出現這樣的結果。當受試者看到這些餐具時，你可以馬上感覺到A組的平均價格低於B組，因爲沒有人願意買破盤子，假如平均價格主控我們怎麼評估價值，你就不會驚奇B組的定價高。奚教授把此現象稱爲「少就是多」(less is more)。如果把A組16個盤子拿掉(裡面有七個是沒破的),它們價值就增加了。

奚教授的實驗結果被實驗經濟學家李斯特(John List)用拍賣棒球卡的方式證實了。他拍賣一套十張高價值的棒球卡,另一套則是同樣這十張棒球卡外加三張比較不值錢的卡片。就像餐盤實驗一樣,聯合評價時,十三張一套的比十張那套的價格高;若是單獨評價時,十張的價格反而高。從經濟理論的觀點來看,這個結果很令人困擾:一套餐盤的價值或一套棒球卡的價值當然是增添正向價值的東西愈多,價錢愈高,爲何反其道而行呢?

琳達問題和餐具問題都有相同的結構。就像經濟價值一樣,機率應該是總數的變數,如下面的說明:

(琳達是行員的)機率 =(琳達是女性主義銀行行員的)機率
+(琳達是非女性主義銀行行員的)機率

這也是爲什麼奚教授的餐具實驗和琳達問題的單獨評價,會產生少就是多的現象。系統一會取平均值而不是加總,所以當把非女性主義者的銀行行員移開時,主觀機率就增加了。然而,在棒球卡或餐盤的例子中,它的機率比較不像金錢那麼顯著,所以,在奚教授的實驗中,聯合評估得以去除這個錯誤,但是在琳達問題的實驗中卻沒有。

琳達問題不是聯合評估中唯一的組合錯誤。我們在很多其他判斷中也發現同樣違反邏輯的現象。有一個實驗是請受試者替下一屆溫布頓網球公開賽的四個可能結果排序。當時的球王是伯格(Bjorn Borg)。四種可能的結果爲:

A. 伯格贏得比賽。

B. 伯格輸掉第一盤。

C. 伯格會輸掉第一盤，但會贏得比賽。

D. 伯格會贏第一盤，但是會輸掉比賽。

這裡面的關鍵是 B 和 C，B 可以包含最大的可能性，機率應該比其他選項大。但是 72% 的受試者把 B 排得比 C 低，違反了邏輯，但是跟表徵相符。這又是透過直接比較，得出少就是多的另一例。這一次受試者選出可能性最大的描述，無疑地更爲合理，符合世界上頂尖網球選手的印象。

爲了要避免有人抗議說連接謬論是因爲錯誤解釋機率的關係，我們建構了一個需要做出機率判斷的問題，但這個事件不是用文字描述，而且「機率」這個詞完全沒有出現過。我們告訴受試者有一個四面綠色、兩面紅色的骰子，投擲 20 次。我們給他們看由三個綠（G）和三個紅（R）組合的序列，請他們選一種。假如他們選的序列出現了，就贏得 25 美元。這些序列爲：

1. RGRRR

2. GRGRRR

3. GRRRRR

因爲這個骰子的綠面是紅面的兩倍，所以 1 的序列有點不具代表性，就像琳達是銀行行員一樣，有點不太可能。第二個序列比較符合我們對這個骰子的預期，因爲它包含了兩個 G，這個序列不過是在第一個序列前面加了 G 而已，所以它只比第一個機率多一點。這相當於琳達是女性主義的銀行行員，只是它用符號表達而不是文字敘述。就像琳達的研究，表徵主控了結果。三分之二的受試者選 2 而不選 1。給他們看支持兩種選擇的論點時，絕大部分的人又覺得 1 比較有道理。

下一個問題是個突破，因爲我們終於找到了一個可以降低連接謬論的情境，兩組受試者看到有一點點不同的問題：

英屬哥倫比亞省做了一個健康調查，包括成年男性，不論年齡和職業。請對下面問題給予最好的估計：	英屬哥倫比亞省做了一個 100 人的健康調查，包括成年男性，不分年齡和職業。請對下面問題給予最好的估計：
被調查的人中，有百分之多少的男性有過一次或一次以上的心臟病？	這 100 人中，有多少人曾經有過一次或一次以上的心臟病？
被調查的人中，有百分之多少的男性是 55 歲以上且有過一次或一次以上的心臟病？	這 100 人中，55 歲以上，有過一次或一次以上的心臟病的人有多少？

左邊這組受試者的錯誤率是 65%，右邊這組受試者的錯誤率是 25%。

爲什麼「這 100 人中，有多少……」比「有百分之多少……」的問題容易？一個可能性的解釋是，當提到 100 人時，它把空間的表徵帶入心中。請想像你叫很多人自己去分組，名字開頭字母 A 到 L 的集中到房間左邊，然後再細分。這個內含的關係現在很明顯了，你可以看到名字是 C 開頭的人在房間左邊的角落。在這項醫學調查問題中，心臟病患者待在房間角落，而角落中有些人還不到 55 歲。但並不是每個人都能想像出這個鮮明的場景，但是許多後來的實驗顯示，我們所熟知的頻率代表性，使人們比較容易理解一個團體是否包含在另一個團體裡。右邊問題問的方式是「有多少」，這使你想到個人；但問你「有多少百分比」時你就不會有這種聯想，差別就出來了。

我們從這些研究中學到系統二的什麼特質呢？有一個新的結

論是，系統二不像以前想像的那麼警覺。參加連接謬論實驗的大學生和研究生都「知道」維恩圖，但是他們都沒有使用它，甚至所有相關訊息都擺在眼前時，還是沒去用。「少就是多」的不合理行爲在奚教授的餐具實驗中很明顯地看出，在「有多少」的表徵中也很容易辨認出來，但是它對幾千個在琳達問題或類似問題中犯下連接謬論錯誤的人卻不顯著。在這些問題中，連接謬論看起來似眞，就足以讓系統二替它背書了。

系統二的懶惰也是導致連接謬論的部分原因，假如受試者答錯就不准去度假，假如他們有足夠的時間，假如要求他們依邏輯思考，除非很確定才可以回答的話，我相信大部分受試者可以避開連接謬論。然而，他們的度假並不取決於正確的答案，他們也花非常少的時間在做這個作業上，而且非常滿足自己給的答案，好像問題只是「你的意見如何？」沒有把回答當作嚴肅的事。系統二的懶惰是生活中一個重要的事實，而表徵可以阻擋相當顯著的邏輯規則是一件有趣的事。

琳達研究最特別的地方是它和餐具評價研究的對比性。這兩個研究都有相同的結構，但是得到不同的結果。給破盤子那一組餐具很低價錢的人，他們的行爲反映出直覺的原則。但是看到A、B兩組餐具的人馬上應用邏輯推理，認爲愈多盤子只會增加價值。直覺在受試者組間設計主導了判斷，邏輯在聯合評價時占了上風。在琳達研究中則相反，直覺通常推翻邏輯的決定，甚至在聯合評價的時候。

特維斯基跟我都覺得，研究中發現明顯違反機率邏輯的情況很有趣，值得向同儕報告。我們也認爲實驗結果強化了我們對判斷捷徑的論點，可以用來說服不相信有這個捷徑的人。關於這一點，我們錯了，琳達研究反而變成爭議的範例。

琳達研究吸引了很多人的注意，也引來很多對我們在判斷研究方法上的批評。我們和其他的研究者都發現，結合指示與暗示可以減低謬論的產生。有些人認爲在琳達的故事中，受試者把「機率」（probability）誤以爲是「似眞、似合理」（plausibility）是合理的行爲。這些論點有時擴大演變到認爲我們整個研究都是在誤導大家：假如一個鮮明的認知錯覺可以被減弱或解釋清楚，其他的系統功能也可以。這種推理忽略了連接謬論的一個特質：它是直覺和邏輯的衝突。我們從受試者組間設計（包括琳達研究）所建構起來的捷徑證據，並沒有受到質疑，只是沒有討論到，而它的鮮明性被減弱，因爲批評者火力集中到連接謬論。琳達研究的「淨效果」（net effect）是增加我們研究的曝光率，使大眾知道我們在做什麼，對我們研究取向的批評當然對我們的可信度也小有傷害，這是我們在做實驗初期未料及的。

假如你參觀過法院，你會看到律師用兩種方式批評：一個是推翻這個案子，他們強烈打擊支持這個案子的證據，徹底破壞證人的信用，專注找出證詞的最弱點，集中火力，強烈進攻，這也是政治上常見的手腕，但是我不認爲在科學爭議上應該用這種方式。但是我後來接受它是生活中的事實，社會科學領域的學者無法避免政治型態的追殺，尤其是議題很重大的時候——人類在判斷上，普遍有偏見，就是個重大的議題。

不久前，我與琳達研究主要的批評者赫威格（Ralph Hertwig）有一段友善的談話。我問他，爲什麼他和其他人特別針對連接謬論抨擊，而忽視其他能支持我們立場的有力證據。他微笑著說：「這樣比較有趣。」他接著說，琳達研究吸引了這麼多的注意，我們沒有什麼可抱怨的[3]。

說到少就是多

「他們建構了一個非常複雜的場景，堅持說它有高可能性（highly probable）。它不是一個看似真的故事而已。」

「他們在很貴的產品上，搭配了一個很便宜的禮物，使得整個交易不吸引人，在這裡，少就是多。」

「在大多數情況下，直接的比較會使人們更小心、也較有邏輯性，但是不常如此。有時，直覺會打敗邏輯，即使正確答案就在你面前，瞪著你看，你還是會犯錯。」

3 幸好後來康納曼拿到諾貝爾獎，出了這口惡氣。

16

因果基率勝過統計基率

請看下面的場景，注意你的直覺對問題的回答：

一輛計程車在晚上發生了一件撞車逃逸事件，這城裡有兩家計程車行，它們的計程車分別為綠色和藍色。你現在有下面的資料：

- 這城中，85% 的計程車是綠色的，15% 是藍色的。
- 目擊證人說，他看到肇事計程車是藍色的，法庭檢驗證人在意外發生當晚的照明度下，能否看得清楚，結果發現證人可以正確指認出顏色的機率是 80%，錯誤的機率是 20%。

請問肇事車輛是藍色計程車的機率有多少？

這是一個標準的貝氏推論問題，你有兩項資訊：基率和不完美的證詞。在沒有證人的情況下，藍色計程車肇禍機率是 15%，也就是它的基率；假如兩家計程車行一樣大，那麼這個基率就無法提供訊息，你只能考慮證人的證詞，下結論說機率是 80%。這兩項資訊可以依貝氏推論組合起來，得出正確的機率是 41%。然而你可能會猜到人們面對這個問題時會怎麼做：他們會忽略基率，採信目擊證人的話，最普遍的答案是 80%。

刻板印象

下面請看同樣故事的不同版本，裡面只有基率的百分比被改變了。

你得到下面這些資訊：

- 兩家公司擁有相同數量的計程車，但是綠車的肇事率是 85%。
- 證人的訊息跟之前一樣。

這兩個版本在數學上是一樣的，但是從心理上來看卻不一樣。讀第一個版本的人不知如何應用基率，常常會忽略它。相反的，看第二版本的人相當注重基率，他們的平均判斷與貝氏統計的答案差距不遠，爲什麼？

在第一個版本裡，藍色計程車的基率是關於城裡有多少計程車的統計事實。心智渴望著找出因果關係的故事，卻發現沒有東西可以編故事。城市中的藍色和綠色計程車數量跟計程車肇事逃逸有什麼關係？你完全沒有資料可以編故事。

在第二個版本裡，綠色計程車的司機比藍色計程車的司機多了五倍以上的出事率，你馬上可以下結論：綠色計程車司機一定是肇事逃逸的司機。你現在在腦海中形成了綠色計程車司機是魯莽的瘋子的刻板印象，並延伸到綠色計程車公司中不同人身上。

這個刻板印象是很容易符合因果關係的故事，因爲開車不小心是個因果相關的事實。在這個版本裡，有兩個因果相關的故事需要組合起來，第一是肇事逃逸，這當然會引發綠色計程車司機開車不小心的印象。第二是證人的證詞，證人說司機是開藍色計程車。這兩個訊息對於車子顏色的描述是矛盾的，很可能相互抵銷掉了。兩種顏色計程車的肇事機率是一樣的（貝氏估計爲41%，反映出綠色計程車基率比證人的證詞可信度高一點）。

計程車的例子說明了兩種基率。統計基率指出事實——城裡有多少計程車，但是跟個案無關。因果基率會改變你對個案的看法，這兩種基率的訊息是受到不同待遇的。

- 統計基率通常被低估，當人們有該個案的特定訊息時，統計基率有時會整個被忽略。
- 因果基率被當作個案的訊息，人們很容易把因果基率跟其他和個案相關的訊息結合。

有因果關係的計程車版本在你腦海中形成了刻板印象：綠色計程車司機是危險的，刻板印象是指團體中每一份子給人的共同印象。下面有兩個例子：

這個城市中心高中的畢業生，大部分都上了大學。

法國人普遍愛騎自行車。

這兩句話立刻解釋了這兩個團體中每個人的傾向，他們很符合因果故事。在這特定城市中心的高中畢業生渴望、而且能夠上大學，很可能是學校有一些對生活有益的特點[1]。法國特殊的文化和社會生活使很多法國人都喜歡騎腳踏車。當你想到某一個該校

1 有人捐贈獎學金等。

畢業生上大學時；或是當你考慮跟剛認識的法國人談你去法國的遊歷時，你會想起上面這些事實。

在我們的文化中，刻板印象是一個不好的字眼，但是在本書中，我的用法是中性的。系統一的基本特性之一，就是它代表了常模和原型的類型，就像我們想到馬、冰箱和紐約警察時，腦海中浮出該類型中的「正常」代表。當這個類別具社會性時，它就代表了所謂的「刻板印象」。有些刻板印象非常不對，有敵意的刻板印象甚至會帶來可怕的後果。但是刻板印象在心理學上的事實卻是無法避免的：不論是對是錯，刻板印象都是我們對各類事物的看法。

你可能注意到諷刺之處，在計程車的問題中，忽略基率訊息是認知上的瑕疵，沒有做貝氏推理，以及想要依賴因果基率。對綠色計程車司機的刻板印象增加了判斷正確率。然而，在其他情境下（如僱用或個人描述），社會常模跟刻板印象強烈不符，在法律中也常有這種現象。事實就是如此。我們不應該以刻板印象來評估一個人。在敏感的社會情境中，我們不該只因這團體在統計上的數據，對團體中的個人做出錯誤結論；我們應該把基率當作這個團體的統計事實，而不是當作個人的假設事實。換句話說，我們應該拒絕因果基率。

社會常模反對刻板印象，包括反對人格剖面圖（profile），對創造更文明、更平等的社會很有幫助。然而，我們也需記住，忽略有效度的刻板印象不可避免地會導致不夠理想的判斷。抵抗刻板印象是值得稱讚的美德，但是誤以爲這種抵抗不需付出代價也是錯誤的。爲達到一個更好的社會，這代價是值得的，但是否認這個代價的存在，以滿足政治正確和心靈正確的要求是不智的，在科學上也無法立足。政治的辯論常常充滿了情意捷徑，我們所贊同的立場是沒有代價，那些我們所反對的也沒有獲益，我們應該可以做得更好。

因果的情境

特維斯基和我建構了各種計程車問題，但並沒有發明強有力的因果基率概念，我們是從心理學家亞增（Icek Ajzen）那裡借來的。亞增的實驗給受試者看一則描述一位在耶魯大學考試的學生的簡短故事，然後請受試者判斷這個學生通過考試的機率。亞增對因果基率的操弄很直接，他告訴受試者，這個學生是從 75% 通過考試的班級抽樣的；告訴另外一組受試者，這學生來自通過率只有 25% 的班級。這是一個非常強有力的操弄，因爲通過基率馬上讓人推論只有 25% 通過的考試一定很難，而考試很難是學生考得好不好的因素。如我們所預期的，亞增的受試者對因果基率非常敏感，在高通過率的情境下，受試者預估的每個學生通過率，都高於在低通過率的情境下的預測值。

然後，亞增用了一個非常聰明的方法建議了一個非因果基率。他告訴受試者，剛剛看到的那個學生是從已知考試結果的樣本群中抽樣，但樣本群中的學生有的通過考試，有的沒有通過。例如，他給受試者看的高失敗率組的訊息是：

> 研究者想知道，為什麼學生沒有通過考試。所以他建構了一個 75% 的人沒有通過考試的樣本群。

請注意其中的差別。這個基率是統計事實，告訴你有 75% 是考試失敗者。結果，這個特別指出的基率訊息對判斷產生了影響，但是相對於統計上的因果基率的影響力小。系統一可以處理因果相關的事件，但是在統計推理上很弱，對一個貝氏定理的思考者來說，這兩個表達方式是相同的，我們很容易以爲自己得到了滿意的結論：我們使用了因果基率，只不過把統計事實（多多少少）給忽略了。下面這個實驗是我一直以來最喜歡的，它讓你看到這個情境其實相當複雜。

心理學可以教嗎？

開車魯莽的計程車司機和難度高的考試，說明了兩個從因果基率得出的推論：一是我們容易賦予個人刻板印象，二是情境顯著特質會影響個人的思考結果。受試者在這些實驗中都做了正確的推論，他們的判斷都進步了。很不幸的是，事情永遠不可能盡如人意。下面要描述的古典實驗會讓你看到，人們不會從基率提取與他們的其他信念相抵觸的訊息；同時也支持了一個令人相當不舒服的結論：教心理學是白費時間和精力的！

這個實驗是社會心理家奈斯比（Richard Nisbett）和他的學生波吉達（Eugene Borgida）很早以前在密西根大學做的。他們告訴學生一個紐約大學好幾年前所做的很有名的「幫助實驗」（helping experiment）。在這個實驗中，受試者被帶到單獨的小房間中，請他透過對講機回答私人的生活和所遇到的問題。每個人輪流講約兩分鐘，但是每次只有一個麥克風是開的。每一組有 6 個受試者，其中有一個是假冒的。這位假受試者第一個講，根據實驗者所設計的對話來念，他先說他很難適應紐約的生活，然後很不好意思地承認自己患有癲癇，尤其在緊張時會發作。其他 5 個人也輪流講自己的情形，當麥克風又回到第一次說話的假受試者時，他表現出激動、語無倫次的樣子，然後說，他感覺到癲癇快要發作了，請別人趕快來幫他。最後一句話是：「有沒有…… 人…… 能…… 救救…… 我……（呼吸不過來的聲音）我…… 我…… 快要…… 死了（呼吸不過來，然後，沒有聲音了）」（C-could somebody er-er-help-er-uh-uh-uh……I…I'm gonna die-er-er-er I'm… gonna die-er-er-I seizure I-er）。這時，下一個人的麥克風自動開了，而那個可能快死掉的受試者再也沒有發出任何聲音。

你認爲實驗中的其他受試者會怎麼做？到目前爲止，其他受試者知道有一個受試者癲癇發作並且請求幫助。然而，大家都覺得有好幾個人可以幫忙，或許不必所有人都出動，只要有人去幫忙就行了，其他人可以留在小房間中按兵不動。結果是：15 個受試者中，只有 4 人立即衝出去對請求立刻回應。有 6 人不動如山，5 人在癲癇發作者已經不能呼吸、無聲了，才出房間來看。這個實驗顯示，當個體知道有別人在場，別人也有聽到呼救聲時，會覺得自己對這件事沒有責任。

結果令人驚訝嗎？很可能，大部分人都認爲自己是好人，在這種情況下會衝出去幫助別人，我們也期待別人會這麼做。這個實驗的目的當然就是告訴我們這樣的預期是錯的。即使是正常的好人，假如他們知道有人會去處理不是很愉快的癲癇情況時，是不會衝出去幫忙的。其實你也是一樣。

你願意贊同下面這段話嗎？「當我讀了幫助實驗的歷程後，我認爲我會馬上去幫助那個陌生人，就像我是單獨一個人面對癲癇發作的病人一樣。然而，我有可能錯了。假如我發覺我所處的環境中有其他人可以幫忙，我可能就不會趨前幫忙了。別人在場會減低我的責任感，比我起初以爲的還低。」這是心理學老師希望你學到的。你會對自己做出同樣的推論嗎？

描述這個幫助實驗的心理學教授，希望學生把這個低基率視作因果基率，就像耶魯那場考試，他要學生推論極高的不通過率（暗示測驗很難）。學生要學得的教訓是，有些很強的情境特質（如責任的分散）會使正常的好人（如他們自己）做出令人驚異的自私行爲來。

改變人們對人性的看法是很困難的事；改變自己對自己的看法，尤其是認爲自己比想像中更糟，則更加困難。奈斯比和波吉達懷疑，學生很可能會抵制這個作業和它代表的不愉快感覺。當然，學生有能力、也願意在測驗中說出「幫助實驗」的細節，甚至可以重述「官方」的責任分散說詞，但是他們對於人性的信念眞的改變了嗎？爲了知道這一點，奈斯比和波吉達給受試者看一段簡短的訪談影片，受訪者是兩位參加過紐約實驗的人。這兩個人看起來都像正常的好人，他們描述自己的嗜好、休閒活動，和未來的計畫，一切都跟大部分人差不多。在看完影片後，學生要去猜測這兩個人有多快趕到陌生人旁邊幫助他。

如果用貝氏推理處理這個問題，你應該先問自己，假如你沒有看到那段訪談影片，你會怎麼猜。這個問題需要參考基率。我們前面講過，15 個人中，只有 4 個人立刻衝去幫忙，所以某人立即去幫忙的機率是 27%。所以你原先的信念應該是他們沒有前去幫忙。接下來，貝氏邏輯要你依任何相關資訊調整你的判斷。然而，這段影片刻意設計不提供任何資訊，拍攝者很小心地使影片沒有提供你任何理由去懷疑這兩人有比隨機取樣的學生更願意或更不願意伸出援手。所以在沒有新資訊的情況下，貝氏推論的標準答案是根據基率。

奈斯比和波吉達請兩組學生去看影片，然後預測這兩個人的行爲。第一組受試者只有被告知幫助實驗的程序，不知道它的結果，他們的預測反映出他們對人性的看法和對情境的了解。如你可能預期的，他們認爲這兩個人會馬上衝出去幫忙。第二組受試者則知道實驗的過程，也知道結果。這兩組的比較就對一個重要問題提出了答案：學生有從「幫助實驗」的結果中學到任何改變想法的東西嗎？答案很直接：他們什麼都沒學到。他們對這兩個人的預測跟第一組一樣。他們知道這兩個人來自什麼團體，也知道這個團體的基率，但是還是相信影片中的那兩個人會馬上衝出去救生病的陌生人。

對心理學的老師來說，這個實驗的結果很令人沮喪，當我們教學生有關人們在「幫助實驗」中的行爲時，我們預期他們會學到一些過去不知道的東西，並希望改變他們對某個特定情境中人們行爲的看法。這個目標在奈斯比和波吉達的實驗中沒有達到。我們沒有任何理由相信，假如他們選另一個令人驚訝的心理學實驗，結果會不一樣。的確，奈斯比和波吉達在教學生另一個實驗時，也得到類似的結果。這個實驗是在輕微的社會壓力下，會讓人們能承受比較痛苦的電擊，而且比大多數人（包括他們自己）預期的大。尙未發展出社會情境壓力敏感度的學生，從這實驗中什麼都沒有學到。他們對陌生人或自己行爲的預測，表示他們並沒有改變原本的看法。奈斯比和波吉達說，學生「默默地把自己（還有他們的朋友）從實驗結果中排除掉」。各位心理學老師不要絕望，因爲奈斯比和波吉達想出一個能使學生了解到「幫助實驗」

意義的方式。他們找了一組新的受試者，教他們實驗的流程，但是沒有提到實驗結果。他們給受試者看兩段影片，直接告訴他們這兩個人並沒有幫助陌生人，然後請他們猜測「幫助實驗」結果。非常戲劇化的是：學生的猜測非常準確。

要教學生任何他們以前不知道的心理學知識，你必須令他們感到驚奇。但是怎樣的驚奇才有用呢？奈斯比和波吉達發現，當他們給學生看一個令人驚奇的統計事實時，學生什麼都沒學到。但是當他們給學生看一個令人驚奇的個案時——兩個看起來很好的人並沒有伸出援手——他們立即類化到自己身上，並且了解幫助別人比自己想像中還困難。奈斯比和波吉達用下面這句令我印象深刻的話做了結論：

> 受試者不願從常態推演出特殊事件，這點就與他們願意從特定事件推論出常態如出一轍。

這是一個非常重要的結論，被告知關於人類令人驚訝的統計事實，人們可能會對數據印象深刻，進而告訴朋友他聽到了什麼，但這並不表示他們的世界觀眞的改變了。學習心理學的考驗是，你是否了解你所面對的情境已經改變，而不是你是否學到新的事實。我們對統計數據和個案的想法之間有一道很深的鴻溝，有因果關係的統計結果對思考的影響，比沒有因果關係的訊息大得多。但是，即使是很令人信服的因果統計數字，也不會改變長期的信念，或根植於個人經驗的信念。從另一方面，令人驚訝的個案有強大的影響力，對心理學教授來說，更是個有效的工具。因爲這不相容性（跟以前的信念衝突）必須解決，形成一個合理的因果故事。這也是本書的問題敘述方式都針對讀者個人圍繞。

比起聽到一般人令人驚奇的行爲，你如果對自己的行爲感到驚奇，你的學習可能快很多。

說到原因和統計

「我們不能假設他們會從統計數據學到任何東西，讓我們給他們看一兩個有代表性的個案來影響他們的系統一。」

「不要擔心統計資訊被忽略，相反的，這些資訊會立刻拿去用在刻板印象中。」

17

迴歸到平均值

我一生最滿意的發現經驗是我在教以色列空軍教官如何增進效率的訓練課程。我教導他們技術學習的重要原則：獎勵比懲罰有效，獎勵進步，不要懲罰錯誤。這個說法有很多動物實驗的證據，例如鴿子、老鼠、人類和其他動物。

當我充滿熱忱地講完課後，一位最有經驗的教官舉起了他的手，發表了一個簡短的演說。他一開始先說，獎勵對鳥可能有用，但是他不認為對飛行官來說，是最好的方法。他說，「在很多情況下，我會稱讚飛官俐落地執行了一些困難的操作，但是下一次他們再做同樣動作時，通常會更糟。從另一方面，我常常透過耳機罵他們做得一塌糊塗，但一般來說，他下一次會做得比較好。所以，請不要告訴我獎勵有效，懲罰無效，因為事實正好相反。」

這眞是一個快樂的頓悟時刻。我看到了一道光射進我教了多年的統計原理。這位飛行教官是對的——但是他也完全錯了！

他的觀察完全正確，當他獎勵一個行為，下次這個行為就做得比較糟，而懲罰了，下次就會有進步。但是他的推論卻是錯的，他所觀察到的是我們所謂的「迴歸到平均值」(regression to the mean)，也就是說，在表現的質上，會有一些隨機的變動。他會誇獎一個飛官，一定是這個飛官的表現優於一般人的表現，但是飛官那一次優於別人的表現可能正好是運氣好，表現得特別好，下一次會回到他平常的表現程度，不管他有沒有被稱讚。同樣的，這個飛官的表現比平常還差，所以被教官罵，下一次他可能會進步，回到他原來的水準，不管有沒有被罵。這個飛行教官把因果關係放到了一個只要是隨機歷程就一定會有的浮動差異上。

我必須對這個教官的挑戰做出回應，但是用數學來解釋預測大多數人不喜歡聽，所以我用粉筆在地上畫了一個箭靶，叫每一個飛行教官背對著靶子往後丟兩個銅板，不要看，也不要停頓。我們測量落入目標範圍的遠近，在黑板上寫下這兩次丟銅板的距離。之後，我們再重寫一遍成績，這次按最佳到最差排序，一排是第一次丟的，另一排是第二次丟的成績。很顯然的，那些在第一次丟得很準的，第二次就比較差，而那些在第一次丟得比較差的，第二次就有改進。我對這些飛行教官說，他們在黑板上看到的正是他們剛剛聽到的飛行操作：第一次表現差的，第二次就會好一點，第一次表現好的，第二次會差一點，不要誇獎也不必懲罰，人的表現本來就會如此。

那天，我的發現是這些飛行教官陷入了一個很不幸的偶然(contingency)性中：因為他們懲罰做得不好的學員，下一次學員的表現就改進了，他們以為是懲罰的功效，其實懲罰可能一點效用也沒有。此外，飛行教官並不是唯一面對這困境的，我也曾發現一個富有重大意義的事實：即我們的生命是一個不好的循環，因爲我們會對取悅我們的人好，對我們不喜歡的人不好，可是從統計上來看，我們都會因爲對人家好而受處罰，因爲對人家不好而受獎勵。

能力和運氣

幾年前，線上雜誌《優勢》(*Edge*) 的主編布洛克曼 (John Brockman) 請一些科學家提供他們「最喜歡的公式」。下面是我給他的公式：

> 成功＝能力＋運氣
>
> 極大的成功＝多一點點的能力＋很多的運氣

運氣跟成功很有關係，這不令人驚訝，但是當我們把它應用到高階高爾夫球錦標賽頭兩天的表現時，就有令人驚異的結果出來了。爲了簡單起見，假設這兩天選手的平均桿數都是 72 桿，我們聚焦在第一天打得很好的選手身上，他的分數是 66 桿。我們從這個優異的桿數上學到什麼？一個立即的推論是這位高爾夫選手比其他選手高明很多。成功的公式還有另一個一樣有效力的推論，就是打得很好的球員可能是他今天的運氣比往常更好。假如你接受這個能力和運氣兩者都跟成功有關的說法，那麼這個結論就是這位成功的球員運氣很好，這句話應該跟這位成功的球員球技很好一樣有根據。

用同樣的邏輯，假如你聚焦在一位球員身上，他比一般平均桿數多了 5 桿，你就會推論他的技術不好，他今天的運氣也不好。當然，你知道這兩個推論都不是確定的，一個 77 桿的選手是非常有能力，但是今天的運氣非常的壞。雖然不確定，下面這個推論還是有可能，而且正確的機率比錯誤的還高。

第一天低於平均桿數＝能力高於平均＋第一天運氣好

以及，

第一天高於平均桿數＝能力低於平均＋第一天運氣不好

現在，假設你知道一位高爾夫球員第一天的成績，你要去預測他第二天的表現。你期待高爾夫球員會維持他的水準，所以你最好的猜測是第一個球員是低於平均桿數，第二個球員是高於平均桿數。運氣當然就是另外一回事了。因爲你完全無法預測一個高爾夫球員第二天的運氣（或任何一天的運氣），你最好的猜測就是平均數，不好也不壞。這表示在沒有任何的資訊情況下，你對這個選手第二天的表現最好的猜測是，它不應該重複第一天的成績，你最多能說：

- 第一天打得很好的球員，第二天也可能很好，但是會比第一天差一點，因爲他第一天所碰到的超級運氣不太可能再有。
- 第一天打得不好的球員，第二天可能也在平均數之下，但是會進步，因爲第一天的壞運氣不太可能持續到第二天。

我們同時預期這兩位高爾夫球員的差距在第二天會縮小。雖然最好的猜測是第一個球員還是會打得比第二個球員好。

我的學生每次都很驚訝的聽到，對選手第二天的表現最精準預測是比較保守，也比較接近平均數。這是爲什麼這種形態叫做「迴歸到平均值」。原始的分數愈極端，迴歸值就愈大。因爲非常好的分數表示那一天的運氣非常好。迴歸的預測是合理的，但是不敢擔保它一定正確。有好幾個高爾夫球員第一天打了66桿，第二天打得更好，假如他們的運氣又更好的話。大部分人會打得比較差，因為他們的運氣不再維持在平均值以上。

現在讓我們將時間反過來，假設我們先知道他們第二天的成績，再回過頭去看第一天的表現。你會發現同樣的迴歸到平均數的現象。在第二天打得很好的球員很可能那一天運氣很好，最好的猜測是他第一天的運氣可能沒那麼好，所以表現會差一點。這個事實——即你在後來的事件上也可以預測先前事件的迴歸現象，應該就可以說服你，迴歸不是因果的解釋。

迴歸的效應是常常看到的，所以用它去錯誤地解釋因果也是常常看到的。最有名的例子就是「運動畫刊魔咒」（Sports Illustrated jinx），說如果一個運動員的相片上了《運動畫刊》雜誌封面，他下一季的表現就完了。過度自信和太多的壓力去達成別人對他過高的期望，常被解釋為魔咒的原因。但是這裡有一個簡單的理由可以解釋這個魔咒：這個運動員會登上雜誌封面表示他的表現是異常的好，很可能得到很多運氣的幫助，但是運氣是薄情多變的，所以下一季的表現就沒有這麼好了。

當特維斯基和我在寫那篇直覺的預測論文時，我正好在看冬季奧運男子跳台滑雪項目。每一個運動員可以跳兩次，把結果加起來變成最後的分數，當選手們在準備第二跳時，我很驚訝聽到播音員評論說：「挪威選手第一次跳得很好，他會緊張，希望能保護既有的領先，他這次可能會表現比較差，」或是「瑞典選手第一次跳得不好，現在他知道反正也沒什麼可損失了，他會放鬆，這會幫助他這次進步。」這些運動評論員顯然偵察到向平均值迴歸這個現象，編造了很多完全沒有任何證據的因果故事。這故事本身甚至可以是眞的。假如我們眞的去測量運動員的脈搏，可能會發現他們在第一次表現不好後反而比較放鬆，但也可能不是，我們要記住的是，從第一次到第二次的改變是不需要因果解釋的。它是數學上不可避免的事實，運氣在第一跳時扮演了一個角色。這不是一個令人滿意的故事，我們都喜歡有因果關係的故事，但事實就是如此。

了解迴歸

不論是沒有偵察到或錯誤的解釋，迴歸這個現象對人類心智來說，是件奇怪的事。的確，它的奇異性使它在萬有引力定律和微分發現後兩百年才被確認和了解。此外，它花了 19 世紀英國最聰明的人很大的努力才讓人們了解它。

「向平均值迴歸」是 19 世紀高頓（Sir Francis Galton）博士發現和命名的，他是達爾文的表兄弟，也是很有名的全才。你可以在他 1886 年發表的論文中，感受到他的興奮，這篇論文叫做〈遺傳身高的向中間迴歸〉（Regression towards Mediocrity in Hereditary Stature），他測量了連續好幾代種子的大小，以及比較孩子的高度和他們父母的高度後，寫道：

> 這個結果似乎非常值得注意，我把它用在 1877 年 2 月 9 日我在皇家學院（Royal Institution）演講的材料上。從實驗中看起來，在大小上，子代並沒有像它的親代，假如親代很大，子代就比親代小一點，假如親代非常的小，那麼它就比親代大。實驗顯示這個向平均值迴歸是和親

代跟平均值的差異有直接的比例關係。

高頓顯然預期這個世界上最古老的研究機構，這個皇家學院中博學多聞的學者會跟他一樣的對這個「值得注意」的發現感到驚奇，但是眞正值得注意的是他被這個統計的規則所震驚，這個規則跟我們每天呼吸的空氣一樣平常，我們隨便張望一下都會看到迴歸的現象，我們只是沒有辨認出來而已。高頓花了很多年才發現它，當兩個測量之間的相關不是完美時，迴歸一定會發生，他需要他那個時代最聰明的統計學家的幫助才能達到這個結論。

高頓碰到的一個困難是測量上的困難，當兩個變項是用不同的量表測量時，他該如何去算迴歸，例如體重和彈鋼琴。他的解決法是用人群總數做爲參考的標準。想像你測量了一所小學從一到六年級 100 個兒童的體重和鋼琴彈奏。在每一個測量中，他們都從高到低排序。假如珍妮在鋼琴彈奏是排序第 3，在體重上是排序 27，你可以說珍妮是比較好的鋼琴彈奏者，在鋼琴演奏和身高體重排名上，鋼琴演奏比較強。現在，讓我們做一些假設把事情簡化一些。

在所有的年齡：

- 鋼琴彈奏成不成功取決於每一週練習的時數。
- 體重跟吃的冰淇淋有關。
- 冰淇淋的消耗量跟每週彈多少小時鋼琴無關。

現在，用排序（或統計學家喜歡的標準分數 standard score），我們寫出下列的公式：

體重＝年齡＋冰淇淋的消耗量

彈鋼琴＝年齡＋每週練習的時數

我們可以看到當我們用體重去預測鋼琴彈奏時，會有迴歸的現象發生，用鋼琴彈奏去預測體重時，也是一樣。假如你對湯姆的全部所知只是他在體重上排序是 20（這是在平均值之上），你可以推論（統計上）他可能比一般孩子年紀大一點，同時也吃了比別人多的冰淇淋。假如你對芭芭拉全部所知是她在鋼琴彈奏是排序 85（比平均值低很多），你可以推論她可能年紀比較小，她比一般兒童練習的少。

這兩個測量之間的相關係數（correlation coefficient）在 0 和 1 之間變動，是他們共有因素之間的相關分量的測量。例如我們都跟我們的父母共享一半的基因，所以在身高上，環境因素的影響就很小，父母和子女在身高上的相關大約是 0.50，要了解相關的測量，下面是相關係數的一些例子：

- 物體大小的測量在英制和公制的相關是 1，任何影響一個測量的因素也同樣影響另一個測量。他們共享 100% 的決定因素（determinants）。
- 美國男性自我報告的身高和體重的相關是 0.41，假如你把婦女和小孩包括進去，這個相關就高很多，因爲每個人的性別和年齡會影響他們的身高和體重，把他們共享因素的分量提高了。
- 美國 SAT 測驗分數和大學 GPA（平均分數）分數之間的相關大約是 0.60，然而，性向測驗和研究所的成功表現之間的相關低了很多。很大一個原因是性向的測量在這個特別選定的團體中，差異性很小。假如每一個人都有類似的性向，這個測量的差異就不太可能在測量成功上扮演大的角色。

- 美國人收入和教育程度的相關大約是 0.40。
- 家庭收入和他們家電話號碼的最後四個數字的相關是零。

高頓花了好幾年才了解相關和迴歸不是兩個概念，而是同一概念和兩個不同層面。一般的規則是非常簡單明瞭，但是卻有令人驚奇的結果：當兩個分數之間的相關是不完美時，就會有向平均值迴歸的現象發生。要說明高頓的真知卓見，請看一下大部分人覺得很有趣的命題：

很聰明的女人常會嫁給沒有她們那麼聰明的男人。

你在宴會中可以用這個去開始一個好的談話，請你的朋友解釋為什麼，他一定會跟你聊下去。即使懂統計的人也常會很自動地從因果去解釋這句話。有的人甚至認為很聰明的女人為了要避免和跟她一樣聰明的男人競爭，或是被迫妥協去嫁不及她聰明的男人，因為聰明的男人不想要跟聰明的女人競爭。在一個好的宴會中，還會有很多你想不到的各種解釋出現。現在來看下面這個句子：

配偶之間智慧的相關不是完美的。

這句話顯然是眞，只是很無趣。誰會期待夫妻兩個人的智慧都一樣？這裡沒有什麼值得解釋，但是你覺得有趣的事實和你覺得無趣的數字是相同的。假如配偶之間智慧的相關是不完美（假如男人和女人在智慧的平均值上沒有差別），那麼在數學上，高智慧的女人嫁給比她們智慧低的男人就是不可避免（反之亦然）。這個迴歸到平均值的觀察就不可能比不完美相關更有趣或更有解釋力。

你可能會同情高頓在迴歸概念上的掙扎。的確，統計學家佛里曼（David Freedman）曾經說，假如迴歸的題目在刑事或民事的法庭中出現，需要對陪審員解釋迴歸概念的那一方一定會輸掉。它為什麼這麼難？主要原因正是本書的主題：我們的心智是嚴重的偏向因果的解釋，而不跟統計數字打交道。當我們的注意力轉到一個事件上去時，我們的記憶就替它找因果關係——比較正確地說，這個活化自動擴散到任何儲藏在記憶中的因果相關，當迴歸被偵察到時，因果的解釋就被激發出來了，但是它們是錯的，因為迴歸到平均值是個解釋，但是沒有因果關係。在高爾夫球賽中吸引我們注意力的事件是高爾夫球選手第一天很成功，但是第二天的表現會下降的這個頻率。對這個現象最好的解釋是這位選手第一天運氣出奇的好，但是這個解釋缺乏我們心智喜歡的因果力量。的確，我們付別人很多錢來提供我們對迴歸效應的有趣解釋。如果一位電台的時事評論家正確的宣布：「今年景氣比較好，因為去年太糟了，」他的飯碗可能捧不久，老闆很快會請他走路。

我們對迴歸概念的困難來自系統一和系統二。如果沒有特別的指示，在很多情況下，是即使給了一些統計的指示，相關和迴歸之間的關係仍然是很隱晦不明。系統二覺得它很不容易了解和學習。這一部分原因來自系統一堅持要求有因果關係的解釋。

給沮喪的兒童喝高能量飲料三個月後，情況有顯著的改變。

我自己編造這個新聞標題，但是事實上，它是真的事實。假如你給一群沮喪的孩子一些能量的飲料，他們會有臨床上的進步表現。但是假如你讓沮喪的孩子，每天倒立多少分鐘，或每天抱貓二十分鐘，他的情況也會進步。大部分讀到這個標題的讀者會去推論能量飲料或是抱貓使得情形進步，但是這個結論是完全沒有道理的。沮喪的孩子是一個極端的團體，他們比一般孩子更沮喪——而極端的團體會向中間平均值迴歸，如果給予時間的話。連續給這些兒童做的憂鬱症量表分數之間的相關是不完美的，因此它們會向中間平均值迴歸：沮喪的孩子經過一段時間會變得比較不沮喪，即使他們沒有抱貓或喝高能量飲料。爲了要下結論能量飲料或任何治療方式有用，你必須比較一組有接受治療的病人和一組沒有接受治療的控制組（或更好的方式是給他安慰劑）。控制組的進步完全是因爲向平均值迴歸，而實驗的目的是決定接受治療是否比迴歸能解釋的還更多。

迴歸效應不正確的因果關係解釋並不限於報紙的讀者。統計學家魏納引出一長串犯了同樣錯誤的著名學者——把相關跟因果關係混淆了。迴歸效應在研究上是個很常見的問題來源，一個有經驗的研究者對不該有的因果推論會有很健康的恐懼，生怕自己會落入它的陷阱中。

我最喜歡的直覺預測錯誤的例子採自貝瑟曼（Max Bazerman）那本精采的教科書：《管理決策判斷》（*Judgment in Managerial Decision Making*），你是連鎖百貨公司的銷售預報員，所有分店規模都一樣，有同樣的貨品選擇，但是它們的銷售情況不同，因爲分店的地點不同，競爭的對手不同，還有隨機因素。你現在有2011年的銷售數據，你要預測2012年的情形。經濟學家預測，整體來說銷售會上升10%。你會如何去完成下面的表？

分店	2011 年	2012 年
1	$11,000,000	________
2	$23,000,000	________
3	$18,000,000	________
4	$29,000,000	________
總額	$61,000,000	$67,100,000

讀了這一章以後，你知道你把 10% 加到每一家分店的做法是錯的。你的預測需要考慮迴歸，所以表現低於平均值的要增加不只 10%，對表現好的不能加這麼多，可能還得減一些。但是假如你去問別人，他們會很奇怪，幹嘛去管一個這麼顯著答案的問題呢？這就是高頓的痛苦發現，迴歸的概念是非常不顯著的。

說到迴歸到中間平均值

「她說經驗告訴她，批評比誇獎有效，她不了解的是，這全是迴歸到平均值的關係。」

「或許他第二次的面試不會像第一次那樣給人印象深刻，因為他害怕會令我們失望，但是比較有可能是他的第一次面試是出乎尋常的好！」

「我們篩選的程序很好，但是不完美，所以我們應該預期有迴歸發生。當最好的候選人沒有達到我們的預期時，不要驚訝。」

18

馴服直覺的預測

生活中，許多場合都會用到預測。經濟學家預測通貨膨脹和失業率，財務分析師預測收入，軍事專家預測死亡率，投資專家預測獲利，出版社和製片家預測讀者和觀眾，營造商預測房子完工的時間，主廚預測菜單受歡迎的程度，工程師預測工地需要多少水泥，消防隊隊長估計需要多少輛救火車才能把火撲滅。在我們個人的生活中，我們預測配偶對搬家的反應，或是預測一個新工作的適應期。

有些預測的判斷，如工程師的判斷，是需要查表、做精密的計算，而且觀察在同樣情況下它的結果如何，去做分析。有些預測跟我們系統一的直覺有關係。有些直覺是透過來自技術和專業的重複的經驗。這些快速和自動的判斷和選擇，來自西洋棋大師、救火隊隊長，和克萊恩在他《權力的來源》（*Sources of Power*）一書中描述的醫生，或是其他地方所描述的技術直覺，他們會很快下判斷，因爲熟悉的線索馬上被辨認，解決方法馬上進入他們的心中。

其他的直覺是比較主觀，跟第一個從捷徑運作中出現的直覺難以區分，它們通常是用一個容易的問題去替代較困難的問題，直覺的判斷有時是非常有自信的，即使這個直覺是來自沒有考慮迴歸的弱證據。當然，許多判斷，尤其在專業領域是受到分析和直覺兩者綜合的影響。

沒有迴歸的直覺

讓我們回到我們已經認識的一個人身上：

茱莉現在是州立大學四年級的學生，她在四歲時，閱讀就很流暢，她學業的總平均是多少？

熟悉美國教育制度的人可以很快的說出數字，學業總平均通常介於 3.7 和 3.8 之間。這怎麼來的？這是系統一的好幾個操作形成的。

- 尋求證據（茱莉的閱讀能力）和預測目標（她的學業總平均）之間的因果連接。這個連接可以是非常直接的。在這個例子裡，早期閱讀和高學業總平均都是學業成就的指標，一些連接是必要的。你（即你的系統二）可能會拒絕茱莉贏得釣魚比賽或高中舉重冠軍。這個歷程是非常有效的雙分法。我們能夠拒絕不相干或假的訊息，但是系統一不能調整證據中的弱點。因此，直覺的預測對真正有預測能力的證據幾乎是完全不敏感。當一個連接被發現時（在這裡是茱莉的早期閱讀能力），WYSIATI 就派上用場了：你的聯結記憶很快、自動化地從手邊的訊息中建構出一個最好可能性的故事來。

- 然後，這個證據拿去跟相關常模比較，一個四歲就能流利讀書的小孩有多早熟？跟這項成就有關的相對排名或百分位數是什麼？問題中並沒有完全說出相比較的團體（我們稱之爲參考團體 reference group），但是我們有正常說話的常模：假如一個大學畢業生被形容爲「相當聰明」，你就不必問說：當你說她「相當聰明」時，你是指跟哪一個參考團體比較？
- 下面一步就動用到替代和強度配對。童年認知能力單薄證據的評估，就被她大學 GPA 的問題給替代了。茱莉 GPA 分數的百分位數就等於她早期閱讀成就的百分位數。
- 這個問題很清楚列出它的答案是 GPA 的量表，這就需要另一個強度配對的操作。從茱莉一般學業成績的印象到配合她能力證據的 GPA 分數。最後一步是轉換，從茱莉學業表現的印象到跟它相呼應的 GPA 成績。

強度配對可以得到預測就像從它而來的證據一樣的極端，導致人們對兩個十分不同的問題給了相同的答案：

茱莉的早期閱讀能力，排在第幾個百分位數？

茱莉的學業總平均，排在第幾個百分位數？

現在，你應該很容易辨識這些操作都是系統一的功能，我把它按次序列出來，但是當然，聯結記憶活化的分布並不是這樣運作的，你可以想像擴散的歷程：一開始時是證據和問題所啓動，會自我回饋，最後停頓在最合理的可能性解決方法。

特維斯基和我曾經請受試者判斷八個大學的新鮮人，假裝這些描述是輔導員根據跟他們面談所寫下來的，每一個描述都包括五個形容詞，例如：

聰明、自信、常識很廣、努力工作、好問

我們請一些受試者回答兩個問題：

這些描述會使你覺得他是功課好的學生的可能性有多高？
這些對新鮮人的描述會使你對他印象深刻的可能性有多高？

這些問題需要你去評估證據，比較輔導員所寫有關這個人的描述跟你所知的新鮮人常模來得到證據，這個常模的存在就是一件了不起的事。雖然你並不知道你怎麼會有這個常模，但是你有相當清楚的感覺這個描述傳進多少熱忱到你身上：輔導員認爲這個新鮮人是不錯，但不是特別出色。在「聰明」之上，還有很多更強的形容詞（如優秀、有創意），「常識很廣」上面還有更強的形容詞（博學、多聞、知識淵博），「努力工作」也有熱情、完美主義者比它強。由此可推斷：很可能是前 15% 的學生，但不可能是前 3%。這裡面有非常令人驚異的共識，大家一致認爲他是前 15% 但不可能到前 3%，至少在同一種文化中是如此。

在我們實驗中的其他受試者被問了不同的問題：

你估計這個學生的學業總平均會是多少？
新鮮人中有多少人的 GPA 比他更高？

你需要再看一下才會察覺這兩組問題的不同。照說這個差異應該很顯著，但是並沒有，它不像第一個問題，只要你去評估證據而已，第二個問題其實有更大的不確定性。這個問題問到大學第一年結束的成績表現。從上次面試過後到現在發生了什麼事？憑著五個形容詞，你能多正確估計這個新鮮人第一年結束時的實際成就？假如要輔導員自己來做 GPA 的預測，她會很正確嗎？

這個研究的目的是比較學生在評估一組證據後去做百分位數的判斷，跟他預測另一個最終的結果。這個結果很容易簡述如下：這兩個判斷是相同的，雖然兩組問題不同（一個是關於描述，另一個是關於學生未來的學業表現），受試者把它們當作同樣的問題。就像茱莉的題目一樣，對未來的預測跟評估現在的證據沒有兩樣——預測跟評估一樣。這是我們現在對替代角色存在最好的證據。你請人們預測，他卻用評估證據來替代。他們根本沒有注意到自己回答的問題已經不是被問的問題。這個歷程保證會衍生出系統化的偏見：他們完全忽略了迴歸到平均值。

我在以色列國防部服役時，有段時間在一個選拔優秀軍官去受訓的單位服務。選拔的方式是一序列的面試及現場考試。最後成績若能通過就會成爲軍官，但是效度不是很好（我在後面章節時會談到更多）。很多年後，我已成爲教授，並與特維斯基合作直覺判斷的研究後，這個單位仍然存在。我與該單位的人一直保持聯絡，所以我請他們幫個忙，除了原有評估候選者的評分系統之外，我請他們猜測每一個學員未來可能得到的分數。他們蒐集了幾百個學員的預測資料給我。那些做預測的老師非常熟悉那裡的評分方式，所以他們給我的是 A、B、C 等第。結果非常令我驚訝，他們預測的 A、B、C 幾乎與最後成績的 A、B、C 一模一樣。

這個發現提供了一個令人信服的替代和強度配對的例子。提供這些預測的教官完全無法區辨這兩個作業：

- 他們平常的任務是去評估學員在軍官學校中的表現。
- 我請他們做的是對未來成績的預測。

他們就把原來軍官學校用的評分標準轉到我給他們的預測量表上了，用的就是強度配對。他們沒有處理預測的不確定性，這不確定性還相當大，使他們的預測完全沒有迴歸。

直覺預測的改正

回到茱莉這位早熟的閱讀兒童上。如何正確預測她的 GPA，我在上一章中說過了。當我在談高爾夫球連續兩天的比賽及體重和彈鋼琴時，我寫了一個公式來決定閱讀年齡和大學成績之間的因素。

閱讀年齡＝共有的因素＋閱讀年齡獨特的因素＝ 100%

GPA ＝共有的因素＋ GPA 特定的因素＝ 100%

這共有的因素包括基因決定的性向，家庭對學業的支持程度，及其他能夠達成人們在孩童時期成爲出色閱讀者、在青年時期學業成績良好的因素，茱莉可能被野心很大的雙親逼著早認字讀書，也很可能有段不快樂的戀情使她大學的成績下降，她也可能滑雪時曾出過意外，使她有一些學習困難等等，各種我們不知道的原因。

記得兩個測量之間的相關——在目前這個例子中是閱讀年齡和 GPA ——是決定因素中共有的因素的比例。你認爲這個比例應該是多少？我最樂觀的猜測是 30%。假設是這個値，我們需要找出沒有偏見的預測。下面是如何得出預測的四個簡單步驟：

1. 從估計 GPA 的平均値開始。

2. 決定符合你對證據印象和感覺的 GPA。

3. 估計你的證據和 GPA 之間的相關。

4. 假如這個相關是 0.30，從平均值移動 30% 的距離到相對應的 GPA 上。

第一步是你的基準線，就是你要預測的 GPA。假如你什麼都不知道，只知道她是個快要畢業的大四學生。在沒有訊息的時候，你只能預測她在平均值（這就是企業管理的研究生在完全不知道湯姆是誰時，他們只能依照基準線的機率來預測）。第二步是你的直覺預測，它與你對證據評估相同。第三步把你從基準線移到你的直覺，但是你能夠移動的距離取決於你估計的相關。第四步是預測，它受到你直覺的影響，但是少了很多。

這個做預測的方式是一般的方式，當你需要預測一個量的變項，如 GPA、投資獲利，或公司成長時，你可以用這個方式。這個方式是建構在你的直覺上，但是直覺修改了它，使它比較溫和，並且朝平均值迴歸。當你有好理由可以相信你直覺預測的正確率時——在你的證據和預測之間有很強的相關——這時所需的調整會很少。

直覺預測需要被改正，因為它們沒有做迴歸，所以有偏差。假設我預測每個高爾夫球員第二天的表現會跟第一天相同，這個預測沒有把迴歸到平均值考慮進去：那些第一天打得很好的人平均來說，第二天會打得比較差，那些第一天打得差的人大部分會進步。當最後跟實際成績相比較時，沒有迴歸的預測會被發現有偏差。一般來說，這個預測對第一天打得好的人過度樂觀，對一開始打不好的人過度悲觀。這個預測就跟證據一樣極端。同樣的，假如你用童年的成就來預測大學的表現而沒有迴歸你的預測的話，你會對早閱讀者的大學成績感到失望而對遲開竅者感到驚喜。校正過的直覺預測去除了這個偏見，使預測在過高或過低估計價值上是相等的。當你的預測是沒有偏見時，你還是會犯錯，但是這個錯誤會比較少，不會偏向高或低的結果。

對極端預測的辯解

我在前面介紹了湯姆來說明分離的結果，如考試成功率的預測，這是對某一特定事件給一機率（或是按高低機率排序）。我同時也描述了另一個程序，它是跟我們平常對分離的預測相反的：忽略基率，對訊息的質不敏感。

我們在這種預期中發現的偏見是用量表表示的，如 GPA 或一個公司的收入，它和判斷機率結果的偏見很相似。

改正的程序也很相似：

- 兩者都有基準線預測，假如你對手邊這個案子，沒有任何資訊，你可以用基準線的機率做為你預測的機率。在類別的情形，它是基率。在統計數字的情形，它是相關類別的平均結果。
- 都有直覺預測，不論是可能性或 GPA，這種預測會將呈現在腦中的數字表達出來。
- 你預測的目標都是在基準線和你直覺反應的中間。
- 在事先預設好的案子中缺乏有用訊息時，你採用基準線。
- 在其他的極端中，你也堅持你的直覺預測，當然，只有在你對支持的證據做了關鍵性的審查，而對一開始的直覺反應有完全的信心時，才如此。
- 在大多數的情況下，你會發現有理由懷疑你原始判斷和眞相之間的相關是完美的，你最後給的判斷會在兩極端之間。

這個程序是一個適當統計分析結果的近似值。假如成功，它會使你移向沒有偏見的預測、合理的機率評量，對數字結果有溫和的預測。這兩個結果是想要處理同一偏見：直覺的預測常常過度自信而且太過極端。

改正你直覺的預期是系統二的工作。你需要花很多力氣找到相關的參考類別，估算基準線的預測，評估證據的品質。這個努力只有在代價很高，或是你特別在意不要犯錯時，才値得如此去做。此外，你應該知道改正直覺會使你的生活複雜很多。一個沒有偏差的預測的特質是，只有在訊息是非常好，才允許這種很少見或很極端事件的預測。假如你期待你的預測是有一點效度的話，你絕對不會去猜一個結果是很少見或跟平均數差很遠的。假如你的預測是沒有偏見的，你也永遠不會有正確猜到極端事件的滿意經驗。當你最好的法學院學生後來變成最高法院的法官，或你曾很看好的一家新創企業，最後變成一個商業上的大成功時，你永遠不會說：「我就曉得是如此！」當證據有限時，你永遠不會預期一個非常優秀的高中學生在普林斯頓大學也會是全 A 的學生。因爲同樣的理由，你絕對不會去對一位投資者說，這個剛開始的公司未來成功的機率是「非常高」。

對反對修正直覺預測原則必須嚴肅以待，因爲沒有偏見並不是永遠影響最大的。假如所有的預測錯誤都被一視同仁，不論它們的方向的話，那麼你偏好沒有偏見的預測是有道理的。但是在有些情境中，一種錯誤是比另一種錯誤更嚴重。當一個投資者在尋找下一個可能的投資，若錯過下一個「谷歌」或「臉書」就比投資一個新創小公司的失敗嚴重得多。雖然都有風險，但風險背後的代價不同。投資者的目標是正確地找出極端的案子，即使它的代價是過度估計許多投資的收益。對一個借出大筆貸款的銀行家來說，單一貸款者破產了的風險，比拒絕幾位可能履約的潛在客戶的風險更大。在這種情況下，用極端的語言（如「非常好的機會」、「不履約的高風險」）可以提供一些合理化的安慰，即使這些判斷根據的訊息只有一點效度也無妨。

對一個有理性的人來說，一個沒有偏見和中等程度的預測不應該是個問題。畢竟，一個有理性的投資者知道，即使是最看好的初創公司也只有中等程度的成功率。她把工作看成是在一堆賭盤中，挑選一個最有潛力的賭注，她不需要去欺騙自己那些她計畫去投資的小公司前景大好。同樣的，有理性的人預測一個公司的收入不會被一個數字束縛——他們應該去考慮最可能結果的不確定性範圍。一個有理性的人會投資很多錢在一個很可能會倒閉的企業上，假如成功的回收率很大的話，她不需要去欺騙自己有關成功的機率。然而我們都不是理性的人，有些人還是需要扭曲判斷做爲保護以避免無能爲力。假如你選擇欺騙你自己去接受極端的預期，你必須了解你是在放縱自己，但如果你一直保持這種覺識，你也可無事。

或許我提出的這個校正歷程最有價值的貢獻在於，它需要你去思考你自己知道了多少。我會用一個學術界很熟悉的例子來說明：有一個系所要聘任一位年輕的教授，他們要找一個最有科學研究潛力、能夠發表最多論文的人。最後，他們篩選到只剩兩個人：

金最近完成她的博士研究，她的推薦信非常強，她的求職演說非常精采，面試也令人印象深刻。她沒有任何具體的科學研究成果紀錄（即沒有已發表的論文）。

珍已經做過三年的博士後研究，她的研究成果很好，有很多發表的論文，但是她的演講及面試不及金那麼閃亮耀眼。

直覺的選擇會偏向金，因爲她留下一個很深的印象在人們的腦海中，而 WYSIATI。但是金的訊息比珍少了很多。我們回到小數原則去，事實上，你對金的訊息比珍更少，而小樣本容易導致極端的後果。小樣本需要運氣的成份最多，因此，在小樣本中，你應該把你的預測迴歸到平均值更多些。因此，對金的未來表現預測，你要迴歸更多。當你了解金必須比珍迴歸更多到平均值時，你可能會選擇珍，雖然你對她的印象不是這麼深。在學術選擇的情境下，我會投票給珍，但是我會很掙扎去克服我對金比較好的印象。我們的本性是跟隨著直覺，跟直覺在一起比反對直覺愉悅很多[1]。

你可以在不同的情境想像同樣的情形，例如投資者選擇在不同市場中運作的兩個剛起步的公司。一個公司的產品需求可以很精密計算出來，另一家剛開始的小公司在直覺上，感覺比較好，比較令人興奮，但是它的未來卻是不確定。不論第二家公司的未來描述得多好，當有不確定性存在時，這個問題需要仔細思考。

兩個系統對迴歸的看法

極端的預期以及願意從很弱的證據中預測很少見的事件，兩

1 但是代價太大，在台灣，請到一個不好的教授，全系所遭殃，因為請神容易送神難，即使要一個不做任何事的教授走路也要八年的時光，作者說「愉悅很多」沒錯，但是代價太大，我並不贊成一時的愉悅換來八年的痛苦。

者都是系統一的表現。我們的聯結機制很自然地替極端的預測找出符合它的極端證據，這證據本是極端預測的來源——這就是替代。而系統一會很自然去得出過度自信的判斷，因爲自信是取決於你可以從證據中所編出最好、最合理的故事。請小心，你的直覺會給你太極端的預測，你會對它有太多的信心。

迴歸也是系統二的問題。這個迴歸到平均值的概念本來就是一個生疏的概念，不容易懂，也不容易講給別人聽。高頓費了一番工夫後才了解它。許多統計學的老師都不喜歡上迴歸，講得舌乾唇焦，學生聽得一知半解，只有模糊的概念。在這裡，系統二需要特別的訓練。把預期和證據做配對不只是我們直覺在做的事，同時也是看起來很合理的事。我們無法從經驗中去了解迴歸。即使當迴歸已被指認出來，就像我們在以色列飛行教官的例子中所看到的，人們還是把它當做因果的解釋，這是非常錯誤的。

說到直覺的預測

「那家剛成立的小公司有著非常好的概念和點子，而且證明了它是可行的，但是我們不應該期待它未來也能做得這麼好。從公司創辦到上市還有很長一段路要走，它還有很大的迴歸空間。」

「我們直覺的預測很贊同它，但可能太高了一些。讓我們來考慮一下證據的強度，以及向平均值迴歸。」

「這個投資可能很好，即使最好的猜測是它會失敗，我們先不要說我們真的相信它是下一個谷歌。」

「我讀了一篇這個品牌的評論，說它是極優，它仍有可能是僥倖。我們先考慮已有很多評論的品牌，從中選一個最好的。」

| 第三部 |

過度自信

19 了解的錯覺

交易員、哲學家、統計學家塔里，也可以被當作心理學家。在他的《黑天鵝效應》一書中，他介紹了一個「敘述的謬論」(narrative fallacy）來解釋過去有缺陷的故事如何塑造我們對世界的看法，及我們對未來的期待。敘述的謬論來自我們一直不斷的想去把外面世界合理化。人們覺得很有說服力的故事通常很簡單、很具體（不抽象），聚焦在幾個實際發生過、非常引人注意的事件上。任何最近剛發生的鮮明事件都有可能變成因果故事的一個環節。塔里認爲人類一直不停在欺騙自己，用微薄的證據來解釋過去，並且信以爲眞。

好故事對人的行爲和意圖提供了簡單合理的解釋。你總是從人格特質來解釋他人的行爲，因爲你可以很容易爲這個行爲找出配對的原因。我們在前面談過的月暈效應就有助於故事的合理化，它把我們所看到這個人的品質配對到某個顯著的屬性上，然後下判斷。假如我們認爲某個棒球投手很英俊、很健美，我們對他的投球表現評分就會比較高。這個月暈現象也可以是負面的：假如你認爲某個球員很醜，我們會低估他的表現。月暈效應用誇大評估一致性的方式來使敘述的解釋簡單、合理化：好人只做好事，壞人都是壞的。「希特勒愛狗和小孩」這句話會使你震驚，不論你聽過多少次，因爲它違反了月暈效應在你心中所建立的預期，一個這麼壞的人怎麼可能有任何一點的好？不一致性減低了我們思想的輕鬆，我們就覺得很震驚。

令人信服的故事會使人產生不可避免的錯覺。請看一下谷歌怎麼變成科技業的巨人，史丹佛大學電腦系兩個有創意的研究生想到一個在網際網路上搜尋資料的好辦法。他們找到資金成立一個小公司，做了一連串成功的決策，在幾年之內，他們開創的這家小公司變成美國股市最有價値的公司之一，而這兩個研究生變成了地球上最有錢的兩個人。不尋常的情境加上好運，使這故事更吸引人：在谷歌成立一年以後，他們願意以不到 100 萬美元的價錢把公司賣出，但是買主說這價錢太高了。談到這件幸運的事，其實更容易低估運氣會在多方面影響結果。

詳細的歷史會讓你知道谷歌創辦人的決定，但是對我們的目的而言，只要簡單地說，幾乎每一個選擇他們都做得很好就夠了。一個比較詳細的敘述會描述谷歌如何打敗這些公司。那些倒楣的競爭者會看起來很笨、盲目、緩慢，無法應付谷歌帶給他們的威脅，最後被谷歌打敗。

我特意很平淡地述說這個故事，但是你了解我的用意：這是一個很好的故事，詳細列出它成功的過程，你會覺得你了解了谷歌爲什麼成功，你覺得從中學到很多寶貴的教訓。很不幸的是，我有很好的理由告訴你，你了解谷歌成功的感覺，以及你覺得你從谷歌成功的例子中學到商場成功的絕竅都是錯覺。一個最好的測驗就是這個解釋是否能事先成功的預測結果。谷歌成功的故事就符合這個測驗門檻。因為沒有故事可以包括這麼多事件，而每一事件又可以得出不同的後果。人類心智對於假事件的抽象概念不是很在行。許多重要事件眞的有發生，而這些事件又都牽涉到選擇，它就更引誘你誇大技術所扮演的角色，低估了運氣在後果上的分量。因為每一個關鍵的決策後來證明都是對的，成功的記錄顯示的是幾乎沒有缺點的精確——但是不好的運氣的確可以中斷任何成功的步驟。這個月暈效應添加了最後一筆，使故事中的英雄光芒更大。

就像看一個技術很好的水手在湍急的水域中，巧妙地避免翻船，述說谷歌的故事也是高潮迭起，因為災難的危機一直不斷。然而，在這兩個故事中，有值得學習的差異。技術很好的水手在湍急的水中，順流而下了幾千幾百次。他學會判讀他面前水的洶湧，去預期底下有岩石。他學會了去做微小的身體調整來使小舟不翻覆。但是年輕人很少有機會創造一個大公司，更少有機會去避開大石頭——例如競爭對手提出一個絕頂聰明的創新方式。當然，在谷歌的故事中還是有很多的技術，但是運氣在實際的事件中扮演了更重要的角色，只是沒有說出來而已。假如一個故事有更多的運氣成分在內，那你可以學到的教訓就更少了。

在這裡運作的是強有力的 WYSIATI 規則。你對手邊的資訊有限也是沒有辦法的事，你只能從僅有的資料中建構一個最好的故事出來，假如它是一個好故事，你就會相信它。很矛盾的是，當你知道的很少時，你很容易去建構一個好故事，我們很舒適地說服自己，世界是在一個很安全的基石上，因為這種說法最合理，我們有幾乎無限的能力去忽略我們的無知。

我聽到太多人說他在2008年股市崩盤之前就知道了，像這種話應從我們討論主要事件的語彙中去除掉。我反對的字當然是「知道」（know），許多人可能很早就猜想美國的財政會有危機，但是他們不知道。他們現在說他們知道，因爲這個危機眞的有發生。這是誤用一個重要的觀念。在日常生活的語言中，只有在我們知道它是眞的，而且可以被顯示是眞的，我們才用「知道」這個字。我們可以知道某些事情是因爲它是眞的，而且可以被知道的。但是那些認爲他們知道未來會有危機，他們在當時並不可能明確指出危機是什麼，許多聰明、有智慧的飽學之士都對經濟的未來很感興趣，但是他們並不認爲大災難即將來臨；我從這個事實推論這個危機並不是「可知道的」。亂用「知道」這個字最壞的地方不是某人有預知的能力而他其實沒有，而是在於這個字暗示我們的世界是比目前情況更可以知道（knowable）。這助長了有害的錯覺。

這個錯覺的核心在於我們認爲自己了解過去，這就暗示說未來也是可以知道的，但是事實上，我們所了解的過去比我們以爲的少得多。「知道」不是唯一培養錯覺的字。在普通的用詞中，直覺（intuition）和預感（premonition）也是一個過去的念頭，後來被發現是眞的。所以「我有個預感這段婚姻不會長久，結果我錯了」聽起來很怪，就好像「某個直覺後來發現是假的」之類的句子，聽起來怪怪的。要很清楚地想到未來，我們需要把用在標籤過去信念的字清除乾淨。

馬後炮的社會代價

編造過去故事的心智是一個「找理由」的器官。當一個不可預測事件發生時，我們立刻調整對世界的看法來解釋這個驚奇。想像你自己在一場足球賽中，兩邊勢均力敵，所有輸贏記錄都一樣，現在球賽結束了，一隊贏了，一隊輸了。在你改正過的世界模式中，贏的那一隊比輸的隊強得多，你對過去的看法和未來的看法都因這個新的看法而改變了。從驚奇中學習是合理的事情，但是它可能有危險的後果。

人類心智的上限是它有這個能力去重新建構已經改變了的過去知識或信念，但是這個建構歷程不是很完美。一旦你採取了對世界的新看法，你立刻失去提取過去信念大部分的能力。

許多心理學家研究當人們改變他的心意時，大腦中究竟發生了什麼事。請選擇一個題目，這個題目是你還不確定你要怎麼投票的，比如說，死刑。實驗者仔細測量人們的態度，然後，請受試者聽一段贊成或反對這個主題的辯論。實驗者再來測量受試者的態度，他們的意見通常跟所聽到且有說服性的訊息更相似了。最後，實驗者請受試者報告他們在沒有聽到辯論錄音帶以前的信念。受試者發現很難。實驗者是請他們去重新建構以前的看法和信念，結果他們卻把現在的寫出來了。這是一個立即的替代。許多人甚至不能相信他們原來的想法不是這樣。

你不能夠重新建構過去的信念，無可避免會使你低估你對過去事件的驚訝程度。費希霍夫是第一個在實驗室中展示「我早就知道」（I-know-it-all-along）現象的人。我們把這現象稱為「馬後炮的偏見」（hindsight bias）。那時，他是耶路撒冷的一名學生。

費希霍夫和我的另一位學生貝斯（Ruth Beyth）在美國總統尼克森訪問中國和俄國之前（那是 1972 年）做了一個調查。他們請受試者寫下尼克森外交破冰之旅的十五個可能結果的機率。例如，毛澤東會同意見尼克森嗎？美國會承認中國嗎？蘇聯是美國幾十年的敵人，美國有辦法與蘇聯取得任何重大議題的共識嗎？

尼克森從中國和蘇聯訪問回來以後，費希霍夫和貝斯再請同一批人回憶他們當時給這十五個問題的機率是什麼。結果非常清楚。假如一個事件真的發生了，人們會誇大他們當時給的機率。假如這個事件後來沒有發生，受試者會錯誤地回憶說，他們早就知道那是不可能的事。更多實驗顯示，人們會過度誇張自己的正確率，不但他誇大自己早期的預測，還包括別人早期的預測。同樣的結果也發生在吸引大眾注意的事件上。如辛浦森（O. J. Simpson）的謀殺審判和罷免美國總統柯林頓。這個在看到事件真的發生後，改變自己信念的傾向，製造出很強的認知錯覺。

馬後炮的偏見在評估政策的制定者上會產生有害的效果。它使得觀察者在評估決策品質時，不是從程序對錯來著眼，而變成由它的後果好壞來判定。請看一下一個低風險的開刀治療，因爲不可預測的意外發生，病人死亡了。陪審團傾向於相信這個手術其實是很危險的，叫病人開刀的醫生應該要負責任，知道有危險，醫生就不應開刀。這個後果（因爲病人死了，所以手術是危險）的偏見使得陪審團幾乎無法評估這個決策究竟是對還是不對——陪審團應該看，在做這個決定時，開刀這個信念是不是合理的[1]。

馬後炮對那些替別人做代理人的決策制定者特別不公平——醫生、理財顧問、三壘教練、執行長、社會工作人員、外交官、政客。我們傾向於責怪做決定者，不論那個決定本來是好的，只是執行壞了。即使政策成功，我們也很少給制定者應得的感謝或認可。這裡有很顯著的「後果偏見」（outcome bias）。當後果不好時，客戶通常責怪他們的代理人，沒有看到牆上寫的字，卻忘記它是用隱形墨水寫的，只有在事後才看得見。一個在事前看起來是很謹慎小心的行為，可以在事後被看成不負責任的行為。曾有一項根據眞正法律案件所做的實驗，加州大學學生被要求去判斷，明尼蘇達州杜魯斯市（Duluth, Minnesota）是否應該花很大一筆費用僱一個全職的守橋人去保護市民，因為河水裡有許多漂流木會阻擋河水的流動。一組受試者只被提供當時市議會做決定時可用的資訊：24% 的學生覺得應該請個人來監控河水，第二組受試者則被告知漂流木阻擋了水的流動，造成氾濫，即使這些學生已經被特別告知，不要讓馬後炮偏見扭曲他們的判斷，卻仍有 56% 的學生覺得市政府應該出錢請人來監控河流。

後果愈糟，馬後炮的偏見愈大。在大災難時（例如 911），我們特別容易相信政府官員沒有預期到災難的發生，他們不是瞎了，就是怠忽職守。在 2001 年 7 月 10 日，美國中央情報局（Central Intelligence Agency, CIA）得到訊息說蓋達組織可能在計畫一個大型攻擊行動來打美國。CIA 局長泰納（George Tenet）沒有把這訊息交給布希總統，反而給了國家安全顧問萊斯（Condoleezza Rice）。當這個事實後來被披露出來後，美國《華盛頓郵報》總編輯布萊德利（Ben Bradlee）大聲說：「對我來講，這是很基本的，假如你手上有個會在歷史上占一席之地的故事，你應該把它交給總統。」但是在 7 月 10 日，沒有人知道——或可能知道——這一點點訊息

1 這一點在目前的醫療糾紛官司上是一個重點，司法官應該要仔細讀這一段。

會變成歷史上的大事。

因爲緊跟著標準作業流程（SOP），所以很難在結果都出來了以後，去批評質問那個決策（因爲他是按照 SOP 做的）。事後去責怪那些做決策的人會使他們採用官僚的保護系統或解決方式，極不願意冒任何風險。當醫療糾紛使醫生被告的機會增加後，醫生改變了他們的看病方式，叫你去做各種檢查，把更多病人轉給專科醫生看，用保守的治療法，即使這個方法沒有效。這些動作保護了醫生，但對病人不見得好，它製造出利益衝突。

雖然馬後炮偏見和後果偏見一般來說培養了風險規避（risk aversion），它們同時也給不負責任的尋求風險者不該有的報酬，就好像將軍或企業家冒險一賭，贏了。那些一直很幸運的領導者從來沒有爲他們冒太大的風險而受罰；相反的，他們被認爲有前瞻性、預期會成功。那些有理智的人——當時懷疑領導者這樣做是否得當的人，現在反而被馬後炮的偏見認爲是膽小、差勁、沒有用的人。一些幸運的賭盤使魯莽不負責任的領導人冠上了皇冠，享受著先知、前瞻和勇敢的美名。

成功的公式

系統一使事情合理化的機制使我們看這個世界比它眞實情況更整齊、簡單，可以預期，和合理化。我們能夠了解過去的錯覺其實又更加深了我們的錯覺，使我們自以爲可以控制和預測未來。這個錯覺令我們安心、舒適，它減少了焦慮。假如我們眞正知道有多少不確定性存在的話，我們會非常焦慮。我們都需要一個重複肯定的訊息，告訴我們這些行爲都有很恰當的結果，成功會給智慧和勇氣帶來獎賞，許多商業書就是爲了滿足這個需求量身訂做的。

那些領導人和經理人的決策會影響公司在市場上的表現嗎？當然會，而且影響效果已經被系統化的研究客觀地評估，並將執行長的個性和他們的決策，跟後來的公司表現成果連繫在一起。在一個研究中，評估執行長以前所領導公司的策略以及接任後的管理規則和程序，發現這些執行長真的會影響公司的表現，但是效果比財經媒體宣稱的小多了。

研究者用相關係數來測量執行長決策與公司表現之間關係的強度，相關係數是從 0 到 1 之間。我們前面在談迴歸時，談到了相關係數，它是指兩個測量變數受共同因素影響的程度有多大。公司成功和它執行長品質之間的相關係數，如果很大方的說可能有 0.30 那麼高，表示兩者有 30% 的重疊部分。要了解這個數字的意義，請看下面這個問題：

假設你考慮把幾家公司兩兩一組來比較。每組的兩家公司條件大致相似，但是其中一家的執行長比另一家的優秀。你會在多少比例的配對比較結果當中，發現執行長較優秀的公司果然有比較成功的表現？

在有秩序、且可預測的世界裡，公司表現和執行長的能力之間應該是完全相關的（相關係數 = 1），因此你應該會發現，所有的配對比較結果，都指向「能力較強的執行長帶領出表現較成功的公司」。假如條件相似的公司的成功與否，是由執行長不能掌控的因素（你可以叫它運氣）來決定的，那麼你就會在 50% 的配對比較結果當中，看到「能力較差的執行長帶領出表現較成功的公司」。相關係數 0.3 的含意是，你會在 60% 的配對比較結果當中，看到較優秀的執行長帶領出較成功的公司——這只比隨機猜測的 50%，提升了 10 個百分點，幾乎鞏固不了我們常看到對執行長的英雄崇拜。

假如你預期這個值更高一點——我們大部分人會這樣——那麼你應該把它當作一個指標，表示你傾向於高估你所居住世界的可預測性。請不要犯錯：將成功的勝算從 1：1 提高到 3：2 是非常大的進步，無論在賽馬或商場上都算很大。從商業作家的角度來看，一個對公司有很少控制權的執行長不可能給人很深的印象，即使這家公司經營得不錯。你很難想像會有人在機場的書店中排隊去買一本書，這本書很熱忱地描述這家公司領導人的作爲，而這個領導人的表現一般而言只是比任憑運氣時好一點。消費者要的是很清楚的訊息，關於商場成功和失敗的決定因素。他們需要故事來增進他們的了解，不管它是不是錯覺。

瑞士商學院的教授羅森威格（Philip Rosenzweig）顯示我們是多麼要求確定性，即使是錯覺也好。他用個人和公司的起（通常）和落（偶然）分析他們成功和比較不成功的差異，來說明兩個很流行的商業寫作類型。他下結論說：成功和失敗的故事一致性地放大了領導風格以及管理方式的重要性，所以這些書裡的訊息都沒什麼用。

要了解眞正發生了什麼事，請想像商業專家（例如其他執行長）被要求評論這家領導人的聲譽，他們都非常了解這家公司最近營運得怎樣。如同我們在前面所看到谷歌的例子，一個成功的公司和它的執行長會被描述成有彈性、有方法、很果斷。再想像一年過去了，這家公司的營運不佳，業績掉下來了。這個執行長現在被形容爲僵化、頭腦不清，和獨裁式管理。這兩種描述在當時聽起來都很正確，但是你知道，叫一個成功的領導人僵化、腦袋不清，或說一個在掙扎中的領導人有彈性、懂方法是很奇怪的事，只是，別忘了，我們形容的是同一個人。

的確，這個月暈效應是如此強而有力，你可能發現你自己在抵抗這個想法，同一個人，同樣的作爲，公司情況好和情況不好看起來竟有這麼大的差別。因爲月暈效應，我們把因果關係倒過來了：我們傾向於相信這公司失敗是因爲它的執行長僵化，但是眞相是因爲公司在走下坡，所以執行長看起來僵化。這就是爲什麼錯覺會產生。

月暈效應和結果偏見聯合起來解釋了系統化地檢驗成功企業的書會熱賣，大家想要從中學到成功之道。這個類別中最好的例子是柯林斯（Jim Collins）和薄樂斯（Jerry I. Porras）的《基業常青》（*Build to Last*）一書。在書中，他們很詳細分析了十八組相互競爭的公司每一組都有一家公司比另一家更成功。他們把資料按公司文化、策略和管理方式評估排序比較。「我們認爲全世界每一個執行長、經理，和創業家都應該讀這本書。」作者如是說，「你可以建構一個有遠見的公司」。

這本書和其他類似書籍的基本訊息是，好的經營管理可以被指認出來，而好的管理就會有好的結果。這兩個訊息都被誇大了。對這些成功公司的比較，就某個程度來說，是在比較這些公司的運氣。知道運氣的重要性後，當你看到非常一致性的比較時，你應該特別小心、特別懷疑，在隨機底下，規律性的型態只是海市蜃樓。

因爲運氣扮演了重要的角色，所以領導風格和經營管理就不能從觀察成功的公司中，可靠地推論出來。即使你有完美的先前知識，知道那個執行長有卓越的眼光和超強的能力，你仍然不能預測這公司未來的境遇會如何，你的預測不見得比丟銅板高明多少。一般來說，《基業常青》這本書比較的公司中，營運很好的公司和營運不那麼成功的公司，在公司利潤和股票報酬之間的差距，在研究過後一段時間是縮小到幾乎沒有。而在著名的《追求卓越》(*In Search of Excellence*) 提到的各家公司的平均營收也一樣在短期內急劇下降。《財星》(*Fortune*)「最令人推崇的公司」的研究發現，經過二十年，那些被評爲最糟的公司結果變成賺到更多股票收益的公司，比那些最令人推崇的公司還好。

你可能會想用因果的解釋去看這些公司：或許成功的公司變得自滿了，不那麼成功的公司更努力些。但是這是錯誤的思考方式。這個平均的差距一定會縮小，因爲原始差距有一大部分是因爲運氣的關係，這個運氣是跟頂尖公司的成功有關，也跟其餘公司落後的表現有關。我們已經看到生活的統計事實了：向平均數迴歸。

任何一個興盛衰亡的故事都會打動讀者的心，因爲它提供了一個人類心智所需要的東西：一個簡單的成功或失敗的信念，使我們可以很清楚看到原因，忽略運氣的決定性力量及不可避免的迴歸效應。這些故事產生並且維持了錯覺，一個關於了解、傳授教訓的錯覺，其實這些教訓沒有什麼持久的價值，只是讀者很熱切想要去相信它罷了。

說到後見之明

「這個錯誤看起來很明顯，不過這是後見之明，你不可能事先知道的。」

「他從這個成功的故事中學到太多東西，有點太過理想了。他落入了敘述的謬論中。」

「她說這個公司經營得不好是一點證據也沒有，她唯一知道的就是股票下跌了。這是一個結果的偏見，一部分來自後見之明，另一部分來自月暈效應。」

「要小心不要落入結果的偏見，這是一個很笨的決定，即使最後沒事了，它還是一個笨決定。」

20
效度的錯覺

系統一的設定是只要有一點證據就快速下結論——它不是設計來知道這個匆忙跳下決定的一跳有多遠，因爲 WYSIATI，只有手邊的證據才算數，又因爲故事愈合理，自信心愈高，我們的主觀自信反映出系統一和系統二編故事的合理性。證據的數量和品質其實起不了什麼作用，因爲很少證據也能編出很好的故事。很多很重要的信念我們其實是一點證據都沒有，只有我們愛的人和相信的人有這個信念而已。如果你仔細想過我們對某個信念的證據有多麼少，我們對自己信念的自信就太荒謬了——但是它也是必要的。

效度的錯覺

幾十年前，我在烈日下觀察士兵們汗流浹背地解決問題，我那時已從心理系畢業，在以色列陸軍服兵役，在當了一年的陸軍軍官後，被派到陸軍的心理單位，其中一項任務就是評估軍官訓練中的學員適不適合當軍官。我們用的方法是英國陸軍在二次世界大戰時，研發出來的那一套測驗。

有一個測驗叫做「沒有領導的小組挑戰」（Leaderless group challenge）。八個彼此不認得的陌生人，除去所有代表階級的肩章，僅以貼在身上的號碼來相認，在野外的地上有根大木頭，旁邊有一面 6 呎高的牆，他們的任務是讓所有人過到牆的另一邊去，但是木頭不可以碰到牆或地，人也不能碰到牆，如果違規，就從頭再來過。

解決這個問題的方法有好幾種，最普通的方式就是把木頭斜個角度立著，像釣魚桿那樣，一些人扶著，一些人爬木桿越過牆，或是爬到別人肩上跳過牆。這裡面的難題是最後那個人要怎麼過去。一個方式是幾個人扶著木桿使它不碰地，最後這個人跳上木桿後，翹起木頭讓他爬過去再跳下來，通常失敗就在這一點上，這時，他們全部人又得重頭再來一次。

當我的同事和我站在那裡觀察時，我們記錄誰在指揮，誰在發號施令，誰想當頭，但被別人噓下來，他們彼此之間有多合作，誰很固執，誰又很聽話，誰很有耐性，誰又很高傲，誰是火爆脾氣，誰很堅持，誰又輕言放棄。我們有時也觀察到有人的想法不被大家採用時，他就工作得不起勁。我們也看到大罵那個犯錯使全體得重來一遍的人；或在大家都筋疲力倦但是又得重來一次時，挺身而出領導的人。我們認爲在這種壓力之下，每個人的眞本性才會顯露出來。我們對每一個軍官候選人的印象是非常直接和鮮明的，就像天空的顏色一樣。

在觀察他們重來幾次之後，我們必須爲每一個士兵的領導能力和堅持到底的毅力分類，看誰可以進軍官訓練營。我們花時間討論每一個士兵給我們的印象，這個任務不難，因為我們覺得我們看到每一個人眞正的領導能力。有些人看起來像強壯的領導者，有些人看起來很懦弱，有些人像高傲的傻瓜，有些人的表現中等、不顯著，但也不是沒希望。有些人實在太弱，我們先把他剔除掉。當我們把各人的觀察彙整成一份報告時，我們對自己所寫的合理故事非常有自信，覺得我們對這個人的評估直指出他的未來。那些在團隊失敗後，接手過來，完成任務的人是領袖，他顯然是在訓練中表現會最好，在戰場上最能領導士兵的人，任何其他的預測似乎都與我們眼睛所看到的證據不一致。

因為我們對每一個士兵的表現都有很鮮明、一致的印象，所以我們認為我們的預測應該是很準確的。當我們在給這些士兵評分時，通常是某個分數會立刻進入我們心中，表示我們對這個人的表現，心中很有定見了。我們很少有不同的看法或懷疑其他人判斷得不對，表示這個分數是大家共同的印象。我們十分有把握說：「這個人不行」、「這個人中等，但是應該還可以」，或「他會是個明星，絕對行」。我們覺得沒有必要質疑我們的預測，改變或修正我們的看法，假如被挑戰，我們也準備好去承認，「當然，任何事都可能發生」，我們會這樣說是因為雖然我們很相信自己對每一個士兵的看法，但是我們也很肯定地知道，我們的預測基本上是沒效的。

我們的預測無效的證據其實是相當多，每隔幾個月，我們就會有一個檢討的會議，訓練的老師們會讓我們知道某一個學員在訓練營的表現，並把我們評估的分數和訓練營長官的意見相比較，結果永遠是一樣的故事——即我們預測他們在訓練營的表現並不管用，基本上可以忽略，我們的預測只比隨機亂猜好一點，但也沒好到哪裡去。

我們在接獲這令人沮喪的消息後，會消沉一陣子，但這是陸軍，不管有沒有用，這就是你每天的例行公事，你必須遵守命令。於是另一批士兵第二天又來報到，我們把他們帶到野外的那堵牆前面，他們舉起了木頭，在幾分鐘之內，我們又看到他們的本性流露出來，有人暴跳如雷，有人沉著應變，就跟以前每一天看到的情況一樣。這個黯淡的事實——爲什麼我們預測的品質完全沒有效，卻又對自己的預測這麼有信心——是一件奇怪的事。照說，以前預測的失敗應該已經動搖我們的自信，使我們對士兵的預測和判斷不那麼有把握才對，但事實並非如此。我們一樣有自信。這個事實也應該使我們修改預測，但是我們沒有，雖然我們得知自己的預測只比隨機亂猜好一點，但是我們還是覺得我們的預測是有效的。我想起了慕勒－賴爾的錯覺，我們明明知道這兩條線是一樣長，但是我們仍然覺得一條長、一條短。我看到這兩件事的相似性，所以我給這個經驗取了一個名字叫「效度的錯覺」（illusion of validity）。

我發現了我的第一個認知錯覺。

幾十年以後，我現在可以在這個故事中，看到我思維的主題了——當然也是本書的主題。我們對這些士兵未來表現的期待其實就是一個替代，尤其是表徵捷徑。我們在人造的環境中觀察士兵們一個小時的行爲，我們就覺得自己很了解他在軍官營中會面臨的挑戰，以及他將來在戰場上的領導能力。我們的預期完全沒有考慮到迴歸——我們對很弱的證據做出很強的預測，完全沒有考慮應該把看到的失敗和成功先做迴歸，這就是 WYSIATI 最好的例子。我們對所觀察到的行爲有很強的印象，忽略了那些最後決定這個士兵在軍官營會表現得怎樣的因素。

現在回頭看，這個故事最驚人的就是我們對一般規則的知識——即我們不能預測——完全不會影響到我們對個案的信心。我現在可以看到，我們當時的反應就跟奈斯比和波吉達的學生一樣。記得嗎？他們告訴學生大部分人沒有幫助陌生的癲癇患者。他們確實相信所看到的統計數字，但是基率並沒有影響到他們判斷影片中看到的那個人是否會去幫助發病的陌生人。就如奈斯比和波吉達所示，人們通常不願從一般情形中歸納出特定的個案來。

判斷上主觀的自信，不是對這個判斷正確性機率的理性評估。自信心是個感覺，它反映出訊息的合理性以及處理它時，認知的容易度。所以我們應該嚴肅地承認這個不確定性，宣稱高度自信其實只是告訴你，這個人在心中建構了一個合理的故事而已，並不代表故事是眞的。

選對股票的錯覺

1984年，特維斯基和我以及另外一個朋友瑟勒（Richard Thaler）被美國華爾街一家公司的資深投資經理邀請，去談偏見在投資上所扮演的角色。我對股票財務這方面懂得很少，我甚至不知該如何去問他問題，但是我記得一個對話：「當你要賣股票的時候，」我問道：「誰來買它？」他朝著窗戶大致比了個手勢，意思是他預期買者是像他這樣的人。這就奇怪了，是什麼因素使一個人要賣，而另一個人要買？賣的人憑什麼認爲他比買的人多知道一點？

從那以後，我對股票市場的問題就慢慢形成一個大的迷團：一個大企業看起來是建構在「技術的錯覺」（illusion of skill）上。每一天幾億股的股票在交換，很多人買，很多人賣。一天中有 10 億股票換了手是稀鬆平常的事，大部分的買主和賣主擁有同樣的資訊：他們交換股票主要是因爲他們有不同的意見。買者認爲這價格低，以後會漲，而賣者覺得現在已經很高了，以後會跌。我不懂的地方是爲什麼買者和賣者會認爲目前的價格是不對的。他們憑什麼認爲自己比市場更知道這價格應該是多少。對大部分的人而言，這個信念是個錯覺。

就它的廣義架構來說，股票市場如何運作的理論是圈內人都接受的，每一個投資業的人都讀過馬基爾（Burton Malkiel）的那本好書《漫步華爾街》（*A Random Walk Down Wall Street*）。馬基爾的理論是股票價格是一個公司値多少的所有資訊，以及對這家公司未來最好的預測。假如有人認爲這公司的價値明天會高，他們今天就會多買一點。這個信念就會使股票上漲，假如所有資產在市場都被正確定價了，那麼交換股票就沒有人會賺或賠。完美的定價使得聰明（cleverness）沒有發揮的空間，但它同時保護了傻瓜，使他們不被自己的愚蠢所愚弄。然而，我們現在知道，這個理論並不太對，許多個人投資者在交易上一直虧損，連投擲飛鏢的黑猩猩都做得比人好。第一個做出這個令人驚訝的結論的是加州大學柏克萊校區的財金教授歐丁（Terry Odean），他曾是我的學生。

歐丁從研究一萬個股票帳戶在七年之間的交易情形開始，分析一家證券公司每一個投資者所做的交易，總共有 163,000 那麼多筆。這個豐富的資料庫使歐丁得以找出賣了這個股票又馬上去買另一個股票的案例。從這裡，投資者顯現出他對這兩家公司的未來有一定的看法：他預期他買的股票會漲，會比他賣掉的股票表現好。

爲了要知道投資者這個信念是否是對的，歐丁比較了投資者賣掉然後去買的這兩種股票在交易後一年的表現。結果是明確的糟。平均來說，投資者賣掉的股票比他買的股票表現好 3.2%，這是在扣除手續費之後的數字，是個可觀的差異。

很重要一點是這是平均數，有些人做得比較好，有些人做得比較差，然而對絕大多數的散戶投資者而言，去洗澡、沖個涼，什麼都不要做，也比去做出心中想的事要好很多。歐丁和他同事巴伯（Brad Barber）後來的研究支持了這個結論。在一篇叫做〈交易對你的財富有害〉（Trading is Hazardous to Your Wealth）的論文中，他們顯示，最活躍的交易者有著最慘的結局，而交易最少的投資者得到最高的報酬。在另外一篇〈男孩永遠是男孩〉（Boys Will Be Boys）的論文顯示，男人比女人更會做一些無益的事，因此，女人比男人的投資報酬率好。

當然，每一次交易，都有一個人在交易的另一端。一般來說，這些是金融機構和專業投資者，他們等著散戶在選擇買這個股票和賣那個股票時犯錯，好乘機得利。巴伯和歐丁後來的研究解開了這些錯誤的原因。散戶喜歡在股票一漲時，就趕快賣掉，鎖住獲利，但是對虧本的股票卻守著不賣，期待有一天翻本。很不幸的是，在短期之內，已漲的股票會繼續漲，它的表現會比正在虧的好。所以這些散戶就賣錯了股票，也買錯了股票。散戶經常蜂擁買進上新聞的公司，專業投資人則對新聞的反應比較有選擇性。這就是爲什麼財務專家稱呼自己爲「聰明的錢」（smart money）。

雖然專業者能從業餘者身上賺取很多錢，但是很少人有能力持續擊敗股票市場，專業投資者（包括基金經理人）都在持續成就（persistent achievement）這個最基本的投資技術檢驗上鎩羽而歸。我們要看一個人有沒有某個能力，是看他能不能持續成就某件事。這個邏輯很簡單：假如今年的個別差異完全來自運氣，那麼投資者和基金的表現就不正常，而每年的相關是零。然而，如果有技術成分在裡面，那麼排序就會比較穩定。這持續的個別差異就讓我們確定高爾夫球員、汽車銷售員、牙齒矯正師或是高速公路上動作快速的收費員是有技術的。

基金（mutual funds）通常是由很有經驗、很努力工作的專業人士在經營，他們為了客戶的最大利益在買賣股票。然而，五十年來的研究證據卻指出：絕大多數的基金經理人在選擇股票時，很像是擲骰子而比較不像在打撲克牌。在任何一年，至少每三個基金中，有兩個基金的表現是在市場的水準以下的。

更重要的是，每一年基金績效之間的相關非常低，僅高於零一點點，某個基金在任何一年的成功都是來自運氣。他們骰子擲得好，研究者大多同意，幾乎所有的選股者都在賭機率，不管他們自己知不知道，他們其實都在賭運氣，而我認為他們大多數不知道自己是如此，還以為自己判斷得準。交易者主觀的經驗是他們是在很大的不確定性中，做出依據專業知識的猜測（educated guess）。在非常有效率的市場中，依據專業知識的猜測並沒有比隨便亂猜（blind guess）好。

好幾年前，我有一個不尋常的機會近距離地檢視「理財技術的錯覺」。我被邀請去對一個專門替有錢人提供投資建議的大型顧問公司的投資專員演講。我請他們提供一些數據資料好準備我的演講，結果他們給了我一個小寶庫：二十五名投資顧問連續八年來所做的投資簡報。每一個投資顧問在那一年投資績效決定他那一年的年終獎金。你很容易依他們的投資績效替他們排出高低序列，然後就可看出他們之間是否有持續性的技術差異，而同一個人是否持續性地每一年的績效都比別人好，爲客戶賺到比較多的錢。

爲了回答這個問題，我計算了第一年和第二年、第一年和第三年，一直到第七年和第八年之間排序的相關係數，我得到 28 個相關係數，每一組都有一個。因爲我知道理論，所以準備好了去看持續技術的弱證據。我非常驚訝地發現這 28 個相關的平均是 0.01。換句話說，幾乎是 0。我沒有找到代表技術差異的相關，這個結果跟你在擲骰子比賽中所見到的一樣，它不是一個技術的比賽，而是運氣的比賽。

這個公司中沒有一個人覺識到他們選擇股票的本質是什麼。這些投資顧問都覺得他們自己很能幹、很敬業地做一個嚴肅的工作，他們的上司也都同意。在演講前一晚，瑟勒和我與這家公司的高層共進晚餐。這些高階主管就是決定下屬要分多少紅利的人，我們請他們猜一猜每個投資顧問每年排序的相關，他們微笑地說「不很高」或「表現常有起伏」，因爲他們以爲猜到我們要說什麼。但是沒有一個人猜到相關居然是零。

我們對這些執行長的忠告是，至少他們的運氣很好，本來應該靠技術來支持的，他們靠運氣把公司支持了這麼久。這對他們來說本來應該是個大震驚才對，但是他們沒有表露出不信任我們的表情，這怎麼可能？畢竟我們分析的是他們自己的結果，他們也夠專業來看懂相關係數的意思。我們很有禮貌地沒有明說出來，很安靜地吃我們的晚餐。無疑的，我們的發現和這個發現的意義會馬上被掃到地毯底下，然後大家跟以前一樣過日子。技術的錯覺不只是個別的異樣或畸型，它是深深根植於企業文化中，挑戰這個基本假設的事實會威脅別人的自尊和生計，所以根本就被忽略，拋至一旁。那些人的心智並不去消化、吸收它。這在績效的統計研究上特別是如此，這些統計數字提供了基率資訊，但人們通常忽略它，尤其這些資訊跟人們由經驗而得來的個人印象相抵觸的時候。

第二天早上，我們對這些投資顧問做了報告，他們的反應是同樣的平淡。他們對自己在複雜問題上做仔細判斷的經驗，遠大於統計數字帶給他們的感覺。我們講完後，昨夜與我們一起吃飯的一位執行長開車送我去機場。在路上，他有一絲辯護意味地告訴我，「我替這家公司做得很好，沒有人可以把功勞從我身上拿掉。」我微笑而不語。但是我在想：「我今天早上已把它從你身上拿走了，假如你的成功大部分是因爲運氣（chance），你覺得自己有多大的功勞？」

是什麼在支持技術和效度的錯覺？

認知錯覺常比視覺錯覺更頑固，你對慕勒－賴爾的知識並沒有改變你看到它的感覺，但是它改變了你的行爲。你現在知道不能相信你對長度的印象，你也不能相信你所看到的東西，當被問到這兩條線的長度時，你會報告你被告知的信念（它們一樣長），而不是你看到的錯覺（它們不一樣長）。相反的，當我和同事在以色列陸軍中學到我們對領導者的預測測驗效度很低時，我們在學術上接受了這個事實，但是它對我們的感覺或後來的行動都沒有影響，我們在投資公司所遇到的反應更是極端。我確信我和瑟勒帶給他們的訊息是即刻被放到記憶最黑暗的角落去，縮在那裡，這些訊息不會帶給他們任何的傷害。

爲什麼這些投資者，不論是專業的還是業餘的，這麼頑固地認爲自己會比市場做得好？這個信念其實跟他們接受的經濟理論是相抵觸的，也跟他們個人投資經驗帶給他們的教訓相反。爲什麼他們如此執迷不悟？在解釋這個普遍又頑強存在的錯覺時，前面章節的主題都會再度用到。

這個錯覺最強的心理原因是人們認爲選股票時，他是運用了非常高明的技術。他們查了經濟數據，看了大師對股票市場的預測，並仔細檢視這家公司的財務報表，評估最高階經理人的表現，他們也調查了其他競爭者，這些都是很嚴肅的工作，需要長久訓練才能擁有的，所以這樣做的人馬上有感覺他在運用他的技術，而這技術是有效度的。很不幸的是，評估一個公司營運的技術並不足以保證股票交易的成功，因爲在股票交易上的關鍵問題是這家公司的資訊有沒有表現在股票價格上。交易者顯然沒有技術去回答這個關鍵問題，但是他們忽略自己在這方面的無知。就像我在野外觀察士兵解決 6 呎牆的問題一樣，交易者主觀的自信是一種感覺，不是判斷。我們對認知放鬆的了解和合理性的聯結將主觀的自信緊緊地深植於系統一中。

最後，效度的錯覺和技術的錯覺受到了專業文化的強力支持，我們知道人們對任何議題會有不可動搖的信心，不管這議題有多無稽，只要有一群人跟他一樣相信，他的信仰就會更加堅定。在投資理財和金融這個專業領域裡，很多人都認爲他們是少數的菁英，能夠做別人不能做的判斷。

權威人士的錯覺

未來是不可預測的想法被過去是很容易解釋的事實所減弱，就如塔里在《黑天鵝效應》一書所說的，人們傾向於對過去編出合理的故事，把它建構成信念，因此我們很難接受自己預測能力是有限的這個事實。從事後諸葛看來，每一件事會發生都有它的道理，每天晚上，財務權威爲你分析今天股票市場爲什麼漲，爲什麼跌，他們講得頭頭是道，我們無法壓抑這強有力的直覺。今天這麼有道理的事後解釋就是昨天的預測，我們對過去的了解使我們以爲有能力預測未來，這個過度的自信帶來了錯覺。

「歷史的前進」（march of history）的影像暗示著秩序和方向，「前進」（march）這個字就表示它不是散步，不是一般走路，它不是隨機的，它是行軍，一致性的有規律、有方向的大步走。我們覺得可以依大型社會運動，文化和科技的發展，或少數幾個偉人的意圖和能力來解釋過去。對很多人來說，巨大的歷史事件是由機率決定是一個很大的震撼，雖然它是事實。我們很難想像 20 世紀的歷史，包括大型的社會運動，沒有希特勒、史達林和毛澤東的角色在裡面。但是在卵子受精前的一剎那，那個後來變成希特勒的胚胎可能是女性，將這三個人可能不是他們而是另外一個女性的機率加起來，20 世紀有八分之一的機會沒有這三個歷史罪人，你不可能強辯說，沒有這三個壞人，歷史還是一樣。這三個受精卵造成了巨大的後果，它使長期發展是可預測的想法變成了一個笑話。

然而這個有效預測的錯覺仍然紋風不動，絲毫不受影響，這個事實被許多專業預測人拿出來討論，不只是財經專家，還包括企業和政治的權威人士。電視、廣播電台和報紙都有他們自己的專家顧問團，他們的工作就是評論剛發生的事件及預測未來。觀眾和讀者以爲這些人有特別管道可以看到我們看不到的訊息，或是他們特別有洞見。無疑的，這些權威人士和他們的支持者眞正認爲他們有提出偉大的意見和預測。賓州大學心理學教授泰特拉克（Philip Tetlock）在一個爲期二十年的地標實驗中解釋了「專家預測」的現象。2005 年，他出版了一本書，《專家的政治判斷：它有多準？我們怎麼知道？》（*Expert Political Judgment: How Good Is It? How Can We Know?*）泰特拉克爲這個領域未來的討論設下了條件。

泰特拉克訪問了 284 位以評論時事或經濟趨勢爲生的人。他請他們評估某件事在不久的將來發生的機率，就全世界他們所專精的領域來發表意見，以及就他們比較不那麼專業的領域來評估這些事發生的機率。例如，戈巴契夫（Gorbachev）會在政變中下台嗎？美國會出兵去波斯灣打仗嗎？哪一個國家會變成下一個市場的主導者？泰特拉克蒐集了 8 萬個預測，他也問這些專家，他們是怎麼得出結論的。當他們被證明預測錯時，他們的反應是如何，他們如何看待那些不支持他看法的證據。每一個事件他都要求這些專家給出三種結果的可能性機率：持續現狀的可能性，比現狀好的可能性（例如政治自由和經濟成長），或比現狀差的可能性。

結果是慘不忍睹。若這些專家直接將這三個可能結果的機率均分，結果都會比他們的預測要來得好。換句話說，這些花時間研究某個題目，藉此維生的人，他們的預測能力比丟飛鏢的猴子的表現還差，猴子至少還會把它們的選擇平均分配給三個可能性。即使在自己的專業領域，這些專家也沒有比非專家的表現好到那裡去。

這些對預測知道比較多的專家，比知道比較少的稍微好一點。但是那些擁有最多知識的，常常比較不可靠。原因是擁有比較多知識的人發展出一個強大的技術錯覺，變成不眞實的過度自信，泰特拉克寫道：「我們很快就看到，更多的知識已不能帶來更好的預測，而且消失是異常地快。在這個學術超級專業分工的時代，我們沒有理由支持那些頂尖期刊的投稿者——那些傑出的政治學家、某個領域的專家、經濟學家等等，比新聞記者或《紐約時報》的細心讀者高明多少。」泰特拉克發現愈有名的預測者，愈會做出眩目的預測。他寫道：「愈受歡迎的專家愈自信，他們比聚光燈遠處微微自我膨脹的同事的自信心超越太多。」

泰特拉克同時發現，這些專家死不認錯，當他們被迫認錯時，他們有一大堆藉口：他們只有在時間上出錯，因爲一個不可預料的事件發生，干擾了他原來的計畫；或是他可能是錯了，但是卻有對的原因。其實專家終究也是人，他們只是被自己的光芒蒙蔽而不願承認錯誤。泰特拉克認爲，專家會誤入歧途不是被他們的信念所害，而是被他們怎麼想所害。他用柏林（Isaiah Berlin）一篇論文中關於托爾斯泰的寓言故事《刺蝟和狐狸》（*Hedgehog and the Fox*）的術語來說明。刺蝟「知道一件大事」，對這個世界有一個理論，他們只能解釋一致性合理架構內的某一件事，對他們自己的預測非常自信，他們同樣不情願去承認錯誤。對刺蝟來講，錯誤的預測永遠「只是時間上差一點」，或「幾乎是對的」。他們的個人意見非常強，而且很清楚，所以電視的節目製作人最喜歡他們上節目，兩個意見不同的刺蝟互相攻擊對手的理念會吸引很多觀眾，讓收視率提高。

相反的，狐狸是複雜的思考者，他們不相信大事件會驅動「歷史的前進」。例如，他們不太可能接受雷根總統一手結束了冷戰，只因他對蘇聯擺出強硬姿態。狐狸是從許多不同的人和事的互動（包括運氣），看到浮現的眞相，運氣通常導致出乎意料之外的結果。在泰特拉克的研究中，狐狸最後的得分最高，雖然他們的表現還是很差。他們也比較不會像豪豬那樣被邀請上電視去辯論。

不是專家的錯——這世界太困難了

本章的重點不是指出那些嘗試預測未來的專家犯了很多錯，這是不用說的。第一個教訓是預測錯誤是不可避免的，因爲這個世界是不可預測的。第二是高度的主觀自信不可信任，它不是正確率的指標（低自信的訊息量可能還高些）。

短期趨勢可以被預測，從以前的行爲和成就可以相當正確地預測出不久後的行爲和成就，但是我們不能從士兵在野外障礙測試場上的行爲去預期軍官訓練營和戰場上的表現。在測試場和在眞實世界的行爲受到很多情境因素的影響。把八個士兵中最有自信、最自我肯定的人移開，剩下七個人的人格都會改變。讓狙擊手的子彈移開幾公分，軍官的表現就會轉型。我並沒有否定所有測驗的效度——假如一個測驗有20或30的效度能預測出重要的結果，這個測驗就可以用。但是你不應該期望太高。你對華爾街選擇股票投資的人沒有預期或只有一點預期，這些人通常希望自己對股票未來價格的預測比市場預測準確一點，但是你不要抱太大希望。你也不要對權威人士抱太大希望，以爲他們長期的預測會準確，雖然他們可能對不久的將來有正確的卓見，但是對長期預測是不行的。可能預測的未來與不可預測的遙遠未來的界線，現在還無法分得清楚。

說到技術的錯覺

「他知道記錄顯示，這種疾病的發展是最不可預測的，他怎麼可能表現得這麼有自信？聽起來像效度的錯覺。」

「她有一個完整的故事來解釋她所知道的東西，而這故事的合理性使她自我感覺良好。」

「他憑什麼認為他比市場聰明？這難道不是技術的錯覺？」

「她是刺蝟，她用理論來解釋所有的事情，這使她產生錯覺，以為她了解全世界。」

「問題不是這些專家是否接受過良好的訓練，問題在這個世界是否可以預測。」

21 直覺 vs. 公式

米爾（Paul Meehl）是一個奇特又奇妙的人，是20世紀最多才多藝的心理學家，他曾經做過明尼蘇達大學（University of Minnesota）心理系、法律系、精神科、神經科和哲學系的教授，他同時也寫過宗教、政治學和生物醫學的書。他的統計非常強，對臨床心理學空洞論文的批評也不給情面，他同時還是個執業的心理分析師[1]（psychoanalyst）。他所寫關於心理學研究的哲學基礎的論文，我在當研究生時幾乎全背下來，因爲寫得實在太好了，論點深厚，文字優美[2]。我從來沒有機會遇見他，但是從我讀他的〈臨床 vs. 統計預測：一個理論的分析前證據的回顧〉（Clinical vs. Statistical Prediction: A Theoretical Analysis and Review of the Evidence）起，他就是我的英雄。

在他那本薄薄的，被他稱之爲「令我不安的一本小書」中，

1 在台灣心理分析師和臨床心理師（clinical psychologist）很多人搞不清楚，以為他們是一樣的。其實在國外，臨床心理學是心理系畢業，考了個證照就可以當，但心理分析卻是精神科的一個支派，要醫學院畢業。他是正規的醫生，可以開藥的，臨床心理師不行。

2 我在美國念博士時，米爾的論文是所有心理系研究生，不分領域必讀的。

他回顧了二十篇論文的結果，他比較基於專業醫生的主觀印象所得出的「臨床預測」，和依據規則所綜合起來的分數或等級而得出的「統計預測」，哪一個比較準確。在一個典型的研究中，訓練過的輔導員，預測新生在學年結束後的表現，這個輔導員與學生面談 45 分鐘，他同時也取得學生的高中成績、好幾個性向測驗的分數，及四頁的自傳。在這些資訊中，統計只占很小的部分：高中的成績和一個性向測驗。然而，公式卻比 14 名輔導員中的 11 名預測正確。米爾在很多其他預測項目中也發現同樣的現象，包括違反假釋、在飛行員訓練中成功，以及再度犯罪。

不驚奇的是，米爾的書震驚了臨床心理師，他們憤怒，不敢相信，這個爭議性開啓了一連串研究的河流，到這篇論文發表五十年後的今天都還在流。比較臨床和統計預測的論文已經有二百篇了，但是演算法和人類之間的競賽分數還是沒有變。大約有 60% 的研究顯示，演算法在正確率上顯著優於臨床師。其他方面的比較在正確率上是相同的，然而，不分軒輊就等於是統計規則贏了，因爲它比用專家去判斷便宜多了。

預測結果的範圍現已擴張到醫學的變項，例如癌症病人的壽命、住院要住多久、心臟病的診斷，以及嬰兒突發性死亡徵候群；經濟上的測量（例如新公司成功的機率）、銀行的信用風險評估、員工對未來工作的滿意度、政府部門感興趣的問題，包括評估適不適合成爲寄養家庭、青少年犯罪的累犯性，及其他形式的暴力行爲；還有科學報告的評估、足球比賽的贏家，法國葡萄酒的未來價格。每一個領域都有相當程度的不確定性和不可預測性。我們把它稱之爲「低效度環境」（low-validity environment）。在每一個個案中，專家的正確率和簡單的演算法一樣，有時還不如演算法。

就如三十年前米爾在他的書出版後所指出的：在社會科學裡，當有這麼多性質不同的實驗都一致指向同一方向時，這是沒有爭辯的餘地的。他的驕傲是有道理的，殊途同歸是最強的證據。

普林斯頓經濟學家和酒的行家艾沈費爾特（Orley Ashenfelter）提供了一個令人信服的展示，來說明簡單的統計是勝過世界有名的專家。艾沈費爾特想要預測上等波爾多（Bordeaux）葡萄酒的未來價格，但他手邊僅有酒的製造年份。這個問題很重要，因爲酒要很多年才會成熟到最好的頂峰。同一葡萄園釀出來的酒會因裝瓶時間不同而有巨大的價格差異，只差十二個月的裝瓶時間，價格可以差到10倍以上。因此能預測酒的價格就變得非常重要，投資者買酒就像收藏藝術品一樣，預期它的價格會漲。

品酒的人一般都同意，酒的品質只受到葡萄成長期間和氣候的影響（這是假設釀酒技術不變），最好的酒是出自溫暖又乾燥的夏天所長出來的葡萄，所以地球暖化對波爾多製酒業是有利的。但是春天的潮濕也很重要，因爲它會增加葡萄的量而不會影響葡萄的品質。艾沈費爾特把民間的製酒知識轉換爲公式，來預測酒的價錢。他針對某一個葡萄園、某一年份的酒，採用三個氣候變項：夏天生長季節的平均溫度、收成時的雨量，以及前一年冬天的總雨量。他的公式提供了正確的價格預測，不但可以預測未來好幾年，甚至預測未來好幾十年。的確，他的公式預測未來的價格比目前新酒價格更準確。這個「米爾型態」（Meehl pattern）的新例子挑戰了專家的能力，這些專家不是別人，正是塑造先前價格的那一批人。它同時也挑戰了經濟學的理論，因爲理論說價格應該反映所有的資訊，包括氣候在內。艾沈費爾特的公式非常的準確——他的預測和實際價格之間的相關是 .90 以上[3]。

爲什麼專家會輸給演算法？米爾認爲其中一個理由是專家想要聰明，考慮範圍超越了變數的範圍，太複雜就失去了準頭。複雜度在特殊個案中可能有效，但是常常得不償失，失去了效度，把因素簡單綜合起來考慮有時效果更好。好幾個研究顯示，人類做決策時輸給了公式，即使人類拿到公式算出來的數據，建議應該怎麼做，人類的決策還是不及公式，人類還是覺得可以推翻公式，因爲他們有更多資訊。但是人類常常是錯的，那些資訊可能毫不相干。米爾認爲只有在很少的情況，你應該用你的判斷去替代公式的判斷。在一個有名的思考實驗中，他預測某一個人今晚會不會去看電影。他說，假如更多訊息進來顯示這個人今天跌斷了腿，那麼這時可以不管公式怎麼說。所以，就有這個「跌斷了腿」(broken-leg rule) 的規則出來。重點是，跌斷了腿的情況很少發生。

另一個專家不及公式的原因是人們從複雜的資訊中，做出總結判斷常常是不可救藥的不一致。當我們請同一個人評估同一個訊息兩次時，常常得出不一樣的答案，這個不一致性有時會出人命。一個有經驗的放射科醫生在看同樣的胸部 X 光片，判斷「正常」和「不正常」的抵觸率爲 20%。有一個研究請了 101 位獨立查帳會計師去評估企業內部稽核的信度，也有同樣 20% 的不一致性。檢視 41 個不同研究對查帳會計師、病理學家、心理學家、企業經理和其他專家判斷信度的評估，發現不一致性的程度很普遍，即使同一個案子在幾分鐘內再評估一遍，出來的答案也不一樣。一個沒有信度的判斷是不可能成爲任何東西的有效預測。

這個不一致的普遍性可能是來自系統一極端的仰賴內容。我們從促發效應的研究中知道，在環境中，沒有被注意到的刺激對我們的思想和行爲也會有很大的影響，這個影響是每一分鐘都在變動的。在炎熱的夏天，一陣涼風吹過會使你比較正向、樂觀一點，這時，你對正在評估的東西分數就會高一點。在前面提過，犯人會不會被假釋跟審查者上一次進食的時間有關係。因爲你其實不知道大腦在做什麼，所以你永遠不知道在稍微一點點不同的環境中，你會做出不同的判斷或決定。公式就沒有這個問題。輸入同樣的資訊，會有同樣的答案出來。當預測度很低時——在米爾和後來的學者所做的文獻回顧中，發現這情形很普遍——不一致的判斷會破壞任何預測的效度。

這個研究有一個非常令人驚異的結論：爲了要達到最大預測正確度，最後的決定應該留給公式去做，尤其在低效度情境下。醫學院的入學許可評估，最後的決定權都在面試過學生的教授身上。這個證據現在還很片斷、不完整，但是猜測的成份卻是毋庸置疑的：面試會減少選擇程序的正確性，假如面試者也是最後決定入學與否的人。因爲面試者常對他們的直覺過度自信，會把太多的決定份量加在自己對那個學生的印象上，太少份量放在其他訊息上，所以變成低效度的情境。同樣的，專家去評估一個還沒有成熟的葡萄酒，預測它未來的價格，他手邊的訊息幾乎一定使這酒被評得更糟而不是更好：他們可以品嚐這個酒。此外，當然，即使他們很了解氣候對酒的效度，他們也不可能像公式一樣，維持一致性。

自從米爾開創了這個領域之後，最重要的發展是道斯那篇著

3 相關係數在0與1之間，.90非常高。

名的論文：〈決策制定中不恰當線性模式的強勢美〉（The Robust Beauty of Improper Linear Models in Decision Making）。在社會科學中，統計的運用方式是將不同份量派給不同的預測者，它所依據的是「多重迴歸」（multiple regression）的演算規則，現在已有套裝軟體程式，學生只要一套即可運算[4]。多重迴歸的邏輯是無懈可擊：它找到最好的公式把預測的變數施以不同的份量，組合在一起。然而道斯觀察到，複雜的統計運算規則沒有增加什麼價值，甚至一點價值也沒增加。如果你選擇一組有預測效力的分數，調整它們的價值使它們可以比較（用標準分數或排序的方法），你也可以得到同樣好的結果。把同樣重要的預測變項組合在一起的公式，跟用多重迴歸去跑原始樣本所得出的最佳預測力，在預測一個新個案時，效果一樣好，一樣正確。最近很多研究又更進了一步，那些派給所有預測變項同樣權重的公式常常預測得更好，因為它們不受取樣意外的影響。

這個同等權重方法驚人的成功在實務應用上很重要。現在可以在沒有任何先前統計研究的情況下，發展出有效的演算法。根據現行統計學或普通常識所訂出來簡單的同等權重公式，常常是顯著結果非常好的預測指標。在一個廣為人知的例子中，道斯顯示婚姻的穩定性可以用一個公式來預測：

做愛次數減去吵架次數

只要答案不是負數，婚姻就沒問題。

從這研究得出的重要結論是：在信封背後所計算出的答案，常常跟最佳權重分派公式所得出的結果一樣好，而且絕對比專家的判斷更好[5]。這個邏輯可以應用到很多領域上，從選擇股票到選擇醫療方式。

這個方法的經典應用是一個曾經救過千百名嬰兒的簡單計算公式。婦產科醫生都知道，嬰兒如果在生下來幾分鐘內不能自行呼吸，他的大腦會受損或甚至死亡。直到1953年，麻醉醫生艾卜嘉（Virginia Apgar）介入，醫生和助產士通常都是以臨床判斷來決定這嬰兒是否有麻煩。不同的醫生注意到不同的線索，有人看呼吸問題，有人看嬰兒多久才哭。當沒有標準程序時，許多徵象被忽略，許多新生兒就死了。

有一天，在吃早飯時，一位駐院醫生問艾卜嘉如何制定出一套有系統的檢驗法來測試嬰兒有無任何困難。艾卜嘉說，「那很簡單，你可以這樣做」，她隨手寫下五個變項（心跳率、呼吸、反射反應、肌肉張力和顏色），再加上三個分數（0、1、2代表變項的強度）。艾卜嘉了解到她可能替產房找到一個新的有用方式，她便在嬰兒出生1分鐘之後，依據這五個變項開始評估嬰兒的表現。總分8分以上的嬰兒，他的膚色較可能是粉紅色、大聲啼哭、充滿活動力、脈博在100以上，情況良好的嬰兒。假如分數在4分以下，這個嬰兒可能膚色偏藍、被動、脈博低、肌肉鬆馳沒有彈性，需要立即的醫療救援。產房的醫療人員用艾卜嘉的分數，終於有了一致性的標準來決定哪一個寶寶有問題，這個公式被認爲救了許多嬰兒的性命。直到現在，艾卜嘉的測驗仍然每天在每個產房被使用。葛文德（Atul Gawande）近期出版的《檢查

4 在我念書時，這是用手算，所以你知道多重迴歸的來龍去脈，對數據有信心。現在學生用套裝軟體，對迴歸的概念都不清楚就在用了，有時快速得出結果的代價是不知道這結果是什麼意思。

5 信封背後計算出來的答案指的是1965年諾貝爾獎得主Richard P. Feynman在廚房桌子上，信封背後所計算出來的公式，這個公式使他拿到諾貝爾獎。

表：不犯錯的秘密武器》(*The Checklist Manifesto*) 提供了許多這種清單和規則好處的例子。

對演算法的敵意

從最開始，臨床心理學家對米爾的看法就充滿了敵意和不相信。顯然他們深信自己有預測長期效果的能力，也就是說，陷在技術錯覺中而不自知。現在回頭想想，我們很容易看到這個錯覺爲什麼會產生，也能了解爲什麼那些臨床師會抵抗，不接受米爾的研究。

臨床判斷比統計預測差的證據，跟臨床師自己每天的經驗相抵觸，他們覺得自己的判斷很有品質。跟病人一起工作的心理學家在治療過程中，常有很多直覺，他預期病人會對某治療法有反應，也猜測下一步會發生什麼事。許多直覺後來被證實是對的，顯示了臨床技術的眞實性。

問題在於這些都是在臨床面談時短期的預測，治療師在經過很多年的練習後發展出來的，他們失敗的其實是對病人以後會怎樣的長期預測。這是件很困難的工作，即使是最好的公式也只能做到中等程度，何況還有些是臨床師從來沒有機會練習或學習的。有些等很多年才會有回饋出現，不像在臨床面談時，馬上有回饋。然而，他們能做得很好和不能做得很好的界線在哪裡，並不清楚，當然他們自己更是不清楚（所謂當局著迷）。他們知道自己是有技術的，但是他們並不見得知道自己技術的限制在哪裡。這些有經驗的臨床師覺得自己竟然被一個機械地組合幾個變項趕過去，太不可思議了，所以他們完全不接受米爾的說法。

這個臨床和統計預測的辯論還有道德成份在裡面。米爾寫道，統計的方式被有經驗的臨床師批評爲「機械的、自動化的、人工的、不眞實的、武斷的、不完整的、死板的，片斷的、迂腐的、微不足道的、強迫的、靜態的、表面的、僵化的、僞科學的、學術性的，盲目的。」從另一方面來說，臨床的方式是「動態的、整體性的、有意義的、全面性的、細膩的、同情的、有組織的、豐富的、深沉的、純正的、敏感的、眞實的、生活上的、具體的、自然的，了解的。」

這個態度我們都可以理解，當人與機器競爭，不論它是約翰・亨利的鐵錘[6]（John Henry's hammer）或是西洋棋天才卡斯帕羅夫（Garry Kasparov）跟電腦深藍（Deep Blue）比賽，我們的同情心都在同胞這邊。我們對用演算做決策再應用到人身上的厭惡與反感，是深深根植在我們對自然的強烈偏好上，我們不喜歡合成或人工的東西[7]。當問人們他們喜歡吃有機蘋果還是商業化栽培出來的蘋果時，大部分的人偏好「全天然」（all natural）的蘋果。即使告訴人們，兩種蘋果的味道一模一樣，有同樣的營養價值，也都很健康，大部分的人還是偏好天然的有機水果。甚至連啤酒的製造商都發現，他們只要把「全天然」、「沒有添加防腐劑」放在商標上，啤酒就能賣得比較好。

照說，研究者解開了權威判斷之謎，應該廣受各行業的歡迎才對，但事實不然。從歐洲製酒業對艾沈費爾特公式的反應，可以看出人們是如何抵制這個預測波爾多酒價格的公式。艾沈費爾特的公式回應了人民的祈禱，你以爲全世界愛酒人士都會因爲艾沈費爾特增進他們辨認好酒、投資好酒的能力，而對他感恩不

6 美國的民間故事，一個高大有力氣的黑人，替鐵路公司開山洞，後來老闆要用蒸氣的鐵錘來取代人工時，他挺身而出，與機器競賽，雖然他贏了，卻也力竭而死。

7 尤其經過塑化劑事件後，台灣現在更是崇尚自然，一聽說是人工合成的食物，再美味都退避三舍。

已，但是《紐約時報》報導法國釀酒業者的反應「從暴力到歇斯底里都有」。艾沈費爾特說，有位品酒專家把他的發現稱之爲「可笑、無稽」，另一位則罵他說，「就好像沒有看過這部電影卻去評論它。」

對演算的偏見在會帶來很大後果的決策時，更加激烈。米爾說：「我不太知道該怎麼緩和地說出有些臨床師經驗到的恐怖——當他們設想一個可以治療的病例因爲一個『沒有眼睛的機械公式』把病人錯誤分類，而拒絕治療。」相反的，米爾和其他贊同演算法的人，強烈支持演算法，他們說只依賴直覺來做重要決策的判斷是不合倫理的，假如有一個演算法可供使用就應該要用，因爲它的錯誤會比較少。他們的理性論點很有說服力，但是它碰上頑強的心理學眞實性：對大多數人來說，造成錯誤的原因是有關係的。「一個孩子快要死掉了，因爲演算法犯了錯誤」，這個故事比人爲的錯誤還要刺激。情緒上強度的差異是馬上可以轉換到道德上去的。

幸運的是，對演算法的敵意可能漸漸會軟化，因爲演算法在我們生活上扮演的角色愈來愈多樣化。當尋找我們可能會喜歡的書籍或音樂時，我們會感謝軟體提供的推薦。我們對信用卡上限由電腦決定而不是由人來判斷已經習以爲常了。我們也愈來愈能接受簡單演算給我們的指示，例如：好膽固醇和壞膽固醇的比例。現在一般老百姓已經接受在某些體育項目中，關鍵性的決策是電腦做得比人腦好：職業球隊應該付多少錢給新進球員，或在足球賽第四次進攻時，是否要把球踢給對方（punt）。電腦演算法可以做的作業已經大大擴張，終有一天，它會減少人對機器做決定感受到的不舒服、不自在。五十年前，米爾那本小書出版時，人們所感受到的不自然，在電腦演算法充斥著我們生活的現代，應該會減少了。

從米爾學到的東西

1955年時我21歲，是個在以色列陸軍服役的少尉軍官，我被指派去建立一個用來面試整個陸軍士兵的面試系統。假如你覺得奇怪，這麼大的責任怎麼會賦予這麼年輕的人，請記住，那時的以色列才建國七年，所有機構都還在建構中，需要有人去建構它。在今天看起來很奇怪，但是在當時，大學心理系的學士學位可能使我成爲全陸軍中受過最好訓練、最有資格的心理學家。我的頂頭上司是個非常聰明的研究者，他是化學學士。

在我接到這個任務時，已經有了面試的例行公式，每一個被徵召到陸軍的士兵要塡寫一份心理計量問卷（psychometric test），每一個要上戰場的士兵都要經過人格測驗的評估。目的是給新兵一個分數，看他適不適合上戰場，也盡量找到適合他在軍中的位置：看他應該是步兵、炮兵、裝甲兵等等。面試官本身也是年輕的大頭兵，因爲他們智商高、喜歡跟人在一起而被選上。面試官大部分是女生，因爲那時女生還不需要上戰場。經過幾個禮拜的訓練後，她們便學會做15－20分鐘的面談了。我們鼓勵她們問各種問題，包括的範圍很廣，請她們盡量對每一個新兵形成一個印象，看他們是最適合做步兵、炮兵還是什麼兵。

很不幸的是，後續的追蹤顯示，這個面試程序幾乎完全沒有用，它無法預測一個新兵在軍中的表現是否會成功。我被指示去設計一個比較有用的面試程序，但是不能比原來的花更多時間。他們要我試新的面試方法，而且要評估它的正確率。從專業角度看來，我做這件事並沒有比叫我去蓋一座橫跨亞馬遜河的橋更有資格。

很幸運的是，我讀了米爾的書，這本小書在前一年出版了。我很被他的論點所說服，一些簡單的統計規則絕對比直覺的臨床判斷更好。我下結論說，以前的面試失敗，部分原因是他們允許面試官依她們最感興趣的部分提問，這是去發掘被面試者的心智生活。我們應該利用有限的時間得出被面試者在正常環境中的某些特定訊息。另一個我從米爾書中學來的是我們不要讓面試官做最後的決定。米爾的書認爲，不可相信人去做最後的評估決定，因爲人爲評估沒有一致性，要讓各個小測驗的統計結論來做最後的決定。

所以我決定讓面試官去評估好幾個相關的人格特質，給它分數，再依公式算出最後成績，看這個新兵適不適合上戰場。套入公式後，面試官就不能再有任何個人意見了。我擬了六個跟戰場表現有關的人格特質，包括「責任感」、「合群性」、「男性的驕傲」。我再爲每一個人格特質設計出一序列的事實描述性問題，這些問題跟他還沒有被徵召之前的個人生活有關，例如：當兵前做過幾個工作，他在工作或念書時有多規律和守時，他跟朋友互動有多熱絡，他對什麼運動有興趣等等。我的想法是找出這個新兵在每一個向度上，表現得有多好。

我希望聚焦在標準化、跟事實有關的問題上，藉此避開月暈效應；也就是說，一開始的好印象會影響後來的判斷。爲了更進一步防止月暈效應，我告訴面試官，依序完成六個人格特質的問題，給每一個特質五點量表的分數，做完後才可以進行下一個。面試官不需要去管新兵未來在軍中適應得如何，她們的工作就是找出這個人過去相關的事實，替每一個人格面向打分數。我告訴她們：「你的功能就是提供可靠的測量，把所有效度預測留給我來處理。」我的意思是說我會用公式把她們在每一項給的分數綜合起來看。

這些面試官差一點就叛變（mutiny）了。這些聰明的年輕人很不高興被一個沒有比她們大多少的人下命令，把她們的直覺關掉，全面聚焦在發掘事實眞相的無聊問題上。她們之中有人抱怨說：「你把我們變成機器人了。」所以後來我妥協。「按照指示執行你們的任務，當你完成後，閉上眼睛，想像這個人是個士兵，然後在 1 到 5 的量表上，給他一個分數。」

我們用這個方法面試了幾百個人，幾個月以後，我們從他們單位的長官手上蒐集到他們在該單位表現的評估單。結果令我們很開心。就如米爾書中所說的，新的面試方式大大改進了舊的效度。我們六項分數的總和可以很正確地預測出士兵在軍中的表現，比過去面試整體印象的方式好太多了，雖然還離完美很遠，我們從「完全沒有用」進步到了「稍稍有一點用」。

我很驚訝的是，面試官最後閉上眼睛所給的直覺判斷分數也很有預測力，跟六項人格分數的總和預測力一樣好。我從這裡學到一個我永遠不會忘記的教訓：直覺是有價值的，但只有在有紀律地蒐集客觀訊息而且有紀律地給各個人格特質分數之後。我設計了一個公式，給「閉上你的眼睛」的評估同樣的權重，使它和六項人格評分的總和一樣重要。從這個事件我還學到，不要相信直覺的判斷，不管是你的還是別人的，但是也不要把它丟開。

四十五年以後，在我得到諾貝爾獎時，我在以色列有一陣子是個名人。有一次我回去以色列，有人帶我回到我以前當兵的軍隊營區，他們還是在那裡面試新徵召進來的新兵。他們把我介紹給心理單位的長官，並介紹她們目前如何面試。她們的方法從我當年設計到現在，沒有什麼改變。原來有許多研究發現這個面試方法很好用，所以一直保留到現在。在快要結束簡報時她說，「於是，我們告訴她們，閉上妳的眼睛。」

自己動手做

本章訊息是立即可以應用到很多的作業上，並不是只有替陸軍做人力的決定。用米爾和道斯的精神去設計面試需要一點的努力和很高的紀律。假設你需要爲公司僱用一個銷售員，假如你眞的想僱用一個最適合這個工作的銷售員，下面就是你該做的。第一步，選擇幾個人格特質，它是在這位置上，如果要成功必須要俱備的（例如，技術純熟、和顏悅色、可以與人相處、值得信賴等等），不要太多——六個面向就足夠了。你所選的人格特質盡量具有獨立性，不要和別的人格特質牽扯在一起。你要能從幾個簡單的相關事實的問題中，得出可信賴的評估。下一步是替這些人格設計出一些問題，然後去想從一個 1 到 5 的量表上怎麼給分。你要對什麼叫作非常弱，什麼是非常強的項目有概念。

這些準備大約半個小時就足夠了，對你來說，它是一個小投資，因爲你可以從它找到你想僱用的人，它會使你在找到的人身上看到顯著的品質差異。爲了避免月暈效應，你必須每次只蒐集一個人格特質，評分後再進入下一個人格特質。不要跳著做，把六個面向的分數加起來，這就是你對這個人的總成績。因爲你自己就是最後下決定的人，所以你不要「閉上你的眼睛」。假如這個人的分數是最高的，你就應該僱用他，即使有另外一個你比較喜歡的人，你要抵抗自己「跌斷一條腿」的願望去改變排序。有很多研究可以給你信心，你知道這樣做是對的：你比較可能找到最好的人，因為研究告訴你，用這個方法找出來的人遠優於其他的方式。所謂其他的方式就是毫無準備就去面試，然後憑著直覺的判斷，「我看著他的眼睛，我喜歡我所看到東西」來做選擇。

說到判斷 vs. 公式

「當我們可以用公式來替代人為判斷時，我們應該這樣做。」

「他認為他的判斷是很複雜和精緻的，但是簡單把分數加起來所得的結果可能比他好。」

「讓我們先來決定一下我們要給這些候選人過去的表現多少的權重，不然我們會對面試的印象給予太多的權重。」

22

專家的直覺：我們什麼時候可以信任它？

專業的爭論帶出學術界最黑暗的一面，科學期刊偶爾會刊出一些意見的交換，通常是從一個人批評另一個人的研究開始，然後是這個人的答辯、反駁。雙方交鋒不絕，沒完沒了。我一直認爲這是在浪費時間，尤其是第一個人的批評言詞尖銳，那麼回答、反駁就會很諷刺，言詞變得愈來愈火爆。這些答辯很少承認對方的批評是有道理的，也從來不曾聽過反駁的人承認最初的批評文章是被誤導或是在某些地方犯了錯。在少數幾個情形，我有針對我認爲被嚴重誤導的批評者做回應，因爲不回答會被人解釋爲隱藏錯誤，但是我從來沒有發現有敵意的「交換意見」有任何建構性，或是可以從中學到什麼。在尋找另外的方法來消除異見時，我採用「對抗合作」（adversarial collaboration）的方式——兩個在科學上意見相左的人共同寫一篇論文，把他們的不同觀點講出來，有時共同做一個實驗。在特別緊繃的情況下，這個研究需由第三者（所謂的仲裁人）來監督進行。

我最滿意也最有收穫的對抗合作是與克萊恩，他是臨床師，也是一個協會的領導人，他不喜歡我做的研究。他們自稱爲「自然決策制定」（Naturalistic Decision Making, NDM）的學生，專門研究專家是怎麼運作的，他們堅決反對聚焦在捷徑偏見和偏見的處理方式上。他們批評這個模式是只注意到失敗，這些是人工、不自然的實驗，而不是研究眞人眞事，他們對於用嚴謹的演算法去取代人的判斷抱持很深的懷疑態度。米爾當然不是他們的英雄，克萊恩多年來一直保持他的立場。

這完全不是美好友誼的基礎，但是故事還沒有結束。我從來沒有認爲直覺就一定不對。因爲他那篇消防隊長的專家研究，我一直是克萊恩的粉絲，我是在 1970 年代讀到他那篇文章，後來又讀到他寫的《權力的來源》。在書中，他分析有經驗的專家如何發展出直覺的技術。我邀請他來一起做實驗，找出區分好直覺和壞直覺的界線。他受到這個點子的吸引，於是我們就開始這個專案——我們完全不確定會不會成功。我們設計好一個特定問題：你什麼時候可以相信一個宣稱有直覺的專家？你可以很明顯看到克萊恩比較傾向於信任，而我是比較懷疑的，我們可以在回答這個問題的原則上取得同意嗎？

在這之後的七八年間，我們有很多的討論，解決了很多異同點，好幾次幾乎翻臉，寫了許多草稿，變成朋友，最後終於共同發表了一篇論文，題目叫做〈直覺專家的條件：未能達成不同意〉（Conditions for Intuitive Expertise: A Failure to Disagree）。這題目就說明了整個故事，的確，我們並沒有碰到我們眞正不同意的問題，只是我們也沒有眞正達成一致。

專家的魔術與缺陷

葛拉威爾（Malcolm Gladwell）那本暢銷書《決斷2秒間》（*Blink*）出版時，正是我和克萊恩在做這個專案的時候，因爲我們兩人對這本書看法相同，令我們精神大振。葛拉威爾在這本書一開頭就講了一個令人難忘的故事，一些藝術鑑賞家對一個被形容爲傑作的「行走中的男童」雕像進行鑑定，好幾個專家都有強烈的內臟反應[1]，覺得這個雕像是假的，但又說不出假在那裡，這使得他們很不舒服。每一個讀過這本書的人——這本書賣了幾百萬冊——都記得這個故事是直覺的勝利。專家們知道這個雕像是假的，但是說不出他們是怎麼知道的，這正是直覺的定義。這個故事似乎是在說，他們系統化地找線索最後失敗了。但是克萊恩和我都反對這個結論。從我們的觀點，每一步的搜尋都是必須的，假如執行得很正確的話（克萊恩知道怎麼做），它應該會成功。

雖然許多讀者會被書中幾乎魔術般的專家直覺所吸引，葛拉威爾本身卻不相信直覺，在後面的章節裡，他描述了直覺的大失敗：美國總統哈丁（Harding）符合做總統的唯一條件，就是他看起來非常像個總統。他有方下巴，長得很高，像個強有力的領導者，美國人民投給最像強有力領導者的人，卻沒有去想一想他是否眞的是強有力的領導者，這本書的讀者都很自信的認爲這個直覺就應該是對的。

直覺是辨識

克萊恩形成直覺看法的早期經驗跟我的經驗非常不同，我的

1 英文叫gut feeling，腸胃是第二個大腦，它代表直覺的反應。

思想是透過觀察自己效度的錯覺和閱讀米爾的書所形成的，米爾在書中呈現了臨床預測的缺失；相反的，克萊恩的看法是來自他早期對消防隊隊長的研究所形成的，他跟他們一起出勤去救火，然後跟小隊長面談，問他們在做決定時，心裡在想什麼。克萊恩在我們合寫的論文中描述：

> 我在調查小隊長如何能做出好決策而沒有去比較其他可能性。我最開始的假設是小隊長把他的分析限制在兩個可能性之內，但是這個假設後來被證實是錯的。事實上，小隊長一般只有一個選擇性，這對他們來說就夠了，這正是他們要的。他們從腦海中搜尋過去十年來眞實和虛擬情境中的行爲經驗，來指認出可能的選擇，這是他們第一個想到的，然後他們在腦海中模擬這個方法在目前情境中是否行得通。假如可以，他們就會付諸行動，假如這個方法有缺點，他們會修改它，假如他們不能修改它，他們會去看下一個最有可能的選擇，再重新走一遍流程，直到可行的方法出現爲止。

克萊恩把這段描述變成一個決策制定理論，稱之爲「辨識－促發的決定」（Recognition-Primed Decision）模式，它可以應用到消防隊員身上，也適用於西洋棋等其他領域的專家。這個歷程動用到系統一和系統二。在第一階段中，一個可能的計畫來到心中，這是系統一聯結記憶自動化的功能。下一步是一個刻意的歷程，在心智中模擬，來看看它是否能運用在現在這個情境中——這是系統二的操作。直覺決策制定模式是型態辨識（pattern recognition），許多年前賽蒙所設計的，賽蒙可能是唯一被決策制度領域所認同並被奉爲英雄的人，因爲賽蒙是現在研究決策制定各個支派的始祖。我在本書前言引用了賽蒙對直覺的定義，但是我現在再重複一次，因爲這次對你的意義應該更清楚了。「情境提供了一個線索，這線索給專家從記憶中提取訊息的入口，這個訊息提供了答案。直覺就是辨識，不多也不少。」

這個強烈的定義減少了直覺明顯的魔力，把它貶爲每一天記憶的經驗。我們對於消防隊隊長能馬上叫所有隊員撤出燃燒的房子感到驚嘆，因爲房子馬上要垮掉了，他有消防隊員的危險直覺，但「不知道他是如何得知的」。然而，我們也不知道自己如何立刻知道進來房間的人就是我們的朋友彼得。賽蒙的重點在於「知道，但不知怎麼知道的」的神祕，並不是直覺獨特的特質，它是我們心智生活的常態。

習得技術

直覺的訊息是如何儲存在我們的記憶中的呢？某些直覺很快就學會，我們從祖先身上繼承了學習什麼時候應該害怕的能力。的確，一次經驗就足以建立長期的厭惡和恐懼。很多人都有對某一道菜的腸胃記憶，使我們很不願再回到那家餐館去。當我們接近不愉快事件的發生點時，肌肉都會緊張起來。對我來說，要到舊金山機場的匝道就是這種地方。多年前，一個憤怒的駕駛人在高速公路上跟著我下匝道，搖下他的車窗，對我罵了一堆髒話，我到現在還不知道他爲什麼這麼憤怒，但是只要我一接近那個地方，我就想起他的聲音。

這個機場事件的記憶是有意識的，它完全解釋了我在這個事件中的情緒，然而，有很多時候，你覺得在某個地方特別感到不自在，或有人講了什麼話使你不舒服，而你無法有意識地解釋你爲什麼覺得不自在、不舒服。假如它後面跟著不好的經驗，你會把這些不自在貼上直覺的標籤[2]。這種情緒的學習跟巴夫洛夫（Ivan Pavlov）的制約實驗非常相似，在制約的實驗中，一隻狗學會去辨認鈴聲，當鈴聲響，就表示有東西可吃，巴夫洛夫的狗學到的可以說是希望，習得的恐懼是更快就學會。

恐懼也是可以學會的——事實上，非常容易——不需親身經歷，透過語言文字即能學到。對危險有第六感的消防隊員一定有很多場合可以討論或思考他不在場的那些救火經驗，在他心中重複學習線索應該是什麼，他應該怎麼反應。我記得有一個年輕的排長，在帶領士兵經過一個很窄的山溝時，全身都緊張起來，因爲他學過這種地形就是最容易發生突襲的地形，恐懼學習根本不必重複。

情緒的學習可能很快，但是專家通常需要很長時間的培養才會出現，要在一個複雜的作業中變成專家（例如西洋棋、職業籃球員，或消防隊員）是很慢的，因爲這些領域需要的不只是單一技術，而是很多小技術的綜合體。西洋棋是最好的例子，大師只要看一眼就立刻了解棋下到什麼地步，但是這需要很多年的苦功。針對西洋棋大師的研究顯示，至少要 1 萬個小時的練習才能擁有這種功力（即是一天下 5 個小時的棋，連下六年）。在這些練習的時間中，他們需要完全的注意力、熟悉所有棋路、背下無數的棋譜，才有可能脫穎而出成爲名人。

學習棋道可以和學習閱讀相比。一年級的小朋友，很辛苦地辨認字母，才能把它們組合成音節和字，但是一個好的成年讀者，只需看一眼整個句子就夠了。有經驗的讀者可以把熟悉的元素組合起來，馬上正確念出一個她從來沒有看過的字。在西洋棋中，重複出現的棋路就像字母一樣，而棋譜就像一個很長的字或句子。

有經驗的讀者第一次看到就能讀出卡洛（Lewis Carroll）的〈無聊詩〉（Jabberwocky）中無意義的字[3]，她不但讀得出來，還會押韻，有語調，還讀得很高興：

Twas brillig, and the slithy toves
Did gyre and gimble in the wabe:
All mimsy were the borogoves,
And the mome raths outgrabe.

變成西洋棋大師比學習閱讀更難，更花時間，因爲棋盤上的「字」包含了許多字母。在幾千個小時的練習後，西洋棋大師能夠一眼看出棋局，進入他們心中的幾個棋路幾乎都很強而且有時很有創意，他們可以處理從來沒有看過的「字」，也可以找出新的方式來解釋舊的、熟悉的「字」。

技術的環境

克萊恩和我很快就發現我們兩人都同意直覺技術的本質，以及這技術怎麼學來的。我們需要在關鍵問題上取得共識：你什麼時候可以信任自信滿滿的專業人士的直覺？

我們最後的結論是，我們意見不同的部分原因是在我們心中的專家是不同的。克萊恩花很多時間在救火現場跟消防隊隊長，在醫院中跟臨床的護士和其他有眞正專業的專業人士訪談。我花

2 所以我們常聽到人們說：「我就知道……沒好事，我本來就不想來。」

3 卡洛就是寫《愛麗思夢遊仙境》的人，他在另一本《鏡中奇緣》（*Through the Looking Glass*）中創造了很多無意義的字。

了很多時間在思考臨床師、股票經紀人及政治家想要做出長期預測卻都沒有成功。所以不令人意外，他的事先設定（default）的態度是信任和尊敬，而我的態度是懷疑。他比較願意相信那些宣稱自己有直覺的專家，因爲他告訴我，眞正的專家知道他們知識的上限。我認爲有很多假的專家他們根本不知道自己不知道什麼，也不知道自己在做什麼（這正是效度的錯覺），所以主觀的自信太高而且常常是沒有根據的。

早先，我曾追蹤人們的自信來自兩個相關的印象：認知放鬆和一致性。當我們跟自己說的故事很容易進入我們心中而且沒有相抵觸時，我們很有自信。但是輕鬆和一致性並不保證有自信的信念是眞的。聯結機制本來是設定好去壓抑懷疑，激發跟目前故事一致、相容的訊息。跟隨著 WYSIATI 的心智可以很輕鬆達成很高的自信，因爲它忽略了它所不知道的東西。所以，許多人傾向於對沒有根據的直覺有很高的自信。克萊恩和我最後同意一個重要的原則：人們對他直覺的自信不是一個可靠的效度指引，換句話說，不要相信任何告訴你應該多麼信任他的判斷的人，包括你自己。

假如你不能相信主觀的判斷，我們如何評估主觀判斷的效度？判斷什麼時候可以反映眞正的專業？什麼時候會出現效度錯覺？答案來自兩個習得技術的基本條件：

- 一個很規則，可以被預測的環境。
- 一個從長久的練習中，習得這些規律的機會。

當這兩個條件都能被滿足時，這個直覺就是一個技術直覺了。西洋棋是規律環境非常好的例子。橋牌和撲克牌也提供了統計上足以支持技術的規律。醫生、護士、運動員和消防隊員也是面對複雜、但基本上有秩序的情境。克萊恩所描述的正確直覺是來自於高效度專業系統一已經學會用的線索，即使系統二還沒有學會去命名都沒有關係。相反的，股票經紀人或政治學家的長期預測是在一個零效度的環境中，他們的失敗反映出他們嘗試要預測一個基本上不可預測的事件。

有些環境比不規律還更差，何嘉斯（Robin Hogarth）描述了一個「邪惡」的環境，在那種環境裡，專業人士其實會從經驗中學到錯誤的教訓，他借用湯瑪士（Lewis Thomas）20世紀初一個醫生的例子，這個醫生常常直覺病人快要得傷寒。很不幸的是，醫生在檢查病人的舌頭時，沒有洗手，他也不習慣在看下一個病人前洗手，因此，被他檢查過的病人果然得了傷寒，這就更增加了他的信心，他的直覺是對的。其實他的直覺是錯的，他自己才是病菌的傳播者，被他碰過的病人都被他傳染了。

米爾的臨床師並不是無能，他們的失敗也不是能力不好，表現不好是因爲他們被指派的工作沒有簡單的解決方式。臨床師的困境比政治長期預測零效度的環境好一點，但是他們是在一個低效度的情境，那是不可能出現高正確率的。我們現在知道是這樣了，因爲最好的統計演算法，雖然比人的判斷準確，也不是非常準確。的確，米爾的研究從來不能有「現行犯」(smoking gun)的情形——臨床師完全沒看到非常有效度的線索，而演算法偵察到了。像這種極端的例子是沒有的，因爲人類的學習一般來說是有效率的。假如有很強、可預測的線索存在，觀察者還是會找到，只要你給他公平的機會去做。統計的演算法在吵雜的環境下，會比人類的表現好很多，這有兩個原因：演算法比人類容易發現弱的線索，也更容易一致性地運用這些弱線索維持低度的正確率。

在一個不可預測的世界去責怪別人未能正確的預測未來是不對的。然而，責怪專業人士（因爲他們相信自己能成功做到一件不可能的事）卻覺得很公平。在一個不可預測的環境宣稱自己有正確的直覺，充其量來說，也是自我妄想（self-delusional），有的時候更糟。在缺乏有效線索的情況下，直覺的「命中」，有可能是由於運氣，另一個可能就是說謊。假如你認爲這個結論很令你驚訝，你對直覺的魔力還存有藕斷絲連的信念，請記得這個規則：在沒有穩定規律的環境中，千萬不可相信直覺。

回饋和練習

有些環境的規律很容易發現，也容易應用。請想一想，你如何發展出踩剎車的習慣，當你學會轉彎時，你慢慢學會何時該放開踩油門的腳，什麼時候應該踩剎車。彎路沒有相同的，你在學習時，經歷各種彎道使你準備好在對的時機踩下剎車。你後來學會開所有的彎道，何時踩剎車、何時放油門都難不倒你。學習這個技術的情境是很理智的，因爲你立刻接受到回饋，每當你經過一個轉彎，你就接受到一個明確的回饋訊息：現在你過彎轉得很順，你坐起來很舒服，或是你剎車踩得太重，使身體往前傾。港口引水員在指揮調度一艘大船時的狀況也同樣規律，但技術可就困難多了，需要要靠經驗，因爲你無法馬上得到回饋，動作和可看見的結果之間有很長的延宕。專業人士有沒有機會發展出專業直覺，主要取決定於回饋的品質和速度，以及有沒有足夠的機會練習。

專業技術並不是一個技術，而是很多技術的綜合。同一個專業人士，她可能在某個作業上做得非常好，在別的作業上是生手。當西洋棋手變成專家時，他們已經「看過所有東西」（或幾乎所有東西），但是就這方面來說，西洋棋是個例外，外科醫生可能專精於某些手術，不擅長另一些手術。此外，任何專業工作都有一些層面比別的層面容易學。心理治療師有很多機會觀察病人對他們講的話做出的立即反應，使他們能發展出找到恰當的字和聲調的直覺技術，得以安撫憤怒、產生自信，或使病人的注意力聚焦到別處。從另一方面來說，治療師沒有機會指認哪一個治療法對不同的病人最有效。他們從病人身上得到的長期結果很稀少，都是遞延的或根本不存在（如病人不再回來看這個醫生）。很多時候，這回饋太模棱兩可，以致不能提供任何從經驗得來的學習。

在所有專科醫師中，麻醉師最能得到好回饋的幫助，因爲他們動作的效果便是立即的證據。相反的，放射科醫生對他們的診斷得到最少的正確率訊息，所以麻醉科醫生在發展有用的技術上，擁有較有利的位置。假如麻醉師說，「我有個感覺，我覺得不對勁了。」開刀房裡的每一個人就應該準備應付緊急狀況了。

在這裡，就像在主觀的自信一樣，專家們可能不知道他們專業的上限。有經驗的心理治療師知道她在找出病人心中想什麼很有技術，對病人接下來要說什麼也很有好的直覺，所以她很自然地覺得自己可以預期病人下一年的情況。但是這個結論就不見得對，短期預測和長期預測是兩回事，治療師有適當的機會去學習一個情境，但是沒有學到另一個情境。同樣的，財務專家在他的本行中，可能有很多層面的技術，但是在選擇股票上就沒有；中東問題的專家可能知道很多事情，但是不知道中東的未來如何。臨床心理師、股票經紀人、權威人士在一些作業上的確有直覺的技術，但是他們還沒有學會辨識直覺在哪種情境和作業下會背叛他們。這個沒有被辨認出的專業技術上限，解釋了為什麼專家通常都過度自信。

評估效度

在克萊恩和我合作的後期，我們對最初的問題有了一致性的回答：你什麼時候可以信任專家的直覺？我們的結論是，大部分時候，你可以區辨出有效度的直覺和吹牛的直覺。就像判斷一個藝術品是真的還是仿製品，你會發現，聚焦在它的出處比注意藝術品本身有利。假如環境的規律性足夠，判斷者也有機會學習它的規律性，聯結機制會辨識情境，會很快得出正確的預測和決定。假如符合這些條件，你可以相信這個專家的直覺。

很不幸的是，聯結機制也得出錯誤但令人信服的主觀直覺。看過有才氣的年輕棋手下棋的人就知道，他的技術不會馬上爐火純青，在到達爐火純青的階段前，會非常有自信地犯下一些錯誤。在評估專家直覺時，你應該要考慮這個專家是否有足夠的機會去學習線索，即使在規律的環境下，也要先確定這個條件。

在比較不規律、低效度的環境中，判斷捷徑會被激發起來，系統一通常能很快用替代的方式創造原本沒有的一致性。製造出困難問題的答案，創造出完整的故事來。它回答的問題不是你原先要問的，但是答案很快就出現，非常似是而非的通過懶惰、寬容的系統二的檢查。你可能想預測一個公司未來的經營情形，而且相信這就是你的判斷，事實上，你的評估是受到這公司目前經營團隊的熱情和能力的印象所主控，因爲這個替代是自動發生的，你常常不知道你（系統二）的判斷來源，就採用了它。假如這是唯一進入你心中的判斷，在主觀上，可能與你用專家自信得出的有效判斷無法區辨。這是爲什麼主觀的自信不是正確率的好診斷，回答錯誤問題的判斷也可能是在很自信的情況下得出來的。

你可能會問，爲什麼克萊恩和我沒有馬上想到用環境規律性和專家過去學習經驗來評估專家直覺？這是專家自信最重要的兩個來源，我們認爲答案可能是什麼？這些都是好問題，因爲答案的輪廓從一開始就明顯了。我們知道火災現場的消防隊小隊長和小兒科護士一開始就和米爾研究中的專家，如股票經紀人和政治權威人士，處於邊界的兩邊。

現在很難說得清楚爲什麼當時我們花那麼多的時間去討論、交換論文草稿，及往來幾百封電子郵件討論，而且好幾次想放棄。但是一個專案要圓滿結束，這些過程是免不了的：一旦你了解了主要的結論，這些結論看起來顯而易見。

就像我們論文的標題所顯示的，克萊恩和我的意見相左處低於預期，對所提出的議題幾乎都達到共識。然而，我們也發現我們早期的差異其實不只是學術上的意見不同。我們有不同的態度、情緒，和偏好，而多年來，這方面的改變非常少。當「偏見」這個字出現時，克萊恩還是會皺眉頭，他還是很喜歡告訴別人演算法或公式如何得出可笑的決定。我還是把演算法偶爾的錯誤看成改進公式的機會。從另一方面來說，那些宣稱有直覺能力的驕傲專家在零效度情境的報應上，我比克萊恩得到更大的快樂。然而，就長遠來說，如我們所做的，找到學術上的共同點絕對是比堅持我們情緒上的不同重要得多。

說到專家的直覺

「在這項作業上她有多少專業知識？她有多少練習機會？」

「他真的相信初創公司的環境足夠規律化，使他有信心認為他的直覺可以挑戰基率嗎？」

「她對自己的決定非常有信心，但是主觀的自信是判斷正確率很差的指標。」

「他真的有機會去學習嗎？在他的判斷上，他所收到的回饋有多快，多清楚？」

23

外在看法

在我和特維斯基開始合作後幾年，我說服了以色列教育部的一些官員，在高中的課程裡加入判斷和決策制定的課。我找了好幾個有經驗的老師、我心理系的學生，和福克斯（Seymour Fox 那時是希伯萊大學教育學院的院長，他是課程發展專家），一同來設計這個課程和編寫教科書。

在每個禮拜五下午開會，開了一年以後，我們擬出詳細的課程大綱，寫了兩章的教科書，在教室中做了一些樣本的模擬，我們都對進度感到很滿意。有一天，在討論估算不確定性的數量的流程時，我突然想到去做一個練習。我請每一個人寫下他估計還要多久才會完成這個計畫，才能把教科書交到教育部去。我用的方式不是公開討論而是私下蒐集每一個人的判斷，這是想要從團體中得到訊息的正確方法。這個方式比一般常用的公開討論更能蒐集到有用的知識。我蒐集到這些估算值，把它寫在黑板上，幾乎都集中在兩年：最低的是一年半，最高的是兩年半。

然後我轉向福克斯，我們課程專家，問他能不能想出另外一個跟我們相似、也是從無到有設計出課程的團隊。那時正是好幾個創新課程，如「新數學」被介紹入學校的時候。福克斯說他可以想到好幾個。然後我追問，他熟不熟悉這些團隊過去的歷史，他說他對好幾個很熟悉。我請他去回想，當這些團隊進行到我們現在這個地步時，他們又花了多久才做完教科書的專案。

他安靜了好一陣子，當他最後開口時，我覺得他似乎爲自己的答案很不好意思，好像很窘：「你知道，我以前從來沒有想過，但是事實上，不是所有到了我們這個階段的團隊，都能完成他們的作業，有很大一部分的團隊最後是沒有做完的。」

這很令人擔憂，我從來沒有去考慮這專案會失敗的可能性。我的焦慮升高了。我問他有多少的比例最後沒有完成。他說大約40%。現在，愁雲慘霧密佈了整個房間。下面的問題是很明顯的了，「那些後來完成的，」我問道，「他們花了多少時間？」他回答道：「我想不起任何團體少於七年，不過也沒有任何團隊多於十年。」

我抓住最後一根稻草：「當你比較我們的技術和資源時，你覺得我們跟過去那些團隊相比，我們有沒有比較好？跟他們相比，你會如何排序我們？」這次他沒有猶疑很久，「我們比一般的平均差。」他說，「但是沒有差太多。」這對我們全體都是一個大驚訝——包括福克斯自己。他之前的預測跟其他的團隊成員差不多，都在兩年左右。在我追問他之前，他對先前團隊歷史的知識和對我們自己未來的預測，中間的聯結完全沒有進入他的心中。

當我們聽到福克斯的話，當時的感覺完全無法用「知道了」來描述。當然，我們所有人都聽到了七年和40%的失敗率，它似乎比我們幾分鐘前寫在小紙條上的數字更可能是我們未來的命運預告。但是我們並沒有眞正承認說我們知道，這個新的預告看來仍然非常的不眞實，因爲我們不能想像怎麼可能花這麼長的時間去完成一個看起來並沒有這麼難的工作。我們手邊沒有水晶球來告訴我們這個不太可能的事件會是我們的未來。我們能看到的就是一個合理的計畫，按照計畫走，我們在兩年左右會完成一本書，跟別的團隊的統計相抵觸。其實我們所聽到的是一個基率的訊息，從這個訊息，我們應該推論出一個因果的故事：假如這麼多團隊失敗，剩下成功的又花了這麼長的時間，寫一本教科書一定比我們想像的難很多。但是這個推論會跟我們直接的經驗相抵觸，因爲我們都覺得我們進行的很順利，福克斯所提供的統計數據被當作基率，就像一般基率被對待的方式，我們知道了，把它放在一邊，不理它了。

我們其實在那一天就該放棄。我們沒有一個人願意投資六年去爲一個有 40% 失敗率的作業工作。雖然我們一定感受到這個堅持是不合理的，這個警告並沒有提供一個立即緊迫的理由來讓我們放棄，在經過幾分鐘的斷斷續續辯論後，我們振作起來繼續工作，就好像這事完全沒有發生一樣。這本書最後終於在八年後完工了。那個時候，我已經不住在以色列了，而且也有很久不再是團隊中的一員了。這個團隊在經過很多不可預測的滄桑之後，終於完成了。當初跟教育部提出這個計畫的熱情到這本書完成時早已不見，而這本書也從來沒有被使用過。

這個令人發窘的事件一直是我事業中最有教育意義的經驗之一。我從它身上學到三個教訓。第一個是立刻看得到的：我掉入一個陷阱，沒有看到有兩種截然不同的預測未來的方式，特維斯基後來和我把它叫成「內部的看法」(inside view)和「外在的看法」(outside view)。第二個教訓是我們一開始預測兩年可以完成這個專案是一個「計畫的謬論」(planning fallacy)。我們的估算是依最佳情況而不是依眞實情況。我過了很久才接受第三個教訓。我把它稱之爲「不合理的堅持」(irrational perseverance):我們那天沒有放棄這個計畫是錯誤,面對一個選擇時,我們放棄了理性而不是放棄這個企畫案。

朝向內部看法

在很久以前的那個星期五,我們的課程專家對同樣問題做了兩個判斷,得出兩個不同的答案。內在的看法是我們全體,包括福克斯在內,自發性的去評估我們專案的未來。我們聚焦在我們特殊的情境,在我們自己的經驗中去搜尋證據。我們描繪出一個計畫:我們知道我們要寫多少個章節,我們知道要花多少時間才完成我們已經有的頭兩章,比較保守的估計就是把完成這兩章的時間再多加幾個月作爲可能出錯的寬限期就好了。

用它去建構新的數據是個錯誤。我們是依照我們眼前的訊息—— WYSIATI ——來預告後面,但是我們所寫的第一章可能比其他章容易,而我們當時對專案所投注的精力可能也是最高的,但是這問題是我們沒有去考慮隆斯費爾德(Donald Rumsfeld)著名的「不知道的不知道」(unknown unknowns)。我們在那一天其實根本不可能去預測,後續的事件會使這個專案拖了這麼久。離婚、生病,跟官僚的政府打交道,這些都會拖延工作,但是這些都不可預測。這些事件不但使章節的撰寫慢了下來,它甚至使很長一段時間,一點進展也沒有。同樣情形一定也發生在福克斯熟悉的那些團隊身上。那些團隊的成員一定也無法想像這些突發的事件會使他們花了七年的時光才完成，或最後沒有完成。這個專案在一開始時，他們一定也是認爲可以做得成的。像我們一樣，他們並不知道他們所面對的機率。一個專案要失敗有很多的原因，雖然大多數的原因是不太可能發生，但是某些事會出錯的可能性在大的計畫專案中是很高的[1]。

我問福克斯的第二個問題，把他的注意力從我們身上引開而去注意到相同情況的案例上，福克斯估計那個參考團隊的基率是40%失敗，七到十年才能完成，他非正式的調查當然不能跟科學上的證據標準相比，但是它提供了一個非常合理的基礎作爲預測的基線。你在對一個你完全不知道的個案在做預測，你唯一知道的就是它是屬於哪一個類別。我們前面有看到，基線調整應該是未來預測的錨。假如人家請你去猜一個女人有多高，而你唯一知道的資訊是她住在紐約市，那麼你的基線就是你最好的猜測，因爲你的基線就是紐約市婦女的平均高度。假如人家給你一個特定的資訊，這個女人的兒子是高中籃球隊的隊員，你會調整你的估計把它從平均數往上移。福克斯在把我們的團隊跟其他的比時說我們的結果會比基線更差一點，那就已經是很嚴峻的了。

雖然外在看法對我們當時問題有這麼驚人的準確度，但是它不應該拿來當作外在看法效度的證據。外在看法應該建立在一個一般性的立足點上：假如正確的選擇參考類別，外在的看法可以讓我們看到預測的大致範圍，那麼它也許會告訴你，這個內在看法的預測差得遠了，就像我們的情況一樣。

對一個心理學家來說，福克斯兩次判斷的差異是非常令人驚

1 這是為什麼會有墨菲的法則，假如事情有可能出錯，就一定會出錯。If anything can go wrong, will go wrong.

異的。在他的腦海裡，有所有需要去估計的統計數字，他有這個知識，但是他在做決定時，卻沒有運用到這個知識。福克斯內在看法的預測並不是基線的調整，因爲這個知識沒有進入他的心中。它是基於我們大家很努力的這個特別的情況來下的決定。就像湯姆實驗中的受試者，福克斯知道相關的基線，但是卻沒有想到要去使用它。

不像福克斯，我們其餘的人，並沒有辦法去接觸到外在看法，所以無法得出合理的基線預測。然而，我們並不覺得需要別的團隊的資訊來做我們的預測。我要求外在看法的舉動，驚訝了所有的人，包括我自己在內。這是一個常見的普通形態，握有某個個案訊息的人很少覺得他們需要去了解該個案所屬類別的統計數字。

當我們終於拿到外在看法的數據時，我們全體一致的忽略它，我們可以看出發生了什麼事，它和「教心理學無用」的說法很相似。奈斯比和波吉達的學生在很少資訊的情況下，針對他們手邊一點點的訪問資訊（一個簡短枯燥的採訪），就對那個人會不會去幫助別人做出判斷，完全忽略他們剛剛學到的整體結果。「蒼白」的統計資訊如果與一個人對這個案子的印象不一致時，它會被丟棄在一旁。當與內在看法競爭時，外在看法連一點機會也沒有的。

我們偏好內在看法有時是有道德的弦外之音的。我有一次去問我的表兄弟，他是很有名的律師，「被告贏得類似這個案子的機率有多少？」他尖銳的回答說，「每一個案子都是獨特的」，臉上的表情很清楚地指出他對我的問題覺得非常不恰當，非常的膚淺。驕傲的強調每一個案例都是獨特的現象在醫界也常看到，雖然最近對以證據爲主（evidence based）的醫學研究已經指出另一個方向。醫學的統計和基線的預測愈來愈常出現在醫生和病人的對話中。然而，醫學專業領域對外在看法留存的矛盾心理，讓醫生還是會說由統計和清單主導非人性化的療程讓人不放心。

計畫的謬論

從外在看法的預測和後來的結果看來，我們當年那個星期五下午的原始預測幾乎是妄想。這其實不應該是驚訝：到處都看到對專案太過樂觀的預測。特維斯基和我爲它起了個名字：「計畫的謬論」用來描述有以下特質的計畫和預測：

- 不眞實的接近最完美的情境。
- 可以藉著參考其他類似案例的統計來改善。

計畫的謬論的例子在政府和企業以及每個人的生活中，比比皆是。在 1997 年的 7 月，蘇格蘭要在愛丁堡蓋一個新的國會大廈，當時的預算是 4 千萬英鎊，到 1999 年的 6 月，預算已經追加到 1.09 億英鎊。2000 年 4 月，國會議員將預算上限定在 1.95 億。到 2001 年 11 月，國會議員要求估計「最後預算」，結果設在 2.41 億英鎊，2002 年這個數字又上調兩次達到 2.946 億英鎊。到了 2003 年又漲三次，6 月之前預算已高達 3.758 億英鎊。這棟大樓最後在 2004 年完工，總共花費了 4.31 億英鎊。

- 2005 年，有一個研究是調查 1969 年到 1998 年間，全世界的鐵路工程。結果發現，有 90% 以上的工程都高估了乘火車的人數。雖然乘客沒有原來估計的多的新聞早已向全世界廣爲公布，但它並沒有改進之後三十年的預測。一般來說，計畫者高估新鐵路乘客的人數 106%，而預算平均超過原來的 45%，雖然更多的證據一直在累積，但它一點也沒有改變專家們的作爲。

- 2002 年，美國調查有多少屋主花錢重新裝修廚房。結果發現他們原來期待平均花費 18,658 美元就能裝修好廚房，但是最後平均要花 38,769 元才能完工。

樂觀的計畫者和決策者並不是超出預算的唯一原因，改建廚房的包工和武器承包商都承認（雖然不是對客戶），他們習慣性的從追加預算上獲得最大利潤。在這些情況中，不能預見的預算追加，反映出客戶無法想像他們的期望會隨時間而增加到多少。如果他們一開始時，能夠很切實的做一個計畫，然後嚴格遵守，最後就不會多付這麼多錢。

一開始時的預算錯誤並非表面看起來那麼的無辜，很多不切實際的計畫其實是想要得到他們老闆或客戶的同意，他們知道開工後，很少計畫會因爲超出預算而停止不做[2]。在這種情況之下，要避免計畫的謬論最大的責任在同意這個計畫的決策者身上。假如他們沒有看到尋求外在看法的必要性，他們就犯了計畫的謬論。

緩解計畫的謬論

從那個星期五下午以來，對於計畫的謬論的診斷和補救並沒有改變什麼，但是實現這個想法倒是走了很長的路。有名的丹麥計畫專家佛賴夫傑格（Bent Flyvbjerg）現在在牛津大學教書，他給了下面這個強有力的總結：

> 輕視或忽略擴散性知識的普遍傾向，是發生預測錯誤最主要的原因。計畫者應該盡力去框住要預測的問題，使

能充分應用手邊所能獲取的擴散性訊息。

如何透過改進方法以增加正確預測率，這可以說最重要的一個忠告了。用從相似的冒險活動所得來的擴散性訊息來預測手邊的投資就叫做「外在看法」，它就是治療計畫謬論的良藥。

現在這個治療計畫謬論的方法有了科技上的名字，叫做「參考類別預測」（reference class forecasting），佛賴夫傑格把它應用到好幾個國家的交通專案上，這些專案又爲全世界的幾百個專案提供了計畫和結果的訊息，它可以用來提供統計訊息給那些超越預算和時間的案子以及那些可能會做不好的專案。

佛賴夫傑格所用的預測方法跟克服忽略基率所用的方法很相似：

1. 找出適當的參考類別（廚房改建、大型鐵路工程等）。

2. 取得這種類型的統計數字（如每一哩鐵路要多少造價，或超越預算的百分比），用這些統計數字來得出一個基線的預測。

3. 用這個案子特別的訊息來調整基線預測，假如已有某些理由去預期樂觀的偏見會在本專案中比在其他類似的案子中更爲突出。

佛賴夫傑格的分析是用來指引那些把公共工程包出去給別人做的官員，提供他們相似計畫超出預算的相關統計數字，決策制定者需要知道這個專案成本和利益的實際評估，才能做最後的決定。他們可能也希望去估計要保留多少預算來應付超支，雖然這個謹愼常會變成自我實現的預言，就如一位官員告訴佛賴夫傑格：「保留的預算對承包商來說就好比獅子的一塊紅肉，他們會大

2 台灣話叫頭洗了一半，不得不洗完。

口吞食掉。」

一個企業常會面對的挑戰是：各個主管用太過樂觀的計畫來競爭資源，一個經營得很好的企業應該要給執行精確的計畫者獎勵，給沒有預期到困難的計畫者懲罰，因爲他們不知道他們自己不知道（unknown unknowns），所以他們沒有預期到。

決策和錯誤

那個星期五下午是三十多年前的事了。我常想到它，一年總有好幾次，會在課堂上提到它。我一些朋友都聽的煩了，但是我每次還是能從中學到新的教訓。在我跟特維斯基提出計畫的謬論十五年後左右，我和羅瓦洛（Dan Lovallo）再回到這個題目，我們一起草擬了決策制定理論，其中樂觀的偏見是一個顯著的風險來源，在經濟學的標準理性模式中，人願冒險，因爲勝算的機率大，他們願意接受一些失敗的可能性，因爲勝算的機率夠大。我們提出另一種想法。

當預測一個風險專案的結果時，主管或老闆太容易變成計畫謬論的犧牲者。在謬論的掌控下，他們根據妄想的樂觀來做決定，而不是理智地把獲利、開銷，和機率拿來賦予不同的權重後再全盤來考慮。他們高估收入，低估開銷。他們在腦海裡想像成功的情景而忽略了可能的錯誤。所以他們追求那些不可能在預算內或在預定時間內完成、不可能帶來預期收入的提案。有的甚至不可能完工。

在這種看法下，人們常常（但不是一定）去做冒險的專案，因爲他們對他們所面對的機率太過樂觀。我會在本書中，多次回到這一點上。它是人們爲什麼打官司、爲什麼打仗，爲什麼開創小型企業的一個原因。

未通過測驗

許多年來，我認爲這個設計課程故事的要點就是我從我的朋友福克斯身上所學到的教訓：他對我們這專案的未來，最好的預測不是來自他對相關專案的知識。我在這個故事中表現得很好，我是聰明的提問題者，也是精明的心理學家。我直到最近才了解，我其實扮演的是呆子和無能的領導者。

這個專案是我提出來的，所以當然是我的責任去保證它是有意義的，主要的問題都被大家適當的討論過，但是我在這一點上失敗了，我的問題已經不再是計畫的謬論，我在聽到福克斯的統計總論後，我就去除了那個謬論。假如你強迫我說，我會說我們早期的估計是太過樂觀了。假如你再強迫我說更多，我會承認我們在這個計畫一開始時，就有錯誤的前提，我們至少應該嚴肅的考慮「宣布失敗，解散」的這個可能性。但是沒有人強迫我，我們也沒有討論，我們默默地同意繼續做，沒有清楚的預測我們的努力可以維持多久。這很容易，因爲我們一開始就沒有做任何的預測。假如我們當時有合理的基線預測，我們就不會投入去做它，但是我們已經投資了這麼多的努力——這就是沉沒成本謬論（sunk-cost fallacy）的例子。我們會在下面仔細地討論它。對我們來說，放棄會很丟面子——尤其是我——而且當時也沒看到什麼立即的理由要放棄。在危機時，改變方向比較容易，但是這不是危機，只是一些新的，以前不知道的事實而已，外在看法很容易忽略。對我們當時的情況，我所能做出最好的描述就是懶散——不願去思考發生了什麼事。所以我們就繼續做下去了。在我留在這個團隊中剩下的時間，我們沒有再去做理性的計畫，這對投身要教導理性的團隊來說，是一個很令人不安的忽略。我希望我現在聰明了一點，我現在也養成了尋求外在看法的習慣。但是這永遠不是自然而然會去做的事。

說到外面看法

「他採取的是內在看法，他應該忘記他自己的案子，去看看別的案子發生了什麼事。」

「她是計畫謬論的犧牲者，她假設所有事情都在最好的條件之下，但是實在有太多的陷阱可以讓這個計畫失望，而她不可能預見所有的障礙。」

「假設你對這件訴訟案什麼都不知道，只知道這是一件醫療糾紛，一個病人去告一個外科醫生。你的基線預測在哪裡？有多少這種官司在法庭中是打贏的？有多少是庭外和解？和解金是多少錢？我們現在討論的案子比起其他類似的，是比較強，還是比較弱？」

「我們又更加投資了一些，同為我們不願承認錯誤，這就是沉沒成本的謬論。」

24

資本主義的引擎

計畫的謬論只是樂觀偏見顯現出來的一個例子而已，我們到處可見這種樂觀的偏見。我們大部分人都用玫瑰色的眼光去看這個世界，其實眞實的世界沒有我們想像得那麼好，我們看自己的特質也是比我們實際的好。我們也喜歡誇大我們預測未來的能力，這來自我們樂觀的過度自信。就決策後果來說，樂觀的偏見可以說是認知偏見中最顯著的一個。因爲樂觀偏見可以是福氣，也可能是冒險，假如你是個樂觀的人，你應該既快樂又擔心。

樂觀

樂觀很正常，但是有些幸運的人比我們一般人更樂觀。假如你在基因上，有樂觀偏見的福賜，你根本不需別人告訴你，你很幸運——你自己已經覺得了。一個樂觀的態度絕大部分是遺傳而來的。這是幸福（well-being）本質的一部分，它還包括看到事情的光明面。假如允許爲你孩子許一個願望，請嚴肅的考慮這個希望是樂觀。樂觀的人一般來說是愉快的、興高采烈的，所以人緣很好，很多人喜歡他。他們在碰到挫折或困境時，可以反彈回來，不會一蹶不振，他們成爲臨床上憂鬱症的機會很少，他們的免疫系統會很強，他們比較會照顧自己的健康，他們覺得自己比別人更健康，事實上，也可能活的比較長一點。有一個研究是去看那些吹噓自己會活得比統計壽命更長久的人，發現他們工作的時間比別人長，對未來的收入比較樂觀，在離婚後，比較可能再結婚（是經典「希望戰勝經驗」（triumph of hope over experience）的例子，比較敢在個股上下賭注。當然，樂觀的好處只有給那些輕度偏見，和那些能夠「非常正向而沒有失去眞實感」的人。

樂觀的人在塑造我們的生活上扮演了超越它未來份量的角色。他們的決定造成差別，他們是發明家、創業家，政治和軍事的領導者，他們不是一般的普通人。他們尋求挑戰，接受冒險，所以他們達到他們現在的位置。他們很有能力又很幸運。他們絕對是比他們肯承認的更有好運相助，他們很可能天生的脾氣就是樂觀，有一個專對小型企業老闆的調查，發現這些創業家比中層經理人的生活更要樂觀。他們成功的經驗肯定了他們對自己判斷力的信心，以及他們控制事件的能力。他們的自我信心又受到崇拜者的強化。這個理由引出一個假設：這些對別人生活有最大影響力的人最可能是樂觀的、過度自信的，比他自己所了解的更願意去冒險的。

證據顯示，樂觀偏見有的時候扮演主控的角色——當個人或公司自願去承擔顯著的風險時，他們是主角。通常冒險者會低估了失敗的機率，雖然他們確實投入很多心力找出成敗機率，但是因爲他們錯估了風險，樂觀的創業家常常認爲自己是很謹愼的，即使事實並不然。他們對自己未來成功的信心保持正向的心情，這幫助他們從別人身上得到資源，提升了他們員工的士氣，增加了成功的可能性。當需要採取行動時，樂觀，即使已經是輕度的妄想，可能也是件好事。

創業的妄想

在美國，一個小公司能維持五年的機率是 35%。但是自己經營事業的人並不認爲這個統計數字應用到他身上。有一個調查發現，美國的創業家傾向於相信他們是在成功的商業路上前進：他們估計像他們這樣公司成功的機率是 60% ——幾乎比眞正的機率高了一倍。當人們評估他自己投資的機率時，這偏見還要更高。有 81% 的創業家把他自己個人成功的機率定爲 70% 或更高，有 33% 的人說他們不可能失敗，失敗的機率是零。

這個偏見的方向並不令人驚異，假如你訪談一位最近剛剛開了一家義大利餐館的人，你不預期她會低估他成功的可能性，或是對自己經營餐廳的能力不看好。但是你一定會想：假如她花了合理的時間和精力去找出做這一行的機率，她還會投資這麼多的錢和精力在這上面嗎？假如她眞的知道這個機率（即有 60% 的新餐廳在三年後關門大吉），她會注意這個數字嗎？她可能完全沒有想過要去採取一個外在看法。

一個性格樂觀的人有一個優勢，他們在面對挫折時，會有勇氣堅持。但是堅持的代價有時很大，亞斯特波洛（Thomas Åstebro）有一系列讓人印象深刻的實驗，讓我們看到一個樂觀者接受到壞消息時，什麼反應。他從加拿大的一個組織——發明家協助專案組織（Inventor's Assistance Program）中獲取他的資料。這個組織抽取少許的手續費，對發明家創意點子的商業前景進行一個客觀的評估。這個評估按照 37 個標準來排序，包括產品的需求、製造的成本，以及需求趨勢的估計。他們用英文字母來代表排序分析的總結，D 和 E 是預測失敗——這個預測占他們評估產品的 70% 以上。失敗的預測非常的準確：在 411 個專案中，只有 5 件他們給予達到商業化最低標準的評分，但是沒有一件是成功的。

一半的發明家在接到預測會失敗的成績單後決定退出，然而，有 47% 的人繼續努力，即使在被告知他們在專案完全沒有希望，這些堅持的人在賠掉二倍他們最初的損失後，才放棄。顯然在被告知壞消息後，繼續堅持的人還相當普遍，這些人在人格測量的樂觀量表上，分數都很高，比一般人都高。整個來說，私人發明的回收是很少的，「比私募基金（private equity）的回收低，也比高風險的證券回收低」。一般來說，自僱者的財務收益中等，同樣條件下，把自己的技能賣給老闆會比自己經營賺更多錢，這些證據顯示樂觀是一個擴散的很廣、很頑固、很花錢的一個習性。

心理學家發現大部分的人都覺得自己比別人高明，尤其在人們喜歡的人格特質上。他們甚至願意在實驗室中去賭上一賭。當然，在市場上，認爲自己比別人高明是有重大的後果的。大企業的老闆有時下很大的賭注在價格昂貴的購併上，錯誤的以爲自己可以經營另一家公司比它現任的擁有者還好。股票市場通常的反應是看貶併購公司的價值，因爲過去的經驗顯示，去整合一家大公司的失敗率通常是大於成功率，這個錯導的合併可以用傲慢假設（hubris hypothesis）來解釋：這家併購公司的高階主管們比他自己想的還更不能幹。

經濟學家莫曼迪爾（Ulrike Malmendier）和泰德（Geoffrey Tate）用公司老闆自己擁有多少股票來界定這個執行長是不是樂觀，他們發現高樂觀度的執行長冒最大的險。他們會比別人更高價買下他要的公司，明知這個併購可能會摧毀這個公司的價值。這兩位作者發現，假如併購者公司的執行長太過樂觀的話，他公司的股票會大幅下降，股票市場顯然有辦法辨識出過度自信的執行長，研究者的這個觀察替執行長洗清了一個罪名：他們不是因爲用的是別人的錢才這樣大膽下賭注，相反的他們用自己的錢時，下的賭注更大。假如商業新聞記者把他奉爲名人的話，這些過度自信的執行長所引發的損失會滾得愈大。證據顯示愈是高地位的媒體頒獎給執行長，他的股東損失愈大。作者寫道：我們發現就股票和經營表現來說，有得過獎的執行長的公司後來的表現都不好，在這同時，公司給執行長的薪水增加了，執行長花更多的時間在公司以外的地方，如寫書，擔任外部董事。

許多年前，我太太和我去溫哥華島渡假，想找一個地方住。我們在森林中，一條很少人走的路上，發現了一間很吸引人但廢棄沒人住的旅館。旅館主人是一對很有魅力的年輕夫婦，他們不需什麼鼓勵就很願意告訴我們他們的故事。他們曾是加拿大阿爾伯塔（Alberta）省的學校老師，決定改換生活方式後，用他們所有的積蓄買下這間旅館，這旅館大約在十二年前蓋的。他們沒有任何諷刺或自我意識的告訴我們他們買得很便宜，因爲前六或七任的主人都沒有辦法經營下去。他們說，他們正在計畫貸款以把這個地方變得比較吸引人，他們要在旁邊蓋一間餐館。他們覺得沒有必要解釋爲什麼他們覺得他們會成功而前面的六、七任主人都失敗了。從旅館主人到超級執行長，大膽和樂觀這條線把商人都串在一起了。

樂觀的冒險跟隨著創業家，他們對資本主義社會經濟的動能絕對有幫助，即使大多數的冒險都是最後失望，他們還是有貢獻。然而，倫敦經濟學院（London School of Economics）的基荷（Marta Coelho）指出，當小公司的老闆向政府要求貸款時，明知他在未來的幾年很可能會宣告破產，政府應不應該提供貸款給那些未來的企業家，是個很困難的決策問題。許多行爲經濟學家（behavioral economist）對「自由主義的家長作風」（libertarian paternalistic）覺得很自在，沒有問題，他們覺得政府就是要幫助人們增加他的收入。對於政府應不應該及如何做來支持小企業，目前還沒有令人滿意的答案。

競爭忽略

我很想用「一廂情願的念頭」（wishful thinking）來解釋創業者的樂觀，但是情緒只是故事的一部分而已，認知偏見扮演了一個重要的角色，即系統一的 WYSIATI：

- 我們聚焦在我們的目標上，把錨點定在我們的計畫，忽略相關的基率，讓自己陷入計畫的謬論。
- 我們聚焦在我們想做、能做的事上，忽略別人的計畫和別人的技術。
- 當我們解釋過去和預測未來時，我們聚焦在技術的因果關係角色，忽略運氣的角色。所以我們偏向控制的錯覺（illusion of control）。

- 我們聚焦在我們知道的東西上，忽略我們不知道的東西，這使我們對自己的信念太過自信。

對「90%的駕駛者覺得自己技術優於別人」的觀察，在心理學上是一個沒有爭議的發現，它已經變成文化的一部分，常被用來當作一般人自以爲是的例子。然而對這個發現的解釋近年來改變了很多，從自我強化（self-aggrandizement）到認知偏差，請看下面兩個問題：

你是個好的駕駛嗎？

跟一般人比起來，你優於他們嗎？

第一個問題很簡單，答案會馬上跳出來，大部分的駕駛者會說是。第二個問題就比較難，對大部分的人來說，這幾乎是一個不可能嚴肅、正確回答的問題。因爲它需要知道一般人的駕駛品質。在這一點上，你不會覺得奇怪，本書之前已提及，人們用容易的答案去回答困難的問題。他們把自己和一般人比，但是根本沒有去思考一般人究竟是怎麼一回事。這個「比一般人好效應」的認知解釋是當一般人被問到一個他覺得困難的作業，他們馬上把自己評得爲比一般人低（對大多數人來說，這個比較困難的問題就好比是「你是否比別人更容易與一個陌生人交談？」）。這結果是，對於任何相較而言自己做的還不錯的事情，人們傾向於過度樂觀。

我有好幾個機會去問新公司創辦人一個改造過的問題：「你覺得你公司的營收有多少是決定於你的努力？」這顯然是容易的問題，在我小小的樣本中，答案都是馬上出來，從來沒有低於80%。即使當他們不確定他們會不會成功，這些大膽的人都覺得他們的命運掌握在自己的手中，他們其實錯了：一家新公司能否成功還要看其他競爭者的成就，看市場的改變，以及他自己的努力。然而 WYSIATI 扮演了它的角色，這些企業家當然是聚焦在他們最知道的東西上面——他們的計畫和動作以及眼前最要處理的威脅和機會，例如資金的來源。他們對競爭者知道的很少，所以自然覺得競爭者在他的未來沒有扮演什麼角色。

卡梅爾（Collin Camerer）和羅瓦洛（Dan Lovallo）創造了一個名詞叫「競爭忽略」（competition neglect）用迪士尼電影公司那時的老闆一句話來說明這個現象。當被問到爲什麼這麼多昂貴的大預算的電影都在同一天（如退伍軍人紀念日和國慶日）放映？他回答道：

> 傲慢，傲慢。假如你只想到你自己的事業，你就想：我有一個好的編劇部，我有一個好的行銷部，我們要在這一天上映。你沒有想到其他每一個人也都這樣想。於是在一年的某一個週末，你有五部電影同時上映，你當然不可能有足夠的觀眾去塡滿五個電影院。

他用傲慢這兩個字坦率來回答，但是並不是對其他電影公司展現傲慢和自大的優越感。競爭不是決策的一部分，這裡，困難的問題再次用一個簡單的替代。需要回答的問題是：「考慮到別人會怎麼做，有多少人會來看我們的電影？」但是電影公司老闆想到的問題是比較簡單，可以用他最容易想到的知識來回答：「我們有沒有好的電影及好的行銷組織來推銷它？」你所熟悉的系統一 WYSIATI 和替代的功能兩者就聯手製造出競爭者忽略以及比一般人好的效應。競爭者忽略的後果就是超量的加入者：當超越市場能夠提供利潤的競爭者進入市場時，大家的結果都是虧損。這結果對市場的典型投資者是個失望，但是整體來說這效應對整個經濟是正向的。事實上，都西（Giovanni Dosi）和羅瓦洛給這些失敗但是爲更有資格的競爭者打出一個新市場的創業公司一個名稱「樂觀的殉道者」（optimistic mantyrs）——對經濟好，但對他們的投資者不好。

過度自信

杜克大學（Duke University）的教授們做了一項長期的調查，請大公司財務長預測下一年的美國標準普爾指數（Standard & Poor index）。教授們蒐集了 11,600 筆預測，然後檢驗它們的正確率。他們的結論非常直接了當：大公司的財務長對短期股票市場一點線索也沒有，他們的估算和眞正價值之間的相關比零還少一點！當他們說市場會下降時，其實是會上升，這些發現並不令人驚訝，眞正的壞消息是這些財務長並不知道他們的預測是毫無價值的。

除了他們對標準普爾獲利指數的猜測之外，被訪者還提供其他兩個預測：一個他們有 90% 確定這價格定太高，以及 90% 確定這價格定太低。他們給出兩個價值之間的範圍叫做「80% 信賴區間」（80% confidence interval），在這間距之外的結果被稱之爲「驚異」（surprise）。一個人設定他對各種情境的信賴區間後，他預期有 20% 的驚異結果。結果經常發生的現象就是在這種情形之下驚異太多了，有 67% 的驚異，遠比預期的高了三倍，這顯示財務長對他們預測市場的能力太過自信了。這是另一個 WYSIATI 的表現：當我們預測一個量時，我們依賴來到我們心中的訊息，然後建構一個完整的故事，因爲這樣估計才有意義。假如訊息沒有進入心中——或許他根本不知道有這個訊息，那麼估計是不可能的。

這些作者計算了信賴區間，使驚異的例子可以降到 20%。他們算出來的結果非常令人驚訝：如果要維持驚異比例在 20%，這些財務長每一年都應該這樣說：「有 80% 的機會標準普爾下一年度的獲利會在 -10% 和 +30% 之間。」這個恰當反應了財務長知識（或更正確地說，他們的無知）的信賴區間，比他們實際上說的信賴區間大了 4 倍以上。

這涉及到社會心理學家。因爲一個誠實的財務長提供的答案會很荒謬，如果財務長告訴他的同儕：「標準普爾下一年的獲利很可能在 -10% 和 +30% 之間」，他會被人轟出房間，這個大的信賴區間是承認自己的無知，而這是社會不接受的，因爲他是領薪水要來提供財務知識的人。即使他們知道自己的知識是非常少，這些財務長會因爲承認了自己的無知而被處罰。杜魯門總統曾經很著名地說過，要求要有一個「單臂的經濟學家」（One-armed economist），能夠清楚採取一個立場，因爲他厭倦了經濟學家們一直說：「但是從另一方面來說」（On the other hand）[1]。

相信過度自信專家的公司或組織，預期會有嚴重的損失。關於財務長的研究顯示那些最有自信、最樂觀的財務長，也是對他自己公司的前景最有信心的，所以他們會去冒更多風險。就像塔里說的，不恰當評估環境的不確定性無可避免地會使經濟代理人去冒他應該避免的風險。然而，樂觀是被推崇的，不但在社交上，在市場上也是一樣，個人和公司組織對於提供危險誤導訊息的人的獎勵都遠大於他們獎勵說實話的人。金融危機所引起的大衰退的原因之一是，有一段時間，專家和企業的競爭創造出一股強大的力量，造成集體盲目投資，看不見風險和不確定性。

偏好過度自信的社會和經濟壓力並不限於財務預測，其他的專業人士也必須面對所謂「專家」就要展現高度自信的事實。泰特拉克觀察到大部分過度自信的專家是最可能受邀請上新聞節目的人，過度自信在醫學上也很流行。有一個針對加護病房死亡病人的研究，他們比較屍體解剖結果與病人還活著時醫生的診斷結果，以及醫生的診斷信心。結果發現：「完全確定病人臨終診斷結果的醫生錯誤率高達40%」。在這裡，我們又一次看到專家的過度自信是被他的病人或客戶所鼓勵的，「一般來說，如果醫生顯現出不確定性，他會被認爲很懦弱或不專業，在這行業上，信心的重要性比不確定性高，而且對病人顯示不確定性是會被責難的。」一個專家如果完全坦承自己的無知，他會被比較自信、比較得到客戶信任的競爭者所取代。對不確定性沒有偏見其實是理性的基石，但是這不是人們和企業所要的，在危險的情況下，極端的不確定性會癱瘓一切，而在代價很高時，承認你只是猜想的，尤其是不可接受，所以假裝有知識便成了比較好的解法方法。

當情緒、認知和社會因素聚在一起時，誇大的樂觀是被支持的，它有時會引導人們去冒不必要的險，尤其是如果事先知道勝算機率的話，他們就不會去冒的險。目前沒有證據支持在經濟領域冒險的人對高賭注的賭博有著不尋常的喜好，他們只是比別人更不覺知風險而已。羅瓦洛和我創造了「鹵莽的預測，膽小的決定」這個句子來描述承擔風險的背景情況。

1 On the other hand（從另一方面來說），又可解釋為另一隻手。

高樂觀在決策制定上，即使在最好的情況，也是憂喜參半，但是把樂觀用在好的執行上絕對是正向的。樂觀的主要益處是在面對挫折時，可以反彈回來。根據賽利格曼（Martin Seligman）這位正向心理學的創始人，一個「樂觀的解釋風格」會用防衛自我形象的方式使自己再站起來。簡單的說，樂觀的風格就是，成功是我的功勞，失敗是我有小小疏忽。這個風格可以教導，至少在某個程度上可以教，賽利格曼記錄了他替高失敗率的行業，如保險公司的電話銷售員（這是在網際網路還沒有發明前最普遍的銷售方式）作訓練的成果。當一個人剛剛被憤怒的屋主推出去把門甩上時，「她是個可怕的女人」的念頭絕對是比「我是個無能的推銷員。」來得好。我一直認爲科學研究是另一個樂觀主義會導致成功的領域：我到現在爲止，還沒有遇見過任何一個成功的科學家缺少誇大自己研究重要性的能力，每一個成功者都會自我吹噓，因爲那些不會把自己的重要性放大的人，在不斷重複小失敗、很少大成功的科學實驗過程中，會一蹶不振的。

事前：部分的補救

過度自信的樂觀可以用訓練來克服嗎？我對這點不樂觀。過去曾有很多的嘗試，想訓練人們陳述信賴區間時能反映他們不精確的判斷，結果成功率很低。一個常被引用的例子是荷蘭皇家殼牌（Royal Dutch Shell）公司的地質學家在經過訓練後，變得比較不那麼過度自信，因爲他們給地質學家看，過去有多少次，他們信心滿滿說一定有油，結果挖下去沒有油。在其他情況下，過度自信是被減弱了，當他們被訓練去考慮跟他們想法競爭的其他可能假設時，但是沒有去除。然而，過度自信是系統一特質的直接後果，它可以被馴服，但是無法消失。它的困難在於主觀的自信是由人們建構出來的故事連貫性決定的，而不是由支持訊息的品質或數量來決定的。

企業可能比個人更能馴服過度樂觀，最好的方法是克萊恩提出的，他是我的「敵對型合作者」，他防衛直覺的決策制定，不相信有偏見，對演算法有敵意。他把他的方法叫「事前」（Premortem），這個程序很簡單，當一個組織快要面臨重要決策，但還沒有完全承諾時，克萊恩建議把所有跟這個決策有相關知識的人聚集在一起開個會，會議的前題是很短的發言：「想像我們已經過了一年，我們完成了這個計畫所說的一切，它的結果是大災難，請用五到十分鐘來寫下這個災難的歷史。」

克萊恩這個「事前」想法通常會激發立即的熱情。當我輕鬆隨意地在達沃斯論壇描述這個想法後，坐在我後面的人自言自語地說，「就憑這個，就值得來達沃斯開這個會。」（我後來發現，說話的人是一個跨國大公司的執行長）。事前檢討有兩個好處：它克服了許多團隊所面臨的集體思考的效應，即一旦決策好像已經制定了，其他人就不講話了，因為怕被說沒有團隊精神[2]，第二個好處是它解放了有知識的人的想像力，使他們朝著急需釐清的方向去思考。

當一個團隊的思考方向都輻輳聚集——特別是領導人表明意見後——公開懷疑這個計畫可行性的聲音就慢慢被壓下來，最後變成在一個決定後對團隊和領導人的忠誠不足的證據。這被壓下來的懷疑就對團隊的過度自信做出貢獻，因為只有支持決策的人才有發言權。而這個「事前檢討」最大的好處就是它使懷疑合

2 中國也有成事不諫，遂事不說的成語。

法化。此外，它鼓勵甚至支持決策者去搜尋可能的威脅，而他們以前可能從來沒有去想過有這種威脅存在。這個事前檢討不是仙丹，它不能提供完全的保護，使決策不受嚴重意外事件的傷害，但是它減少了計畫受到 WYSIATI 偏見以及不批評的樂觀主義的傷害。

說到樂觀

「他們有控制的錯覺。他們嚴重地低估了障礙與困難度。」

「他們好像得了嚴重的『競爭者忽略』的毛病。」

「這是一個過度自信的案子，他們似乎認為自己知道的比實際的還多。」

「我們應該舉辦一個事前檢討會，有人可能會想到一些我們忽略的威脅。」

| 第四部 |

選擇

25
白努利的錯誤

在 1970 年代初期的某一天，特維斯基給我一份影印的論文，那是瑞士經濟學家佛瑞（Bruno Frey）所寫的討論經濟學理論的心理假設。我非常記得那個封面是暗紅色。佛瑞幾乎想不起寫過這篇文章，但是我仍然可以背出它的第一句話：「經濟學理論的代理人是理性、自利的，而他的偏好不會改變。」

我深受驚訝，我的經濟學家同事就在隔壁大樓，但是我從來沒有發現我們的學術世界有這麼大的差異。對一個心理學家來說，人既不是理性的，也不是完全自私的，而且他們的偏好絕對不是穩定的，這些都是自我證據，不需要做實驗去證明的。我們兩人的學門似乎在研究不同的物種，行爲經濟學家瑟勒後來把它叫做「經濟人和普通人」（Econs and Humans）。

不像經濟人，心理學家所知道的普通人有系統一，他們對世界的看法是受限於在某個時間點手邊所具有的知識（WYSIATI），所以他們不能像經濟人一樣有一致性，也不能很有邏輯。他們有時很慷慨，願意對他們所屬的團體貢獻。他們常常不知道他們明年或甚至明天想要什麼。這給了跨領域間一些有趣對談的機會，我從來沒有想到我的事業會被這個對話而改變[1]。

在特維斯基給我看佛瑞的論文不久，他建議我們下一個計畫研究決策制定。我對這個題目一無所知，但是特維斯基是專家而且是那個領域的閃亮之星，他說他可以教我。他說他還是研究生的時候，就與別人合寫了一本教科書《數學心理學》（*Mathematical Psycholozy*），他指引[2]我去讀幾章他認爲是必要的入門知識。

我很快就學會我們的主題將是人們對風險選擇的態度，我們對特定題目找答案：例如人們在簡單賭局中，做選擇的規則是什麼？以及，在賭局和確定會贏之間做選擇的規則是什麼？

簡單的賭局（例如有 40% 的機會去贏得 300 元）對做決策研究的學生來說，就像果蠅（fruit fly）對遺傳學家來說是一樣的[3]。這種簡單賭局的選擇提供一個簡單模式，可以把複雜決策的重要特質顯現出來，使研究者可以實際得到了解。賭的意思就是說，選擇的結果永遠不可能確定（確定就不是賭了），即使是表面上確定的結果也是不確定的：當你簽一個契約去買一幢公寓時，你並不知道你以後要賣時的價錢，你也不知道你鄰居的兒子以後要去學吹低音大喇叭。其實，我們在人生中所做的重大決定都有一些不確定性。這就是爲什麼學習決策制定的學生希望他們在模式中所學的可以應用到日常生活中的問題上。當然，決策理論家研究簡單賭局的主要原因是，其他決策理論家都這樣做。

這個領域有個理論，叫「預期效用理論」（expected utility theory），這就是理性代理人模式的基石了。到今天，它還是社會科學最重要的理論。預期效用理論並不是發展出來作心理學模式的，它是一個邏輯的選擇，基於最基本的理性邏輯公理（axioms）所發展出來的選擇。請看例子：

假如你要蘋果而不喜歡香蕉，

那麼，

你會喜歡有10%的機會去贏一個蘋果，而不想要10%的機會去贏一條香蕉。

蘋果和香蕉可以替換成任何被選擇的東西（包括賭局），而10%的機會也可以替換成任何機率。數學家馮紐曼（John von Neumann）是二十世紀最偉大的學術巨人之一，他和經濟學家摩根史坦（Oskar Morgenstern）從一些邏輯公理中，演算出賭局的理性選擇理論。經濟學家採用預期效用理論是因爲它有雙重角色：它可以是規定決策應如何制定的邏輯，也可以當作經濟人如何做選擇的描述。特維斯基和我是心理學家，所以我們出發去了解普通人如何眞正去做風險的選擇，而不對他們的理性做任何的假設。

我們還是維持我們平日的例行作息，每天花很多小時在談話上，有的時候在餐館，最常是在美麗安靜的耶路撒冷街道散步。就像我們在研究判斷時一樣，我們很仔細的檢驗我們自己直覺的偏好，我們花很多時間在創造簡單的決策問題上，然後問我們自己會怎麼選，例如：

1 康納曼因此走進經濟學的領域，2002年拿到諾貝爾經濟獎。

2 從作者用指引（direct）這兩字就可以看出他對特維斯基的尊重，特維斯基在康納曼拿諾貝爾獎之前過世了。他心中一直覺得沒有特維斯基的引導，他今天不會拿到這個大獎。人要交到好朋友，這是一個例證。

3 果蠅28天一個世代，所以是遺傳學家最理想的實驗動物，俄國有個生物學家做銀狐的遺傳實驗，等了34年才看到結果。

你會選哪一個？

A. 丟擲銅板，假如是人頭正面，你贏100元，假如是反面，你什麼都沒有贏。

B. 確定拿46元，不必擲銅板。

我們並不是想要找出最理性或最有利的選擇，我們想要找出直覺的選擇，那個一看到就立刻引誘你做決定的選擇。我們幾乎永遠都是選擇確定可以拿到46元，你可能也會做同樣的選擇，當我們很自信的同意我們的選擇時，我們相信大部分人也是跟我們一樣（後來發現果然是如此），我們就往下再設計，就好像我們有很確定的證據。當然我們知道我們以後必須去驗證我們的直覺，但是同時扮演實驗者和受試者的角色，使我們可以進展得很快。

在我們開始研究賭局五年以後，我們終於完成一篇論文〈展望理論：在風險下的決策分析〉（Prospect Theory: An Analysis of Decision under Risk）。我們理論的模式跟效用理論很相似，但是在基礎方法上有些不同。最重要的是我們的模式是純粹描述式的，目的是去記錄並解釋在賭局之間，系統化違反理性邏輯公理的選擇。我們把這篇論文投到《計量經濟學》（*Econometrica*）去，因爲這個期刊發表了很多在經濟學上和在決策理論上重要的理論文章。我們選擇投稿的期刊其實很重要：假如我們投到心理學期刊去，經濟學家不會去讀它，它所能發揮的效用就很少。然而，我們的決定並不是想去影響經濟學家，而是因爲《計量經濟學》本身是一個很好的期刊，過去重要的決策文章都是發表在這個期刊上，我們很希望能躋身這些最好的論文中。在這選擇上，我們很幸運，展望理論變成我們所做的最重要的研究，是社會科學中被引用最多次的文章之一。兩年以後，我們在《科學》期刊上發表了「框架效應」（framing effect）：有的時候，人們大幅度地改變他們的偏好，主要是因爲描述這個問題所用的字眼和方式的關係。

在我們探討人們如何下決定的頭五年，我們建立了十幾個有關風險選擇的事實，有些事實跟預期效用理論完全相反，有些我們以前曾經觀察到，有些是新的。然後我們修改預期效用理論，以它爲基礎建立我們新的理論，使能涵蓋我們的觀察，這就是展望理論。

我們對問題的研究取向採取的是心理學中的「心理物理學」研究法，這是德國心理學家費區納（Gustav Fechner，1801-1887）所建立的，費區納非常執著於心智和物質的關係。從一方面來說，它是可改變的物理公式，例如光能、聲音的頻率，或是金額；從另一方面來說，它是亮度、聲調，和價値的主觀經驗。很神奇的，這些物理量會引起強度，或主觀經驗質的改變。費區納主要想找出觀察者心智中的主觀數量和物質世界客觀數量之間的心理物理法則。他認爲對許多向度來說，它們的功能是個對數關係（logarithmic），增加某個刺激強度的倍數（如乘上 1.5 或乘上 10）就會得到心理量表上同樣等級的增加。假如聲音的能量從 10 增加到 100 物理能量單位，它就會增加 4 個單位的心理強度，當物理強度從 100 增加到 1,000 時，心理強度也會增加 4 個單位。

白努利的錯誤

費區納很明白，他並不是對心理強度與物理刺激強度有興趣的第一個人。1738 年，瑞士科學家白努利（Daniel Bernoulli）就有和費區納一樣的看法，並把它應用在心理價值〔現在稱之爲「效用」（utility）〕和實際金額之間的關係上。他認爲 10 杜卡特金幣[4] 的禮物對已經有 100 杜卡特的人，它的效用跟 20 杜卡特金幣帶給已經有 200 杜卡特的人是一樣的。當然，白努利是對的：我們平常在講收入的改變時，是以百分比來說，就如我們會說，「她加薪 30%，」他的想法是 30% 的加薪會引起窮人和富人同樣的心理反應，而增加 100 元並不會。就如在費區納的法則中，財富改變所帶來心理反應跟原有財富的多寡成反比，所以他說效用是財富的對數函數（logarithmic function）。假如這個函數是對的，那麼 10 萬跟 100 萬的心理距離跟 1 千萬和 1 億的心理距離是相同的。

白努利把他在心理學上的卓見應用到財富的效用，並提出一個大膽激進的新研究法去評估賭局。在他那個時代，這是數學家一個重要的研究題目。在白努利之前，數學家假設賭局是用它的期望值來估算：一個可能的結果是，每一個可能結果加權後的總和。例如，期望值：

80% 機會去贏 100 元和 20% 機會去贏 10 元
是 82 元（0.8×100+0.2×10）

現在問你自己這個問題：你會願意收到這個賭局當禮物，還是 80 元穩到手？幾乎每一個人都會喜歡確定的東西，所以選 80 元。假如人們喜歡不確定帶來的可能性，因爲預期的價值比 80 元還多了 2 元，所以他們會選擇賭局。白努利指出，人們事實上不是用這個方法來評估賭局的。

白努利觀察到，大部分的人是不喜歡風險的（風險就是有機會拿到最低的可能結果），假如他們可選擇賭局，或選擇得到跟期望值一樣多的錢時，他們會選擇確定的報酬。事實上，即使確定的錢比預期的價值低，不喜歡風險的人還是會選擇確定拿到錢，他會付一點額外費用（premium，溢價）去避免不確定性。在費區納之前一百年，白努利就發明了心理物理學去解釋這種風險規避。他的想法非常直截了當：人的選擇不是基於金錢的價值，而是基於結果的心理價值，也就是它的效用。因此，一個賭局的心理價值並不是對可能的金錢結果的平均加權，它是這個賭局結果效用的平均值，每一個效用都要乘上它機率的加權。

表3是白努利計算出來的效用函數：它代表不同財富程度的效用，從100萬到1千萬。

表3

財富（百萬）	1	2	3	4	5	6	7	8	9	10
效用單位	10	30	48	60	70	78	84	90	96	100

你可以看到增加100萬對已有100萬財富的人增加了20個效用單位，但是增加100萬給有900萬的人，它只增加4個效用單位。白努利認爲這遞減的財富價值正是人們不愛風險的原因，一般人會去選確定的錢，而不會去選期望值相等或稍微高一點的賭局，請看下面這個選擇。

同樣機會去贏100萬或700萬　　效用：（10+84）/ 2 = 47

或是，

馬上拿到400萬　　效用：60

賭局和確定拿到錢的期望值都是400萬杜卡特，但是心理效

4 這是在第一次世界大戰之前，歐洲所通行的金幣。

用不同，因爲財富效用遞減：從 100 萬到 400 萬，效用的增加是 50 單位，但是從 400 萬到 700 萬，財富的效用只增加 24 個單位，賭局的效用是 94/2 ＝ 47（兩個賭局結果的效用，是用它的機率 1/2 來加權）。400 萬的效用是 60，但是因爲 60 比 47 大，所以這個人會選擇拿 400 萬，白努利的卓見是當財富效用遞減時，決策者會厭惡冒險。

白努利的論文簡潔、聰明，他把這個預期效用的新觀念〔他把它叫做「道德預期」（moral expectation）〕用在計算一個聖彼得堡的商人會願意付多少保險費，以保證他從阿姆斯特丹運香料的船能安全回來。「他非常了解，每一年這個時候，一百艘從阿姆斯特丹到聖彼得堡來的船中，有五艘船會沉沒。」他的效用函數解釋了爲什麼窮人會買保險，爲什麼富人會賣保險給窮人。你可以從表 3 看到，對一個有 1 千萬的人，損失 100 萬引起 4 個效用單位的損失（從 100 到 96）。但是，對一個有 300 萬的人，這個損失就是 18 個單位（從 48 到 30），窮人會很高興付保險費，把他的風險轉到有錢人身上，這就是保險的原理。白努利同時也對有名的「聖彼得堡矛盾」（St. Petersburg Paradox）提出一個解決的方法；所謂聖彼得堡矛盾是，面對賭局時，即使期望值（可贏得的金幣）是無窮大，人們所願付出的代價卻只有數個金幣。最令人印象深刻的是，白努利以財富效用爲基礎所做的風險態度分析，歷經了時間考驗，三百年後仍在經濟分析中流行。

白努利理論的盛行不衰令人驚異，因爲它有嚴重的錯誤。一個理論的錯誤很少會在它明確主張的內容被發現，它們通常是隱藏在被理論忽略或默許的假設中。例如：

今天傑克和吉兒每人都有 500 萬元的財富。

昨天，傑克有 100 萬元而吉兒有 900 萬元。

他們是否一樣快樂？（他們有同樣的財富效用嗎？）

白努利的理論假設財富效用是人們快樂和不快樂的原因，傑克和吉兒有著同樣的財富，所以理論就認爲他們應該一樣快樂，但是你完全不需要心理學的學位就知道今天傑克快樂得要飛上天，而吉兒懊惱得要死掉。的確，我們知道傑克要比吉兒快樂很多很多倍，即使他今天只有 200 萬，而她仍有 500 萬。白努利的理論一定錯了。

傑克和吉兒所經驗到的快樂是決定於最近他們財富的改變，以及他們參考點的財富（傑克 100 萬，吉兒 900 萬）。這個對參考點的依賴在感覺上和知覺上都普遍存在的。同樣的聲音會依它前面是悄悄聲，還是大吼聲而得出現在是非常大聲或非常小聲。要預測一個聲音大小的主觀經驗，只知道它的絕對能量是不夠的，你還需要知道它的參考音量，即我們的大腦會自動去比較的音量。同樣的，你需要知道背景才能預測一塊灰色的小方塊在紙上會看起來是淺灰或深灰。你需要知道參考點才能預測一個數量的財富所帶來的效用。

另一個白努利理論的缺點請看下面這個例子：

安東尼目前的財富是 100 萬。

蓓蒂目前的財富是 400 萬。

接著，他們兩個都有機會選擇是要參與賭局還是要確定的選項：

賭局：最後得到 100 萬或 400 萬的機會是相等。

或，

確定的事：肯定能擁有 200 萬。

在白努利的理論中，安東尼和蓓蒂面對同樣的選擇，假如他們選擇賭局，他們預期的財富會是 250 萬，假如他們選擇確定的事，他們預期的財富是 200 萬。白努利預期安東尼和蓓蒂去做同樣的選擇，但是這個預期是不對的。在這裡，理論再一次做出錯誤的預測，因爲它沒有考慮到參考點。從參考點來看，安東尼和蓓蒂的選擇會不一樣，假如你能想像自己是安東尼或蓓蒂，你會馬上看到目前的財富情形跟選擇會很有關係。下面是他們會怎麼想：

安東尼（他目前有 100 萬）：「假如我選擇確定的事，我的財富馬上翻一倍，這是非常吸引人的事，但是假如我去賭，我有機會使我的財富變成四倍或是一毛都沒贏到。」

蓓蒂（她目前有 400 萬）：「假如我選擇確定的事，我會損失一半的財富，這事太可怕了。但是假如我去賭，我有同樣的機會去輸掉四分之三的財富或一毛都沒輸掉。」

你可以看到安東尼和蓓蒂會做不同的選擇，因爲 200 萬會使安東尼很快樂，而使蓓蒂很懊惱，也請注意確定的結果跟最糟的賭博結果不同：對安東尼來說，他的差別是財富翻倍或沒有贏到錢。對蓓蒂來說：這個差異是失去一半的財富或失去四分之三的財富。蓓蒂會比安東尼更願意去冒險，別人如果面對這樣的不好選擇，他們也會選去賭一下。安東尼想的是贏錢，蓓蒂想的是輸錢，他們的心理是完全不同的，雖然他們面對的可能財富情況是相同的。

因爲白努利的模式缺少參考點，預期效用理論沒有辦法表現出這個事實——即結果對安東尼很好，對蓓蒂不好。他的模式可以解釋爲什麼安東尼不願去冒險，但是沒有辦法解釋爲什麼蓓蒂會願意冒險。我們看到可供選擇的條件很不好時，創業家和一般人都會選擇去賭一下命運。

這些都是非常明顯的事，不是嗎？我們可以很容易想像白努利自己建構相同的例子，發展出比較複雜的理論來解釋這些現象。但是不知爲何他沒有。我們可以想像他的同事不同意他的理論，或是後來的學者在讀到他的論文時，會拒絕接受他的理論，但是不知爲何，他們也沒有。

我不懂的是，這麼容易被看到漏洞的結果效用理論，怎麼可能流行這麼久而沒有被人發現？因爲舉個反例來打擊它是太容易了。我只能從我自己身上看到的學者心智的缺點來解釋。我把它稱之爲「理論導致盲點」（theory-induced blindness）：一旦你接受了一個理論，並且在你的思考上做爲一個工具去使用它，你就沒有辦法去注意到它的缺點了。假如你觀察到一件事不符合你的模式，你會假設它一定有個很好的解釋，但是你並沒有看到。你給這個理論比較寬容的空間，你相信那些也接受這個理論的專家，許多學者一定也曾想過這些例子，也可能想到效用理論不能解釋傑克和吉兒或安東尼與蓓蒂的故事，但是他們沒有追究下去，沒有說：「這個理論錯得很厲害，因爲它忽略了一個事實，即效用是依附在這個人的財富歷史，並不是只在現在的財富而已。」就如心理學家吉爾博特（Daniel Gilbert）觀察到的，「不相信」是個很難的工作，而系統二很容易就累了。

說到白努利的錯誤

「三年前，他拿到 2 萬元獎金，非常快樂，但是現在他的薪水已經調漲了 20%，所以他需要更高額的獎金才會得到同樣的快樂了。」

「兩個候選者都願意接受我們給的薪水，但是他們不會有同樣的滿意度，因為他們的參考點不同，她目前的薪水高了很多。」

「她為了贍養費告他，她其實想要和解，但是他寧可上法庭，這不奇怪——和解對她有好處，所以她不要冒險。他正好相反，他面對的選擇都很差，所以他願意冒險去上法庭。」

26 展望理論

特維斯基和我能發現白努利理論的核心漏洞眞是運氣好，因爲它是技術和無知的幸運組合。在特維斯基的建議下，我去讀他書中有關著名學者如何經由請人們對賭局做選擇，來測量金錢的效用。這些實驗都是測量財富的效用，在 1 美元的範圍內，改變財富（即贏和輸的賭注都非常小）。這就有問題了，人們會依很小的財富差異來評估賭局嗎？你怎麼能期望用研究贏得幾分錢、輸掉幾分錢的反應，來學習財富的心理物理學是怎麼回事[1]？心理物理學理論近期的發展建議，如果你要研究財富的主觀價值，你就直接問財富有關的問題，不要問財富改變的問題。我當時並不知道很多的效用理論，所以我不會因尊敬而看不見它的缺點，我在讀它時，的確很困擾，爲什麼著名學者所設計的實驗會偏離眞

1 這就是研究失去了心理的真實性，實驗室中所設計出來的情境跟真實生活差太遠了，所觀察到的反應行為一點都不能代表真實世界中，人是這樣做反應的。在1950年代，加州大學柏克萊校區心理系有位Egon Brunswick教授就寫文章反對做不符合生活層面或與生活脫節的研究，他的lens model非常有名，可惜後來自殺身亡，不然康納曼也不會有這種研究者不食人間煙火的感嘆。

實生活的情境。

當特維斯基和我在第二天見面時，我跟他反應我的困擾，那只是個模糊的想法，並不是發現。我全心期待特維斯基會替我解惑，然後引導我上正途。但是他完全沒有這樣做，他馬上看到這跟現代心理物理學的相關性。他記得經濟學家馬可維茲（Harry Markowitz）（後來因財務研究拿到諾貝爾獎）曾經提出一個理論，效用是連在財富改變上，而不是財富本身的狀態。馬可維茲的想法已經流行了四分之一個世紀，但是沒有引起很多人的注意。然而我們馬上知道這才是該走的路，我們計畫要發展的理論應該要界定結果是獲利還是損失，而不是財富的狀態。我們對心理學上知覺的知識和對經濟學上決策理論的無知，使我們的研究往前跨一大步。

我們很快就知道我們已經克服了一個大的「理論導致盲點」的案例，因爲我們所拒絕接受的看法，現在看起來，它不但是錯的，而且是不合理的。我們很高興地發現，當錢很多的時候就無法去評估我們目前的財富效用，所以從財富效用去推論出對小小改變的態度是不可能的。當你了解你過去爲什麼看不見這麼明顯的錯誤時，你就知道你在理論上進步了很多。不過我們還是花了很多年的時光去探索結果是獲利還是損失的意義。

在效用理論，獲利的效用是用比較兩個狀態的財富來評定的。例如，當你的財富是100萬元，得到額外500元的效用是1,000,500元的效用和100萬元效用之間的差距。假如你有很多錢，損失500元的負效用是這兩個財富狀態效用的差距。在這個理論中，得和失的效用差別只在它們的正負號上（＋或－）。它沒有辦法去代表這個事實——即失去500元的負效用會比贏500元的正效用大。正如「理論導致盲點」情況下可能發生的問題，得和失之間的可能差異是既沒有被預期、也沒有被研究的。這個得和失的差別被假設是沒有關係的，所以沒有必要去檢驗它。

特維斯基和我沒有馬上看出，我們把注意力放到財富的改變上，其實打開了一扇可以探索新題目的門。我們主要是關心贏的高低機率在賭局中的差異。有一天，特維斯基很隨意的問了一句，「輸的話是怎麼樣？」我們很快地發現我們熟悉的風險規避被尋找風險所替代了。請看下面這兩個問題：

問題一：你會選哪一個？
確定拿到 900 元或有 90% 的機會贏得 1,000 元。
問題二：你會選哪一個？
確定失去 900 元，或有 90% 的機會失去 1,000 元。

在問題一你可能會厭惡冒險，跟絕大多數的人一樣，得到 900 元的主觀價值比 90% 的機會贏 1,000 元高。這個規避風險的選擇不會令白努利驚訝。

現在來看你在問題二的偏好。假如你像大多數的人一樣，你會選擇賭一下。對選擇尋求風險的解釋，正好跟選擇規避風險的解釋相反。確定失去 900 元的負價值大於 90% 機會失去 1,000 元的負價值。必然的損失是非常令人厭惡的，也會使你去冒險一試。在後面我們會看到機率（90% vs. 100%）的評估也跟問題一的風險規避和問題二的選擇賭博有關係。

我們並不是第一個發現人們在所有的選擇都是壞的時候，會更願意去冒險，但是「理論導致盲點」的影響很廣，因爲主流的理論並沒有提供一個可能的方式去解釋對得和失風險的不同態度，所以態度的不同一定會被忽略。相反的，我們決定去看結果是得還是失，引導我們聚焦在差異上面。這個對風險不同態度的觀察很快就得到顯著的進展：我們找到一個方式去呈現白努利選擇模式的核心錯誤。請看：

問題三：不論你原來有多少錢，你現在又多了 1,000 元。

請你從下面兩個選項中做出選擇：

50% 機會贏 1,000 元，或確定拿到 500 元。

問題四：不管你原來有多少錢，你現在又多了 2,000 元。

你要從下面兩個選項中做出選擇：

50% 的機會失去 1,000 元，或確定少 500 元。

你很容易看到，就最後的財富狀態來說，問題三和問題四是相同的，這是白努利理論最關心的事。你可以選擇確定結果，使你比現在多 1,500 元，或接受賭局，你有相同的機會多 1,000 元或 2,000 元，在白努利的理論中，這兩個問題應該引出同樣的偏好。問一下你的直覺，你可能會猜到其他人怎麼做。

- 在第一個選擇（問題三）中，絕大部分的人喜歡確定的東西。
- 在第二個選擇（問題四）中，絕大部分的人偏好賭局。

人們在問題三和問題四有不同的偏好，這就是白努利理論關鍵點的一個決定性反例（counterexample）。假如財富的效用是它唯一關心的，那麼，相同問題的對等陳述應該得到同樣的選擇。比較這兩個問題就顯現出參考點的重要性，只有從參考點上去考慮，選擇（option）才可以被評量。在問題三中，這個參考點比目前財富高了 1,000 元；在問題四中，則多出了 2,000 元。所得增至

1,500 元在問題三中是得到 500 元，在問題四卻是失去 500 元。你很容易設計出像安東尼和蓓蒂故事的結構。

在你做決定之前，你對得到 1,000 元或 2,000 元這樣禮物的關注程度有多少？如果你像大多數的人一樣，你幾乎不會去注意這件事，因爲你沒有理由去注意它。這禮物是包括在參考點內，而參考點一般是被忽略的，你知道你自己的偏好，但是效用理論並不知道——你對風險的態度不會因爲你的財產多了或少了幾千塊錢（除非你非常窮）而改變。而且你也知道你對獲利和損失的態度不是從你評估財富有多少而來的。你喜歡贏 100 元、不喜歡輸 100 元並不是這數字改變了你的財富，你就是喜歡贏不喜歡輸，而且你不喜歡輸的程度勝過你喜歡贏。

這四個問題點出了白努利模式的弱點。他的理論太過簡單，缺少了「參考點」。在白努利的理論中，你只需要知道你財富的狀況就能決定它的效用；但是在展望理論中，你還需要知道參考點。所以展望理論比效用理論複雜，在科學上，複雜被認爲是一種成本，除非證明它能解釋現有理論所不能解釋，這就是我們要面對的挑戰。

雖然特維斯基和我那時並沒有在研究心智的兩個系統模式，但是我們很清楚看到展望理論的核心有三個認知特質。這三個特質在評估財務結果上扮演重要的角色，而且對許多自動化的歷程，如知覺、判斷和情緒都很重要，它們應該被視爲系統一的操作特質。

• 評估是相對於中性參考點而言，所謂參考點又被稱爲「適應程度」(adaptation level)，你很容易做一個實驗來了解這個原則。請放三碗水在你前面，把冰塊放進你左邊的碗中，把溫水加到你右邊的碗中，中間那碗水應該是同室內溫度。把你的手分別放進冷水中和溫水中兩分鐘，再把兩手一起放入中間那個碗中，你會感到一手熱，另一手冷。財務的結果也是一樣，最常見的參考點是現狀，但也可以是你預期的結果，或許是你覺得你應該有的結果，例如你同事分到的紅利或加薪。比你參考點好的結果就是「得」或「贏」（gain），比參考點差的就是「失」或「輸」（loss）。

- 遞減敏感度原則適用到感官和評估財富的改變上。在黑暗的房間裡，打開一盞小燈，就會有很大的效應，但是同樣的光度在一個很亮的房間裡就不會被注意到。同樣的，900 元和 1,000 元的主觀差距比 100 元和 200 元的差距小得多。
- 第三個原則是規避損失，當直接比較時，損失帶來的感覺大於「得」，得和失（或是說，正向預期和負向預期）的不對稱性有演化上的歷史。優先處理威脅的有機體比較有機會看到明天太陽的昇起，也比較有機會繁殖，把基因傳下去。

這三個規範結果價值的原則可以用圖 10 來表示。假如展望理論有一面旗子的話，上面的圖一定會是圖 10。這張圖表示得與失的心理價值，它就是展望理論價值的「承載者」（carrier）（它不像白努利的理論，它的承載者是財富的狀態）。這張圖有兩個顯著的部分，在中性參考點的左邊和右邊。一個很鮮明的特質是它的 S 形，代表了得與失的遞減敏感度；此外，S 形的兩個曲線不是對稱的，斜線的函數在靠近參考點時，急劇地改變：對「失」的反應強過對「得」的反應，這就是「損失規避」（loss aversion）。

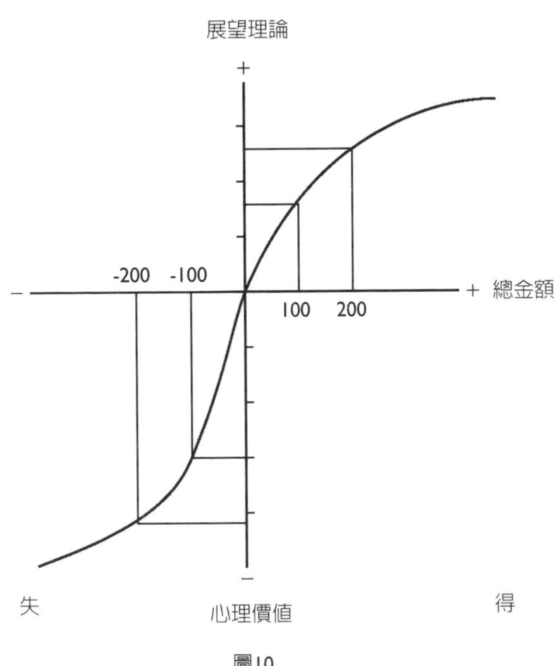

圖10

對損失規避

我們在生命中面對的選擇很多是憂喜參半的：有失的風險，也有得的機會，我們必須決定要接受賭局還是拒絕它。投資者在評估一個新創的公司時，律師在考慮要不要申告，戰場上的將軍在想怎麼攻擊，政客在考慮要不要參選，他們都面對勝利或慘痛失敗的可能。下面是一個得失機會參半的例子，請檢視你自己對下面問題的反應。

問題五：你被邀請去參加一個拋銅板的賭局。

假如是反面，你輸 100 元。

假如是正面，你贏 150 元。

這個賭局吸引你嗎？你會接受嗎？

要做出這個決定，你必須平衡你贏 150 元的心理利益和你輸 100 元的心理損失，你有什麼感覺？雖然這個賭局的期望值顯然是正向的，因為你贏的會比你輸的多，但是你可能還是不喜歡，大部分人也不喜歡。拒絕這個賭局的是系統二，但是關鍵在情緒的反應，那是系統一的工作。對大部分人來說，失去 100 元的恐懼大於贏 150 元的希望。我們從很多這種觀察中得出結論，失比得給人的感覺強力得多，我們會放大損失，人是損失規避的。

你可以問你自己下面這個句子來測量你對損失規避的程度：我至少要贏多少才會平衡掉我對失去 100 元的感覺？對很多人來說，這數字大約是 200 元，是損失金額的兩倍。「損失規避的比例」（loss aversion ratio）在好幾個實驗中被發現是在 1.5 到 2.5 之間。當然這是個平均數，有些人對損失規避大於其他人。在金融市場的專業風險承擔者比較能忍受損失，可能是因為他們對每一次漲跌已經不再有情緒上的反應了。當一個實驗受試者被指示要像商人那樣思考時，他們也變得比較不規避損失，對損失的情緒反應也快速下降（這是用生理指標來測試情緒反應強度）。

如果要檢驗你在不同的賭注，對損失規避的比例有多高，你可以問自己下面這個問題，但是請先忽略任何社會考量，不要假裝很勇敢或很小心謹慎，聚焦在可能的損失和平衡這個損失的主觀感覺上。

- 假設有一個賭局，你有 50% 的機會損失 10 元，請問你至少要贏多少錢，才會使你願意去賭？假如你說 10 元，那麼你對風險沒有感覺，漠不關心；假如你說少於 10 元，你就是尋求風險；假如你的回答是 10 元以上，你便是規避損失。

- 假設在一個拋銅板的賭局中，你可能會損失 500 元，請問你要贏多少才會平衡掉你損失的感覺？
- 如果損失是 2,000 元呢？

當你在做這個練習時，你可能會感覺到你損失規避的相關係數隨著金額的增加而上升，但不是很劇烈。假如你的損失是具有毀滅性的，或是你的生活型態被威脅了，你當然不會去賭，這個損失規避的相關係數在這種情況下是非常大，可能是無窮大——有些風險是你不會去嘗試，就算運氣好時可能會贏幾百萬。

再看一下圖 10 可能會幫助你清楚一點這章的主題。在本章中，我提出兩種主張，許多讀者可能會覺得它們是相互矛盾的。

- 在得和失都可能出現的混合賭局（mixed gamble）中，損失規避引發極端的風險規避選擇。
- 在肯定會有損失和有可能出現更大損失的選擇中，遞減敏感度會引發冒險的行為。

這兩者並沒有矛盾。在混合賭局中，可能的損失會被放大兩倍，你可以從比較圖 10 得和失價值函數的斜率看出。在壞的（有損失）情況，價值曲線的彎度（遞減的敏感度）引發冒險的欲望。確定失去 900 元的痛苦大於 90% 的機會失去 1,000 元的痛苦。這兩點是展望理論的重點。

圖 10 顯示由得變成失，價值函數的斜率突然變陡，因為即使賭注相對於你的財富微不足道，你規避損失的心理仍然很強烈。

對財富現狀的態度有可能解釋對這小小風險極端強烈的厭惡嗎？這是「理論導致盲點」的一個驚人例子，這麼明顯的失誤，兩百五十多年來卻沒有被任何學者發現。在2000年時，行爲經濟學家羅賓（Matthew Robin）終於在數學上證明，用財富效用去解釋損失規避是可笑而且註定失敗的，他的數學證明引起了別人的注意。羅賓的理論顯示，拒絕一個賭注小又有利的賭局，在數學上是犯了一個厭惡冒險的愚蠢錯誤。例如，他說大部分的人會拒絕下面這個賭局：

50% 的機會失去 100 元，50% 機會贏 200 元。

他說根據效用理論，拒絕這個賭局的人也會拒絕下面這個賭局：

50% 機會輸 200 元，50% 贏 20,000 元。

但是當然沒有任何人在心智正常的情況下會拒絕這個賭局，在他們精采的論文中，羅賓和瑟勒談到這個證明，他們說「假如有一個很大的賭局它的預期報酬是 9,900 元，而輸 200 元以上的機率是零，如果你拒絕這個賭盤的話，即使是一個很爛的律師都會叫你宣稱你是法律上失智，這個拒絕不算數。」

或許他們被熱情沖昏了頭，他們用蒙蒂蟒蛇[2]（Monty Python）的一個節目來作結尾，這個節目是一個人買的鸚鵡死了，他拿回寵物店去退，店員堅持這隻鸚鵡沒有死，只是在休息，這位客人用了很多的形容詞，很長的描述來說明這隻鸚鵡已經死了，講到最後，他高聲說，「這是一隻前－鸚鵡」（this is an ex-parrot）羅賓和瑟勒繼續說：「這是經濟學家承認預期效用理論是一個

『前一假設』（ex-hypothesis）的時候了。」許多經濟學家認爲他們太輕佻，然而，接受財富效用可以解釋人們對小損失的態度，是受「理論導致盲點」的引導，已被幽默地諷刺了。

展望理論的盲點

到現在爲止，我已經頌揚了展望理論的所有美德，批評了理性模式和預期效用理論。現在是平衡報導的時候了。

大部分經濟學領域的研究生聽過展望理論和損失規避，但是你不會在普通經濟學的教科書中看到這些名詞，我有時會爲此而感到難過。但是事實上，它很合理，因爲理性是基礎經濟學理論的核心角色。大學部學生所學的標準概念和結果如果用「經濟人不會犯愚蠢的錯誤」來解釋會比較容易一些。這個假設是絕對需要的，假如介紹了展望理論，發現展望理論中的普通人對結局的評估常是不合理的短視，對經濟學面子有點不好看。

他們不把展望理論放在經濟學導論的教科書中是有道理的，經濟學的基本概念其實是個學術上的工具，即使把它簡化，很不切實際地去假設這個與市場互動的經濟代理人的本質是什麼，它還是不容易被了解。如果再去提出問題，質疑這個代理人的假設對不對，就會使學生更加不懂，甚至令人洩氣。所以把優先順序設定爲先讓學生學會這個領域基本的工具，其他的以後再說，看起來就很合理了。此外，展望理論中「人不是理性的」概念其實跟經濟學理論的預測功能沒什麼相關。這些經濟學理論在有些情境可以準確地預測，對很多情境都提供了好的估算。不過，在有些場合，差異卻很顯著：展望理論所描述的普通人是受到獲利和

2 一個英國的電視喜劇，相當受歡迎。

損失情緒的立即影響，而不是受到長期財富的展望和整體效用的影響。

我在討論白努利模式的缺點時強調「理論導致盲點」，這個盲點經過兩個世紀都沒有被人挑戰。但是當然理論導致的盲點並不限於預期效用理論。展望理論也有它的缺點，理論導致的盲點也對這個缺點作了貢獻，就像它使人們接受效用理論一樣，接受了展望理論。

請看一下展望理論的假設——參考點，通常現狀的價值是零。這個假設似乎很合理，但是它導致一些很荒謬的結果。請好好看一下以下這個例子，擁有它會是什麼樣？

A. 有百萬分之一的機會去贏得 100 萬。

B. 90% 的機會去贏 12 元，10% 的機會什麼都沒有。

C. 90% 機會去贏 100 萬，10% 的機會什麼都沒有。

什麼都沒贏是這三個賭局中的可能結局，展望理論給這三個例子同樣的價值。什麼都沒贏是參考點，它的價值是零。這些例子跟你的經驗符合嗎？當然不合，什麼都沒贏在頭兩個例子中不具影響性，給它零價值是有道理的；相反的，在第三個情況，什麼都沒有贏就會引發很強烈的失望。就像老闆非正式地答應加薪，或有機會贏到很大一筆錢會設定一個新的參考點。根據你的預期，什麼都沒贏是很大的失落，它變成損失，展望理論不能解釋這個現象，因爲當它非常不可能或當另一個選擇非常有價值時，它不允許一個賭局的價值（在這裡就是什麼都沒贏）改變。簡單的說，展望理論不能處理失望。然而，失望和預期失望都是眞實的，不去承認它就像我在批評白努利理論所用的反例一樣，是個明顯的缺點。

展望理論和效用理論都不允許後悔。這兩個理論都有同樣的假設。幾種可能性的選項是分開的和獨立評估的，價值最高的被選上。這個假設絕對是錯的，下面這個例子會顯示給你看。

問題六：有 90% 機會贏 100 萬，或確定得到 50 元。

問題七：有 90% 機會贏 100 萬，或確定得到 15 萬元。

比較這兩個問題中，選了賭局而沒有贏的痛苦。沒有贏在這兩個例子中都是失望，但是問題七中的痛苦是更多的，因爲你知道假如你選了賭局又輸掉的話，你會後悔自己因貪婪而失去確定拿到 15 萬元。後悔是你覺得你應該怎麼做而你沒有這樣做。

好幾個經濟學家和心理學家都提出決策制定的模式，這些模式都是基於遺憾、後悔和失望的情緒。我可以很公平地說，這些模式都比展望理論的影響力小，這個理由也很有指導性（instructive）。後悔的情緒和失望都是眞的，決策制定者當然在下決定時會預測到這些情緒。問題是，後悔理論沒有什麼動人的預測使它們跟展望理論不同，而展望理論至少比較簡單，科學是偏好簡單，若有簡單就不要選擇複雜。展望理論跟預期效用理論競爭時，它的複雜程度是比較可以被接受，因爲它眞的可以預測出預期效用理論所不能解釋的觀察。

豐富、眞實的假設並不足以使一個理論成功，科學家把理論當作工具袋，他們不會替自己找麻煩，拿個比較重的袋子，除非這個新工具非常有用。展望理論被許多學者接受，並不是因爲它是「眞的」，而是因爲它的觀念。它的參考點和損失規避的觀念得出新的預測，而這些預測後來被證實是對的，我們眞的很幸運。

說到展望理論

「他深受極端的損失規避之苦，這使他拒絕非常好的機會。」

「她有那麼巨大的財富，她對極小的得和失的情緒反應就一點道理也沒有了。」

「他把損失加權到獲利的雙倍是很正常的。」

27

稟賦效應

即使你從來沒有上過經濟學的課，你可能看過圖 11 或跟它相似的圖，這曲線是一個人對兩個東西的「等優圖」（indifference map，又稱無異曲線）。

經濟學導論班的學生會學到這個圖上的每一點代表著收入和休假天的組合，每一條曲線上的每一個組合都有著同樣的效用。假如人們不管現有的所得和休假天數有多少，都願意以相同價格「賣出」休假日，以賺取額外收入，這時曲線變成平行的直線。曲線凸向原點表示效用遞減：愈多休假天在手上，你愈不在乎多一天休假，而每增加一個休假天，休假天價值就比之前的休假日減少一點。同樣的，你的收入愈高，你愈不在乎多賺幾塊錢，你願意放棄錢去多得一天休假的欲望就高起來了。

在等優線上的每一點都有相等的吸引力，這就是等優線的意思：不管你在這條線的哪裡。所以假如 A 和 B 在同一條等優線上，它們對你而言就沒有任何差別，也就沒有必要在兩點間移動，這個圖在過去一百年的經濟學教科書中一定有，幾百萬個學生都曾看過，但是很少人注意到它少了些什麼。再一次，強大優雅的理論模式使學者和學生看不見它的嚴重缺陷。

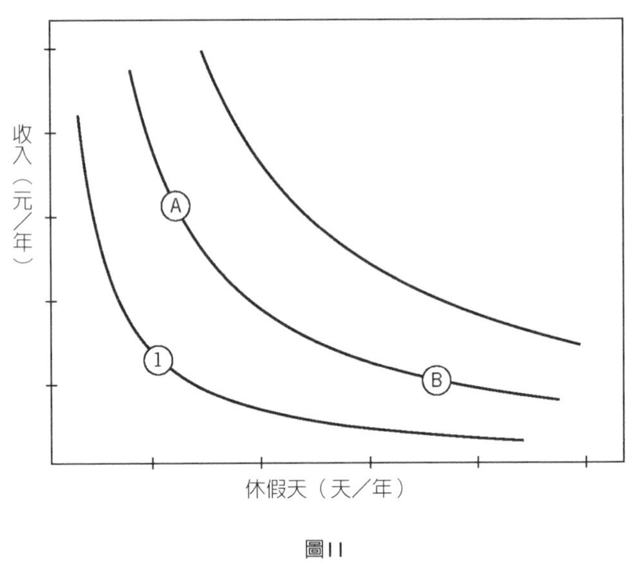

圖11

這張圖中少的是代表這個人目前收入和休假的點，假如你是拿薪水的僱員，你老闆跟你說好的薪水和休假天應該標示在這圖上，這是你的參考點，你的現況，但是這圖並沒有顯示出來。畫這張圖的理論家的用意就要你相信參考點是不重要的，但是現在你已經知道它是很重要的，這是白努利錯誤的重現！這個等優線是假設任何時候，你的效用完全決定於你目前的狀態，過去是不重要的、不相干的，你對未來工作的評估與你現在的工作不相干，這個假設是完全不眞實。

在等優圖中省略參考點是「理論導致盲點」令人驚異的例

子，因為我們常常碰到參考點非常重要的情況。在勞資雙方協商時，大家都很清楚參考點就是目前的契約，協商要聚焦在就那個參考點要求彼此做出讓步。損失規避所扮演的角色在協商時也很清楚：讓步會痛。你有很多損失規避的個人經驗，假如你曾換工作或換地點，或甚至只是考慮要不要換，你一定會以現在的情況做為參考點，再看看新工作是更好還是更壞，你也會注意到比起新工作的好處，不利的地方會被放得更大，這就是損失規避起了作用。人們很難接受比原來更糟的改變。假如一個失業者能接受的最低工資平均是他原來工資的 90%，在一年內能接受的薪資降幅不到 10%。

若要感受到參考點對我們選擇所產生的力量，請看一下艾爾伯特和班這對「極樂雙生子」的情形，他們有著同樣的品味，同樣起薪的工作，收入很少，休假很少，他們目前的情況是圖 11 中①的地方。公司給他們兩個改進目前職位的選擇。A 是加薪 1 萬元，B 是每個月多一天休假，請他們選擇。因為 A 和 B 是等優（無差異），所以他們決定丟銅板，艾爾伯特得到加薪，班得到額外的休假。過了一段時間，這對雙胞胎也適應了他們的新職位，現在公司說，假如他們願意調換工作，他們可以互換。

圖 11 的標準理論顯示偏好是穩定不變的，A 和 B 是同等的有吸引力，它們不需要或只需要很少的誘因去交換。但是展望理論正好相反，它斷言這對雙胞胎絕對會留在原來的職位上不願意調換，這對現況的偏好是損失規避的後果。

讓我們先來看艾爾伯特，他是圖表上的①，從參考點看來，他發現這兩個選擇都一樣有吸引力。

選 A：得 1 萬元加薪。

或，

選 B：一年有 12 天休假。

艾爾伯持選了 A 後就改變了他的參考點，當他考慮換到 B 時，他的選擇有了新的結構。

留在 A：沒有得，沒有失。

或，

換到 B：一年有 12 個休假天，但是薪水少了 1 萬元。

這就是損失規避的主觀經驗。你可以感受到：薪水少 1 萬元是很壞的事，即使 12 天的假期跟加薪 1 萬元一樣讓你動心，但是 12 天不足以補償 1 萬元的損失，艾爾伯特會留在 A 的位置上，因爲變動的壞處大於好處。班也是同樣的，他也是希望留在原來的工作上，因爲不想失去現在變得很珍貴的休假天，這種感覺超越得到額外的收入。

這個例子點出了兩個等優曲線標準模式所不能預測的地方，第一，人的偏好不是固定的，而是跟隨參考點改變；第二，變動工作所帶來的不利會被放大，而且比有利的地方放得更大，導出偏好現狀的偏見。當然，損失規避並不是說你永遠不會喜歡改換工作：一個機會帶來的好處可能超越損失規避，損失規避只是暗示選擇總是強烈偏向參考的情境（一般來說，它是偏向小的改變而不是大的改變）。

傳統的等優圖和白努利用財富狀態來表示結果都有一個共同的錯誤假設：各種事務狀況的效用只跟目前狀態有關，跟過去的歷史無關。行爲經濟學家一項很大的成就，就是改正了這個錯誤。

稟賦效應

一項運動或一個研究法是什麼時候開始的？這是一個很難回答的問題，不過行爲經濟學是什麼時候開始的，倒是可以很準確地回答出來。在 1970 年代的初期，瑟勒還是一個研究生的時候，他在非常保守的羅契斯特爾大學（University of Rochester）經濟系就讀，他喜歡蒐集理性經濟模式所不能解釋的行爲來自娛，尤其是教授們不理性的經濟行爲。

R 教授〔現在知道是羅賽特（Richard Rosett）教授，他後來做到芝加哥大學商學院的院長〕是一個標準經濟理論的堅決擁護者，也是一個很高段的品酒者。瑟勒觀察到 R 教授非常不願把他酒窖中的收藏賣出去——即使一瓶酒可賣 100 元也捨不得（在 1975 年時，這是很多的錢）。R 教授在酒莊拍賣酒時買酒，但是無論如何從來不超過 35 元，若是價錢在 35 元和 100 元之間，他不買也不賣。這個大差距是非常不符合經濟學理論的，按理論，R 教授要爲某瓶酒定一個價格。假如某瓶酒對他來說值 50 元，那麼只要超過 50 元，他應該就願意賣。假如他自己沒有這瓶酒，他應該願意花任何錢（只要不超過 50 元）去買。照說，願賣和願買的價格應該是相同的，但是事實上，他願意賣的最低價（100 元）比他願意買的最高價（35 元）高了很多。擁有這瓶酒顯然增加了酒的價值。

瑟勒發現很多他稱之爲「稟賦效應」（endowment effect），尤其是那些沒有規律性買賣的商品。你可以很容易想像你自己在同樣的情境。假設你手上有一張熱門音樂會的票，這個音樂會的票早就全賣光了，目前是一票難求，你是用平常 200 元一張的票價買的。因爲你是這位歌星的粉絲，最多願意花 500 元去買票。現在你手上有票，你從網路上發現有人願意出 3000 元買它，你會賣嗎？假如你像大多數票已搶購一空的音樂會的聽眾一樣，你不會賣，你最低的賣價是 3000 元以上，而你最高的買價是 500 元。這是一個稟賦效應的例子，也是一個標準經濟學理論的信徒所不能理解的地方。瑟勒在尋找一個方法來解釋這個令人困惑的行爲。

機會來了，瑟勒在研討會上遇見了一個我們以前的學生，並拿到了展望理論的草稿。瑟勒說他看到草稿時，非常的興奮，因爲他馬上知道展望理論損失規避的價值函數可以解釋這個稟賦效應，以及他所蒐集的其他困擾的現象。解決的方式是放棄 R 教授對他擁有的酒有獨特效用的標準模式想法，展望理論認爲願意去買或賣酒決定於參考點——不論 R 教授目前有沒有擁有這瓶酒。假如他有，他會感受到割愛之痛。假如他沒有，他會感受到擁有這瓶酒的喜悅，這個價值是不相等的，因爲損失規避：放棄一瓶好酒的痛苦比得到一瓶同樣好的酒的快樂還大。記得前面一章得和失的圖表嗎？損失的函數曲線斜率比較陡，我們對損失的反應大於相對等「得」的反應。這是瑟勒一直在尋找的對稟賦效應的解釋，也是第一個把展望理論應用到經濟學的困惑上，它是行爲經濟學發展的一個里程碑。

瑟勒得知特維斯基和我會在史丹佛大學後，也想辦法去那邊訪問一年，這是非常有收穫的一年，我們從彼此身上學到了很多而且變成好朋友。七年以後，他跟我又有機會有一年的時光在一起互相討論心理學和經濟學。賽吉基金會（Russell Sage Foundation）是長期贊助行爲經濟學的一個基金會，給了瑟勒第一筆研究經費讓他可以跟我在溫哥華一年。在那一年裡，我們跟當地的經濟學家如奈區（Jack Knetsch）緊密合作。我們都對稟賦效應，公平經濟的規則和辛辣的中國菜有很大的興趣。

我們研究的起點是稟賦效應並不是很普遍。假如有人請你換5元的鈔票，你換給他5張1元的鈔票並不會有任何損失的感覺。當你去買鞋子，把錢給店員時，你也不會有什麼損失規避，那些賣鞋子換現金的商人更不會有損失的感覺。的確，從他的觀點來看，他給你的那雙鞋子，本來就是錢的代理人，他是希望從顧客手中收到錢。此外，你可能也不會覺得付給店家錢是損失，因爲你同樣把這個鈔票當作你想買的鞋子代理人。這些每天例行的交易跟換5元紙鈔沒什麼兩樣，對買賣雙方都沒有損失規避可言。

那麼，這些市場交易和R教授不情願賣他的酒，或不肯把超級盃足球賽（Super Bowl）的票高價賣給別人有什麼差別呢？這個差別是商人把鞋子賣給你，你從口袋掏錢買鞋子是交易（for exchange），錢本來就是爲了交換的。但是其他物品，如酒和足球賽的門票是要拿來「用的」，要消耗喝掉或去觀看享受的。你的休閒時間和生活標準不是拿來賣或交換的。

奈區、瑟勒和我設計一個實驗來凸顯物品是拿來用的或交換的對立差別。我們從實驗經濟學的始祖史密斯（Vernon Smith）那裡借了一個實驗設計，很多年以後，我跟史密斯共同得到諾貝爾經濟學獎。在這方法裡，將有限數量的代幣發給參加實驗的受試者在「市場」使用。等實驗結束時，手上還有代幣的學生可去換現金，但每個人代幣的兌換價值不一樣，以呈現在市場上交易時，有些東西對某些人價值比較高的事實。一個代幣對你可能只值10元，對我可能就是20元，以任何介於兩者間的價格進行交換對我們兩人來說都有利。

史密斯用這個方法來展示基本供需的關係。你可以連續買或賣你的代幣，其他人也會對你的公開叫價做出反應。每個人都會觀察這些交換，看到代幣換手時的價格，這些結果就跟物理現象一樣有規律。它就像水往低處流一樣，那些擁有代幣，但是代幣對他們沒有什麼價值（因爲他們的兌換價值很低）的人，會把他們的代幣賣給對代幣評價比較高的人，以獲取利益。當交易結束時，代幣都集中在那些可以從實驗者手上拿到最多錢的人手上。這市場的魔術還眞行！此外，經濟學理論正確地預測了市場最後的價格以及代幣換手的數量。假如在市場中一半的受試者是被隨機分配代幣，這理論預測一半的代幣會被換手。

我們把史密斯這個方法的修正版用在我們的實驗中。每一次開始時，都有好幾回代幣換手，完全重複了史密斯的發現。估計的交換次數跟標準理論估計的非常接近或完全相同。這些代幣會有價值當然就是因爲它可以從實驗者的手上換現金。它自己本身沒有任何價值。然後我們模擬一個類似的市場，有一個物品是我們預期學生會喜歡去用的：一個非常漂亮的咖啡杯，上面印有大學的校徽，這個咖啡杯當時值6元（現在會是雙倍了）。我們隨機把杯子分給一半的受試者。賣杯的人把杯子放在他的前面，卻請買的人去看看旁邊賣者的杯子，賣者都要把賣的價錢列出來，買的人要用他們自己的錢去買。這個結果非常戲劇化：平均賣價是平均買價的兩倍！而估計交易的數量，比標準理論預測的要少一半。市場的魔術在擁有者（賣者）想要去使用的物品上破功了。

我們用同樣的程序做了一連串的實驗，但稍稍改變一點，結果永遠是一樣的。我最喜歡的一個實驗是我們在買者與賣者之間，多增加了一組人——選擇者。選擇者不像買者必須要花自己的錢去買，選擇者可以得到咖啡杯或一筆錢，他們的選擇表明那筆錢和得到那樣東西一樣吸引人。下面是結果：

賣者	\$7.12
選擇者	\$3.12
買者	\$2.87

賣者和選擇者之間的差距很大，但事實上他們都面對相同的選擇。假如你是賣者，你可以帶著杯子或錢回家；假如你是選擇者，你也同樣有這兩個選擇。這兩組人決策的長期效應是一樣的。唯一的差別是當時的情緒。賣者要的高價錢反映出他勉強放棄他已經擁有的東西，這樣的勉強你可以在用力抓住玩具不放的寶寶身上看到，當你把玩具拿開時，他會很激動。這個損失規避是建構在系統一的自動評估之中的。

買者和選擇者設定了相似的現金價值，雖然買者必須掏錢去買，而選擇者是免費得到。這就是我們要的，我們創造出一個情境，讓買者沒有經驗到花錢去買杯子的損失感覺。大腦造影的證據確定了這個差異。賣一個我們平常用的東西會活化大腦中與厭惡和痛苦有關的區域。買也會活化這個區域，但是只有在價格太高時——當你覺得賣者拿到的錢超過交換的價值時。大腦的影像也顯示，當你買到一件便宜貨時，會非常的高興。

賣者所設定的咖啡杯現金價格比買者和選擇者設定的高了兩倍。這個比例非常接近風險選擇中的損失規避相關係數。這個 2 比 1 的比例在很多經濟學領域的研究中都有看到，包括對家庭用品價格改變的反應。就像經濟學家會預測顧客或消費者在價格下降時他們會增加雞蛋、橘子水，或魚的購買量；在價格高時，會減少消費。然而，跟經濟學理論預測相反的是，價格上漲的效應（對參考點來說是損失）是得的效應的兩倍大。

這個咖啡杯的實驗到現在還是稟賦效應的標準展示。奈區在差不多同時，報告了一個更簡單的實驗。他請兩班學生填一份問卷，然後給他們一個禮物，這個禮物在實驗期間一直擺在他們面前。在一個情境，這個禮物是很昂貴的筆，在另一個情境是一塊巧克力。上課結束時，實驗者給同學看另一個禮物是什麼，允許他們去交換。大約只有 10% 的人願意去交換，大部分收到筆的人就仍然拿筆，拿巧克力的也仍然拿巧克力。

像商人一樣思考

展望理論基本的想法是參考點存在，損失會比同額的獲利被放大很多。多年來，在眞實市場的觀察，說明了這個觀念的威力。有一個關於波士頓市在不景氣時，公寓市場情形的研究，特別清楚的顯現出這個結果。這個研究的作者比較以不同價格買到類似單位的屋主行爲。對一個理性代理人來說，從前的買價是不相干的歷史了——現在的市場價格才是有關係的。但是對處於房價下跌時期的普通人來說，情況就不是這樣了。那些高參考點（高價買入）的屋主面對較高損失，賣屋時會把房價訂得比較高，願意花比較長的時間去賣他們的房子，最後拿到比較多的錢。

這個賣價和買價的不對稱性（或是說在賣和選擇之間的不對稱性），在一開始接受參考點和損失規避的想法上很重要。然而，現在我們很了解，參考點是不穩定的，尤其在不尋常的實驗室情境之下，可以用改變參考點的方式使稟賦效應消失。

當擁有者將商品視爲未來交換價值承載者時，他們不想看到稟賦效應出現，這種態度在日常商業活動和金融市場中很普遍。實驗經濟學家李斯特（John List）曾研究過棒球卡大會中的交易，發現交易新手不願割捨他的棒球卡，但是當交易經驗多了以後，這個勉強、不願意的態度就消失了。比較驚訝的是，李斯特發現，交易經驗對新產品的稟賦效應影響很大。

在某次棒球卡大會，李斯特張貼海報請人來做一個很簡單的問卷，做完以後，他送受試者一個小禮物：一個咖啡杯或是等值的巧克力。這兩個禮物是隨機發放出去。當受試者塡完要離開時，李斯特對他們說「我給你一個咖啡杯（或一塊巧克力），但是假如你要的話，你可以換巧克力（或咖啡杯）」。這是完全重複奈區的實驗，李斯特發現，在沒有經驗的交易者中，只有 18% 願意換禮物；相反的，在有經驗的交易者身上，完全沒有任何稟賦效應：有 48% 願意交換禮物。至少在一個正常交易的市場環境中，他們交易時完全沒有顯示任何的勉強。

奈區也做了一個實驗，他稍稍地操弄了一下，稟賦效應就不見了。受試者只有在實際擁有這個物品一陣子，然後才去交易時，會有稟賦效應。贊成標準模式的經濟學家可能會說奈區花了太多時間跟心理學家在一起，因爲他的實驗操弄顯示出他對一些社會心理學家認爲重要的變項的關注。的確，實驗經濟學家和實驗心理學家在研究方法上的不同處，已經變成他們對稟賦效應的持續辯論。

很有經驗的交易者顯然學會去問對的問題：「我願意花多少錢去買這個杯子，這個價錢跟我可以買的其他東西比較起來，我還願意花同樣錢去買杯子嗎？」這是經濟人會問的問題，而這樣問就不會有稟賦效應發生，因爲「得的愉悅」和「失的痛苦」的不對稱性變成不相干了。

最近心理學對「在貧窮下做決策」的研究顯示，窮人是另一個沒有稟賦效應發生的團體。在展望理論中，生活在參考點之下的窮人，他們有很多物品是需要但買不起的，所以他們一直「在損失中」（in the losses）。任何賺到的小錢都會看成減少損失，而不是獲得。這些錢使他們往參考點更靠近一點，但是窮人永遠在價值函數的陡坡上。

窮人的想法跟商人一樣，但是內在的動力卻很不一樣。他們不像商人，窮人不是對得到和放棄中間的差異沒有感覺，他們的問題是他們所有的選擇都是損失。花在這個東西上的錢是另外一個東西的損失，因爲本來可以去買它。對窮人來說，花錢就是損失。

我們都認得那種花錢會肉痛的人，雖然客觀上他們非常有錢，在對錢的態度上，也有很大的文化差異，尤其是在一時興起上花錢或買些小小的奢侈品。這個差異可能可以解釋在美國做的咖啡杯研究和在英國做的有差異。美國學生買和賣的價格差異很大，但是同樣的實驗在英國做，差異就很小。顯然，對於稟賦效應我們還有很長的路要走。

說到稟賦效應

「她不在乎她會拿到哪一間辦公室，但是公告一出來，她就不願意交換了，這就是稟賦效應。」

「這個協商一點進展也沒有，因為兩邊都不肯讓步，即使他們會得到報酬，他們也不肯放手，損失放大得比獲得大太多了。」

「當他們漲價時，人們就不買了。」

「他非常不願賠本賣出他的房子，這是損失規避在作用。」

「他是小氣鬼，把花出去的每一分錢都看成損失。」

28
壞的事件

損失規避的概念是心理學對行爲經濟學最大的貢獻。這很奇怪，因爲人們看很多結果都是以得或失來評估，而對損失放得比獲利大卻一點都不驚訝。特維斯基跟我常開玩笑，我們研究的是我們的祖母早就知道的東西。不過我們有比我們的祖母知道的多一點，現在可以把損失規避放在比較大的兩個系統的模式中，而且我們現在可以從生物和心理的觀點來看問題，我們也能追蹤損失規避的後果，在很多不同的情境中觀察到它：當貨物在運送的過程中損失時，只有直接現金的損失才會得到補償；大型的改革通常是失敗；職業高爾夫選手在救平標準桿（par）的那次推桿，比推進博蒂（birdie）（比標準桿低一桿）時更準確。雖然我的祖母很聰明，她也會很驚訝我們能從她認爲很顯然的事中，做出這麼多特定的預測出來。

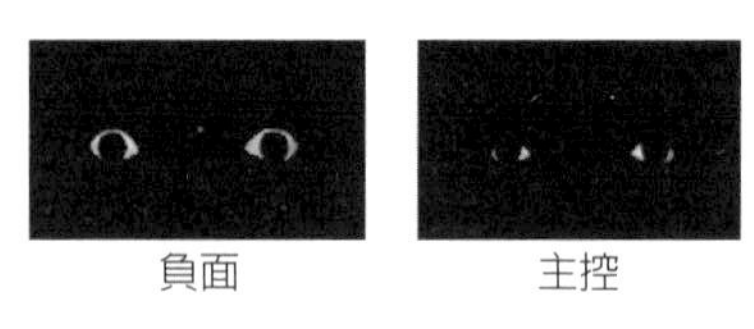

圖12

當你看左邊的圖時，你的心跳加快了，甚至在你能說出爲什麼它很怪異之前，心跳就加快了。一陣子過後，你可能會認出這是一個很害怕的人的眼睛。右邊那張圖的眼睛比較窄，因爲笑的時候，臉頰升高，遮住眼睛了，這是張快樂的臉——它所引起的反應沒有那麼興奮。實驗者把這兩張圖給躺在大腦掃瞄機的受試者看，每一張圖看百分之二秒，然後立刻用視覺噪音（visual noise）把它蓋過去。所謂視覺噪音就是由黑白小方塊隨機疊成，它可以把前一張圖像從受試者視覺暫留中掃掉[1]。沒有任何一個受試者有意識地感覺到他有看到之前眼睛的圖片，但是他大腦中有一個部分卻是明顯地看到了：他大腦中的杏仁核（amygdala）這個「威脅中心」就活化起來了。有關威脅的訊息可能是經由特別快的神經管道傳遞，直接進入大腦處理情緒的地方，越過了視覺皮質——支持「看見」這個意識行爲的地方，同樣的神經迴路也使憤怒的臉（它可能是個威脅）處理得比快樂的臉快。有實驗發現在一堆笑臉中，憤怒臉會特別突出，一眼就看到，但是在一堆憤怒臉中的快樂臉卻不會。人類的腦和其他動物的腦有一個特別的機制，對壞消息特別敏感，假如大腦可以在偵察敵人的速度上快幾百分之一秒，就增加了這個動物的存活率，把基因留下來。系統一自動化的操作反映出這個演化的歷史。然而，到現在還沒有任何一個實驗能夠發現這麼快辨識出好消息的其他管道。當然，我們和我們的動物遠親對有機會交配或進食的信號，也是馬上就警覺起來，廣告主才會設計許多廣告牌。然而，威脅還是比交配或進食的機會有特權，在演化上，是不得不如此。

大腦甚至對符號上的威脅都反應得很快。充滿情緒的字會馬上吸引我們的注意力，不好的字眼（如戰爭、犯罪）比好的字眼（如和平、愛）更快吸引注意力。即使沒有眞正的威脅，只是提醒我們這是壞的事就足以使系統一警覺起來，立刻把它當威脅處理了。就如同我們在前面看到「嘔吐」這個字，這個符號的表徵激發了很多跟眞正嘔吐有關的聯結，包括生理所引發的情緒反應，甚至有一點想去逃避這個字的傾向。對威脅的敏感會延伸到我們強烈反對的事情上，例如，依你對安樂死的看法，你的大腦在看到這個字的 1/4 秒內就馬上把「威脅」這個字註冊到你腦海中了，而你所讀的是再普通不過的句子：「我認爲安樂死是一個可接受／不可接受的……。」

心理學家羅辛（Paul Rozin）是一位對厭惡很有研究的專家，他觀察到一隻蟑螂會毀掉一碗櫻桃，但是一顆櫻桃卻不會對一碗蟑螂起什麼作用，他指出負向常常在很多地方贏過正向，損失規避只是在廣大的負向領域中的滄海一粟罷了。好幾位學者在一篇論文〈壞比好強〉（Bad is Stronger than Good）中，總結了下面的證據：壞的情緒、壞的父母、壞的回饋比好的影響力大，壞消息處理得比好消息徹底，我們避開壞的自我定義的動機，比追求好的自我定義更強，壞的第一印象和壞的典型很快形成，很難改變。著名的婚姻關係專家葛特曼（John Gottman）發現，要維

1 我們的眼睛有1/4秒的視覺暫留，就是為什麼平面的圖片連續放時，感覺在動，因為電影是一秒24張圖，看起來就是連續的動作了。當一張圖片一呈現，立刻再呈現另一張圖時，視網膜上的影像就被第二張圖所蓋過去，用這方法可以確保受試者只看到百分之二秒的圖片。

持一個長期的婚姻關係，不僅要追求幸福，更要避免負面的情況出現。他估計維持一個穩定的關係需要好的互動比壞的互動高 5 倍。在社會領域中，其他的不對稱還更驚人，我們都知道一段好友誼要很多年的經營，卻可以毀於一個行動。

有些好和壞的區辨是先天設定在我們的大腦中的。嬰兒一出生就會認爲痛是壞的事，對甜（到某個程度）認爲是好的[2]。然而，好和壞的界線只是個參考點，會依時間而改變，而且依當下的情境決定。想像你在一個寒冷的晚上，衣服穿得單薄又碰上傾盆大雨，你的衣服溼透了，一陣冷風使你更加不舒服，當你跌跌撞撞地走路時，突然發現一塊大石頭可以幫你擋風遮雨。生物學家卡班納（Michel Cabanac）把那一剎那的經驗叫做強烈的快樂（intensely pleasurable），因爲它的功能就跟快樂平常帶給你的功能一樣。這個快樂不會維持很久，你很快又會在大石塊後面發抖，你新的受苦又驅使你去找更好的遮蔽處。

目標就是參考點

損失規避跟兩個動機的強度有關：我們規避損失的動機大於得到成就的動機。有時參考點就是現狀，但是它也可以是未來的目標：沒有達到目標就是損失，超越目標是贏得。就像我們會從負面主控中所預期的一樣，這兩個動機的強度是不同的。對未能達成目標的厭惡強過超越目標的渴望。

人們常常設定一個短期的目標，努力去達成，但卻不一定去超越它。當他們達到最接近的目標後，便不再努力，開始減低付出，這會導致違反經濟邏輯。例如紐約市的計程車司機心中有一個這個月或這一年要賺多少的目標，但是控制他們努力的目標卻是每一天要賺多少。當然，每一天的目標是比較容易達成（而且超越）的。下雨天時生意最好，大家搶著叫車，司機很快就達到他的目標，天氣好就不見得。經濟的邏輯要紐約的計程車司機在下雨天多做一點，晴天、生意不好時，休息一下，用較低的價格去「買」他的休閒時間。損失規避的邏輯正好是相反：每天必須達成固定目標的司機，在生意不好時要多跑幾個小時，而下大雨，乘客爭先恐後要搭車時，賺到目標的金額就早早回家休息。

賓州大學的經濟學家波普（Devin Pope）和史懷哲（Maurice Schweitzer）認爲高爾夫球提供了參考點一個完美的例子：高爾夫球場的每一個洞都有一個參考點（即標準桿），平標準桿是打得好的最低標準（基線），但卻不算是很出色的表現。對一個職業高爾夫球員來說，博蒂（比標準桿低一桿）就是贏，柏忌（bogey，比標準桿高一桿）就是輸。經濟學家比較一個球員在靠近洞時的兩個情況：

- 避免柏忌的推桿。
- 推進就博蒂的推桿。

在高爾夫球中，每一次揮桿都要計入桿數，所以，在職業高爾夫球賽中，每一次揮桿都當作損失。根據展望理論，有些揮桿的損失比其他揮桿多。沒有救平標準桿是損失，但是沒有推進博蒂推桿是放棄「得」，而不是「失」。波普和史懷哲從損失規避來推理，球員在救平標準桿的那次揮桿，會更加努力（來避免損失），他們分析了250萬次以上的推桿來測試這個預測。

他們是對的，不論那次推桿是容易還是難，距離洞口多遠，當他們打平標準桿時都比博蒂時來得成功。他們在避免打出柏

2 若注射糖水到母親子宮中，胎兒會多吞羊水。

忌或打出博蒂的成功率差異是3.6%。這個差異在高爾夫球中不算小。老虎伍茲（Tiger Woods）也是他們研究中的一名「受試者」，在他表現得最好的那幾年，他的博蒂推桿若能跟他救平標準桿的推桿一樣好，他在巡迴賽的平均桿數會進步一桿，而他的季收入會增加100萬美元。這些激烈的競爭者當然不會在博蒂推桿時刻意放鬆，但是他們強烈的規避柏忌，顯然是他們特別專注推桿的原因之一。

這個推桿的研究說明了理論概念的力量，它可以幫助思考。有誰會想到推桿值得花幾個月去分析呢？損失規避的想法（對任何人都不是奇怪的事，除了一些經濟學家之外），得出一個準確和非直覺的假設，並且將研究者引導至一個令所有人（包括職業高爾夫球選手在內）都驚異的發現。

防衛現況

假如你有心去找，避免損失的動機和得到收入的動機強烈地不對稱，幾乎到處都可以看到，它是協商中一定出現的現象，尤其重新協商一個已經存在的契約，最典型的就是勞資雙方的協商、國際貿易，或軍事限武。目前存在的條件界定了參考點，提出的任何改變都會被看成讓步。損失規避製造出的不對稱性，使協商難以達成共識。你對我的讓步是我的得利，但卻是你的損失，它使你感到的痛苦大於它給我帶來的快樂。不可避免的，你會比我對它定的價格高。當然，你對我要求的讓步也是同樣情形，你不覺得它們值這麼多錢，協商一塊正在縮小的餅是特別的困難，因爲它需要分配損失。假如是正在擴大的餅，在協商上就容易多了。

許多協商都是在討論參考點，爲對方提供一個「錨點」。這些訊息並不一定很眞誠，協商者常假裝對某樣物品有很強的依附（如在協商減少武器軍備競爭時提到的某一種飛彈），雖然這些飛彈可能只是被當作談判籌碼，最後會被交換出去。因爲談判者會受到互惠規範的影響，一個表現出很痛苦的讓步就需要對方也做出很痛苦的讓步（也許雙方都是假裝的）。

動物，包括人類在內，會很努力去阻止損失發生，所花的力氣大於去贏得某樣東西。在有領域（territory）的動物身上，這個原則解釋了牠們爲什麼會不顧一切地反擊侵入者。生物學家觀察到，「當動物的領域被侵犯時，這隻動物幾乎一定會贏得這場競賽，而且是在三秒內就解決入侵者[3]。」對人類來說，同樣的原則解釋了當一個機構想要改造它自己、一個組織要重整，或一個公司要整併，要減低健保開銷，要減化賦稅，要減少官僚作風時所面臨的抵抗。起初我們認爲，一個整體改善的改造計畫一定會產生很多的贏家和一些輸家。然而，假如被影響的人有任何政治影響力，這些可能的輸家會比可能的贏家更頻繁活動，更積極、更有決心地去阻撓改革的發生。最後結果可能偏向輸家，也一定比原來計畫的更貴、成效更差。改革通常必須保護既得利益者，不然反彈會很大，例如，減薪時不溯及既往，只降低未來新進人員的薪水[4]。對損失規避是個強有力的保守力量，你只能對現況做最小的改革。保守幫助我們維持婚姻和工作的穩定，它不動如山的引力使我們的生活維持在參考點附近。

3 我早年做鳥的實驗時，曾看到守護領土的鳥閃電般飛衝而下擊退比牠體型大的入侵的鳥。

4 或是大學評鑑只用於新進教師，對先前進來資深的老教授無可奈何。

法律上的損失規避

我們在溫哥華工作的那一年，瑟勒、奈區和我都投入經濟交易的公平性研究，一部分的原因是我們對這個主題感興趣，但同時也是因爲我們有機會（也是我們的義務）每個禮拜去製作新的問卷。加拿大政府漁業和海洋署有一個計畫去聘失業的專業人員作電話訪問，失業者每天晚上工作（因爲受訪者白天要上班），漁業和海洋署一直需要新的問題，使多倫多市這批失業者有工作可做。透過奈區，我們同意每個禮拜設計出一份問卷來。我們可以問任何事，唯一限制就是問卷中必須有一題跟魚有關，以符合漁業署付錢的最低要求。我們這樣工作了好幾個月，瘋狂地蒐集資料。

我們研究大眾對商人、雇主和房東不公平行爲的看法。我們總體的問題是，對這些不公平行爲的咒罵是否會讓他們收斂對利益的追求。我們發現的確會。我們同時也發現大眾評估這些公司是否有所收斂的道德規則，可明顯區辨出得和失。基本的原則是目前的工資、價格和房租設定了參考點，給人一種這是我應得的權利的感覺，不能被侵犯。假如公司把它的損失轉嫁到顧客或員工身上，會被認爲不公平，除非這麼做是爲了保護它自己的應得權利，請看下面這個例子。

一個五金行本來賣一把雪鏟 15 元，在暴風雨過後的第二天早晨，雪鏟的價格提高到 20 元一把了。

請評定這個行為是：

完全公平　　可以接受　　不公平　　非常不公平

這個五金行是依標準經濟學模式在運作：它依需求定價格，現在暴風雪過後，很多人要鏟雪，需求變高了，所以價錢提高。不過參加這個調查的受試者並不如此認爲：有82%的人認爲五金行這麼做是不公平或非常不公平。他們顯然把暴風雪前的價格當作一個參考點，把調漲的價格當作損失，五金行把這損失轉嫁到顧客身上，不是因爲它非做不可，而是因爲它可以做（奇貨可居）。我們發現基本的公平原則是認爲，把損失轉嫁到別人身上是不可接受的。請看下面用另一個情境來說明這個規則的例子（這些例子是我們在1984年蒐集的，所以請用100%的通貨膨脹率來調整價格）。

有個影印店的員工在該店做了六個月，每小時的工資是9美元，影印店的生意一直不錯，但是附近有個工廠倒閉了，有許多人失業，其他小店開始用時薪7美元的工資來僱用員工做跟影印店相似的工作。影印店的老闆現在把這個人的時薪降到7美元了。

有83%的人認爲老闆這樣做是不公平或非常不公平。然而，只要稍微改一下問題就可以釐清老闆的責任，同樣是在高失業率地區仍賺錢的小店，所有場景都一樣，只是：

目前這位職員離職了，老闆決定以時薪7美元來僱用取代他職務的人。

這時，有73%的人認爲這個行爲是可以接受的。所以顯然這個老闆並沒有道德義務去付時薪9美元的工資。我應該拿多少是個人的觀念：目前這位員工有權利去維持他的工資，即使市場情況已經允許他的老闆去減薪。替代他工作的新進人員沒有權利去要求同前一任的參考薪水點，所以老闆可以支付他較低的工資而不會被人罵不公平。

一個公司有權利去維持目前的獲利。假如它面對損失的威脅，它是可以把損失轉嫁到別人身上，絕大多數的受試者不認為它是不公平——即在公司營運不佳、收入減少時，它可以減少員工薪水（共體時艱），我們認為這是員工和公司互動時，雙方的權利。當被威脅時，公司的自私不被認為是不公平，公司甚至不被預期要接受所有的損失，它可以轉嫁一部分出去。

但是一個公司可以做什麼以增加收入或避免盈餘減少，規則又不一樣了。當一個公司面對比較低的生產成本時，公平的原則並不要求公司把盈餘與員工或顧客分享。當然，我們的受試者對於肯跟員工分享利益的公司評價比較高，但是對於不分享的公司並不會認為它不公平。他們只有在公司占便宜運用權力去中斷與工人或顧客的非正式合約，然後把損失轉嫁到別人身上來增加獲利時，表示憤慨。這個經濟公平的作業重點不在找出理想的行為，而是在找出可接受行為和不可接受行為之間的界線在哪裡。

當我們把這份研究報告投到《美國經濟評論》(*American Economic Review*）時，並沒有抱很大的希望，我們的文章挑戰了當時很多經濟學家所接受的教條，也就是說經濟學是一個自我利益為中心的學問，公平與否不在他們考慮之內，一般認為公平（fairness）是不相干的。同時，我們的資料來自調查，而經濟學家對調查是不怎麼尊敬的，然而，這個期刊的編輯把這篇文章送去給兩個不受傳統教條約束的經濟學家審核（我們後來知道他們是誰，他們是編輯所能找到最友善的兩個評審教授），這個編輯的做法眞是非常正確，這篇論文後來被引用了很多次，它的結論被證明經得起時代的考驗。最近的研究支持了以參考點爲判斷公不公平的觀察，同時也顯示公平性在經濟學中是重要的這個事實。關於這點，我們懷疑過但沒有證據。違反公平原則的老闆會被員工以怠工、減少產量的方式來報復，而不公平定價的商人則會流失客人。客人從新的產品目錄上發現他過去買貴了，同樣的產品現在變便宜了，而距離他上次購買並沒有過很久的時間，他下次的訂單就會減少約 15% 的購買量，每名顧客平均少買 90 元。顧客顯然把新的低價當作參考點，覺得自己上次買貴了，是損失了。愈是在高價買很多的人，反應愈是激烈。這個損失遠超過他們從新目錄較低價所帶來的業績。

不公平所帶給人們損失的感覺可能會有風險，假如受害者有能力報復的話。此外，實驗顯示，看到不公平行爲的陌生人常加入懲罰的行列。神經經濟學家（neuroeconomist，把大腦研究與經濟學綜合起來的科學家）用核磁共振儀（MRI）來檢視人們在懲罰一個陌生人對另一個陌生人有不公平行爲時的大腦的情形。很奇怪的是，爲別人伸張正義的懲罰行爲會增加大腦中快樂中心的活化。這顯示維持社會秩序和公平的原則本身就是一個報酬。利他的懲罰（altruistic punishment，所謂的仗義執言），是把社會凝聚在一起的黏膠，不過我們的大腦並不是設計來慷慨回報有正義感的人，因爲它的可靠度不像懲罰卑鄙的人那麼可靠[5]。在這裡，我們再一次看到得和失之間的不對稱性。

對損失規避以及覺得自己權益被損害的影響，其實不只在金融交易的領域。陪審員可以馬上看到它對法律和司法行政的影

5 這是為什麼義行會上報，會被表揚，因為大多數人還是採明哲保身的態度。

響，柯恩（David Cohen）和奈區找了許多的例子來說明在法律的判決上，實際的損失和放棄的收入之間的尖銳差異。例如，一個商人的貨物在交易過程中損失了，他可能會得到實際成本的賠償，但他不太可能得到預期獲利的賠償。「現實占有，敗一勝九」（possession is nine-tenths of the law，指這個占有者在訴訟中總占上風）的原則，肯定的正是參考點的道德價值地位。在最近的一個討論中，札米爾（Eyal Zamir）指出一個引起非常多人討論的論點，就是賠償實際損失與補償放棄的獲利之間的區分，可能可以用這兩者對個人幸福感的差異來考慮法律的適當性。如果失去貨物的商人所受到的痛苦遠大於只是沒有賺到錢的商人的話，前者可能應該得到法律更多的保障。

說到損失

「這個改革不會通過，這些受到損害的人會比得到利益的人抗爭得更兇。」

「他們每一個人都認為對方的讓步比較不痛苦，雙方都錯了，因為這是損失的不對稱性。」

「假如他們了解這個餅變大了，他們會覺得重新協商契約比較容易，因為他們不是在分配損失，而是在分配所得，這應該比較容易達到共識。」

「這附近的房租最近上漲了，但是房客不認為我們應該漲他們的租金，他們覺得他們應該受到目前契約條件的保護。」

「我的客戶不反對價格調高，因為他們知道我的成本變高了，他們接受我有權利應該要有利潤。」

29 四象限型態

當你要對一個複雜的東西做整體評估時——如你想買的汽車、你的女婿，或一個不確定的情境——你會把重點放在它的特點上，並且加權。有些特質比別的特質更影響你的評估是個很笨拙的說法，不論你自己有沒有感覺到，它自己就這樣做了，這是系統一的作爲。你對一輛車的整體評估可能權衡的是它的耗油量、舒適度，或外觀。你對女婿的判斷可能在他有沒有錢、英不英俊，或可不可靠。同樣的，你對一個不確定事情的評估，權衡的也是它的可能結果。這些加權是跟結果的機率相關：有 50% 的機會去贏 100 萬就比 1% 的機會去贏 100 萬更吸引人。這樣分配權重有時是有意識、特意的，更多時候你只是個觀察者，這些整體評估都是由系統一做的。

改變機率

決策制定研究喜歡用賭博的比喻是因爲它提供了一個爲預期

結果加權的自然規則：結果的機率愈高，應該加的權重愈大。一個賭局的期望值是結果的平均數，每一個結果依機率加權。例如，20% 的機會贏得 1,000 元和 75% 的機會贏得 100 元的期望值是 275 元。在白努利之前的時期，賭局是用它的期望值來評估。白努利保存了這個爲結果加權的方法，叫做「預期原則」（expectation principle），把它應用到結果的心理價值上。在他的理論中，賭局的效用是它結果效用的平均值，每個結果都有機率的加權。

這個預期的原則並沒有正確地描述出你對預期風險相關機率的看法。在下面四個例子中，你贏 100 萬的機率增加了 5%，這個消息對每一個例子都是一樣好嗎？

A. 從 0 增加到 5%。

B. 從 5% 增加到 10%。

C. 從 60% 增加到 65%。

D. 從 95% 增加到 100%。

預期原則說，你在每一個情況去贏 100 萬的效用都增加 5%。它有正確地描述出你的經驗嗎？當然沒有。

每一個人都同意 0 → 5% 和 95% → 100%，比 5% → 10% 或 60% → 65% 更吸引人，從 0 → 5% 的機率改變轉換了這個情境，創造了一個過去不存在的機率，一個可能贏得大獎的希望。它是一個質的改變，而 5% → 10% 只是量的改進。5% 到 10% 的改變使贏的機率變成了兩倍，但是一般人都同意他心理的價值並不到兩倍。0 → 5% 的巨大影響說明了「可能性效應」（possibility effect），它對極不可能的結果加權比它應有的大了很多。那些買彩券的人就是願意用超過期望值的錢去買贏得大獎的很小機率。

從 95% 增加到 100% 是另一個很大的質的改變，叫做「確定性效應」(certainty effect)。對那些幾乎確定的結果，給予低於它的機率應得的權重。想像你繼承了 100 萬的遺產，但是你貪婪的繼姐妹去法院爭奪繼承權。你明天會知道裁判的結果。你的律師跟你保證，你贏的機會有 95%，但是他也提醒你，法院的判決是無法完全預測的。現在有個風險調整（risk-adjustment）公司來找你，他願意付你 91 萬來買你的案子，他提的金額比你的期望值（即 95 萬）低了 4 萬元。你確定你不要賣給他？假如這種事眞的發生在你身上時，你要知道有種產業叫做「結構性和解」(structured settlement)，他們就是運用確定性效應，提供很大的金額來保障你的確定性。

可能性和確定性在損失研究這個領域有相似的強烈效應。當你親愛的人被推進手術房時，5% 的截肢機率是非常糟的，絕對比 10% 風險的一半還糟。因爲可能性效應，我們常會把小風險加權，我們願意付比期望值多很多的錢去終止這個不確定性。95% 會遇上災難的風險與 100% 會遇上災難之間的心理差異，比實際的大了很多。說不定還有救的最後一點希望的可能性會被放得很大。把很小的機率加權，增加了賭局和保單的吸引力。

這個結論是非常直接的：人們在做決定時，給予結果的加權與這個結果的機率是不同的，這與預期原則相反。不可能的結果常常被加權了，這是可能性效應。而幾乎確定的結果都被低估了，這是相對於眞實的確定性而言。預期原則是一個很糟的心理，因爲它的價值是依機率來加權的。

然而，這個問題卻愈來愈複雜了，因爲有人認爲想要做一個理性的決策者必須符合預期原則，這是馮紐曼和摩根史坦在 1944 年介紹效用理論的重點。他們證明凡是不能完全依照機率來分配不確定結果的加權，只會導致不一致性和其他災難。他們從理性選擇公理所導出的預期原則馬上被學術界認爲是重大的成就，它取代了預期效用理論成爲經濟學和其他社會科學理性代理人模式的核心。三十年以後，當特維斯基把他們的研究介紹給我時，他的態度是神聖畏懼的崇拜，他同時也介紹我對此理論一個著名的挑戰。

亞列士矛盾

1952 年，在馮紐曼和摩根史坦發表他們的理論後沒幾年，有一場在巴黎舉辦的會議就是在討論風險經濟學。當時所有最有名的經濟學家都參加了這場會議，包括後來拿諾貝爾獎的山謬森（Paul Samuelson）、艾羅（Kenneth Arrow），佛里曼（Milton Friedman），以及最有名的統計學家沙維吉（Jimmie Savage）。

巴黎這場盛宴其中一位主辦人是亞列士（Maurice Allais），他後來拿到諾貝爾獎。他準備了幾個有關選擇的問題，要問這群傑出的學者。他想讓這些與會者了解他們是多麼容易被確定效應影響，而違反了預期效用理論和該理論所依據的理性選擇公理。下面這組選擇是簡化過的亞列士矛盾。請問，在問題 A 和問題 B 中你會選哪一個選項？

A：有 61% 的機會去贏 52 萬元，或 63% 的機會去贏 50 萬元。
B：有 98% 的機會去贏 52 萬元，或 100% 的機會去贏 50 萬元。

假如你像大部分的人，你會喜歡問題 A 中左邊的選項，以及問題B右邊的選項。假如這是你的選擇，你就犯了一個邏輯上的罪，違反了理性選擇的原則。這些參加巴黎會議的著名經濟學家，在亞列士矛盾也犯了同樣的罪。

要了解爲什麼這些選擇是有問題的，請想像從一個藏有100顆彈珠的瓦罐中，閉著眼睛摸1顆彈珠——假如你摸到紅的彈珠就贏了；摸到白的就輸了。我們把問題A和B想成從瓦罐中摸彈珠。在問題A中，幾乎所有人都偏好左邊的選擇，雖然它的紅彈珠比較少，但獎品大小的差異（2萬元）比機率大小的差異（2%）更吸引人。在問題B中，絕大多數人會選確定的50萬元，此外，人們對這兩個選擇都很滿意——直到他們看出問題背後的邏輯。

比較這兩個問題你會發現，問題B的兩個瓦罐比問題A的兩個有利。因爲問題B的兩個比較瓦罐，有37個白色彈珠被紅色彈珠取代了。左邊選項的改進很顯然是比右邊有利，因爲每一顆紅色彈珠都讓你有機會贏左邊的52萬元，但是只能贏右邊的50萬元。所以一開始問題A時，你會選左邊的瓦罐，這個選項在當時比右邊的更吸引人。但是現在你喜歡問題B右邊的瓦罐了，這個選擇型態沒有邏輯上的理由，但是有心理上的理由：確定效應發揮作用了。在問題B中100%和98%之間2%的差異，絕對大於問題A中63%和61%的差異。

就如亞列士預期的，這些學有專精的與會者並沒有注意到他們的選擇違反了效用理論，直到會議快結束時，亞列士才告訴他們。他原想讓這個消息的宣布像投下震撼彈：這些世界上第一流的決策理論家居然選擇了跟他們對理性看法不一致的選項！他顯然認爲他的觀眾會被說服去放棄他所看不起的美國學派（American School），採納他所發展出來的邏輯選項。結果他是大大失望了。

那些不是專攻決策理論的經濟學家大多數忽略亞列士的問題。就像一個普遍被大家接受而且覺得很好用的理論被挑戰時，他們會認爲這個問題是個異類，然後繼續使用預期效用理論，好像沒有任何事發生似的。相反的，決策理論家——包括統計學家、經濟學家、哲學家和心理學家——把亞列士的挑戰看作重要的事。當特維斯基和我開始我們的研究時，我們一個主要的目標就是發展出一個令人滿意的心理學理論來解釋亞列士矛盾。

大部分的決策理論家（當然包含亞列士）維持他們對人類理性的信念，想去改變理性選擇的規則來解釋亞列士矛盾。這些年來，有好幾個理論想爲確定效應做這樣的調整，但都沒有成功。特維斯基對這種事很沒有耐性，並把那些想把違反效用理論合理化的理論家叫做「誤導的律師」。我們是往另外一個方向發展，我們保留效用理論作爲理性選擇的邏輯，但是放棄人們是完美的理性選擇者的想法。我們承擔起發展出一個可以描述人們做選擇的心理學理論的責任，不管這個選擇是不是理性的。在展望理論中，對決策的加權跟它們的機率是不同的。

決策加權

在我們發表展望理論之後很多年，特維斯基和我做了一個實驗，我們測量了可以解釋人們對偏好賭注保守賭局的決策加權。表 4 是我們的估計。

表4

機率 %	0	1	2	5	10	20	50	80	90	95	98	99	100
決策加權	0	5.5	8.1	13.2	18.6	26.1	42.1	60.1	71.2	79.3	87.1	91.2	100

你可以看到，決策加權和機率在兩個極端是相同的。當結果是不可能時，決策加權和機率都是零。當結果是確定時，兩個都是100。然而，決策的加權卻急劇地與機率拉開距離。在低端，我們看到可能性效應：對不太可能的事件，持續性地過度加權。例如，對機率2%的決策加權是8.1，若符合理性選擇公理的話，決策加權應該是2，所以稀少、不太可能的事件被加了4倍的權重。在機率量表右端的確定效應更驚人，在只有2%機率不會贏（即98%贏）的情況下，效用竟然減少13%（從100到87.1）。

要了解可能性效應和確定性效應的不對稱，請想像你有1%的機會贏100萬元，你明天會知道結果。現在再想像你幾乎確定你會贏100萬元，只有1%的機會不會贏，你一樣明天才會知道結果。在第二種情況下的焦慮比第一種情況的希望大很多。結果若是外科手術失敗而不是贏得金錢，確定效應也比可能性效應更爲驚人，請比較這兩種強度，一個是聚焦在1%的希望上（你知道這手術幾乎確定會致命），另一個是擔心1%的風險。

把機率量表兩端的確定性效應和可能性效應綜合起來時，不可避免地會對中間的機率產生不恰當的敏感度。你可以看到5%到95%之間的機率是跟更小範圍（從13.2到79.3）的決策加權密切相關，只有理性預期的2/3。神經科學家確認了這個觀察，他們發現大腦有區域會對贏獎機率的改變起反應。大腦對機率改變的反應跟對選項決策加權非常相似。

非常低或非常高的機率（低於1%或高於99%）是很特殊的例子，我們很難分派特殊的決策加權到一個很稀有的事件上，因爲它們有時完全被忽略，被分派到的決策加權是零。從另一方面來說，當你不忽略非常稀有的事件時，你就幾乎確定給了它太多加權，就像我們大多數人很少去擔心核能廠熔毀，或去想像有個不知名的親戚突然給我們留下很大一筆遺產。然而，當一件非常不可能的事變成我們注意力中心時，我們給它的加權遠大於它的機率應該得到的權重。此外，人們幾乎完全對小機率的各種風險變項不敏感。人們不容易區分出 0.001% 機率的癌症風險跟 0.00001% 的癌症風險有什麼差別。雖然前者的意思是說美國人口中會有 3 千人得癌症，而後者是 30 個人。

當你把注意力放在威脅上時，你會覺得擔心——而你對這個決策的加權反映出你的擔心程度。因爲可能性效應，擔心程度會超越這個威脅應有的機率。這時減少或減輕風險是不夠的，要去除這個憂慮，必須要將風險的機率降到零你才能安心。

下面這個問題是從一個 1980 年代的研究改寫而來的，這是由經濟學家所組成的團隊研究消費者對健康風險的理性評估，對象是有小孩子的父母。

假設你現在用的除蟲劑是 10 美元一瓶，但是每用 1 萬瓶會引起 15 個孩子中毒，及 15 個人吸入性中毒。

你發現一個比較貴的牌子的殺蟲劑可以減少上述兩種風險，每用 1 萬瓶中毒案例減少到 5 個，你願意多花多少錢去買它？

父母親願意多花 2.38 元去減少 2/3 的風險（從 1 萬瓶 15 個中毒減爲 1 萬瓶 5 個），並願意多付 8.09 元（正好是 2.38 元的 3 倍）完全消除這個風險。其他的問題顯示，父母把吸入性中毒和孩子中毒當作兩個不同憂慮事項，並願意付錢完全去除任一種中毒的風險。他們願意付的錢跟心理的憂慮是相符的，但是與理性模式不合。

四象限型態

當特維斯基和我開始研究展望理論時，我們很快就達成兩個結論：人們把價值依附到得和失上，而不是到財富上，所以他們給結果的加權與結果發生的機率不同。這兩個想法都不是完全新的，但把它們綜合起來可以解釋一個獨特的偏好行爲型態，就是我們稱之爲「四象限型態」（fourfold pattern）。請看下面：

	得	失
高機率 確定性效應	有 95% 機會贏 1 萬元 害怕失望 風險規避 接受不喜歡的和解	有 95% 機會損失 1 萬元 希望避開損失 風險尋求 拒絕喜歡的和解
低機率 可能性效應	有 5% 機會贏 1 萬元 希望贏大獎 風險尋求 拒絕喜歡的和解	有 5% 機會輸 1 萬元 害怕大的損失 風險規避 接受不喜歡的和解

圖13

- 每個象限中的第一行代表機率
- 第二行代表機率所帶來的情緒
- 第三行表示大多數人在一個賭局和確定的得（或失）之間做選擇時，大多數人的行爲是呼應到期望值的（例如，有 95% 的機會去贏 1 萬元和確定拿 9500 元之間做選擇）。假如喜歡確定的選擇就是風險規避；選擇賭局，就是尋求風險。

- 第四行描述原告與被告在討論民事訴訟庭外和解時預期的態度。

四象限型態的偏好被認爲是展望理論的核心成就。四個象限中有三個是讀者熟悉的，第四個（右上角）是新的、沒有預期到的。

- 左上角是白努利討論過的：當人們認爲有很大的機會獲得一大筆收益時，會風險規避。他們願意接受比期望值低的條件，去確保一定能拿到的收益。
- 左下角的可能性效應解釋了爲什麼大家會去買彩券。當頭獎獎金很大時，買彩券的人對中獎機率很低這個事實漠不關心。彩券是可能性效應最好的例子。沒有這張彩券你不可能贏，有了這張彩券，你便擁有了機會，你不在意這機會有多小。當然，當人們買彩券不只是得到一個贏的機會，還包括了作中大獎的白日夢權利。
- 右下角是說明了何時該買保險。人們願意付比期望值高很多的錢去買保險——這就是爲什麼保險公司會賺錢。在這裡，我們再一次看到人們會去付更多的錢，避免不太可能發生的災難所帶來的損害。他們要去除擔憂，買一個心境的安寧。

右上角的結果一開始時令我們驚訝，除了左下角民眾喜歡買彩券，我們習慣從風險規避的角度去想事情。當我們看到在不好的選項中做選擇時，我們馬上了解，我們在損失的領域中去尋求風險，就跟我們在贏得的領域中去規避風險一樣。我們並不是第一個在負向的展望中觀察到尋求風險的人，至少已經有兩位作者提過這個事實了，但是他們並未深入去討論它。我們很幸運有個理論架構，使我們很容易去解釋尋求風險的現象，這在我們思考的研究上，是個里程碑。的確，我們找到兩個理由來解釋這個效應。

第一，敏感度的遞減。確定損失是每個人都厭惡的，因爲失去900元的反應比90%的機率失去1000元更強烈。第二個因素：有90%機率的決策加權是71，決策加權比機率低了很多。結果就是，當你考慮一個確定的損失和一場有高機率輸的賭局時，遞減敏感度使你更厭惡確定的損失，而確定性效應減少了賭博的厭惡性。當結果是正向的時候，這兩個因素加強了確定事物的吸引力，減低了賭局的吸引力。

價値函數的形狀和決策加權兩者都與表13第一行的型態有關，然而在下面那行，這兩個因素的作用是背道而馳的：遞減敏感度持續使你厭惡「得」的風險，尋求失的風險。但是，對低機率的過度加權蓋過了這個效應，產生了我們前面看到的「得」的賭博行爲和「失」的謹愼行爲。

右上角是很多人類不幸的情境，這是當人們面對非常不好的選項時，只好絕望地去賭一下，接受會使事情更糟的高機率，以交換一個能減少大的損失的微小希望。這種冒險通常使本來可以處理的失敗變成不可處理的災難。對很多人來說，接受一筆大的確定損失是太痛苦的事，若有可能免除這個痛苦的渺茫希望會使人失去理智，無法做出理性的決定就是認輸、認賠、止血。很多企業的產品在被高科技取代時，認不清這一點，仍然繼續投下資產，想要力挽狂瀾。因爲失敗很難以接受，輸家常在勝負已定了之後，仍做困獸之鬥，不肯面對。

法律陰影的賭局

法學家嘉瑟瑞（Chris Guthrie）舉出四象限型態應用在民事訴訟中，原告和被告考慮庭外和解的兩個情境，這兩種情境依原告案子的強度而有不同。

就像我們在前面看到的情境一樣，你是民事訴訟中的原告，你要求一大筆損失賠償。案子進行得很順利，律師告訴你，你有95% 的機會會贏，但是警告你，「你永遠不知道結果會是怎樣，直到判決宣布。」律師鼓勵你接受庭外和解，以確定拿到 90% 的賠償金。你現在就處於四象限型態的左上角，你腦中冒出：「我是否願意去冒一個什麼都得不到的險？即使 90% 的賠償金是很多的錢，我現在就可以馬上拿到，不必擔心法庭的判決結果。」你的兩種情緒被引發起來，並朝同一方向驅使著你做決定：一是對確定的得（而且金額不小）的吸引力；另一是對強烈失望和悔恨的恐懼，萬一你拒絕了和解又輸了這場官司怎麼辦？你可以感受到這種情境中伴隨著謹慎行爲而來的壓力。有很高勝算的原告通常選擇風險規避。

現在請站在被告的角度想一想。雖然你並沒有完全放棄贏的希望，你了解這次的審判對你不利，原告律師提出付 90% 賠償金的和解條件，很顯然這是他們的底線，他們不會接受比這更少的賠償金，你願意和解嗎？還是官司打到底？因爲你面對的是一個高機率的損失，你的情況是右上角的情境，官司打到底的誘惑力很強：原告提出的和解金額幾乎就跟打輸官司所需賠的金額一樣，而你心中仍存有一點點官司可能翻盤的希望。這裡也有兩種情緒，確定的損失令人厭惡，而在法庭中贏的可能性極具吸引力。一個勝算不高的被告是很可能去冒險賭一下，而不會接受對他不利的和解。一個風險規避的原告和一個尋求風險的被告在攤牌時，從雙方律師討價還價的過程中可以看出來，被告是比較有利的，原告最後從和解並得到的賠償金都比統計上預期的法院判決結果低。四象限型態對此的預測得到法學院學生和執業法官所做的實驗上支持，也得到民事和解的實際協商資料的支持[1]。

現在考慮一下「濫訴」(frivolous litigation，即沒有贏面，沒有價值的訴訟，又叫懶人的彩券）的情況。當一個原告沒有什麼法律證據去告一筆很大的求償金時，雙方都知道彼此輸贏的機率，也都知道在協調和解上，原告只能拿到求償金的一小部分，這個協商就處於四象限型態下面那一行，原告在左邊，只有很小的機會去贏一大筆錢。濫訴是贏得大獎的彩券，對一點點很小的機率過度加權在這種情況是很自然的事，使原告在協商時，大膽且咄咄逼人。對被告來說，這種訴訟是無聊的無妄之災，輸的風險很低，對大損失的小機率過度加權的結果，使得被告風險規避，進而願意花錢去買保險，不必擔心萬一有壞結果發生。現在，鞋子換到另一隻腳了：原告很願意去賭，而被告想要安全，濫訴的原告很可能得到厚厚一大筆和解金，比統計上認爲他應該得到的大得多。

這個四象限型態所描述的決策過程並沒有明顯不合理，你可以從原告和被告的感覺去看到，在每一個案子中他們爲什麼會採取戰鬥或妥協的態度。不過，從長遠看來，期望值的偏差代價其實是很大的。就以紐約市爲例，假設每年要面對 200 件這種濫訴，每一件有 5% 的機率使紐約市政府花上 100 萬美元，再假設

1 即在真實世界中的確是如此。

政府和解的金額是 10 萬美元，政府有兩條路可走：和解或上法庭（爲了簡單起見，我先省略打官司的費用）。

- 假如這 200 個案子中，市政府會輸掉 10 件，總損失是 1 千萬美元。
- 假如市政府庭外和解，每一個案子是 10 萬美元，總花費是 2 千萬美元。

當你長遠來看這種決策，你就會看出支付一筆額外費用來避免很大金額的很小風險其實是很貴的。同樣的分析可以應用到四象限型態的每一個象限中：從長期來說，來自期望值的系統化偏差，代價都很高——這個規則對風險規避和風險尋求都適用。一致性地把不太可能的結果加權——這是直覺判斷的特質——最後導致很差的結果。

說到四象限型態

「他很想和這個濫訴和解，以避免反常的損失，不管這機率有多不可能，這是把很小的機率過度加權了。既然他有可能碰到很多類似的問題，他最好是不要退讓。」

「我們從來不讓度假計畫懸在最後一分鐘才能拍板的交易上。我們寧可多付一些錢來買確定的行程。」

「只要有一點機會打平，他們就不會停損，這是在損失情況下尋求風險。」

「他們明知瓦斯爆炸的風險很低，但還是希望去除這個擔心，這是可能性效應，他們要的是安心。」

30
罕見事件

在巴士遭自殺炸彈襲擊相當普遍的那段期間，我造訪了以色列很多次，如果以絕對機率來說，這樣的襲擊事件當然是很罕見的，在2001年12月到2004年9月，一共有23起這種自殺炸彈襲擊事件發生，造成236人死亡。在那段期間，以色列境內每天搭乘巴士的人數大約是130萬人。對任何人來說，遭襲擊風險是很低的，但老百姓卻不是這樣想。人們盡量避免坐巴士，而坐在車上的人則焦慮地環顧其他乘客是否帶什麼奇怪的包包或穿著寬鬆的衣服，懷疑裡面會不會藏著炸彈。

我並沒有很多機會去搭巴士，因爲我租了一部車代步，但我很懊惱地發現我的行爲也受到影響。我發現我不喜歡在紅燈時，停在巴士旁，綠燈一亮，我比平常更快地駛離。我對自己的行爲感到很羞恥，因爲我知道這風險是小到不能再小，眞的可以被忽略的，我的行爲完全是來自我對一個極小的機率賦予了不尋常的高「決策加權」。事實上，我開車受傷的機率遠大於停在巴士旁。但是我避開巴士並非來自理性的生存考量，我會有這種行為完全是當下的經驗：停在巴士旁邊使我想到炸彈，而炸彈這個念頭令我不愉快，我避開巴士是因為我想要思考別的事。

我的經驗說明了恐怖主義為什麼這麼有效。它引發出一個可用性級聯效應，媒體一再重播死亡的影像和傾毀的房屋，人們不斷地談論它，這些都使你的念頭馬上被激發，尤其你正好停在巴士旁邊的時候。這情緒的激發是聯結性的、自動的、不可控制的，它製造出保護行動的衝動。系統二可能「知道」這機率是很低的，但是這個知識並沒有去除自我產生的不舒適感覺，以及讓人想要避免這種感覺。系統一是無法被關掉的，恐懼的情緒不但和機率不符，也對正確的機率太不敏感。假設有兩個城市都被警告有自殺炸彈客的存在，有一個城市的居民是被告知有兩個炸彈客，已經準備好了要去攻擊，另外一個城市的居民是被告知有一個炸彈客，他們的風險降低了一半，但是他們有覺得比較安全嗎？

紐約市有很多賣彩券的店，生意很好。中特大獎的彩券心理就跟對恐怖主義抱持的心理一樣。能中大獎的可能性使人興奮，整個社區也跟著興奮，而且在工作場合或家裡聊到此事時，興奮情緒又更加強化。買一張彩券你就立刻可以去做快樂的中獎大夢，就像避開了巴士，你就立刻得到恐懼解放。在這兩個情況中，跟真正的機率是沒有關係的，只跟可能性有關。展望理論最初的構想包括「很不可能發生的事件不是被忽略，就是被過度加權了」這個概念。但是它並沒有說明在什麼情況下，會被忽略或過度加權，也沒有提出一個心理學上的解釋方法。我對決策加權的看法受到最近情緒在決策制定上所扮演角色的強烈影響。對一個很不可能發生事件的過度加權是根植於系統一的特質中，現在大家對它應該已經不陌生了。情緒和影像的鮮明性影響它被提取的流暢性，以及可用性和對它的判斷的機率，這些就是我們對罕見事件過度反應的原因。

高估和過度加權

你認為美國下一屆總統會是第三黨候選人的機率有多大？

假如美國下一屆總統是來自第三黨的話，你可贏得1千元；如果不是，你什麼都沒有。你願意付多少的賭注？

這兩個問題不同，但顯然是相關的。第一個問題請你估計一個很不可能事件的機率。第二個問題是請你對同一個問題做一個決策的加權，請你下注。

人們怎麼做判斷？又怎麼做決策加權？我們從兩個簡單的答案開始，看它們的資格。下面就是兩個過度簡化的答案。

- 人們過度高估不可能事件的可能性。
- 人們在做決定時對不可能事件過度加權。

雖然高估和過度加權是兩個不同的現象，它們有著相同的心理機制：聚焦的注意力、確認偏見和認知放鬆。

特定的描述激發了系統一的聯結機制，當你想到第三黨候選人不可能的勝利時，你的聯結系統就以它一貫的肯定模式在運作，選擇性地提取出證據、例子，和影像來支持這句話。這個歷程是有偏見的，但是它不是幻想。你可以找到一些可能的情景來確定符合眞實的規範是有可能的，你並沒有只是想像西方仙女把第三黨候選人放在總統的寶座上，你對機率的判斷是由認知放鬆和流暢性來決定的，貌似正確的場景因此來到你的心中。

你並不是總是聚焦在你要去估計機率的案子上，假如這個目標事件是個很可能的事件，你會聚焦在它的另一個可能性上，請看下面的例子：

在你社區醫院中，嬰兒生下來三天就可出院的機率有多高？

你被要求去估計一個嬰兒三天內出院回家的機率，但是你幾乎是確定聚焦在那些使嬰兒無法在正常期間出院的事情上。我們的心智有足夠的空間和能量去同時注意額外加進來的不尋常事物。你很快就了解，在美國，嬰兒出生後，兩到三天內可以出院回家（不是所有國家都有這個標準），所以你的注意力轉到不正常的情況，這個很不可能的事件現在變成你注意力的焦點。可用性捷徑很可能被激發起來：你的判斷很可能決定於你能想起多少個醫療問題上的場景，以及這些場景有多容易來到你的心中。因爲你在一個肯定的模式中，所以你的估計很可能偏高。

當另一個可能性沒有被標示得很清楚時，罕見事件的機率極可能被高估。我最喜歡的例子來自心理學家福克斯（Craig Fox）的研究。當他還是特維斯基的學生時，做了一個研究，他找了職業籃球隊的粉絲請他們對 NBA 季後賽冠軍做一些判斷和決定，他特別請他們輪流對打進季後賽的八隊做估計，判斷的重點是誰最後贏了。

你一定可以猜出這是怎麼一回事，但是福克斯觀察到的效應強大會使你吃驚。請想像一個粉絲被要求去估計芝加哥公牛隊會贏的機率。這焦點事件被清楚界定，但是它的每一個可能性——

其他七隊中的一隊贏得冠軍——是很難而且比較不是這麼容易得出的。這個球迷的記憶和想像力是在肯定的模式下操作的，所以他試著去建構出公牛隊勝利的場景。當這個球迷下一次被問到湖人隊贏的機率時，同樣的選擇性活化又來爲湖人隊服務。這八個美國最強的職業籃球隊都非常強，你沒有辦法去想像哪一隊會輸，所以最後的機率加起來是 240%，當然這是很可笑的，因爲這八隊機率的總和一定要是 100%。但是當這位球迷被問到冠軍隊伍是來自東區聯盟或西區聯盟時，這個可笑的情形就消失了。這個焦點事件和它的可能性是同樣清楚地在問題中標示出來，它們判斷的機率加起來是 100%。

爲了要知道決策的加權，福克斯請這些球迷去賭最後的冠軍是誰。他給每一個賭注一個現金價值，使下注更吸引人。贏的人可以拿到 160 美元。這八隊的現金價值總和爲 287 元，一個人如果八個賭注都輸了，會輸掉 127 元。參加者當然都知道角逐冠軍的有八隊，平均贏的錢不可能超過 160 元，但是他們還是過度加權了。他們不但高估了他們心儀的隊伍的機率，還非常願意去對他們下賭注。

這些發現爲計畫的謬誤和其他的樂觀現象帶來了新的看法。當我們想去預測一個專案的結果時，成功的執行這個計畫是特定的，很容易想像的。相反的，失敗的原因就很多了，因爲出錯的方式有很多種。創業家和投資人在評估一項投資時，常會高估機率和過度加權他們的估計。

鮮明的結果

我們前面看到，展望理論和效用理論的差異在於機率和決策加權的關係上。在效用理論中，機率和決策加權是相同的。對確定的事情決定的加權是100，而90%機會的加權就是90，它是10%機率決策加權的九倍。在展望理論，機率的變異性對決策加權的效應比較小，我前面提到的一個實驗發現對90%機率的決策加權是71.2，而10%機率的決策加權是18.6，兩個機率的比例是9.0，而決策加權的比例只有3.83。這表示在10%到90%的範圍中人們對機率的敏感度不足。在兩個理論中，決策加權都依賴機率而不是結果。兩個理論都預測，90%機率的決策加權和去贏100元、收到一打玫瑰，或受到電擊是相同的，這個理論的預測後來發現是錯的。

芝加哥大學的心理學家發表了一篇有著動人標題的論文——〈錢、吻，和電擊：風險的情意心理學〉（Money, Kisses, and Electric Shocks: On the Affective Psychology of Risk）。他們發現當賭局的結果是情緒上的（和你最喜歡的電影明星見面和親吻，或接受一個會痛但不危害生命的電擊）會比賭局結果是得或失在機率的評估上更不敏感。這並不是單一的發現，其他研究者用生理上的測量（如心跳），也發現對電擊的恐懼跟被電擊的機率沒有相關。只要有被電擊的可能就會激發全套的恐懼反應。芝加哥團隊提出「充滿情緒的影像」淹沒了對機率的反應。十年以後，普林斯頓大學的心理學家挑戰了這個結論。

普林斯頓的團隊觀察到，人們對情緒結果出現機率的低敏感度是很正常的。對金錢的賭博是個例外。對機率的敏感度高是因爲他們有確定的期望值。

多少金額的現金才會和下列賭局一樣吸引人？

A. 84% 的機會去贏 59 元。

B. 84% 的機會收到插在玻璃花瓶中的一打紅玫瑰。

你注意到什麼？這個鮮明的差異在問題 A 比問題 B 容易多了。你不需要停下來計算這個賭注的期望值，但是你可能馬上知道這個期望值跟 50 元相距不遠（事實上是 49.56 元），這個模糊的估計就提供了足夠的錨點去幫助你尋找同樣有吸引力的現金禮物。但是在問題 B 中，你沒有這個錨點，所以比較難回答。去評估現金等值賭局的受試者有 21% 的機會去贏得這兩個結果。如我們預期的，高機率和低機率賭局之間的差異在現金中比在玫瑰中顯著得多。

爲了要強調他們認爲對機率的不敏感度不是由於情緒的關係，普林斯頓的研究團隊比較了人們付錢去避免賭局的意願：

有 21% 機會（或 84% 機會）花一個週末去油漆某人三間臥房的公寓。

有 21% 機會（或 84% 機會）去清洗「用了一個週末後的三間宿舍廁所」。

第二個結果絕對比第一個更能引發情緒，但是這兩個結果的決策加權並沒有改變，因此，情緒的強烈度並不是答案。

另一個實驗得到一個令人驚訝的結果。受試者得到一個清晰的價格訊息以及這個獎品的文字描述，例如：

有 84% 機會去贏：玻璃花瓶中的一打紅玫瑰，價值 59 元。

有 21% 機會去贏：玻璃花瓶中的一打紅玫瑰，價值 59 元。

這些賭局中，你很容易去得到預期的金錢價值，但是增加了特定的金錢價值並沒有改變結果：即使在這情況下，評估並沒有改變，人們對機率還是不敏感，那些把禮物當作得到紅玫瑰機率的人，並沒有用價格的資訊來作錨點去評估這個賭局。就像科學家有時說的，這令人驚喜的發現試圖告訴我們某些事，那麼，這個故事是要告訴我們什麼？

我認爲這故事要告訴我們的是，豐富和生動的結局表徵，不論它會不會引發情緒，減低了機率在評估一個不確定性展望中所扮演的角色。這個假設有一個預測，我有相當高的自信這預測會成功：增加不相干但是細節生動的資訊，會干擾人們對金錢的結局計算。請比較下面結局的現金等值：

在下週一有 21%（或 84%）機會得到 59 元。

在下星期一早晨有 21%（或 84%）機率贏得裝有 59 元的藍色大信封。

這個新的假設是，受試者對第二個例子的機率會比較不敏感，因爲藍色大信封會激起生動、流暢的表徵到心中，當你建構這個事件時，你心中有個生動的結局影像，雖然你知道這個機率是很低，但是認知放鬆也對確定性效應作了貢獻。當你心中對這個事件有個清晰生動的影像時，這個事件不發生的機率也清晰地表現出來，而且被過度加權，強化的可能性效應和強化的確定性效應兩者相加，就沒有多少空間讓決策加權去改變 21% 機率和 84% 機率之間的差異了。

生動的機率

流暢的、生動的，和容易出現的影像會影響決策加權，這已得到很多其他觀察的支持。在一個很有名的實驗中，受試者可以從兩個罐子中選一個罐子，摸一顆彈珠出來，如果是紅色的，他就贏了。

A 罐中有 10 顆彈珠，其中 1 顆是紅的。

B 罐中有 100 顆彈珠，8 個是紅的。

你會選哪一個？在 A 罐中，贏的機率是 10%，B 罐中是 8%，所以這個選擇很容易，但是不對：有 30% ～ 40% 的學生選了紅色彈珠比較多的 B 罐，而不是贏得紅色彈珠機率比較高的 A 罐。艾普斯坦（Seymour Epstein）認爲這個結果說明了系統一表面處理的特質（他把系統一叫做經驗的系統 experiential system）。

你可能會預期，人們在這個情況下，所做的愚蠢選擇會引起很多研究者的注意。這個偏見有很多的名字，我跟著史洛維克也叫它爲「分母的忽略」（denominator neglect）。假如你的注意力是聚焦在能使你贏的彈珠上，你就不會去管不能讓你贏的彈珠，至少不會給予它們同樣的注意力。生動的影像導致分母的忽略，至少我的經驗是如此。當我想到小罐時，我看到 1 顆紅的彈珠在一堆白色彈珠中，而當我想到大的罐子時，我看到 8 顆紅彈珠在一堆白色彈珠中，這給我一個比較有希望的感覺。這個特別生動、顯著的紅彈珠增加了決策的加權，強化了可能性效應。當然，對確定性效應來說也是這樣。同樣是有 90% 的機會去贏一個獎，那麼 100 顆彈珠中有 10 顆是讓你「輸」的彈珠，會比 10 顆中只有

1 顆是讓你輸的彈珠，更加凸顯輸的可能性，雖然它們的結果都是一樣。

這個分母的忽略幫忙解釋了爲什麼不同的風險溝通方式在效應上會有這麼大的差異。你讀到「一個保護孩子不會得到致命疾病的疫苗有 0.001% 的機會造成永久性傷害。」這個風險看起來很小。但是假如把它寫成「十萬個接種疫苗的孩子中，有一個會得到永久性的傷害。」你心中立刻浮現一個殘障孩子的影像，999,999 個安全接種的孩子就退到背景裡去了。就如分母的忽略所預測的，低機率的事件在用相關頻率來描述（例如有多少）時，會得到比較重的加權，這是與抽象的「機率」、「風險」、「有多可能」名詞相比較時的情況。我們在前面曾看到，系統一比較會處理個人的訊息而比較不會處理類別的訊息。

頻率的效應很大，在一個研究中，一部分受試者讀到「每一萬人口中，有 1,286 人因某個疾病而死亡」會比讀到「某個疾病會使 24.14% 的人口死亡」更覺得這個疾病危險，第一個疾病比第二個疾病看起來更有威脅性，雖然第一個的風險只有第二個疾病的一半。在一個更爲直接的分母的忽略例子中，「每一萬人中，有 1,286 人死亡」，被判斷爲比「每一百人中，有 24.4 人死亡」更爲危險。如果受試者直接去比較公式，就可以減少或去除這個效應，因爲比較公式是系統二的工作。然而生命通常是一個受試者間的實驗，你一次只能看到一個公式。必須要有特別活躍的系統二，才能找出你所看到的那個公式的其他可能性，進而發現它可以有不同的反應。

有經驗的犯罪心理學家和精神科醫生也不能免於這個因風險表達方式不同所造成的不同效應。在一個實驗中，專家們評估是否可以把一個精神病院的病人瓊斯先生放出來，這個人有暴力傷害的歷史。他們所接受到的訊息包括一個專家對風險的評估，同樣的統計數字是用下面兩種不同的方式描述的：

與瓊斯先生相似的病人被估計有10%的機率在出院後的頭幾個月會做出攻擊的暴力行為。

每100名跟瓊斯先生類似的病人中，有10名被估計在出院後的頭幾個月會做出攻擊性的暴力行為。

結果看到頻率呈現方式的專家駁回病人的申請幾乎是看到機率呈現的兩倍（41%對機率呈現的21%）。描述得愈生動，會對同樣的機率賦予更高的加權。

不同呈現事實的方式，創造了一個操弄的機會。那些手上有斧頭知道怎麼去磨的人懂得如何去利用它，史洛維克和他的同事引用了一篇文章，裡面說：「全國一年中大約有一千件謀殺案是因爲有嚴重精神疾病的人沒有吃藥所犯下的。」用另一個方式來表達同樣的事實：273,000,000名美國人士中，有1000名，每年會死於這個方式；另一個方式是「每年被這種人謀殺的機率是0.00036%」；還有另一個方式是，「每年，有一千名美國人會死於這個方式，比死於自殺人數的三十分之一還少，大約是死於喉癌人數的四分之一。」史洛維克指出，「這些擁護者非常公開地表示他們的動機：他們要讓老百姓害怕，使他們恐懼精神病患者的暴力，他們希望老百姓的這個恐懼會使政府分配精神健康的錢多一些。」

一個好的律師，希望讓陪審員對DNA的證據產生懷疑時，他不會告訴陪審員，「比對錯誤的機率是0.1%」，他這樣說，「一千個案子中，有一次比對錯誤」，這個方式比較容易使陪審員跨過合理懷疑的門檻。聽到這句話的陪審員會在腦海中出現一個影像，一個人坐在法庭上，他因爲 DNA 檢驗出了錯被誤判了。檢察官當然會贊成比較抽象的框架，他希望陪審員的心中充滿了小數點。

從整體印象得出的決定

證據顯示，聚焦的注意力和鮮明性會導致高估不可能事件發生的機率，並過度加權不可能的結果。鮮明性是只要提到這個事件就會被強化，因爲它被描述的方式很生動。當然，一定有例外；也就是說，聚焦在一個事件上，也不見得一定會增加它的機率：如一個錯誤的理論使一個事件看起來是不可能的事，即使當你去想的時候，或是你根本無法去想像這個結果可能會是什麼樣時，你會認爲這種事絕對不可能發生。對一個鮮明事件高估和過度加權的偏見並不是一個絕對的規則，但是它的效力很大很強壯，隨處可見。

近幾年來，學者對於「從經驗中來的選擇」（choice from experience）很感興趣，這與展望理論中所分析的「從描述中來的選擇」（choice from description）有著不同的規則。在一個典型的實驗中，受試者面前有兩個按鈕，當按鈕時，每一個鈕會產生金錢的回報，或是什麼都沒有。這結果是依照設定的機率隨機安排的（例如：5% 贏 12 元，或 95% 機會贏 1 元）。這個歷程是完全隨機的，所以不能保證一個受試者所看到的樣本可以完全代表統計的設定。跟這兩個按鈕所聯結的期望值大致上是一樣，但是一個比另一個的風險大一點（即一個鈕在 5% 的嘗試中可能產生 10 元，而另一個鈕則是 50% 的嘗試中產生 1 元）。這設計是讓受試者做很多的嘗試，從中讓他自己觀察到按一個鈕和按另一個鈕的不同，而得出「從經驗中來的選擇」。從「描述中來的選擇」則是給受試者看每一個按鈕所聯結的機率（如 5% 的機率贏 12 元），請他去選擇要按哪一個。如同展望理論的預期，「從描述中來的選擇」得到的是可能性效應（possibility effect），把罕見的結果過度加權，這是就它發生的機率來說，加權過度了。相反的，過度加權卻從來沒有在「從經驗中來的選擇」上觀察到，這是很顯著的差異，很明顯的對比，在「從經驗中來的選擇」普遍看到的是加權不足。

「從經驗中來的選擇」的實驗情境是要去代表許多情境，我們會接觸到來源相同、結果卻不同的許多情境。一個普通的餐廳偶爾會燒出特別好或特別糟的菜來。你的朋友通常是好的伴侶，但是他有的時候也會心情不好，講話刻薄。加州容易有地震，但是很少發生。很多實驗的結果顯示，當我們在做選擇餐廳或把熱水爐固定住以減少地震損失的這些決定時，並不會對罕見事件過度加權。

如何解釋「從經驗中來的選擇」還沒有完全定案，但是大家對罕見事件在實驗中及在眞實世界裡的加權不足的主要原因已有共識：許多受試者根本沒有經驗到罕見事件！大部分的加州人從來沒有經驗過大地震，在 2007 年，沒有任何一個銀行家有過巨大金融危機的個人經驗[1]。赫威格（Ralph Hertwig）和艾瑞夫（Ido Erev）注意到「罕見事件的機率（如房地產泡沫化）比它們根據客觀機率所應產生的影響還小。」他們用大眾對長期環境威脅不

1 舊金山大地震發生在1906年，經濟大恐慌發生在1929年。

愠不火的反應做例子。

這些忽略的例子很重要也很容易解釋，但是當人們有實際去經驗罕見事件時，加權不足仍然會發生。假設你有一個複雜的問題，跟你同一層樓的兩位同事可能可以幫你解答。你認識他們很久了，而且有很多的機會去觀察並經驗他們的人格。阿德列（Adele）一般來說是一直很願意幫助人，雖然不是特別願意幫助人。布萊恩（Brian）不像阿德列那麼友善，那麼願意幫助人，但是在有些場合，他是非常慷慨地貢獻他的時間與忠告。你會去找誰來幫助你？

請看這個決策的兩個可能的觀點：

- 這是兩個賭局的選擇。選阿德列比較可能有好的結果，選布萊恩比較可能有稍差的結果，但是有低的機率結果會非常好。這罕見事件會被可能性效應過度加權，你會選布萊恩。
- 這是你對阿德列和布萊恩兩個人整體觀感的選擇。你所有好的和壞的經驗是被綜合在你對他們正常行爲的表徵中。除非這罕見事件是非常的極端，使它個別進入你的心中（布萊恩有一次辱罵一位請他幫忙的同事），常模會偏向典型和最近發生的事件。你會選阿德列。

在兩個系統的心智中，第二個解釋是看起來可能得多。系統一產生阿德列和布萊恩整體性的表徵，這包括情緒的態度和趨向或迴避的傾向。除了比較這些傾向之外，你不需要別的因素去決定你想敲的門。除非罕見事件特別清晰地來到你的心中，它不會被過度加權。把這同樣的想法應用到「從經驗中來的選擇」上，也是很直接的。當時間過去，他們觀察到結果被呈現出來，這兩個按鈕發展出綜合的人格，情緒的反應就附在這個反應上。

對罕見事件被忽略或被加權的情境的了解，現在比當時展望理論剛提出來時，好得多了。罕見事件的機率常會（但不一定會）被高估，因爲我們的記憶有確認偏見。當你在想這個事件時，你在心中會想把它變成眞的，假如它特別吸引注意力，這個罕見事件就會被高估。當好處被很特定的描述出來（99% 機會贏 1 千元，1% 的機會什麼都沒有），不同的注意力會有效地分派到不同的事件上。執著性的關心（耶路撒冷的巴士）、生動的影像（玫瑰）、具體的表徵（一千裡面的一個）、沒明確的提醒（如「從描述中來的選擇」）這些都會導致過度加權。當沒有加權時，它就被忽略了。對罕見機率來說，我們的心智不是設計去把事情做對的。對居住在一個可能遇見罕見事件星球上的居民來說，這不是個好消息，我們不知如何去處理它。

說到罕見事件

「海嘯即使在日本也是很罕見的，但是它的影像是這麼的生動和引人矚目，遊客一定會高估它的發生機率。」

「這是很熟悉的災難循環，它從誇大和過度加權開始，然後人們就忽略這件事了。」

「我們不應該聚焦在單一的場景上，不然我們會高估了它的機率。讓我們設立特定的其他可能性，使機率加起來是 100%。」

「他們想要讓老百姓擔憂風險，這是為什麼他們把它描述成每一千人中死亡一人，他們用的就是分母的忽略。」

31

風險政策

想像你面對下列兩個並發的決策，先看一下這兩個決定的選項，然後做出你的選擇。

決定（1）請選擇：

A. 確定得到 240 元。

B. 25% 的機率贏 1,000 元，75% 機率什麼都沒有。

決定（2）請選擇：

C. 確定輸 750 元。

D. 75% 機率輸 1,000 元，25% 機率什麼都沒有。

這兩個選擇問題在展望理論的歷史中占很重要的位置。關於理性，它現在有新的事情要告訴我們。當你在看前面兩個問題時，你一開始對確定的事情（A 和 C）的反應是喜歡 A，厭惡 C。你對「確定得到」和「確定輸掉」的情緒反應是系統一的自動反應。這是在比較費力的計算期望值之前就發生了，這個期望值是贏得 250 元和輸 750 元。大部分人的選擇會和系統一的預測一樣，絕大部分的人選擇 A 和 D。就像很多有中、高機率的選擇中，人們在贏的領域裡，規避風險，在輸的領域裡，尋求風險。在特維斯基和我所做的原始實驗中，73% 的受試者在決定（1）中選 A，在決定（2）中選 D，只有 3% 的人選擇 B 和 C。

你被要求先去看兩個選項才去做你第一個選擇，你很可能照著做了。但是有一件事你沒有做——你沒有去計算綜合這四個選項的可能結果（A 和 C、A 和 D、B 和 C、B 和 D）來決定哪一個組合你最喜歡，你對這兩個問題分開的偏好是直覺的，馬上看得到的，而且你沒有理由去預期它們可能會帶來麻煩。此外，綜合兩個決策問題是很辛苦的事，你需要紙和筆來計算。你沒有這樣做。現在，請看下面的選擇問題：

AD. 25% 機會贏 240 元，75% 機會輸 760 元。

BC. 25% 機會贏 250 元，75% 機會輸 750 元。

這個選擇很容易，BC 比 AD 好，BC 選項「主控」（dominate 是個技術名詞，它指一個選項是明確的優於另一個選項）AD 選項。你已經知道下面是什麼了。這個主控 AD 的 BC 選項是在第一對決定問題中被拒絕的兩個選項組合，也是在原始的研究中，只有 3% 的受試者喜歡的。這個之前比較差的 BC 選項，在這次決策問題中，有 73% 的受試者喜歡。

廣還是窄？

這一套選項可以告訴我們很多有關人類理性的局限性。它幫助我們看到人類偏好的邏輯一致性是個沒有希望的海市蜃樓。

請再看一下最後一個問題（那個容易的）。你會想像把這個顯著的選擇問題拆解成兩個問題，使大部分的人去選擇比較差的選項嗎？這是眞的：每一個簡單的「得和失」的選擇可以用很多方式分解成幾個綜合選項，得出不一致性的偏好。

這例子也告訴我們在「得」時規避風險，和在「失」時尋求風險的代價是很高的。這些態度使你願意去付保險費以得到一個確定的「得」而不去面對一個賭局；同時也願意去付保險費（期望値）去避免確定的損失。這兩個付款來自同樣的口袋，你同時面臨兩種問題時，矛盾的態度不可能帶來最好的結果。

下面有兩個方式來建構決策 1 和 2：

- 窄框：分開來考慮兩個簡單的決定。
- 廣框：一個有四個選項的綜合決定。

廣框顯然優於窄框，的確，它在每一個需要沉思，一起考慮好幾個決策的案子中都是較好的（至少不會劣於窄框）。想像你要同時考慮五個簡單的決策，廣框（全體性）是一個包含 32 個選項的選擇。窄框有 5 個簡單的選擇，這 5 個選擇的序列會是廣框 32 個選項中的一個。它會是最好的嗎？或許，但不太可能。一個理性的人當然會選擇廣框，但是人類的天性是窄框的。

理想的邏輯一致性，如這個例子所顯示，是無法用我們有限的心智來達成的。因爲我們很容易陷入 WYSIATI，而且厭惡去做心智費力的事。當問題出現時，我們就會去做決定，雖然我們是特別被告知要整體去考量。我們既沒有傾向，也沒有心智資源去堅持我們偏好的一致性。我們的偏好並非如理性代理人模式所說的是合理的、一致性的、完整的。

山謬森的問題

20 世紀偉大的經濟學家山謬森（Paul Samuelson）有一次問他的朋友會不會接受一個丟銅板的賭局，輸了賠 100 元或贏了拿 200 元。他的朋友回答說：「我不會去賭，因爲我覺得輸 100 元的感覺比贏 200 元來得強，但是我會應你的邀請來賭，假如你能答應讓我丟一百次銅板。」除非你是決策理論家，你才會像山謬森的朋友有同樣的直覺：玩一個高賭注高風險的賭局很多次，就會降低主觀的風險。山謬森發現他朋友的回答很有意思，就去分析它。他證明在一些非常特定的情況下，拒絕單一賭局的人也應該拒絕很多次賭局，才會達到最大效用。

山謬森並沒有在意他的證明導致一個違反了普通常識的結論：幾百次的賭局是很吸引人的，沒有任何一個心智正常的人會拒絕。羅賓和瑟勒指出，「玩一百次輸贏機率各是 50：50，輸了賠 100 元，或贏了拿 200 元的賭注，預期收入有 5,000 元，只有 1 / 2,300 的機會輸錢，1 / 62,000 的機會輸 1,000 元以上」，他們的重點當然是說，假如效用理論可以跟這個愚蠢的偏好一樣一致的話，那麼，一定有什麼地方出錯了。山謬森沒有看到羅賓對小額賭注也有嚴重損失規避的證據，但是即使看到了，他也不會驚奇。他甚至願意去思考人們是否會理性拒絕這一百次賭局的可能性，由此可看出他對理性模式的強烈信仰了。

讓我們來假設一個非常簡單的價值函數，用它來描述山謬森的朋友（且叫他山姆）的偏好。爲了表示他對損失的厭惡，他先重寫賭局，每一次輸了，損失金額要乘以 2，然後他計算這個新賭局的期望值，下面是擲三次銅板的結果，只要這三次就足以讓你一看之下，瞳孔放大了。

		期望值
擲第一次	50% 輸 100 元，50% 機會贏 200 元	50 元
輸則雙倍	50% 輸 200 元，50% 機會贏 200 元	0 元
擲第二次	25% 輸 200 元，50% 機會贏 100 元，25% 贏 400 元	100 元
輸則雙倍	25% 輸 400 元，50% 機會贏 100 元，25% 贏 400 元	50 元
擲第三次	12.5% 輸 300 元，37.5% 贏 0 元，37.5% 贏 300 元，12.5% 機會贏 600 元	150 元
輸則雙倍	12.5% 輸 600 元，37.5% 贏 0 元，37.5% 機會贏 300 元，12.5% 機會贏 600 元	112.5 元

你可以看到賭局的期望值是 50 元，然而，擲第一次對山姆來說，一點價值也沒有，因爲他感受到輸 1 元的痛是贏 1 元的快樂的兩倍。在重新寫過賭局規則來反映他對損失規避後，他發現這賭局的期望值是零。

現在請來看一下擲第二次的情形。現在輸錢的機率下降到 25%，兩個極端的結果（輸 200 或贏 400）在價值上互相抵消了，他們喜歡的程度是相同的，輸的加權是贏的兩倍，但是中間的結果（一輸一贏）是可能的，所以綜合起來看。現在你可以看到窄框的代價以及合計的魔力，這裡是兩個偏好的賭局，拆開個別看對山姆一點好處也沒有，假如他是在兩個不同的場合看到這個條件，他一定會拒絕去賭。然而，假如他把這兩個賭局綁在一起，它們就值得 50 元了。

當把第三個賭局也綁在一起時，就更好了，兩個極端的結果仍然是相互抵消，但是它們已經變得不重要了。當擲第三次時，雖然就它本身來看，是一點價值也沒有，但是它已經增加了 62.5 元到整個計畫中。到這個時候，山姆已經賭了五局了，期望值會是 250 元，他輸的機率是 18.75%，他的現金等值是 203.125 元。這個故事值得注意的一點是，山姆從來沒有動搖他對損失的規避。然而，把偏好的賭局綁在一起時，快速地減少了輸的機率，而損失規避對他偏好的影響已經逐漸消失了。

現在，假如山姆拒絕一個單次很高機率會贏的賭局，我就要勸告他下面這段話，假如你跟他一樣，也是對損失規避有著不合理的堅持，那麼這段話也是講給你聽的：

> 我同情你討厭輸的感覺，但是對損失規避會花掉你很多的錢。請考慮一下這個問題：你現在躺在床上快要死了嗎？這是不是你這輩子最後一個贏面不大的小賭局？你不可能再有機會去賭同樣的賭局，但是你有很多的機會去考慮許多有趣的賭局，賭注跟你的財富相較之下很小。你會幫你自己的財務狀況一個大忙，假如你能夠看到每一個這種賭局都是許多小賭局綁在一起的話。假如你一直複誦這個神咒（mantra）——你贏一些，你輸一些——這會使你非常接近經濟學上的理性。這個神咒的主要目的是在你輸的時候控制你的情緒反應。假如你相信神咒是有效的，在決定要不要接受一個有正向期望值的小風險時，用它提醒你自己。使用神咒時，請記得這些條件：
>
> - 當賭局是真正彼此獨立時，它才會發揮作用，它不

適用於同一產業的多重投資，它會全軍覆沒。

- 當可能的損失不會使你對你整體財富擔憂時，它才會發揮作用，假如你會把損失看成你經濟情況的一個惡耗，就要小心，不可用它。
- 它不可用在長期的賭注上，即當每一個賭注贏的機率都很小時。

假如你有這個規則所需要的情緒紀律，你就永遠不會把小的賭局看成一個獨立的單一事件，或爲很小的賭局產生損失規避，直到你最後已經躺在床上，隨時準備升天了——即使在那個時候，也不可以。

這個忠告並非不可能遵循，在金融市場有經驗的交易者每天都這樣過日子，保護自己不受損失的痛，他們用的方式就是這個廣框。就如前面提到的，我們現在知道實驗的受試者幾乎可以完全治癒他們的損失規避，只要引導他們去「跟交易者一樣的思考」（think like a trader），就好像有經驗的棒球卡交換者不會像新手一樣受到稟賦效應的影響，他不會捨不得把卡片交換出去，只要這個交換對他是有利的。學生們會在不同的指示下做出有風險的決策（去接受或拒絕他們會輸的賭局）。在窄框的情境，他們接到的指示是「把每一個決定當作是單獨一個的決定」，而且告訴他們可以接受跟隨賭局而來的情緒。對廣框組受試者的指示是「想像你自己是個交易者，你每天都在做這種決定，把它當作金錢交易決定中的一個，它最後加總起來會成爲你的投資組合。」這個實驗用生理的測量（如測謊時皮膚上電流反應、心跳、肌肉張力等等）來得知受試者對贏和輸的情緒反應。如同我們預期的，廣框的受試者對輸的情緒反應較鈍，也較願意去接受風險。

損失規避和窄框結合起來是一個很花錢的詛咒。個人投資者可以避免這個詛咒，達到廣框的情緒益處，同時也可減少一直去看他們投資表現的頻率來節省時間和痛苦。密集去看每天投資的波動會失去原有的立場，因爲頻率高的小損失所帶來的痛苦，會超越同樣頻率所帶來小贏的喜悅，個人投資者就會忘記當初投資的初衷。大概每三個月檢視一次投資表現就夠了，甚至還不需這麼頻繁。除了增進生活的情緒品質，特意避免去看到短期的結果會增進決策和結果的品質。看到季報甚至半年報的投資者不會一直接到壞消息，也比較不那麼損失規避，他最後賺的錢反而比較多。假如你不知道每一張股票每一天（或每一週、每一個月）的表現是如何，你就不會去操那個無用的心，若能在幾個週期內不改變你的立場（相當於投資的「套牢」）會增加你財務的表現。

風險政策

傾向於窄框的決策制定者每次面對一個風險選擇時，就會去建構一個偏好。假如他們有風險政策的話，他們投資的表現會更好，因爲只要出現相關問題，就能用同樣的政策去應對。熟悉的風險政策例子如：在買保險時，永遠選最高的賠償金自負額（deduction），永遠不要買「延長保證」[1]。風險政策是一個廣框，以保險公司爲例，你預期偶爾會有損失發生，或某一個沒有被保險到的產品失去功能了。保險就是買了心安，它使你能減少或去除偶然發生的損失所帶來的痛苦，因爲你知道保險公司會賠償你，你的損失被減少到最低。

合計的風險政策跟我之前談到計畫問題中的外在看法很相

似。外在看法可以改變注意力焦點，從目前某個特定情境移轉到同樣情境的統計結果。外在看法就是計畫思考的廣框。風險政策也是一個廣框，在一組類似選擇中嵌一個特定的風險。

外在看法和風險政策是兩個影響很多決定的明顯偏見的補救辦法：一個是計畫謬論的誇大樂觀，另一個是因損失規避而產生的過分小心，這兩個偏見是相互對立的。誇大的樂觀保護個人和團體組織不受損失規避所帶來的癱瘓效應。損失規避保護他們不受過度自信樂觀幻想之害。這結果對決策制定者來說很好，樂觀者認為他們所制定的政策比應該的更謹慎，損失規避的政策制定者正確地拒絕了那些邊緣的提案，若不是損失規避，這些提案可能就會被接受了。當然，沒有人能保證這兩個偏見在每一個情境都能彼此抵消掉。一個能夠去除過度樂觀和過度規避損失的組織應該可以辦到。外在看法和風險政策兩者的組合應該是組織的目標。

瑟勒談到有一次他與一間大公司25個部門的高階經理人討論決策制定。他問這些經理人一個問題：假如有同樣的機率，會輸掉很大一筆他們手上保管的資本，或贏得雙倍的錢，他們會冒這個風險嗎？結果沒有一個主管願意去冒險，瑟勒於是轉向這個公司的執行長，問他同樣的問題，執行長毫不猶疑地回答：「我要他們全部都去接受這個風險」。在那個談話的情境下，執行長很自然地採取廣框的政策，把25個賭局統統包括進來，就像山姆面對100個銅板的拋擲一樣，他可以相信統計的合計去減少整體的風險。

---

1 產品出來公司都會附一張保證書，叫warranty，保證這產品若干年之內不會壞；若壞了可換新的。保險公司有一種延長保證（extended warranty）的保險單，在原廠的保單過期後，由保險公司承擔保責再延若干時段。

說到風險政策

「告訴她像股票經紀人一樣的思考，你贏一些，你輸一些！」

「我決定只要每一季去評估一下投資組合即可，我對損失有太大的厭惡，使我不能看著每天起伏的價格做出理性的判斷。」

「他們從來不買延長的保險單，這是他們的風險政策。」

「我們每一個執行長在他們自己的領域中都是損失規避的，這非常自然，但是這結果卻造成組織保守，沒有去冒足夠的風險。」

32
計分

除了非常窮的人，他們的收入僅能維持生活，對大部分追求金錢的人來說，他們主要的動機不一定是經濟上的。對要賺另一個1億元的億萬富翁來說，或者爲賺一點零用金參加經濟學專案實驗的受試者來說，錢是自我看法和成就量表上的一個點。這些報酬和懲罰、承諾和威脅，都在我們的腦海中，我們仔細地爲它們計分。它們塑造了我們的偏好，促使我們行動，就像社會環境中的激勵動機。我們拒絕停損，因爲停損就等於承認失敗，我們不喜歡會帶來後悔的行爲，但是可以很清楚地區分失職和職責（omission and commission），做和不做。因爲每一個人對責任的感覺不同。報酬或是懲罰帶來的最終價值通常使人有情緒反應，這是心智的自我感覺形式，當個人替組織做代理人時，不可避免會產生的利益衝突。

心智帳戶

瑟勒多年來一直爲會計的世界和我們用來組織並運作生活的心智帳戶的相似性著迷。心智帳戶有很多種類，我們把錢存在不同的帳戶中，有的時候是實質的，有的時候是心智的。我們花錢、儲蓄、爲孩子存教育基金，或是醫療費用。我們心中有很清楚的輕重緩急層級，知道該從那些帳戶中提款來應付燃眉之急。我們用帳戶來達到自我控制的目的，例如我們做家用帳的預算，限制每一天喝義大利濃縮咖啡的杯數或增加運動的時間，這一項預算用完了就不可以再花錢。我們常會爲自我控制付出代價，例如，把錢存入儲蓄帳戶，可是信用卡上又有未償還金額。理性代理人模式的經濟人並不會訴諸心智帳戶：他們對結果有完整的看法，而且被外在誘因所驅使。對普通人來說，心智帳戶是窄框的形式，每件事都被我們的心智牢牢的控制、處理著。

心智帳戶常被用來計分，記得高爾夫球員在避免柏忌時，會比想打出博蒂時打得好嗎？我們從這得到的一個結論是，最好的高爾夫球選手爲每一洞創造一個個別的帳戶，而不是將整體的成功記錄在單一帳戶。瑟勒在他早期的論文中舉了一個令人出乎意料的例子，是目前對心智帳戶如何影響行爲最好的說明：

> 兩個球迷計畫要開 40 英里的路去看一場籃球賽，有一個人已經買了票，另一個人正要買票時，他的朋友送給他一張票。當天氣象報告說晚上有暴風雪，你覺得這兩個人哪一個人比較會不顧風雪，冒險去看球賽？

答案顯而易見，那個自己付錢買票的人比較會冒風雪去看球賽。心智帳戶提供了一個解釋。我們假設兩個人都在他們心中開了一個要去看球賽的戶頭，沒去看戶頭就會被關掉，而且留下負數。不管他們是怎麼拿到球票的，兩個人都會很失望——但是關掉戶頭對花錢買票的人負得更厲害，因爲他花了錢又沒看到。留在家裡對這個人來說是更糟的感覺，所以他比較有動機去看這場球賽，也就比較願意在風雪中開車了。這些是系統一對情緒平衡默默地在計算，是未經深思的運作。標準的經濟學理論並沒有把人們依附在他們心智戶頭的情緒計算在內。經濟人知道這票已經買了，不能退票，這個開支是已經花出去了，經濟人不會在乎這票是自己買的還是朋友送的。爲了要達成這個理性的行爲，系統二就必須要知道這個非事實的可能性：「假如這張票是朋友送我的，我還會冒風雪去看嗎？」這個困難的問題需要一個有紀律的心智主動提出。

一個類似的錯誤折磨著個人投資者，當他把股票賣掉時：

你需要錢去支付你女兒的婚禮，所以你必須賣掉一些股票。你記得每一張股票的買進價格，也能指出哪些是賺錢的股票，目前的價格都比你買的時候高；哪些是賠錢的股票，現在的價格比你買的時候低。在你的投資組合中，藍莓磁磚是賺錢的，如果你今天賣掉它，你會賺5千元。你也同樣投資在第凡內汽車，它現在的價錢比你買的時候少了5千元。這兩種股票的價值最近幾週都很穩定，你會去賣哪一支股票？

你可以這樣想：「我應該關掉藍莓磁磚的帳戶，在我的投資記錄上留下一個成功者之名。但是，我也可以關掉第凡內汽車的帳戶，在我的紀錄中，多增加一筆失敗的紀錄。我應該怎麼做？」

假如這個問題被框架成給你自己快樂或給你自己痛苦，你當然會去賣掉藍莓磁磚，享受你成功投資者的滋味。金融的研究發現大部分人會去賣贏的股票而不會去賣輸的股票。這個偏見有一個不直接了當，不易懂的名字，叫「處置效應」（disposition effect）。

處置效應是窄框的一個例子。投資者為他買的每一個股票設立一個戶頭，他要在賺錢時才關掉戶頭。一個理性的代理人會通盤來考量投資組合，把未來可能表現最不好的股票賣掉，而不會去考慮這是賺的還是賠的。特維斯基告訴我他跟一位金融顧問的談話，這個人跟特維斯基要他所買的所有股票的名稱，包括買進價格，當特維斯基很客氣地問：「買進來的價格不是應該沒有什麼關係嗎？」這位金融顧問表現出很驚訝的樣子。他顯然一直認為心智帳戶的現狀是一個有效的考量。

特維斯基對這位金融顧問信念的猜測可能是對的，但是他認為買進價格無關是錯的。買進價錢的確有關係，甚至連經濟人都應該去考慮它。處置效應的偏見代價很大，因為應該去賣賺的還是賠錢的股票，其實有很清楚的答案，並不是說選擇賣哪一支股票都沒有差別。假如你關心的是你的財富而不是你立即的情緒，你應該賣掉第凡內汽車的股票而保留賺錢的藍莓磁磚。至少在美國，稅提供你一個很強的動機：賣虧本股票所虧的錢可以減稅，而賣賺錢股票所賺的錢要課稅。這是所有美國人都知道的最基本的財務事實，造成所有投資者在一年的某個月（12 月）賣掉他賠本的股票（因為美國稅年終止在 12 月 31 日）。抵稅的好處當然是每一個月皆如此，但是一年中有十一個月，你的心智帳戶戰勝你的普通常識，直到年底要報稅了，你就得趕快處理了[1]。另一個反對賣賺錢股票的論點是一個歷歷可考的市場異象：一個最近很紅的股票它很可能繼續紅一陣子。這個淨效果很大：賣掉第凡內汽車而不是藍莓磁磚的次年預期稅後收入是3.4%。關掉一個賺錢的心智帳戶是很愉悅，但是這愉悅是要付代價的。這個錯誤是經濟人永遠不會犯的，而一個會運用系統二的有經驗投資者，也比較不會像新手一樣去犯這個錯誤。

一個理性的決策制定者只會對目前投資的未來結果感興趣。爲先前的錯誤找理由不是經濟人所關心的。當有更好的投資機會出現，卻把更多的錢投入一個賠錢的帳戶中叫做「沉沒成本謬誤」，這在很多大決策和小決策中都是損失慘重的錯誤。在暴風雪中開車去看球賽只因爲已經買了票，就是一種沉沒成本謬誤。

想像一個公司已經花了5千萬在一個專案上，這個專案不僅進度落後，而且現在預測它的收益比一開始計畫這個專案時差得多，你需要再投資6千萬下去才能使這專案起死回生。另一個選擇是把錢投到另一個新的、目前看起來會帶來更高收益的專案上，你認爲這公司會怎麼做？太多公司受到沉沒成本的折磨，決定還是開車進入暴風雪中，把錢白白投進無望的帳戶中，而不願接受關掉失敗帳戶的羞辱。這個情況在四象限型態的右上角象限中（參見第29章），在確定的損失和一個不被看好的賭局中做選擇，一般人常常不智地選擇這個不被看好的賭局。

對一個失敗的專案持續升高承諾，繼續投錢進去挽救，從公司的立場來說是個錯誤的事，但是從「擁有」這個掙扎專案的執行長來說，並不見得一定是錯誤。把專案取消會在這個執行長的紀錄中留下一個永久的污點，從他個人的利益來看，他當然會用公司的錢去賭一下，希望贏回當初的投資——或至少延緩必須

1 可以抵稅的捐款也是在年底大量湧入。

認輸的日子到來。在沉沒成本出現時，經理人的動機跟公司和股東的目標就偏離了，這種常見的錯誤叫做「代理問題」（agency problem）。董事會很清楚這種衝突，常會把這種受先前決策影響不願意承擔損失的執行長換掉。董事們不見得認爲新的執行長就會比舊的能幹，但是他們知道新的執行長沒有心智帳戶的包袱，在評估目前的機會時，比較容易去忽略過去投資的沉沒成本。

這個沉沒成本謬誤使人們在不好的工作、不愉快的婚姻、沒有希望的研究上待得太久。我常看到年輕的研究者在一個注定毀滅的專案中掙扎，其實他們最好是放掉它，重新開始一個新的。幸運的是，研究發現這個謬誤至少在一些情境下可以被克服。經濟學和商業課程中有教學生如何辨識沉沒成本謬誤，也得到很好的效果：證據顯示這些領域的研究生比別的學生更願意放棄一個失敗的專案。

悔恨

悔恨是一種情緒，同時也是我們加諸給自己的一個懲罰。恐懼悔恨是很多人在做決定時的一個影響因素（「不要做，你會後悔的」是一個常見的警告），而這悔恨的經驗是每個人很熟悉的。兩個荷蘭心理學家曾經仔細地研究過悔恨的情緒狀態，他們說悔恨是「伴隨著應該準備充分一點、有不祥的預感、覺得自己犯了一個錯，讓機會流失了、恨不得踢自己一下來改正這個錯誤、很想重頭來過、想得到第二次機會」的感覺。強烈的悔恨是當你想像你可以怎麼做卻沒有這樣做，或你做的是你覺得不應該做的感覺。

悔恨是被眞實的另一個可能性所引起的非事實情緒。每一次飛機失事，就有很多說某人不應該搭上這班死亡飛機的故事——他們在最後一刻才拿到了機位、他們被別的航空公司轉過來搭、他們本來應該早一天出發，因故延了一天。這些故事的共同點就是他們都涉及不尋常的事件，不尋常的事件比尋常的事件容易在想像中還原，重來一次。聯結記憶中的表徵是正常世界的表徵，一個不尋常的事件會吸引我們的注意力，它同時也會活化這個念頭——在同樣的情況下，它如果正常發展的話會怎麼樣。

要了解悔恨和正常的關係，請看下面這個情境：

布朗先生幾乎從來不載搭便車的人，昨天他讓一個人搭便車，結果就被搶了。

史密斯先生常常順道載搭便車的人一程，昨天他讓一個人搭他的便車，結果被搶了。

你認為這兩個人誰會比較悔恨？

結果不令人驚訝：88%的受試者認爲是布朗先生，12%的人認爲是史密斯先生。

悔恨跟被怪罪不同，另一批受試者看到的是同樣故事、不同的問題：

誰會受到別人較嚴厲的批評？

結果：布朗先生23%，史密斯先生77%。

悔恨和怪罪都是由跟常模比較而引發的，但是兩個相關的常模並不相同。布朗先生和史密斯先生所經驗到的情緒是來自他們平常對搭便車者的態度。對布朗先生來說，載搭便車的人是一個不尋常的事件，所以大部分的人會預期他會有比較強的悔恨。然而，觀察者會去比較這兩個人的行爲與以往合理行爲的常模來做判斷，而比較可能會去責怪史密斯先生，習慣性地冒這個不合理的風險。我們很想說史密斯先生是自找麻煩，而布朗先生只是運氣不好。但是布朗先生比較會去怪罪自己，因爲在這件事上他做了一個自己平時不會做的事。

決策者知道他們很容易悔恨，並預期這個痛苦的情緒在許多決策上扮演了重要的角色。下面這個例子讓你看到關於悔恨的直覺是非常一致而且明顯。

保羅擁有 A 公司的股票，在過去一年裡，他常想把它換成 B 公司股票，但是他後來決定不要。他現在發現假如當初換到 B 公司股票的話，會現賺 1,200 元。

喬治擁有 B 公司股票，在過去一年裡，他把它換成 A 公司股票，他現在發現，假如他不換的話，他現在就賺 1,200 元。

誰會比較後悔？

結果也是非常清楚：8% 的人說保羅，92% 的人說喬治。

這很奇怪，因爲這兩個投資者的情況在客觀上是相同的，他們兩個人都有 A 公司的股票，兩個人都是假如換成 B 公司股票會比較好，賺得的錢也一樣多。唯一不同是，喬治是因爲他採取行動才得到今天這個結果，而保羅則是沒有採取行動才得到今天這個結果。這個小例子說明了一個概括的故事：人對行動所產生結果的情緒反應大於不行動所產生結果的情緒反應。這在賭局中也得到證明：人對賭了且贏了的快樂會強過抑制自己不去賭但得到同樣金額的快樂。這個不對稱性在損失上也是一樣，也可應用到悔恨和怪罪上。這個重點不是在做或不做，而是在預先設定的選項（default option）和偏離預設選項的行爲之間的差別。當你偏離預先設定的行爲時，你可以很容易想像常模——而且如果預先設定的行爲是跟不好的結果聯結在一起，這兩個之間的不一致就可能是痛苦情緒的來源。例如，擁有某個股票的預先設定行爲是不去賣股票，但在早上遇見你的同事時的預先設定行爲是打招呼。賣股票和沒有跟你同事打招呼兩者都是偏離預先設定的行爲，都可能引起悔恨和怪罪的情緒。

在一個顯示預先設定行爲有多麼強有力的實驗中，受試者玩電腦中的21點（blackjack），有的受試者被電腦問：「你還要不要加一張？」其他的受試者被電腦問：「你要不要停手？」不管問題是什麼，假如結果是不好的（超過21點），你說「要」比你說「不要」的悔恨程度更高。這個問題顯然建立了一個預先設定的反應：「我沒有很強的意願要這樣做」，跟預先設定的行爲不同才造成悔恨。另一個情境是行動才是預先設定的行爲：有一個球隊在最後一場比賽中輸得很慘，教練本來被預期去換人或改變策略，如果他沒有這樣做，這會產生悔恨和怪罪。

悔恨風險有不對稱性，它比較偏向保守常規的行爲和風險規避的選擇。這個偏見在許多情境可看到。那些被提醒可能會因爲他們選擇結果而感到悔恨的消費者顯現出對保守選項的偏好，傾向購買有品牌的東西，而非一般沒商標的商品。在年度快要終了時，基金經理人的行爲也顯現出預期評估的效應：他們會把顧客帳戶中一些非傳統投資會選擇的股票和可能有問題的股票出清。它甚至影響生或死的決定，想像醫生在診治一個病入膏肓的病人，有一個治療法是正常的標準療程，另一個是特別的、不尋常的。這個醫生有理由去相信非傳統的治療對病人可能有利，會增加病人的機會，但是他沒有把握。開出這個不尋常治療法的醫生會面對一個巨大的悔恨、怪罪，甚至訴訟的風險。以後見之明來看，醫生比較容易去想像一個正常的選擇，不正常的選擇比較容易被取消。沒錯，如果成功，好結果會增加醫生的名聲，但是可能的好處比起可能的壞處小太多了，因爲成功一般來說是比失敗更正常的結果，所以醫生不會去嘗試不尋常的治療方式。

責任

在許多情境中，失的加權是得的兩倍：在賭局的選擇上，在稟賦效應上，在價格改變的反應上都是如此。損失規避的相關係數在一些情境中高很多。有些比金錢更重要的東西（如健康），你的損失規避會更嚴重；此外，「賣掉」某些重要的東西會使你蒙受嚴重後果時，你會強烈地不願意賣出。在瑟勒早期的消費者行爲經典研究上，有一個很引人注意的例子，我把它稍微修改一下成爲下面的問題：

你曾經暴露在一種疾病之下，假如你被感染，你會在一週之內，很快無痛地死去。你得到這個病的機率是千分之一。現在有一種疫苗，它必須在任何症狀出現前先施打，才會有效。你願意付多少錢去買這種疫苗？

大部分人願意去付很多但有上限的金額。面對死亡是件不愉快的事，但是風險很小，好像不値得花掉你所有錢去避免它。下面再看稍微不同的版本：

剛剛上面那個疾病需要自願者來做研究。你需要暴露你自己在一個感染機會千分之一的疾病下，你至少會要求多少錢才肯參與這個實驗？（你不可以去買疫苗）。

如你預期的，自願者所要求的錢比他們願意去買疫苗的錢高了很多，瑟勒非正式的報告說，這個比例大約是 50：1。非常高的賣價反映了這個問題的兩個特質，第一，你不應該出賣你的健康，這交易是不合法的，因爲有勉強性所以它需要比較高的價錢才有人願意去做。或許更重要的是，假如結果是不好的，你要負起全責。你知道有一天早上醒來發現有症狀顯示你感染了這個疾病，很快就要死了，你在第二個例子中感到的後悔會比第一個多，因爲你可以拒絕這個販賣健康的想法，甚至想都不要想價格就該拒絕。你應該採用預先設定的選項，什麼都不要做，現在這個非事實的情況會讓你後悔一輩子。

前面提到父母對殺蟲劑可能有風險的反應調查中，同時也包括了他們願意去接受增加風險的程度。實驗者請受試者去想像他們用一種殺蟲劑。每 1 萬瓶中，15 瓶會有吸入和孩童中毒的風險。另有一個比較便宜的殺蟲劑是每 1 萬瓶中，16 瓶有風險。實驗者問這些父母，要打多少折，他們才會願意換成比較便宜、但比較不安全的殺蟲劑。超過三分之二的父母表示，不論便宜多少，他們都不願買較便宜的殺蟲劑，他們顯然對把孩子的安全跟金錢作交易的想法感到非常反感。那些少數願意接受折扣的人，要求的折扣金額遠高於他們願意買更安全產品的價錢。

每一個人都能了解、也能體諒這些父母親不願用錢去交換他們孩子的安全，即使是增加一點點風險也不願。然而，值得注意的是這個態度是不一致的而且有可能危害我們希望保護的安全性。即使最愛孩子的父母也只擁有有限的時間和資源去保護他們的孩子（這個「保護我孩子安全」的心智帳戶預算是有限的），所以似乎應該去尋找一些方法使這些資源能夠用到最好的地方。接受增加一點點風險卻可以省下很多的錢，其實可以把這些錢用在更能減少孩子暴露在其他危險之下的方法，或許用它來買更安全的兒童汽車座椅，去買插座蓋使孩子不會觸電。不接受任何增加風險的禁忌取捨（taboo tradeoff）不是一個運用安全預算的有效方式。事實上，這個抗拒的動機可能來自自私的恐懼悔恨，而不是希望使孩子的安全達到最佳狀態。這個「假如……？」的想法會發生在任何一個敢去做這種交易的父母心頭，萬一殺蟲劑產生了傷害，悔恨和羞恥的影像就會一直纏繞在他的心頭。

人們強烈厭惡爲得到其他好處而增加風險的交易，充分展現在用來規範風險的法律和規章上，這個趨勢在歐洲尤其強烈。預防原則（precautionary principle）禁止任何可能引起傷害的行動，在歐洲是廣泛被接受的教條。在一般法規的情況下，預防原則將舉證責任完全放在行動的那個人身上，他必須證明他的行爲是安全的，不會傷害到人或環境。許多國際團體都強調，在沒有科學證據來支持可能有傷害時，並不能當作承擔風險的充分理由。法學家孫斯坦指出，預防原則代價太高，當非常嚴謹地解釋時，它會癱瘓社會。他提到一份讓人印象深刻的創新清單，但是上面的東西沒有一件可以通得了預防原則的關卡，包括「飛機、冷氣機、抗生素、汽車、氯、麻疹疫苗、開心手術、收音機、冰箱、天花疫苗和 X 光」，強版的預防原則顯然是站不住腳。但是強化的損失規避則隱藏在大家都認同的強烈道德直覺中，它源自系統一。強烈的損失規避道德態度和有效的風險管理之間的兩難，無法有一個簡單且兩全其美的解決方式。

我們每天花很多時間去預期某事的發生，並試圖避免我們強加在自己身上的情緒痛苦。當我們評估我們的生活時，該多嚴肅地看待這個無形的結果，和自我加諸的懲罰（以及偶爾的報酬）？經濟人是不會有這個情緒的，而這個情緒對普通人的代價很大。它導致一些對個人的財富、正確的政策，以及社會的福祉不利的行動。但是悔恨的情緒和道德的責任是眞實存在的，沒有悔恨情緒和道德責任的經濟人可能與這樣的行爲無關。

如果讓你的選擇受到預期悔恨的影響，你覺得合理嗎？很容易就悔恨，就像很容易就昏倒，是生活中的事實，你必須去適應它。假如你是投資者，有足夠的財富，又很謹愼小心，你可能可以負擔得起一個將預期悔恨減少到最低的投資組合，但它可能不是最能增加你財富的投資組合。

你也可以採取一些預防後悔的步驟，或許最有效的方式是明確的處理預期悔恨。假如你可以很明確的記得什麼時候事情開始惡化，你就會在決定之前仔細考慮後悔的可能性，便能經驗少一點的後悔。你同時也該知道後悔和後見之明的偏見是同時出現的，所以任何避免或排除「後見之明」的動作都會有幫助。我個人避免「後見之明」的策略是在做會造成長期後果的決定時，要不然想得非常仔細，要不然就完全隨它去。「後見之明」在你有做過一點思考，剛剛好只夠讓你事後告訴自己說，「我差一點就做了對的選擇」時是最糟的。

吉爾伯特和他的同事挑釁地說，人們通常預期的後悔感覺比他們實際經驗到的更深，因爲他們低估了心理防衛的功效——即

「心理免疫系統」(psychological immune system)。吉爾伯特建議,你不應該太過於關注自己是否會悔恨,即使你有一些悔恨,也比你現在想像中程度少一點。

說到計分

「他的現金購買和信用卡購買有不同的心智戶頭,我一直提醒他,錢就是錢,不需要分開計算。」

「我們仍然持有那些股票,因為不想在關掉我們的心智戶頭時,帳戶處於虧損狀態,這就是處置效應。」

「我們在那家餐館發現一道非常好吃的菜,為了避免悔恨,我們從來沒有去試吃別道菜。」

「銷售員給我看了最貴的嬰兒汽車座椅,說這是最安全的,我沒有辦法使我自己去買便宜一點的座椅,它給我的感覺像是一個交易的禁忌取捨。」

33
逆轉

你的工作是替暴力犯罪的受害者談補償金。這個個案中的受害者是在走進他家附近便利商店時碰上搶劫，所以被射傷，失去了他的右手。

有兩個商店都很靠近受害者的住處，有一家他常常去，請想像下面兩個場景。

（1）搶劫發生在他平常常去的那家店。

（2）這個人常去的店因為家裡辦喪事，暫時不營業，他只好去另一家店買，結果就在那家店被槍傷了。

他在哪家店被槍傷對他的賠償金多寡有任何差異嗎？

你把這兩個場景聯合起來一起考慮賠償金是多少，你可以應用一個規則，假如你認爲場景（2）值得比較高的賠償金，你會給它比較高的金錢價值。

對這個答案有一個幾乎是普遍同意的原則：賠償金在這兩個

場景應該都一樣。賠償是因爲使人受傷變成殘廢，跟在哪裡受傷沒有任何關係。兩個場景聯合一起考慮是給你一個機會去檢視你跟受害者賠償有關的道德原則。對大部分人來說，受傷的地點不是考慮因素，就像其他需要明確比較的情境，這種思考是慢的，是系統二在運作。

心理學家米勒和麥克法蘭（Cathy McFarland）就是最初設計上述兩個場景的人，他們請不同的受試者逐一評估上述兩個場景。在他們受試者組間設計的實驗中，每個受試者只有看一個場景，分配一個金錢的價值給它。他們發現（相信你現在已經猜到了），受害者如果在他很少去的那家店受傷的話，他拿到的賠償金比他在平常去的那家店受傷還多很多。懊惱跟悔恨很類似，是「後見之明」的感覺，它會被引發出來是因爲一般人心裡自然會生出「要是他去平時買東西的那家店就好了……」的念頭。這個熟悉的系統一的替代機制和強度配對，把情緒反應的強度轉換成了金錢的量表，創造了一個賠償金額的大差別。

這兩個實驗的比較顯示了一個大的對比。幾乎每一個一起看到這兩個場景的人（受試者組內設計），都認爲懊惱不應該是法律上應考量的因素。很不幸的是，這原則只有在兩個場景同時考量時，才會發揮作用，它不是我們平常生活運轉的方式。我們的生活通常是以受試者組間設計的模式在運作的，並不會出現可能改變你心意的對比場景。當然，還有 WYSIATI。因此你的道德觀不見得能掌控你的情緒反應，而在不同場景下進入你心中的內在道德直覺是不一致的。

單一評估和聯合評估搶劫場景所造成的差異是屬於廣義的判斷和選擇逆轉。第一個逆轉偏好是在 1970 年代初期被發現的，後來陸續有許多逆轉的例子被發現。

挑戰經濟學

偏好的逆轉一向在心理學家和經濟學家的對話中，占有一席之地。列支斯坦和史洛維克這兩個心理學家所報告的逆轉現象，吸引了大家注意力。他們兩人在密西根大學做研究生時，正好特維斯基也在那裡，他們做了一個賭注偏好的實驗，我把它稍微修改如下：

在有 36 個號碼的大輪盤中，你可以從下面兩個賭注選擇一個。

賭注 A：11/36 贏 160 元，25/36 輸 15 元。

賭注 B：35/36 贏 40 元，1/36 輸 10 元。

你要在安全的賭注和最有風險的賭注中選一個：一個幾乎確定是贏很少的錢；另一個是很小的機會去贏很大的錢，而且有很高的機率輸。安全感很吸引人，所以大部分人選擇 B。

現在請把每一個賭注分開來看：假如你擁有那個賭注，你願意把它賣給別人的最低價是多少？請記得你不是在跟別人討價還價，你的作業只是決定最低多少錢，你就願意放棄這個賭注。試試看，你可能會發現，可以贏到的錢在這個作業中很突出，你評估這個賭注值多少錢是定錨在這個價值上。這結果支持了我們的猜測：你願意賣 A 的價格是高於賣 B 的。這就是偏好的逆轉：人們在選擇賭注時會選 B 而不選 A，但是假如他們想像自己擁有 A 或 B（其一），他們把 A 的價格設定得比 B 高。就像在前面提到被槍傷的情境中一樣，發生了偏好的逆轉，因爲聯合起來評估將注意力聚焦在情境的一個層面——事實上，A 賭局沒有 B 賭局安全，而這點在單獨評估時，比較不突出。那個在單獨評估時引發不同判斷的特質（例如受害者去到了不該去的店，後來被槍擊中），在聯合起來一起評估時，被壓下了或覺得是不相干的。系統一的情緒反應在單獨評估時，很可能是決定的因素，但是在兩個一起共同評估時，比較兩個情境的不同就引發了系統二的參與，因爲系統二是需要比較小心、比較費力的評鑑，效果就不同了。

偏好的逆轉在受試者組內設計的實驗中也被確定。在這個實驗中，受試者對很多商品做出兩套定價並從中做出選擇。受試者並沒有意識到自己選擇時的不一致性，他們在被指出這種不一致性時，反應是很有趣的。列支斯坦在 1968 年訪問一個受試者的紀錄，現在已經變成經典了。實驗者花了很多時間跟這個很困惑的受試者談話，這個受試者選了某個賭注，不要另一個賭注，但是又願意付錢去把他剛剛選的換成他剛剛拒絕的，重複的偏好逆轉一直這樣循環著。

理性的經濟人絕對不會有這樣的逆轉偏好，因此這個現象變成對理性代理人模式的挑戰，也對建構這個模式的經濟學理論是個挑戰。這個挑戰其實可以被忽略的，但是沒有。在偏好的逆轉這篇論文刊出後沒有幾年，兩個很受尊敬的經濟學家葛雷瑟（David Grether）和皮勞特（Charles Plott）在很有權威的《美國經濟學評論》上發表了一篇論文，報告了他們自己對列支斯坦和史洛維克所描述現象的研究。這可能是第一次實驗心理學家的研究吸引了經濟學家的注意。葛雷瑟和皮勞特這篇文章的前言就學術論文來說，非常的戲劇化，但是他們的意圖是很清楚的：「一些數據和理論在心理學中發展出來了，經濟學家應該會感興趣。這些數據表面上看來跟偏好理論不一致，而且會對經濟學研究的優先順序間接產生影響…… 這篇論文中的一系列實驗結果試圖證明心理學研究不適用於經濟學。」

葛雷瑟和皮勞特列出十三個可以解釋原始發現的理論，很小心地設計實驗來驗證這些理論。其中有一個假設——不用說，心理學家覺得很榮幸——結果會這樣是因爲這實驗是心理學家做的！最後成立的假設只有一個，沒有被擊破：心理學家是對的。葛雷瑟和皮勞特承認，這個假設最不符合標準偏好理論，因爲「它使個人的選擇取決於抉擇當下的情境」——明顯違反了一致性的教條。

你可能會想，這個令人驚異的結果會引起很多經濟學家苦惱地搜索著他們的靈魂，因爲經濟學理論的基本假設被成功地挑戰了。但是社會科學不是這樣運作的，包括心理學和經濟學都是如此。理論的信念是很強壯的，需要很多令人發窘的發現，才能使一個已經被建立起來的理論被質疑。事實上，葛雷瑟和皮勞特這麼辛苦研究出來的報告，在經濟學家之間並沒有引起什麼直接的效應，不過它使經濟學家願意嚴肅去看待心理學的研究，這也使兩個領域的人跨界交談前進了很多。

類別

約翰有多高？假如約翰是5呎高，這時你的回答就要看他的年齡：假如他是六歲的孩子，那麼他算很高，假如他十六歲，那麼他算很矮。你的系統一自動提取相關的常模，而身高量表的意義也自動跟著調整了。你也可以把不同的類別配對來回答這個問題，「餐廳裡一頓飯的價錢多高，才算符合約翰的身高？」你的答案也是要看約翰的年紀而定，假如約翰已經十六歲，那這頓飯就比他才六歲來得划算。現在請看下面：

約翰六歲，他是五呎高。

吉姆十六歲，他是五呎一吋高。

在單獨評估時，每一個人都會同意約翰是非常高，吉姆不是，因為他們是跟不同的常模來比較。假如你被問到的是一個直接比較的問題，「約翰是不是和吉姆一樣高？」你會回答不是，這裡沒有驚訝，也沒有模稜兩可之處。然而，在其他情境下，物體和事件在它們自己的情境中比較時，會導致對重要事情的不一致選擇。

你不要以為單獨評估和聯合評估就一定是不一致的，或判斷就一定是完全混亂的。我們的世界區分出許多類別，每個類別都有常模，例如六歲的男孩或桌子。在同類別中，判斷和偏好是合理的、一致性的，但是當物體跟別的類別相比時，常會有不一致的情形。

你比較喜歡哪一個？蘋果還是桃子？

你比較喜歡哪一個？牛排還是燉牛肉？

你比較喜歡哪一個？蘋果還是牛排？

第一個和第二個問題裡的東西都是屬於同一個類別。你立刻知道你喜歡哪一個。此外，你可以從單獨評估中知道排序——「你有多喜歡蘋果」和「你有多喜歡桃子」，因為蘋果和桃子都屬於水果。因爲不同的水果是跟同一個常模在評比，在單獨評估和聯合評估中，每種水果都可以直接評比，因此沒有偏好逆轉。類別不相同的蘋果和牛排相比時，沒有固定的答案。不像蘋果和桃子，蘋果和牛排不是相互可以替代的，它們並不能滿足相同的需求。你有的時候想要牛排，你有的時候想要蘋果，但是你很少說這兩種食物可以互相替代。

想像你從一個你平常很信任的一個組織收到一封電子郵件，叫你捐錢：

很多繁殖海豚的場所現在都受到污染的威脅，海豚的數量預期會因此而減少。有一筆私人的捐款已經設立了一個特定的基金，專門用來提供沒有污染的海豚繁殖區域。

這個問題會引發什麼樣的聯結？不論你是否覺識，相關的念頭和影像都來到你的心中，那些要去保護瀕臨絕種動物的專案會特別被回憶起來。評估「好－壞」的向度是系統一的自動化操作。你對海豚在進到你心中的動物排序上是如何，有個初步的印象。例如，海豚比雪貂、蝸牛或鯉魚可愛多了——牠在許多人心目中排名是很高的。

現在你要回答的問題不是你是否比較喜歡海豚，比較不喜歡鯉魚，你現在必須得出金錢的價值。當然你可能從之前向你募款的經驗中知道，你從來不理會這種勸募方式。請用幾分鐘想像你自己是會因這種方式而捐錢的人。

像很多其他困難的問題一樣，要評估金錢價值問題可用替代和強度配對的方式來解決。金錢問題是困難的，但是手邊就有一個容易的問題，因爲你喜歡海豚，你可能覺得拯救牠們是一個值得投入的主意。下一步仍然是自動化的，你會把你對海豚的喜愛轉換成一個捐款的量表。你還記得你上一次捐款給保護環境基金會的量表，這跟你政治捐獻，或捐給你母校足球隊的量表不同。你知道多少金額的捐款對你來說是很大，什麼金額算是大、中，或小。你對這些動物的態度也有個量表，從「很喜歡」到「一點都不喜歡」。所以你可以把你的態度轉換成金錢的量表，很自動地從「很喜歡」轉換到「相當大的捐款」，得出捐款的鈔票張數。

在另一個情境是：

每天在太陽底下曬好幾個小時的農場工人，比一般人罹患皮膚癌的比例高。經常性的檢查可以減少皮膚癌的風險，我們會設立一個基金來支持這些農場工人的身體檢查。

這是一個緊急的問題嗎？當你評估它是否有緊急性時，會引發哪一個類別的常模？假如你自動把它歸到公共衛生這個類別，你可能會發現皮膚癌的威脅性在農場工人中並不是排序很高的一個疾病——幾乎比海豚在瀕臨絕種的動物中的排序還低。當你把跟皮膚癌相關的訊息轉換到金錢量表上時，你可能捐的錢比你捐給保護動物的還少。在實驗裡，海豚吸引到相當多的捐款，比農場工人還多。

下面請考慮在聯合評估中的兩個因素。海豚和農場工人哪一個應該得到比較多的捐款？聯合評估時，讓單獨評估中沒有被注意到的特質凸顯出來了。現在這個特質有決定性的力量：農夫是人，海豚不是。你當然知道。但是這在單獨評估時，它不會跟你的判斷有關。海豚不是人的這個事實，在你腦海中並沒有出現，因爲在你記憶中活化的每一個議題都具備這個特質。農夫是人的這個事實，也沒有進入你的心中，因爲所有公共衛生相關的議題都牽涉到人。單獨評估的窄框使得海豚有比較高的強度分數，進而在強度配對上，得到比較高的捐款。聯合評估改變了議題的表徵：當「人類 vs. 動物」兩個放在一起看時，這特質變得鮮明突出。在聯合評估中，人們對農夫顯現強烈的偏好，願意捐比保護海豚等非人類物種多很多倍的錢來提供他們福利。我們再一次看到，在單獨評估和在聯合評估時，所做的判斷是不一致的，這跟賭注和搶劫案的情形一樣。

芝加哥大學的奚愷元教授，創造了下面這個偏好逆轉的例子。這裡要評估的對象是二手音樂字典。

	字典 A	字典 B
出版年	1993 年	1993 年
條目數	10,000	20,000
書況	像新的	書皮破了，其餘像新的

當單獨評估時，字典 A 的價格比較高，但是當然，當兩個放在一起比時，偏好就改變了。這個結果說明了奚愷元的評估能力假設（evaluability hypothesis）：在單獨評估時，字典裡面有多少條目是不重要的，因爲數量本身是不能單獨評比的。在聯合評估時，你馬上看到，字典 B 比字典 A 強，因爲它的內容多，而且這時兩個字典的條目數量可以互相比較，而字典收藏字的數量當然是比字典外表的情況重要得多。

不公平的逆轉

我們有很好的理由相信法院中有好幾個領域有受到可預期的不連貫性的影響。這證據來自實驗，包括假陪審員的研究（mock juries），有一部分來自立法、規章和訴訟案的觀察

在一個實驗中，假陪審員被要求去評估民事訴訟案中懲罰性損害的金額，這些陪審員是從德州陪審員名單中挑出來的[1]。這些案子都是兩個兩個一起進來，每一對中都有一個是身體受傷，一個是財務損失。假陪審員先評估一個案子的賠償金，然後再給他們看同組中另一個案子，請他們去比較這兩個案子，下面是某一對案子的摘要。

案子一：一個小男孩在玩火柴時，睡衣著火了，孩子被燒傷了，製造睡衣的公司沒有用合適的防火布來做睡衣。

案子二：某銀行在交易時不慎使另一銀行損失了1千萬元。

一半的受試者先看第一案（單獨評估），然後再兩案一起比較。另一半的受試者則先看第二案，然後再兩案一起比較。在單獨評估時，陪審員給受害銀行較高的懲罰性賠償，金額比給受傷的孩子高。這可能是因爲銀行財務損失的金額比較高，因而提供了較高的錨點。

當兩個案子一起比較時，對孩子的同情心就勝過錨點效應，陪審員增加了給孩子的賠償金使它超過給銀行的錢。把這些案子平均來看，對傷害賠償的聯合評估，都比單獨評估時，高了一倍。看到燒傷案子的陪審員在單獨看到這個案子時，給了跟他們感覺強度一樣強的賠償金額。他們無法預期，在跟銀行的賠償一

比之下，給孩子的賠償顯得如此不恰當。在聯合評估時，對銀行的懲罰性賠償仍然維持在它損失的錨點，但是對受傷孩子的賠償拉高了，反映出對引起孩子受傷的疏忽的強烈憤慨。

如我們所看到的，理性通常都會受到比較廣、比較完整的框架的影響，而聯合評估比單獨評估的框架更廣。當然，假如那些能控制你會看到什麼的人，對你的選擇有著不當利益的話，你要特別小心這種結合評估。銷售員很快就學會如何操弄情境，使顧客去買他們希望顧客買的東西。除了這種特意操弄的例子，比較的判斷因爲必須動用到系統二，所以它比單獨評估更穩定，這個現象反映在系統一的情緒反應強度上。我們可以預期一個機構（或公司）如果希望引發深思的判斷，會設法提供法官更廣泛的背景使他在評量個別案子時，對這個機構有利。我從孫斯坦那裡很驚訝地得知，陪審員在考慮懲罰性的賠償時，竟然是很明確地禁止他們去考慮別的案子。法律系統，跟心理學的普通常識正好相反，他們是喜歡單獨評估的。

在另一個研究法律系統不一致性的專案中，孫斯坦比較了美國政府不同部門，包括職業安全及健康署（Occupational Safety and Health Administration）和環境保護署（Environmental Protection Agency, EPA）所能給的行政懲罰權後，下結論說，「在同類別中，刑罰似乎非常合理，至少比較嚴重的傷害懲罰得比較重。對違反職業安全和健康的行爲，最大的懲罰是重複違反告誡不聽，第二大的是故意違反及情節重大，最輕的是沒有保持良好紀錄的行爲」。這個結論不應該使你驚訝，然而懲罰的輕重在每個公部門中差異性很大，這反應出其特有的政治和歷史因素，而沒有考慮

1 你只要成年，是當地的居民，就有機會被電腦選中去當陪審員，這是公民的義務，除非有正常理由，不然不得不做。

到普遍的公平性。嚴重違反工人安全條例最高可罰到 7,000 美元，但是違反野鳥保育條例可罰到 25,000 美元。這個罰金在每一個公家機關自己內部比較時是合理的，但是跨部會來比較時，人不如鳥。就如在本章中另一個例子所示，只有在兩個案子放在一起用廣框去比較時，才會看到不公平或不合理的地方。行政懲罰系統在該機關內合理，與別的機關整體來看時卻不合理。

說到逆轉

「這個英制熱單位（BTU）對我一點意義也沒有，直到我看到冷氣機的性能規格有這麼多種不一樣的單位。聯合評估是對的。」

「你說這是一場非常好的演講，因為你把她這次演講和其他演講放在一起比較，但是如果把她和別人一起比時，她還是比較差。」

「當你放大框架時，你會做出比較多的理性決策。」

「當你個別看案子時，很容易受到系統一情緒反應的影響。」

34

框架和真實界

義大利和法國競爭 2006 年世界盃足球賽冠軍。下面兩個句子都描述了結果，「義大利贏」，「法國輸」。這兩個句子有著同樣的意義嗎？這答案完全看你怎麼去定義「意義」。

對邏輯推理來說，這兩個描述球賽結果的句子是可以互換的，因為它們都表示了世界上的同樣狀態。就如哲學家說的，它們的眞實條件是相同的：假如這兩個句子中有一個句子是眞的，那麼另外一個也是眞的。這是經濟人了解事情的方式。他們的信念和所偏好是受到眞實界規範（reality-bound）的，尤其是他們所選的對象是來自世界的狀態，它不會受到選擇來描述這個狀態的字眼所影響。

但是還有一個「意義」的意思在那裡，「義大利贏」和「法國輸」有著不同的意思。在這裡，一個句子的意義是當你了解它時，它在你聯結機制中所引發的作用。這兩個句子引發相當不同的聯結。「義大利贏」引發關於義大利隊的思想以及他們做了什麼才會贏。「法國輸」引發關於法國隊的思想，以及他們做了什麼使他們輸掉了，這裡面包括一個義大利球員被法國足球明星席丹（Zidane）頭槌的影像。就這兩個句子帶到心中的聯結來說——即系統一如何對它們做反應——這兩個句子眞是有不同的意義。在邏輯上相同的句子會激發不同的反應這個事實就使你知道，人是不可能像經濟人那樣理性的。

情緒的框架

特維斯基和我把框架效應應用到公式對信念和偏好的不公平影響上。這是我們用的一個例子：

你願意接受一個賭局，它給你 10% 的機會去贏 95 元，和 90% 的機會去輸 5 元？

你願意花 5 元去買一張彩券，它給你 10% 的機會去贏 100 元，90% 的機會什麼都沒贏？

第一，先花點時間去說服你自己，這兩個賭局是一模一樣的，在這兩個賭局裡，你必須去決定你是否要接受一個不確定性，它使你要不然多了 95 元，要不然少了 5 元，有眞實界規範偏好的人會給這兩個問題同樣的回答。但是這種人很少。事實上，第二個問題的陳述法吸引了很多的正向回答，假如把它寫成：花一張彩券的成本去賭但是沒有贏，會比你輸了這場賭局要容易接受得多。我們不應該驚訝：「輸」引發很強的負面感覺，比「成本」這兩個字高得太多。我們的選擇並不是眞實界規範的，因爲系統一不受眞實界規範。

我們所建構的問題受到我們從瑟勒那兒所學到東西的影響，

他告訴我們，當他還是研究生時，他在板子上釘了一張卡片：成本不是損失（costs are not losses）。在他早期對消費者的行為研究中，他描述一個辯論——加油站可不可以因爲現金或信用卡，而要消費者付不同的汽油錢？信用卡的遊說集團很努力的遊說立法委員使不同價錢不合法，但是它有個退路，只要價格的差異是現金折扣，而不是信用卡附加費。他們的心理學是有道理的。人喜歡折扣而不喜歡多付費用。這兩項在經濟上可能相同，但在情緒上是不相同的。

在一個做得很精緻的實驗中，倫敦大學（University College London）的神經科學家把框架效應和紀錄大腦不同區域的活化結合在一起。爲了要提供可靠的大腦反應測量，這個實驗包含了很多的嘗試，圖 14 說明了其中一個嘗試的兩個階段。

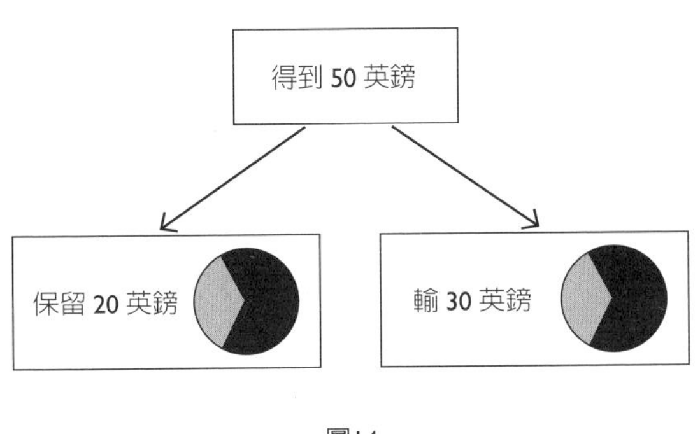

圖14

第一，實驗者請受試者去想像她收到一筆錢，在這例子中是 50 英鎊。

受試者這時要去選擇是要確定的結果還是去玩輪盤賭。如果輪盤停在白色區域，她就得到所有的錢；如果輪盤停在黑色區域，她什麼都沒有。這個確定的結果就是賭局的期望值，在這例子中是贏 20 元。

如圖所示，這個同樣的確定結果可以用兩個方式來表達；保留 20 英鎊或輸 30 英鎊。在這兩個框架中，這客觀的結果是完全相同。而一個眞實界規範的經濟人會以同樣的方式對這兩個情況做反應——選擇確定的或是選擇賭局，不管框架是什麼——但是我們已經知道人的心智不是受到眞實界規範的。文字會引起我們趨向或避免的行爲，當它寫的是「保留」的時候，我們預期系統一會偏向於採取確定的選擇；當它寫的是「輸」的時候，會避免同一個選擇。

這個實驗做了非常多的嘗試，每一個受試者都碰到好幾個選擇問題，在裡面都有「保留」和「輸」的框架。就如同我們所預期的，二十位受試者都顯示出框架效應，在「保留」的框架中，他們更會選擇確定事情，在「輸」的框架中更會選擇賭局。但是受試者並非全部一樣，有些非常受到框架問題方式的影響。有的人不管框架是什麼，他做同樣的選擇——就像眞實界規範的人應該做的那樣。作者依照他們的選擇方式把這二十位受試者排序並標註，把它叫做「理性指標」（rationality index）。

當受試者在做每一個決定時，實驗者把他們大腦的活化情形就記錄了下來，於是，這個嘗試被分成了兩個類別：

1. 受試者的選擇跟框架一樣。
    - 在「保留」的版本中，偏好確定的事情
    - 在「輸」的版本中，偏好賭局
2. 受試者的選擇跟框架不符時。

這個卓越的結果說明了神經經濟學（neuroeconomics）的潛力，這個新領域是研究人類在做決定時，他的大腦在做什麼。神經科學家做了幾千個這種實驗，他們知道大腦什麼地方會因爲在工作，需要比較多的血流量而「亮起來」，愈亮表示大腦工作得愈勤奮，氧消耗得愈多。當受試者在注意一個視覺物體時，不同的大腦區域會活化起來，想像踢一個球，認出一張臉，或去想一個房子。當受試者情緒激發起來時，不同的大腦區域會活化起來。雖然神經科學家非常小心避免用「這個部位的大腦做這些事……」這種字眼，但他們對於不同大腦區域的個性已經很了解了。大腦部位活化的分析對心理學的解釋已大有進度。下面是框架研究的三個主要發現：

- 一個跟情緒有關的地方（杏仁核）在受試者的選擇跟框架一樣時，最可能活化起來，這正是我們預期的。假如充滿情緒的字「保留」和「輸」產生立即的傾向確定的事（當它框架成「得」的時候），或避免它（當它框架成「失」的時候），情緒的刺激可以馬上進入杏仁核，速度很快，是以毫秒計的，這很可能是系統一的工作。
- 一個跟衝突、自我控制有關的地方〔前扣帶迴（anterior cingulate）〕在受試者沒有做很自然應該會做的事——在看到「輸」時，仍然選擇確定的事時，這個地方會大量活化起來，抵抗系統一的傾向是會引起衝突的。
- 最理性的受試者——那些最不受到框架效應影響的——在前額葉地方有大量的活化，這個地方是綜合情緒和理智去做決定的地方。很令人驚訝的，這些「理性」的受試者並不是那些對衝突顯現出最強的神經反應的人。這顯示，這些精英受試者常常（但不是一直都是），是受到眞實界規範而沒有產生什麼衝突。

透過實際選擇的觀察和大腦神經活動的對照，這個研究提供了情緒框架很好的說明，讓我們了解被文字引發起來的情緒可以滲透到最後的選擇上。

特維斯基和哈佛醫學院的同事做了一個實驗，這個實驗是情緒框架的經典例子。來參加實驗的醫生被告知兩個治療肺癌的新方法（開刀和鐳射）的統計結果。開刀有五年的存活率，但是就短期來說，開刀是比鐳射危險的。一半的受試者讀存活率的統計數字，另一半讀同樣的訊息，但是以死亡率來表示。這兩個對短期開刀結果的描述如下：

開刀後一個月的存活率是 90%。

開刀後第一個月的死亡率是 10%。

你已經知道結果了，在第一個框架下，84% 的醫生選擇了開刀，在第二個框架下，50% 的醫生選擇鐳射。這兩個描述是透明的，在邏輯上是相同的，一個受真實界規範的決策者會做出同樣的選擇，不管看到的是哪一個版本。但是系統一是很少能對情緒的字眼不起反應的，這個我們在前面已經看到很多的例子了。死亡率是個壞字，存活率是個好字。90% 的存活率聽起來很鼓勵人，而 10% 的死亡率很可怕。這個研究一個很重要的發現是醫生跟普通人一樣，也是很容易受到框架效應的影響，這裡所用的普通人是指沒有醫學背景的醫院病人和商學院的研究生。醫學的訓練顯然不是框架強有力效應的對手。

「保留－輸」的研究和「存活－死亡」實驗有一個地方很不同。在大腦影像實驗中的受試者有很多的嘗試，也一直去碰到不同的框架。他們有機會去辨識框架的分心效應，也可以採取共同框架來簡化這個作業，把「輸」的錢轉換成跟「保留」一樣多。一個有智慧的人（以及他警覺的系統二）應該可以學會去這樣做，少數幾個通過壯舉的人可能是這個實驗所找出的理性代理人。相反的，那些讀了兩種治療法統計數據的醫生，在存活率的框架下，完全沒有去懷疑他們可以做出不同的選擇。重新架構是要付出努力的，而系統二一向很懶。除非有明顯的理由要去做不同的事，不然我們大部分人都是被動地接受決策問題，它們是怎麼框架的，便是怎麼框架的，很少有機會去發現我們的偏好是被框架綁住了，而不是被眞實界綁住了。

空虛的直覺

特維斯基和我用一個名爲「亞洲疾病問題」的例子來介紹框架的概念：

想像美國正為一場亞洲爆發的疾病做準備，這個病預期會使600人死亡。有兩個方式可以來對抗這個疾病，假設科學對這兩種治療方式的預測如下：

假如採用A專案，200人會得救。

假如採用B專案，有三分之一的機會，600人會得救，有三分之二的機會，沒有人會得救。

大部分的人選A專案，他們偏好確定性，不喜歡賭局。

在第二個版本中，專案的結果用不同的框架：

假如採用A'專案，400人會死。

假如採用B'專案，有三分之一的機會，沒有人會死，有三分之二的機會，這 600 人會死。

請仔細比較這兩個版本：A 專案和 A' 專案的後果是一樣的，B 專案和 B' 專案的後果也是一樣的，在第二個框架中，大部分的人選擇賭局。

這兩個框架中不同的選擇非常符合展望理論，確定事情和賭局之間的選擇是用不同方式解決的，依據結果是好還是不好而產生這個不同。決策者在結果是好的時候，喜歡確定的事情，不喜歡賭博（他們是風險規避者）。當兩個結果都是負面的時候，他們會拒絕確定的事情，接受賭博（他們是風險追求者）。這些結論在以錢爲主的賭局和確定的事情時，已經很確定，沒有人挑戰了。這個疾病的問題顯示，當被測量的結果是拯救的人命或死亡的人數，同樣的規則可以適用。在這個情境，框架實驗顯示出風險規避和風險追求的偏好並不是眞實界規範的，對同一個客觀結果的偏好在不同的公式時，會逆轉。

特維斯基與我分享了一個他的經驗，爲這個故事添加了一個嚴肅的注腳。有一次他被邀請去對一群公共衛生的專業人士演講，這些人是做疫苗決策和其他專案決定的人。他利用這個機會給他們看亞洲疾病的問題，一半的人看「拯救生命」的版本，另一半看「失去生命」的版本，然後請他們回答問題。這些專業人士像其他老百姓一樣，受到框架效應的影響，這很令人憂心，如果這些決策官員這麼容易就被一個表面的膚淺的操弄所左右，國民健康的展望堪憂。不過我們一定要記得，即使是重要的決定也是受到系統一的影響。

更令人憂心的是當人們被質問到他們的不一致性時，「你選擇確定救200個生命，接著你又選擇去賭一下機率，而不是接受400人死亡的那個選項，現在你知道這兩個選擇是不一致的，你會怎麼決定？」這個回答通常是很不好意思的沉默，決定最初選擇的直覺來自系統一，它沒有道德基礎。確定可以救多少人是好事，死亡是壞事，大部分人發現他們的系統二沒有道德直覺來回答這個問題。

我很感激經濟學家謝林（Thomas Schelling），因爲我最喜歡的框架效應例子來自他的書《選擇和後果》（*Choice and Consequence*）。謝林的書是寫在我們框架的研究發表之前，框架不是他主要關心的題目，他談到他在哈佛大學甘迺迪學院教書的經驗，那天的主題是稅法中的兒童減免額（child exemptions），謝林告訴他的學生，標準的減免是每一個孩子都能享受的，而且這個減免額與納稅人的收入多寡無關，他問了下面這個問題：

兒童減免額是否應該富人多一點，窮人少一點？

你的直覺會像謝林的學生一樣：他們覺得當然不可以，怎麼可以富人減免額多，窮人減免額少。

謝林於是指出，稅法是武斷的，它把沒有孩子的家庭假設爲預先設定的家庭，然後依每多增加一個孩子，這個家庭可以減免若干金額，這個稅法當然可以重新寫過，採用有兩個孩子的家庭爲事先設定的家庭，在新公式下，沒有孩子或少於兩個孩子的家庭就多付稅了，謝林現在問學生：

沒有孩子的窮人是否應該跟沒有孩子的富人多繳同樣的附加稅？

這裡，你可能也會同意學生的看法，他們跟第一個問題一樣，大聲拒絕了，但是謝林給學生看，他們在邏輯上不能拒絕這兩個提案。把這兩個提案並排放著，沒有孩子的家庭要付的稅和有兩個孩子家庭要付的稅在第一個問題是叫做減免，第二個問題中是增稅。假如在第一個版本中，你要窮人去接受跟有小孩的富人一樣的福利（或更好的福利），那麼，你就應該讓沒有小孩的窮人去跟沒有小孩的富人一樣，去付同樣的罰金。

你可以看到系統一在作用，它給你一個立即的反應，讓你馬上對任何有關窮人或富人的問題都有自己的看法，在懷疑時，偏好窮人。謝林這個問題令人驚訝的地方是這個這麼顯然的道德簡單規則竟然不能發揮作用。對同樣的問題，看文字怎麼描述它，會得出相牴觸的答案。當然你馬上知道下面一個接著來的問題是什麼。現在你已經看到了你對這個問題的反應受到框架的影響，你對下面這個問題的答案會是什麼：稅法應如何來對待有錢的和沒有錢兩種家庭的孩子？

現在，你又再一次發現你自己啞口無言。你對窮人和富人之間的差異有著道德上的直覺，但是這個直覺是依據一個武斷的參考點，而且它不是跟眞正的問題有關。這個問題——世界的眞實狀態——是每一個家庭應該要付多少稅，如何去塡稅單中的空格，你沒有馬上可得的道德直覺來指引你解決這個問題。你的道德感覺是附著在框架上的，它是「描述眞實」而不是眞實本身。關於框架本質的訊息是很刻板的：框架不應看成偏好的介入物，它不應該遮蔽或扭曲偏好。至少在這個例子裡，和在亞洲疾病和外科手術的例子裡，是沒有被框架遮蔽或扭曲原本的偏好的。我們的偏好是框架的問題，我們的道德直覺是描述的問題，不是關於實質的。

好的框架

並不是所有的框架都是一樣，有些框架明顯地比其他描述同樣事情的方式好，請看下面這一組問題：

1. 一位女士買了兩張80元的戲票，當她到達劇院，打開皮包時，戲票不翼而飛了。你認為她會再買兩張票去看戲嗎？

2. 一位女士想去戲院當場買兩張80元的票去看戲，但是當她到達戲院，打開皮包時，發現原來要用來買票的160元不見了。她可以用信用卡買，你認為她會買嗎？

只有看到一個版本的受試者會依框架有不同的反應。大部分人認爲第一個故事中的女士會回家，不看戲了。大部分看第二個故事的人會認爲這女士會用信用卡再去買兩張票。

這個解釋到現在已經很熟悉了——這個問題是有關心智帳戶和沉沒成本的謬誤。不同的框架引發不同的心智帳戶，這個損失有多強烈要看它所在的帳戶。當某一場戲的票遺失時，它會很自然地貼在跟這個戲有關的戶頭上。這個花費是雙倍，遠超過看這個戲應有的價值。相反的，失去現金是放在「一般收支」的帳戶上，這位愛看戲的女士是比她自以爲的窮了一點而已，她會問她自己的問題是：在她可花的零用金中少了這一點錢，這應該改變她去欣賞一場好戲的決定嗎？大部分的受試者覺得她不會改變看戲的心意，現在損失的戲票錢可以從下次的娛樂費中省回來。

失去現金的版本引發比較合理的決定，這個框架比較好，因爲損失（即使是搞丟戲票）是一個已經「沉」的事，而忽略沉沒的成本是對的。過去的歷史是不相干的，唯一有關的議題是看戲者現在手邊的選擇和這選擇的後果，不管她丟掉的是什麼，她現在都比她打開皮包之前窮一點了。假如丟掉票的女士問我的忠告的話，我會告訴她：「假如你丟掉同樣金額的現金，你會再去買兩張票嗎？假如是，那就去買張新的。」廣框和包容的帳戶通常會帶領你去做出比較有理性的決策。

下面一個例子，兩個不同的框架引發出不同的數學直覺，一個比另一個好了很多。在2008年的《科學》期刊一篇名叫〈MPG錯覺〉（The MPG Illusion）的論文中，心理學家拉瑞克（Richard Larrick）和索爾（Jack Soll）做了一個實驗。他們指出，被動地接受一個誤導的框架代價是很高的，而且會造成嚴重的政策後果。大部分買車的人都會考慮車子耗不耗油，一加侖可以跑多少英里是他們買不買這輛車的一個決定因素，他們知道如果每加侖可以多開一點里程數的車，開支可以省一點，但是在美國，傳統所用的框架——一加侖跑多少英里——提供非常不理想的指引，不但對買車的個人，對公司制定決策的人也是同樣不利。請看下面兩個車主想要減少車子開銷：

亞當把他一加侖跑12英里的車換成比較不耗油、一加侖跑14英里的車。

貝絲把她一加侖跑30英里的車換成一加侖可跑40英里的了。

假設兩位駕駛每一年開車的里程數一樣，誰會因爲換車而省比較多的汽油？你幾乎確定貝絲會比亞當省得多，她每加侖多跑了10英里，不像亞當每加侖只多跑2英里，而且從30到40英里是節省了三分之一，從 12 到 14 是只有節省六分之一。現在請動用你的系統二來算算看。假如兩個車主一年都開 1 萬英里，亞當一年的汽油消耗量會從 833 加侖減少到 714 加侖，節省了 119 加侖；貝絲會從 333 加侖減少到 250 加侖，節省了 83 加侖。這個「每加侖汽油行駛的英里數」（miles per gallon, MPG）的框架是錯的，它應該用「每英里耗幾加侖油」（gallon-per-miles, GPM）的框架（或每 100 公里耗幾公升油）才對。如拉瑞克和索爾所指出，這個因 MPG 框架所誤導的直覺不但會誤導買車的消費者，也會誤導政策的制定者。

孫斯坦在歐巴馬政府裡擔任資訊管理委員會（Office of Information and Regulatory Affairs）的官員。他與瑟勒合寫了一本書《推力》（*Nudge*）是一本把行爲經濟學應用到政策上的基本工具書。恰好從 2013 年起，美國所賣的每一輛新車上面都會有 GPM 的訊息，這是 GPM 的資訊第一次正確地讓消費者知道，很不幸的是，正確的公式是小字，而大家所熟悉的 MPG 是大字。但是這個運動是朝對的方向在走，從發表〈MPG 錯覺〉到現在這五年間，已經有部分改正在進行，在公部門的歷史看來，這算快的了。這算是心理學應用到公共政策的一個貢獻。

許多國家的駕駛執照上都有一欄標註在意外發生時，駕駛願不願意捐贈器官。這裡也是一個框架顯著優於另一個的好例子。很少人會說捐不捐贈器官的決定是不重要的，但是我們有很強的證據，人們在做這個決定時是沒有經過好好思考的。這個證據來自歐洲國家器官捐贈的比較。這個比較顯現出令人驚訝的差異，它們其實都是鄰近且文化相似的國家。一篇在 2003 年發表的論文指出，器官捐贈在奧地利幾乎是 100%，但是德國卻只有 12%，瑞典是 86%，但丹麥卻只有 4%[1]。

這顯著的差異來自框架效應，是他們問關鍵問題的方式，高捐贈比例的國家的問題格式是不想捐贈的人必須在那格子中打勾，除非他們做這個動作，不然他們被認爲是願意捐贈的；低捐贈的國家是你必須在格子中打勾才會變成捐贈者。要預測這個人會不會成爲捐贈者，最好的方式便是去看表格是怎麼設計的，看他們預先設定的是需不需要去打勾。

不像其他的框架效應是把原因追尋到系統一，這個器官捐贈效應最好的解釋方法是系統二的懶惰。人們在決定了要怎麼做後，他們會去勾選格子，但是假如他們還沒有準備好去回答這個問題，他們會去想，那我要不要勾這個格子。我想像一個器官捐贈卡，人們需要在他們要做決定的格子空間解決一個數學問題。一個格子印的問題是 2 ＋ 2 ＝？另一個格子印的問題是 13×37 ＝？這個捐器官的比例一定會受到影響。

當我們看到形成問題的方式與答案有關係後，一個政策問題就浮現出來了：哪一個形成問題的方式比較好？在這裡，這個答案是很直接的，假如你認爲捐贈器官對社會是件好事，你就不會在得到幾乎 100% 的捐贈格式和只有 4% 的捐贈格式中間保持中立。

如同我們在本書中一再看到的，重要的選擇是控制在一個完全無關緊要的情境特質上，這眞是很令人發窘——原來不是我們希望去做出重要的決定。也不是我們經驗到我們的心智如何運作，認知錯覺的證據已不容否認。

你可以把它看成反對理性代理人理論的證據，這個理論顧名思義就是說某些事件是不可能的——假如這個理論是對的，它就不可能發生，當我們觀察到一個不可能的事件時，這個理論就被推翻了。一個理論可以在被決定性的證據反證很多年以後，仍然存在。這個理性代理人的模式就是在我們所看到這麼多證據以及其他更多的證據之後，仍然存在，屹立不搖。

器官捐贈的例子顯示，人類理性在眞實世界可以有很大的效應。相信理性代理人理論的人和不相信理性代理人理論的人最大的差異在於，相信者就是認爲框架效應不存在，如何描述一個選擇不會對偏好有任何影響。他們連去調查一下這個問題都沒有興趣，所以我們的決策只有劣等的結果（inferior outcomes）。

對理性懷疑的人並不令人驚異，他們是受過訓練，對無關緊要的因素能決定偏好這個能量很敏感，我希望讀者在讀完本書後，能習得這個敏感度。

說到框架和真實性

「假如他們能把這個結果放進他們保留了多少錢，而不是他們損失了多少錢的框架中來看的話，他們會好過很多。」

「讓我們把這個問題用改變參考點重新設定一次，想像我們並沒有擁有它，我們現在認為它應該值多少錢？」

「把這個損失放進你『一般性收入』的心智帳戶中，你會覺得好過一點。」

「假如你不要被列在他們的郵寄單上的話，你要去勾選那個格子。假如你要去勾選才會列在他們的郵寄名單上的話，這個表單會短很多。」

1 奧地利和德國同文同種，丹麥曾經被瑞典統治過，是屬於北歐語系，文化和人種也相似。

| 第五部 |

兩個自我

35

兩個自我

「效用」（utility）這個名詞在它長久的歷史中，有兩個不同的意義，源自它長久的歷史。邊沁（Jeremy Bentham）在他的《道德和立法原則概論》（*Introduction to the Principles of Morals and Legislation*）一書中開宗明義的一句名言就是「大自然把人類放在兩個統禦他的主人下面，痛苦和歡樂。它們指出我們應該怎麼做，以及決定我們將怎麼做。」在該書注腳中，邊沁爲他用「效用」這個字來表達這些經驗而道歉，他說他找不到更好的字來替代它。爲了要區分邊沁對這個名詞的解釋，我用「經驗效用」（experienced utility）來稱呼它。

在過去的一百年裡，經濟學家用這個字來代表別的東西，當經濟學家和決策理論家在用這個名詞時，它是「想要能力」（wantability）的意思，我把它叫做「決策效用」（decision utility）。例如，預期效用理論就是全部在講應該用在決策效用上的理性規則；它與快樂的經驗毫無關係。當然，這兩個效用的意義也有一致的時候，假如人們想要他們會喜愛的東西，以及喜愛他們爲自己選擇的東西——而這個一致的假設是內隱在一般人認爲經濟代理人是理性的概念中。理性的代理人被預期知道他們現在和未來的偏好，並被假設能做出達到自己最大利益的決策。

經驗效用

我對經驗效用和決策效用兩者差異的興趣可以回溯到很早以前，當特維斯基和我還在研究展望理論時，我設計了一個難題：想像一個人每天都要打一針很痛的針，痛的程度每天都一樣，並不會因爲打久就習慣了，每天還是一樣的痛。你覺得人們會把同樣的價值附在減少的針數上，從 20 針減少到 18 針會跟從 6 針減少到 4 針的感覺一樣嗎？如果不一樣，有合理的原因嗎？

我沒有蒐集資料，因爲這結果就是個證據。你可以自己來試試看，你願意付比較多的錢來使注射數減少三分之一（從 6 到 4）嗎？至少比讓注射針數減少十分之一（從 20 到 18）要付的錢來得多。這個決策的效用在第一個情況（從 6 到 4）比第二個情況（從 20 到 18）高，每一個人在第一個情況都願意付比第二個情況更多的錢。但是這個差異是沒有道理的，假如痛的程度每天都一樣，那有什麼理由要付多一點錢從 6 針減成 4 針，它跟從 20 針減成 18 針都是差 2 針，爲什麼這兩種情況的效用會有差異？只是因爲原本要打 6 針和原本要打 20 針有差異嗎？用我們今天的話來說，這就是經驗效用，它可以用注射的數量來測量。至少在一些例子中，經驗效用是一個可以用來評量決策的門檻。一個決策的制定者付不同的價錢去達到同樣的經驗效用（或是免除同樣的損失）是犯了個大錯，你可能覺得這個觀察是很明顯的，但是在決策理論中，唯一判斷這個決策是否錯誤是在它與其他偏好的不一致上，特維斯基跟我討論過這個問題，但是我們沒有深入去研究，許多年以後，我又回到這個問題上。

經驗和記憶

你怎麼去測量一個經驗效用？我們怎麼去回答「海倫在醫療過程中受了多少苦？」或是「她在沙灘上的20分鐘享受了多少的快樂？」在19世紀的時候，英國經濟學家艾吉沃斯（Francis Edgeworth）曾經想過這個問題，並提出「快樂計」（hedonimeter）。這是一個想像的儀器，跟氣象局用來測天氣的差不多，可以用來測量一個人在某一時段所感受到的快樂和痛苦。

經驗效用就像每天的溫度或氣壓計一樣，會不同，你可以把它畫成一個時間的函數曲線圖。海倫在看病時，或度假時，所感受到的痛苦和快樂可以用曲線圖畫出來，曲線下面的面積就是經驗效用。時間在艾吉沃斯的概念上扮演了重要的角色。假如海倫在沙灘上停留了40分鐘，而不是20分鐘，她的快樂程度一樣的話，那麼全部經驗效用就增加了一倍，就像增加注射量一倍使注射的過程雙倍痛，這是艾吉沃斯的理論，我們現在完全了解他理論背後的條件了。

圖15是兩個病人在做大腸鏡時的痛苦經驗，資料來自瑞德邁爾（Don Redelmeier）和我一起做的研究。瑞德邁爾是多倫多大學的醫生也是研究員，他是在1990年代初期做這個實驗。現在醫院在做大腸鏡的時候，都有打麻藥及服用失憶的藥。不過在我們蒐集這些資料時，這些藥物的使用還沒有這麼普遍。我們每60秒問病人一次，他現在痛的程度是如何，這曲線圖的縱軸中，0是不

痛，10 是不能忍受的痛。你可以看到，每一個人對痛的經驗很不同，對 A 病人是 8 分鐘，對 B 病人是 24 分鐘（疼痛程度最後回到 0 的位置，是在大腸鏡的檢查完成了以後）。我們一共蒐集了 154 名病人的資料，最短的是 4 分鐘，最長的是 69 分鐘。

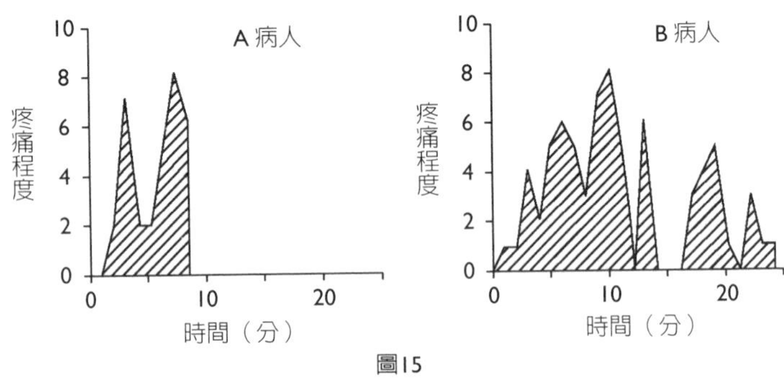

圖15

下面，請看一個容易的問題：假設兩個病人都用相似的疼痛量表，哪一個病人受的苦比較多？沒有異議，大家都同意 B 病人受的苦多，B 病人受的苦在任何一個疼痛程度上都沒有比 A 病人少，他曲線下的面積比 A 大了很多。當然，主要的因素是檢查時間長了很多，我把每一瞬間的疼痛報告叫做「快樂計總和」（hedonimeter totals）。

當檢查完了以後，我請病人評估「痛的總和」——他們在檢查時所有經驗的總和。我們問問題的方式是故意要他們去想全部的痛，把他們報告的痛綜合起來。很奇怪的是，病人都沒有這樣做，統計的分析顯示兩個發現，正好說明了我們在其他實驗上也有觀察到的一個型態。

- 「頂峰－結尾」規則：整體內省的評分排序可以從最痛時段和結尾時的平均數得之。

• 長度的忽略：檢查過程的長短對整個痛的分數沒有影響。

你現在可以把這個規則用到 A 病人和 B 病人身上。最痛是 10 分量表中的 8，對兩個病人來說是一樣的，但是在檢查結束前最後的評分，A 病人是 7，B 病人是 1。A 病人在「頂峰－結尾」的平均是 7.5，B 病人 4.5。如我們預期的，A 病人對大腸鏡檢查的記憶就是比 B 病人壞了很多。對 A 病人來說，很不幸，他的檢查過程在結束時也不好，留給他一個不愉快的記憶。

測量經驗效用的兩個工具——快樂計分數和內省評估——是系統化的不同。快樂計的分數是個人報告他在每一個時段的感覺，我們把這些判斷叫做「過程長度－加權」(duration-weighted)，因爲計算「曲線下的面積」是每一個時段都給予同樣的加權，兩分鐘的第九級疼痛是一分鐘的兩倍。不過，這個實驗和其他實驗都發現內省評估對時間的長短不敏感，它把兩個單獨的時段——頂峰和結尾——看得比別的時段重。那麼現在，哪一個比較重要？醫生該怎麼辦？這個選擇對醫療實務上有關係，我們注意到：

• 假如目標是減輕病人痛苦的記憶，那麼減低頂峰痛苦的強度就比減少手術長度來得重要。同樣的理由，假如要病人保留比較好的記憶，那麼慢慢地減輕痛比馬上減輕好，這樣在手術結束時，痛已經很輕微的了。
• 假如目標是減少實際感受到的痛，那麼快速地完成檢查可能就是我們要追求的，即使快速完成會增加頂峰痛的強度，給病人留下很痛苦的記憶。

你覺得哪一個目標比較好？我並沒有做調查，但是我的感覺是大部分的人偏好減輕痛苦的記憶，我把這個兩難看成兩個自我的利益衝突（因爲它不能跟兩個熟悉的系統相呼應），經驗自我是回答：「現在痛嗎」的自我，記憶自我是回答：「整個來說，究竟怎麼樣」的自我。記憶是我成爲我最主要的一個機制，所以是記憶自我比較重要。

有一次我在演講完區分記憶和經驗的困難（記憶來自經驗），有一位觀眾分享了一個他的經驗，他說他在聽一首很長的交響樂，快到尾聲時，磁片有刮痕，使聲音尖銳刺耳，他說這個很糟的結尾「破壞了整個經驗」，但是這個經驗並沒有被破壞，只有關於這個經驗的記憶被破壞了而已。這個經驗自我有一個經驗是幾乎都是好的，而最後不好的結尾並不能破壞它，因爲它已經發生過了，這個人因爲結尾非常差，把整個過程都打不及格的分數，但是這個分數完全忽略了前面 40 分鐘的好，難道這 40 分鐘的實際經驗都沒有算分嗎？

混淆的經驗跟關於這經驗的記憶，正是認知錯覺的例子——「替代」使我們認爲過去的經驗可以被破壞。經驗自我無法自己表達，記憶自我有時是錯的，但是它是計分的人，而且掌控我們從生活中學到什麼東西，它是做決定的人。我們從過去所學就是要使未來的記憶達到最高品質，它不見得是我們未來的經驗。這就是記憶自我不講理的地方。

哪一個自我可以依賴？

爲了要呈現記憶自我做決定的權力，我的同事和我設計了一個輕微痛苦的實驗，我叫它「冷－手」（cold-hand）情境，它技術上叫冷壓（cold-pressor）。受試者要把他的手浸到冰水中，直到實驗者說可以拿起來，這時實驗者會遞給他一條溫熱的毛巾，受試者用他沒有泡在冰水中、可自由移動的手去控制鍵盤上的一個箭頭，來提供他持續痛苦的紀錄，這是經驗自我一個直接的溝通。我們選的溫度是會引起痛苦，但是沒有到不可忍受的程度。當然，他們隨時可以把手從水盆中拿開，但是沒有人這樣做。

每一個受試者都忍受兩個「冷－手」的版本。

短的版本是把手放在14℃的水中60秒，14℃是會痛，但沒有到不可忍受的程度。60秒到時，實驗者告訴受試者可以把他的手拿起來了，同時給他一條溫熱的毛巾。

長的版本是90秒，前面60秒跟短的版本一模一樣。在60秒結束時，實驗者什麼都沒說。他打開水龍頭，讓一些溫水進入水盆中，在後面的30秒，水盆的溫度升高了一度左右，剛剛好讓大部分的受試者偵察到痛的強度有一點減輕。

受試者是被告知他們要去做三次「冷－手」嘗試，但事實上，他們只有做長的和短的版本而已，每一次是不同的手。這兩個版本中間隔7分鐘，在第二次嘗試之後7分鐘，他們被告知在第三次嘗試中，他們可以選要重複左手，還是右手的實驗，因為兩隻手浸在水中的時間長短不同，當然，一半受試者的左手做短的60秒，另一半受試者的右手做短的60秒。一半受試者先做短的實驗，另一半受試者先做長的實驗，這是一個仔細控制的實驗。

這個實驗是要去創造一個衝突的情境，將經驗自我和記憶自我的利益對立起來，當然，這樣就對立了經驗效用與決策效用。從經驗自我角度來看，長的版本顯然是最糟的，我們預期記憶自我有不同的意見，「頂峰－結尾」規則預測短版本記憶比長版本差，「長度的忽略」預測90秒和60秒疼痛的差異會被忽略。我們預測受試者會比較偏好長版本的記憶，會選擇去重複它。果然如此。80% 的受試者報告，在長版的最後一個階段痛減輕了，所以他們願意重複長版的「冷－手」。這決定表示他們願意忍受多 30 秒不必要的痛去做第三次嘗試。

那些願意去做長版本的受試者並不是有自虐狂，也不是故意使自己去接受最糟的經驗，他們只是犯了一個錯。假如我們問他們：你偏好 90 秒的浸手還是只有前面 60 秒那個部分？他們絕對都會選短的版本。我們並沒有使用這些字眼問他們，他們只是很自然地去選擇重複他們有比較不厭惡記憶的那個版本。受試者非常清楚知道哪一個比較長（我們有問他們），但是他們沒有使用這個知識。他們的決定是用一個簡單的直覺選擇所決定的：選你最喜歡的，或最不討厭的。記憶的規則決定他們有多不喜歡這兩個選項，這又決定了他們的選擇。這個「冷－手」實驗，像我那個注射的難題，顯現出決策效用和經驗效用上的差別。

我們在這個實驗上觀察到的偏好是我們在前面講過的「少就是多效應」的另一個例子，一個是奚愷元的買盤子研究，加一些盤子到一套 24 個盤子上，反而降低了整個的價值，因爲有些加上去的盤子是破的。另一個是琳達，她被判斷比較像女性主義的銀行行員而非只是銀行行員。這些相似性並非偶然。系統一是三個情境背後的原因：系統一代表的是平均、常模，和典型，而不是總和。每一個「冷－手」的事件是一套記憶，記憶自我把它當作那一瞬間的原型儲存起來，這會導致衝突。對一個客觀的觀察者，用經驗自我的報告來評估這個事件，他在意的就是曲線下的面積，那代表了綜合不同時間的所有痛，它的本質是總和。記憶自我所保持的記憶，相反的，是那一剎那的表徵，強烈受到頂峰和結尾的影響。

當然，演化使動物的記憶完整地儲存，對一隻松鼠來說，「知道」牠一共儲存了多少食物總量是很重要的事，而堅果的平均大小的表徵並不是一個好的替代。然而，一段時間中的快樂和痛苦的總和也許對生物不那麼重要，我們知道，老鼠對快樂和痛苦都有「長度的忽略」。在一個實驗中，燈光一出現，電擊就產生，所以老鼠很快就學會害怕光，牠們恐懼的強度可以用幾個生理反應的指標來測量。這個實驗主要是發現電擊長度的效應（沒有或是只有一點）——老鼠在乎的是痛苦刺激的強度。

另一個經典研究顯示，用電刺激老鼠大腦的某一個部位會產生一個很快樂的感覺，這強度強到老鼠願意不吃不喝一直去按桿，使電流去刺激牠的大腦，帶給牠快感，這隻老鼠最後會餓死，因爲牠沒有停下來吃東西。快樂的電刺激可以有不同的強度和長度。這裡，我們再一次看到，只有強度有關係，到某一個程度，再增加電刺激的長度不會增加牠的快感。這個規則同時也規範了人類的記憶自我，它是有很長的演化歷史的。

生物 vs. 理性

多年前，困擾我許久的注射難題中最有用的一個想法是：同樣痛的注射的經驗效用可以用計算打針的次數來測量。假如所有測量的結果都一樣的厭惡，那麼打 20 針會比打 10 針厭惡兩倍，從 20 針減到 18 針和從 6 針減到 4 針有著同樣的價值。假如決策效用沒有對應到經驗效用，那麼這個決策一定有不對勁的地方。這同樣的邏輯也可應用到「冷－手」實驗：90 秒的痛比 60 秒的痛更糟，假如人們願意去選擇長的版本，這個決策一定有錯的地方。在我早期的難題中，這個決策和經驗的差距源自減少的敏感度：18 針和 20 針的差異比較不吸引人，比較不值錢；6 針減到 4 針，再痛苦一下就結束，比較有價值。在「冷－手」實驗中，錯誤反映出兩個記憶的原則：長度的忽略和「頂峰－結尾」規則。它們的機制不同，但結果相同，是一個沒有跟正確經驗「合拍」（attuned）的決策。

沒有產生最好可能的經驗的決策，和一個錯誤預測未來感覺的決策，這兩者對認同理性選擇的人來說，都是壞消息。「冷－手」實驗顯示，我們不能完全相信我們的偏好可以反映我們的利益，即使它們是基於個人經驗，甚至即使那個經驗的記憶是在剛剛前 15 分鐘記下的，你都不能完全相信我們的偏好！偏好和決策是被記憶塑造的，而記憶可能出錯。這個證據對「人類有一致性的偏好，而且知道如何去達到最大利益」是一個嚴重的挑戰，而這些正是理性代理人模式的基石。我們的心智天生有不一致性，我們對痛苦和快樂的經驗長度有很強的偏好，我們要痛苦短暫，快樂長久。但是我們的記憶——這個系統一的功能，是演化來去描繪一個痛苦或快樂最強烈的剎那（頂峰），以及當這個事件終止時的感覺。我們的這種會忽略長度的記憶，並不能幫助我們對長久快樂和短暫痛苦的偏好。

說到兩個自我

「你完全是從記憶自我去想你失敗的婚姻。離婚就像一首有刮痕的交響樂，結束得不好不代表它全部都不好。」

「這是一個不好的長度忽略例子，你給好的和壞的經驗同樣的加權，雖然好的部分比其他部分長了 10 倍。」

36

生命像個故事

早期在我還在研究經驗的測量時，我去看了維爾第（Verdi）的歌劇「茶花女」（*La Traviata*），這是個很有名的歌劇，不但音樂美，故事也很感人，講一個年輕的貴族愛上一個風塵女郎的愛情故事。年輕人的父親去找這位小姐，說服她爲了保護這個家庭的榮譽及他妹妹可能的婚姻，要她放棄他。在這幕超級自我犧牲的劇中，茶花女假裝拒絕她所愛的人，不久她就得了肺病，在最後一幕中，茶花女快死了，旁邊有幾位朋友。她的愛人知道後，趕到巴黎來看她，聽到這個消息，她被希望和快樂所鼓舞，像變了個人似的，但是她很快就香消玉殞了。

不管你看過這個歌劇多少次，你還是爲當時的緊張和害怕所抓住：年輕的愛人會及時趕到嗎？你有那種感覺——他得在她死以前，馬上趕去跟她在一起，這是很重要的。他趕上了，當然，最後好聽得不得了的愛情二重唱才能登場，唱了十分鐘後，茶花女死了。

在看完歌劇回家的路上，我在想，爲什麼我們那麼在乎最後十分鐘的戲？我馬上了解，我並不在乎茶花女生活的全部，假如你告訴我，她只活了 27 歲而不是我以爲的 28 歲，這個她失去了一年快樂的生活並不會感動我，但是如果她失去了最後十分鐘，就大有關係了。假如我知道他們其實還有最後一個禮拜在一起，而不是十分鐘，我所感到愛人重聚的情緒也不會改變。假如她的愛人來得太遲，沒有見到一面，那麼「茶花女」會是一個完全不同的故事。這故事會是關於顯著的事件和無法忘懷的時段，但不會是時間的消逝。時間長度的忽略在一個故事中是正常的，結局常界定了它的性格，這個同樣的核心特質出現在說故事的規則中，也在大腸鏡、度假和電影的記憶裡。這是記憶自我工作的方式：它編一個故事，保留它作未來的參考。

不只是「茶花女」使我們想到生命是一個故事，希望它能有好的結局。當我們聽到一個與女兒多年不講話、不來往的女人過世時，我們想要知道母親死亡之前母女有無和好，我們不是只在乎女兒的感覺，我們說的是母親的故事，我們希望她的生活會圓滿。我們在乎一個人通常是以關心她們故事品質的方式出現，而不是關心她們感覺的品質。我們甚至可以爲已經死去的人他們故事的改變而深深感觸。我們爲到死都深信妻子愛他的人感到憐憫，當我們聽到她老早就有很多情人，跟她先生在一起只是爲了他的錢，我們會很同情這個先生，雖然他很快樂地過了一生。我們會爲一個科學家感到羞恥屈辱，她做出了重要的發現，卻在死後被證實這發現是假的，雖然她並沒有經驗到這個羞辱。當然，最重要的是，我們在乎我們自己生活的故事，非常希望它是個好故事，裡面有個好英雄。

心理學家迪納（Ed Diener）和他的學生想知道是否時間長度的忽略和「頂峰－結尾」規則會掌控整個生命的評估。他們用一個虛構的人物，珍——一個從來沒有結婚，沒有小孩，在一場車禍中突然死去的故事給受試者看。在一個版本中，她這一生都過得非常快樂（30 年或 60 年），喜歡她的工作，去度假，與她的朋友在一起，有她的嗜好。另一個版本是增加了五年的壽命，死時是 35 歲或 65 歲，這額外的五年被描述爲過得不錯，但不及之前那麼好。讀完了珍的故事後，每一個學生要回答兩個問題：「就她整個生命來說，你認爲她的生活有多麼令人羨慕」以及「你認爲珍這一生經驗到多少的快樂或不快樂？」。

這個結果提供了一個非常清楚的證據，時間長度是可以被忽略的。在受試者組間設計（不同的受試者看不同的版本），增加生命的長度一倍並沒有增加她生命的可羨慕性，也不影響對她總和的快樂經驗的判斷。顯然的，她的生命是切一片原型下來代表，而不是看一序列的時間切片。因此，她的全部快樂總和（total happiness）是她生命中某一段典型生活的快樂，並不是她一生快樂的總和。

迪納和他的學生也發現少就是多的效應，很強烈的顯示平均（原型）可以取代總和。增加五個有一點快樂的年頭，對一個很快樂的人生來說，反而使整個生命的快樂總和下降了。

在我的催促下，他們同時也蒐集了受試者組內設計資料關於多增加五年壽命生活的效應，每個受試者要做立即判斷決定「有多羨慕她的生活」和「你認爲她這一生經驗到多少的快樂或不快樂」。雖然我對判斷錯誤有多年的經驗，我還是不能相信一個理性的人會說增加五年稍微快樂一點的時光，會使生命更糟。我錯了，幾乎全體都直覺認爲這五年使生活變得更糟。

這判斷的型態這麼奇怪，迪納和他的學生一開始認爲這是參與實驗的年輕人的蠢事，然而當學生的父母親和年紀比較大的朋友來做同樣實驗時，結果的型態並沒有改變。在直覺評估整個生活以及很短的生活片段，頂峰和結尾有關係，但是和時間的長度沒有關係。

在提到時間長度沒有效應時，很多人都會提出抗議，生產時的陣痛，24 個小時絕對比 6 小時糟，6 天待在度假勝地絕對比 3 天待在同樣地方好。在這些情況，時間長度是有關係的，但是這只是結束時的品質跟這個事件長度的改變。一個媽媽在 24 小時的陣痛後一定比 6 個小時陣痛的母親更筋疲力竭，你忘了度假 6 天的人一定比休息了 3 天的人更有活力。當我們直覺的評估這些事件時，眞正有關係的是目前這個經驗漸進地衰敗或改進，以及這個人在結尾時的感覺。

失憶的度假

請考慮一下度假的選擇，你會比較喜歡去年住過的海灘休息一週，還是你喜歡充實你旅遊的記憶？爲了這兩種需求，因而發展出兩個不同的產業。渡假村提供恢復元氣的放鬆；旅行團則幫大家製造回憶及累積生命故事。觀光客發狂似地照相，表示儲存記憶是旅遊的重要目標，到此一遊一定要拍照留念，它塑造了度假的計畫和度假的經驗。拍照者並沒有把這個景象當作當下的品味欣賞，而是照起來作爲未來的記憶。相片對記憶自我可能很有用——雖然我們很少把它拿出來看，或甚至從來沒有拿出來看——但是照相不一定是讓觀光客的經驗自我去享受景色的最好方式。

在許多的情況，我們評估觀光客的度假是以他能說出來的故事和他所儲存的記憶來判定。「難忘」（memorable）這個字常常用來形容度假的高潮，明確地指出經驗的目的。在其他的情境——愛情進入心中——那一剎那是永遠不會忘記的，雖然不見得一定正確，但愛改變了那一瞬間的意義。一個自我意識難忘的經驗會有特別的加權，在記憶中留下特定的地位。

迪納和他的同事提供證據，選擇度假的是記憶自我。他們請學生春假中每天寫日記，而且紀錄每一天經驗的評估。學生也提供了春假整體的評估，在春假結束時交給實驗者，他們要表明以後想不想再重複這次的度假經驗。統計的分析顯示，以後要不要再去度假完全取決於最後的評估——即使評估分數並無法正確地代表日記中所描述經驗的品質。就像「冷－手」實驗一樣，人們是用記憶在選擇。

你可以做一個你下一個度假的思考實驗，這會使你觀察到你對自身經驗自我的態度。

在假期結束時，所有的相片和錄影帶都會被銷毀，此外，你會喝下一罐藥水，將你的度假記憶洗掉，請問上述會如何影響你的度假計畫？相較於一般難忘的度假，你願意付多少錢去擁有一個上述的度假？

雖然我沒有正式去研究對這個場景的反應，我從跟人們討論中得到的印象是，消除記憶大大減少了經驗的價值。在一些情境中，人們對待自己就像他們對待失憶症病人似的，選擇去得到最大的快樂就是回到過去他曾經快樂過的地方。然而，也有人說，他們可以不必去，表示他們在乎的只是記憶自我，不在乎他們失憶的經驗自我。很多人說他們不會讓自己或失憶者去爬山或健走，因爲這些經驗在當下都很痛苦，只能期望達成目標的苦與樂都將令人懷念這一點來找到價值。

另一個思考的實驗是想像你要做一個很痛苦的手術，手術過程中你將保持清醒，你被告知，你會痛苦地尖叫並且哀求醫生停止手術。醫生答應給你一個會引發失憶症的藥，把你當時所有的記憶完全洗掉。你對這個手術感覺是什麼？在這裡，我非正式的觀察是，大部分人對他們經驗自我的痛苦漠不關心，有的說他們根本不在乎。有人跟我的感覺一樣，那就是我對受苦的自我感到同情、憐憫，但不會比對一個陌生人的痛苦更爲憐憫。這看起來很奇怪，但是我是我記憶自我的我，那個替我生活的經驗自我，像個陌生人似的，與我沒關係。

說到生活是個故事

「他拚命地要保護生命故事的完整性，這個完整性受到最近發生事件的危害。」

「你似乎把整個假期花在建構記憶上，或許你該放下照相機，享受當下，即使這當下並不是那麼難以忘懷。」

「她是阿茲海默症的患者，她不再記得她的人生了，但是她的經驗自我還是對美與溫柔敏感。」

37
經驗到的幸福

大約在十五年前，我對研究幸福感興趣時，我很快發現，幾乎所有關於幸福的知識是來自一份用來測量快樂的調查問卷。這問卷的問題很明顯的是問你的記憶自我，由它來思考你的生活，幾百萬人都做了類似下面問題的問卷：

把所有的事綜合考量，你對你最近幾天的生活有多滿意？

我是從大腸鏡和「冷一手」實驗走到幸福這個題目，所以我很自然地懷疑對生活的整體滿意度可否做爲幸福的有效度測量。就像記憶自我在我的實驗中不是好的證人，我聚焦到經驗自我的幸福感上。我問：假如海倫花大部分的時間在她喜歡做的事情上，很少時間在她想要逃避的事情上，以及很少時間在她不在乎的中性事情上——這一點很重要，因爲生命很短。那麼你可以說，「海倫在三月時很快樂。」

我們有很多願意繼續而不願意停止的經驗，包括心智和身體的快樂，一個例子就是契克生米哈利所謂的「心流」——就是一些藝術家在他們創作當下所感受到的心智狀態，也是一般人全心投入一個電影、一本書，或一個字謎時，所感覺到的忘我狀態：在這情況時，任何中斷、干擾是不受歡迎的。我記得在我的快樂童年，每一次我媽媽把我從玩具旁拉開，帶我去公園玩時我會大哭，她要把我從鞦韆和溜滑梯旁拉開帶我回家時，我也會大哭。對任何中斷的抗議就是我所謂很快樂、很投入的一個表記，對玩具如此，對鞦韆也是如此。

我提出一個測量海倫快樂的客觀方法，就像我們測量兩個大腸鏡病人經驗的方法一樣。我們評估她生命中連續時段的幸福經驗。在這裡，我用了艾吉沃斯一百年前快樂計的方法。在我一開始做這個研究時，我是想把海倫的記憶自我排除，因爲它對經驗自我的實際的幸福感覺，是個易犯錯的證人。後來我想這樣做是太極端了，事後證明它的確是太極端了，不過這是個好的開始。

經驗到的幸福

我組織了一個包括三個不同研究領域的心理學家、一個經濟學家的「夢想團隊」，我們一起去發展一個測量經驗自我的幸福指標的方法。很不幸的是，一直記錄幸福經驗是不可能的事——當你一直不停地報告你的經驗時，你就沒有辦法正常過日子了。最接近的方法就是經驗取樣，這是契克生米哈利所發展出來的方式，從它最早使用到現在，科技已進步了很多。現在可以在個人的手機中設定，在隨機的時段震動或嗶聲來做經驗的取樣。手機會出現一個短的問題選項：你現在在做什麼？跟誰在一起？受試者有一個量表來報告她當下感覺的強度：快樂、緊張、憤怒、擔憂、投入、身體疼痛等等。

經驗的取樣成本很高而且煩瑣（雖然比大多數人一開始以爲的容易很多：回答問題只要花很少的時間）。我們必須發展出一個比較實際的方法，所以我們後來做了一個「重新建構日子的方法」（Day Reconstruction Method, DRM）。我們希望它能蒐集到經驗取樣的結果，提供人們花時間過日子更多的訊息。受試者（在早期的研究中都是女性）要參加一個兩小時的課程，我們先請她把昨天重新過一次，把它切割成很多場景，像拍電影時那樣。然後她們要回答很多有關她們生活事件的問題，這是根據經驗取樣方法編寫出來的。她們從一個單子上挑選一些她們最常做的活動，標出她們最注意的那個，也要列出跟她們在一起的人的名單，從0－6的量表中標出跟這些人在一起的感覺強度（0＝沒感覺，6＝強烈感覺）。我們的方法是根據一個證據：人們可以很仔細地提取過去的情境，也可以重新再經歷一次在那個情境的感覺，甚至經驗他們早先情緒的生理徵狀。

我們假設受試者很正確地重現她在那個事件中特定時段的感覺，好幾個經驗取樣的比較確定了DRM的效度。因爲受試者同時也報告這個事件的起點和終點，我們就能夠去計算出一整天清醒時間，時間長度－加權對她們情緒的測量，長的事件比短的事件在計分上加權多。我們的問卷同時也包括測量生活的滿意度，這是對記憶自我的滿意度。我們用DRM來研究幸福情緒和滿意的決定因素，我們的受試者包括美國、法國和丹麥幾千名婦女。

當下的經驗或一個事件是不容易用單一快樂價值來表達的，它裡面有許多正向的情緒，包括愛、快樂、投入、希望、有趣等等。負向的情緒也有許多種，包括憤怒、羞恥、沮喪，和寂寞。

雖然正向和負向情緒同時存在，你還是可以把生活的某個時段劃分為正向或負向。我們可以用比較正向和負向形容詞的評分來知道是不是不愉快的事件，假如一個負向感覺比所有正向感覺給的分數都高，我們把這個事件叫做不愉快事件。我們發現美國婦女花 19% 左右的時間在不愉快的狀態，比法國婦女高（16%），也比丹麥婦女高（14%）。

我們把一個人花在不愉快狀態的百分比時間叫做 U 指數（U-index），例如，在清醒的 16 小時中，有 4 小時在不愉快的狀態，她的 U 指數就是 25%。U 指數的好處是它不是基於評分，而是基於客觀的時間測量。假如一個母群 U 指數從 20% 降到 18%，你就可以推論這個母群花在不愉快情緒或痛苦的時間減少了十分之一。

一個驚人的觀察就是痛苦情緒的分布是不平等的。一半的受試者報告她們一整天沒有什麼不愉快的事。但是也有很多的人一整天都經驗到情緒的不快，它看起來是有一小部分人承擔了最多的痛苦，不管是身體上的還是精神上的，一個不快樂的心情，或是她們生活中不幸的遭遇和個人的悲劇。

我們也可用 U 指數來計算活動。例如，我們可以測量人們在上下班，工作時，或跟他們的父母、配偶和孩子溝通時，花在負面情緒上的時間比例。對一千名住在美國中西部城市的婦女來說，早上通勤時的 U 指數是 29%，工作時是 27%，照顧孩子時是 24%，做家事時是 18%，交際時是 12%，看電視時也是 12%，做愛時是 5%。U 指數在週間比週末時高 6%，最可能的原因是人們在週末花比較少時間去做他們不喜歡做的事，也不會有跟工作有關的緊張和壓力。最令人驚訝的是，人們與孩子相處的情緒經驗。美國婦女跟孩子在一起的情緒經驗，比做家事還要無趣一點。在這裡我們發現法國婦女和美國婦女少數幾個相反的項目之一：法國婦女花比較少的時間跟她們的孩子在一起，但是享受的感覺比較多，或許因爲她們的幼兒照顧機構比較多，比較不需要花下午的時間開車送孩子去參加各種活動。

人在任何一個時間的心情是決定在她的脾氣和整體的快樂感。但是情緒的幸福同時也依每天和每週有很大的起伏。某個時段的心情主要是看當時的情境，例如，上班的心情是不太會受到一般工作滿意度的影響，包括福利條件和職位。最重要的是情境因素，如跟同事交際應酬的機會、暴露在很吵的噪音底下、時間的壓力（這是負面情緒很重要的來源），以及上司立即的壓力（在我們的第一個研究中，它是唯一比孤獨一個人更糟的事）。注意力是關鍵。我們的情緒狀態有很大一部分是取決於我們在注意什麼，我們一般是聚焦在目前在做的事情上，以及直接的周邊環境。不過也有例外，當主觀經驗的品質是由一直出現的思想所控制，而不是由當時發生的事件時。例如墜入愛河時，即使碰到塞車你也可能覺得很快樂；悲傷時，即使在看喜劇，你也覺得很沮喪。不過，在正常情況下，我們從在那當下所發生的事得到我們的快樂和痛苦，例如，要從吃得到快樂，你必須注意到你正在吃。我們發現法國和美國的婦女花同樣的時間在吃東西上，但是法國婦女對吃的注意力是美國人的兩倍，美國人常把吃和別的活動綜合在一起，所以她們對吃的快樂就被稀釋了。

這些觀察可以應用到個人和社會，要把每天的時間花在哪裡，這是人們可以有一些控制的。很少人能用意志力使他們有陽光般的個性，但是有些人可以安排他們的生活，使自己不必花那麼多時間在通勤上，所省下來的時間可以做他們喜歡做的事，跟他們喜歡的人在一起。跟不同活動聯結在一起的感覺，顯示另一個增進經驗的方法，那就是把被動的休閒（如看電視），轉換成主動的娛樂（如交朋友、運動）。從社會的角度來看，改進工人交通的方式、增加職業婦女托嬰的設施、增加老人社交的機會，可能可以減少社會的 U 指數——即使減少 1% 也是很大的成就，它等於免去百萬個小時的受苦。把對時間的用途和經驗的幸福的全國性調查結合在一起時，它可以帶給社會政策很多的訊息。我們團隊中的經濟學家克魯格（Alan Krueger）就是致力於介紹這個方式的元素進入國家統計資料庫的第一人。

測量經驗的幸福現在已經普遍地應用在美國、加拿大，和歐洲的全國性調查中，蓋洛普世界調查（Gallup World Poll）也延伸這些測量到美國好幾百萬人以及 150 多個國家。這個調查激發受試者前一天情緒經驗的報告，不過不及 DRM 法那麼詳細。這個巨大的樣本使我們可以做很精細的分析，這些分析肯定了情境因素、身體健康和社會接觸在經驗幸福上的重要性。不令人驚訝的，頭痛會使人心情不好。預測一個人今天心情的第二好的指標，就是他有沒有跟親友接觸。快樂是花時間與你愛的人和愛你的人在一起，這句話其實一點都沒有誇大。

蓋洛普的資料使我們可以做兩個層面的幸福比較：

- 人們經驗的幸福是他們過他們想要的生活。
- 幸福是人們在評估自己生活時所下的判斷。

蓋洛普的生活評估是用「康崔爾自我錨點努力量表」（Cantril Self-Anchoring Striving Scale）的問卷來測量的。

請想像一個樓梯，它有從 0 到 10 個階梯，樓梯的最上層代表著你可能過的最好生活，最底下的代表著最壞的生活，你認為你現在是站在第幾層樓梯上？

有些生活的層面比生活的經驗對評估一個人的生活更有影響力，教育就是一個例子。高教育程度常跟生活的高滿意度聯結在一起，但是沒有跟高幸福感的經驗連在一起。的確，至少在美國，更高的教育通常有更多的壓力。從另一方面來說，身體不健康對經驗幸福的厭惡效應會比生活的評估大很多。跟孩子一起生活也對每一天的感覺帶來很大的傷害——父母常常報告壓力和憤怒，但是它對生活的評估厭惡效應卻很小；信教的受試者也對正向情意和壓力減低的宗教偏好大於生活的評估。然而，很驚訝的是，宗教並不會減輕人們對沮喪和擔憂的感覺。

有一個研究是分析蓋洛普－希斯威幸福指數（Gallup-Healthways Well-Being Index）。這個每天調查 1,000 名美國人所蒐集的 45 萬人以上的資料，爲幸福研究中最常被問的一個問題提供了確定的答案，這個問題是：錢可以買得到幸福嗎？它的結論是，貧窮使一個人愁眉不展，財富可強化一個人對生活的滿意度，但是不能增加經驗的幸福。

一般來說，極度的貧窮會放大生活中其他不幸的經驗效應，尤其是疾病。對非常窮的人來說，生病的打擊比生活過得去的人糟很多倍。對收入在曲線前三分之二以上的人來說，頭痛會讓他們感覺悲哀和憂慮的人數從 19% 升到 38%；對曲線最窮的十分之一人口來說，同樣是頭痛，感覺難過的人數則從 38% 升到 70%，基準線愈高，增加的幅度也愈多。非常窮的人和其他人的差異也在離婚和寂寞上看到效應。此外，週末對經驗幸福的好處，對非常窮的人來說也比大部分人小。

在家庭收入 75,000 美元的高生活指數區，幸福經驗的滿足不再往上升（低生活指數區的收入應該少一點）。超過這個程度的幸福經驗和家庭收入的聯結是零。這很令人驚訝，因爲高收入無疑地能夠買更多的歡樂，包括去有趣的地方渡假、買歌劇的票，以及增進生活環境等等。爲什麼增加這些娛樂不能增加所報告出來的情緒經驗？一個可能的解釋是，更高的收入是聯結到享受生活中小快樂的能力減少了。有一些證據顯示：暗示學生有關財富的念頭會減低他們在吃巧克力糖時，臉上快樂的表情。

收入在經驗到的幸福和生活滿意度之間有明顯的矛盾。更高的收入帶來更高的生活滿意度，遠超過經驗的正向效果所能達到的境界。關於幸福的一般結論和做大腸鏡檢查的實驗結論一樣清楚：人們對他們生活的評估和他們實際的體驗可能是相關的，但是也有差別。如我以前所想的，生活滿意度並不是幸福經驗的瑕疵測量，它是一個完全不同的東西[1]。

說到經驗到的幸福

「政策的目的應該是減少人類受苦，我們設定目標在減少社會的 U 指數。處理極度貧窮者的憂鬱症應該是優先要做的事。」

「增加你的快樂的最簡單方式，是去控制你對時間的使用，你能找到更多的時間去做你喜歡做的事嗎？」

「在收入到達滿意水準後，你可以買到更多的享樂經驗，但是你會失去一些享受比較不那麼貴的東西的能力。」

---

1 你可以對生活很滿意，卻不感到幸福。

38

對生活的沉思

圖 16 取自德國社會經濟小組（German Socio-Economic Panel）成員克拉克（Andrew Clark）、迪納，和喬傑利（Yannis Georgellis）所分析的資料。這個長期調查計畫每一年都去問同一個人他對自己生活的滿意度。受訪者同時也報告在過去的一年裡，他生活上的重大改變。下面這個圖就是人們在剛結婚時所報告的生活滿意度。

這張圖表每次都會引起聽眾緊張的笑聲，這個緊張是很容易了解的：畢竟這些人決定去結婚是期待結婚會使他們更快樂，或是希望結婚會維持目前狀態的快樂。吉爾博特和威爾生創造了一個很有用的名詞，對很多人來說，決定去結婚是「感情預測」（affective forecasting）的大錯誤。在結婚的那一天，新郎和新娘知道離婚率很高，對結婚的失望率更高，但是他們認爲這個統計不適用在他們身上。

圖 16 令人驚愕的消息是生活滿意度下降得那麼陡，這個曲線

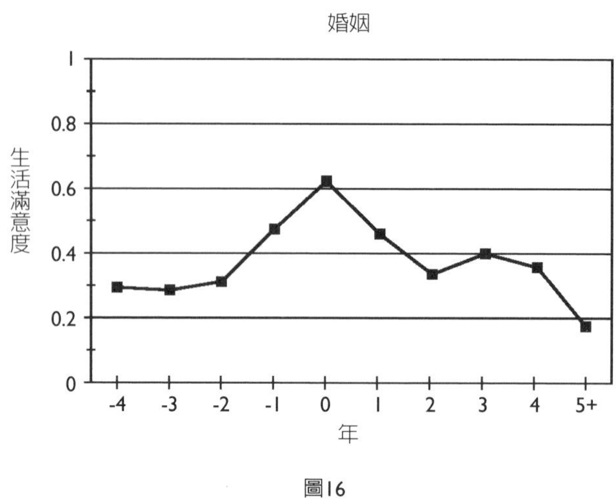

圖16

一般是把它解釋爲適應的過程，新婚的快樂很快會因生活落入例行公式而消失。然而，另一個可能的解釋是判斷的捷徑。當人們被問到他覺得他的生活過得怎麼樣時，這個「就整個來說，你對你生活有多滿意」及「這些天來，你有多快樂」，並不像「你的電話號碼是多少」那麼容易回答，受訪者怎麼能夠在幾秒內講出答案來？如果你把它想成這是另一個判斷，這對你會有幫助。大多數的人不能很快地找到這些問題的答案，他們會很自動地把這問題用替代的方式使它變得很容易。這是系統一的工作，當我們用這個角度去看圖 16 時，我們就看到不同的意義了。

許多簡單問題的答案可以被替代去回答整體的生活評估。你記得前面談過一個研究，剛回答過上一個月他有多少次約會的學生，報告他們「這些天來，你有多快樂」時，好像約會是他們生活中唯一重要的事實。在另一個著名的實驗中，施華茲和他的同事請受試者到實驗室中塡寫一個生活滿意度的問卷。不過，在他們開始塡之前，他請他們幫忙影印一張紙。一半的受試者在影印機上發現一毛錢，這錢是實驗者放的，這一點點小幸運，就足以大幅提高了對生活整體滿意度的評估。心情的捷徑是一個回答生活滿意度問題的方法。

這個約會的調查和機器上一毛錢的實驗，顯現出對整體幸福問題的回答是以管窺天。但是當然，你目前的心情不是在你被要求評估你的生活如何時，唯一進入心中的事情，你很可能想到最近發生的大事，或是未來將要發生的事，或是最近一直縈繞在你心頭的事：你配偶的健康情形，你兒子交的損友，重要的成就或痛苦的失敗。幾個跟這個問題有關的事件會被想起來，還有很多不會被想到。即使它不被完全不相干的事情（如影印機上的一毛錢）所影響時，你對你自己生活的滿意度必會因爲馬上可以進入你心中的小小例子而給它高分，它其實不是一個經過仔細思考後，你整個生活的答案。

剛剛新婚的人或即將結婚的人在被問到這個問題時，比較容易想到婚姻這件事，因爲婚姻在美國幾乎全都是自願的，所有人想到自己的婚姻或即將開始的婚姻都會感到很快樂。注意力是個關鍵因素，圖 16 可以解讀成被問到他們的生活時，人們會想到他們最近或即將到來的婚事的可能性。這個想法的鮮明性一定會隨著時間的流逝而減少，因爲它的新鮮感會慢慢衰退。

圖 16 顯示一個不尋常的高生活滿意度，從結婚後大約維持二到三年。然而，假如這個高峰是因爲回答這問題的捷徑，我們能夠從中學到關於幸福或適應婚姻歷程的訊息就很少了，我們無法從它來推論幸福感在幾年內升高然後逐漸退潮的原因。即使在被問到生活的問題時，是快樂地想到婚姻的人，後來也不一定就很

快樂。除非他們是一天中大部分的時間都想到自己快樂的婚姻，不然婚姻的幸福與否並不會直接影響他們整體的幸福。即使很幸運能夠享受新婚快樂的夫婦，遲早也會從雲端回到人間，他們幸福的經驗也會依照他們當時的環境和活動而有所不同，就跟我們這些凡夫俗子一樣。

在 DRM 研究中，結婚（或同居）的婦女跟單身的婦女在經驗幸福上並沒有什麼整體的差別。這兩組人如何分配他們的時間的細節能解釋這個發現。有伴侶的婦女比較少有時間獨處，也比較少有時間跟朋友在一起。他們花比較多的時間做愛，但是也花比較多的時間做家事、準備食物和照顧小孩，這些都是比較不受歡迎的活動，當然，已婚婦女花很多的時間跟她丈夫在一起，對某些人來說，是很快樂的事。一般來說，經驗到的幸福不受婚姻的影響，並不是婚姻對快樂沒有關係，而是它改變了生活的某些層面而使它更好，也改變了生活的其他層次使它更壞。

有一個關於個人環境和他們對生活滿意度低相關的原因是，經驗到的幸福和生活的滿意度兩者都取決於天生的脾氣。有一個研究顯示，幸福的傾向跟高度和智力一樣是可以遺傳的，這從一出生就被不同家庭所收養的同卵雙胞胎的實驗上可得到證明。我們都知道家家有本難念的經，那些表面看起來一樣幸運的人，在快樂上，差別很多。在一些例子中，例如因爲平衡效應（balancing effect）的影響，婚姻跟幸福的相關很低。這是因爲，同樣的情境對有些人來說是好，對另些人來說是壞，而新的情境有好也有壞。在其他的例子中，高收入者對生活的滿意度多半是正向的，但是這個影像會因有的人很在乎錢而變得複雜了。

相關高教育程度的大型研究計畫顯示，年輕時爲自己所立下的志願和目標會影響他一生。這些資料是從 1995 － 1997 年所蒐集的 12,000 份問卷中得來的，這些人是在 1976 年時進入美國的頂尖大學讀書。那時他們是 17 歲或 18 歲，在入學時塡了一份問卷，在一個 4 分的量表上（1 是不重要，4 是非常重要），評估自己未來在金錢的目標上要達到什麼程度的富有，這量表代表了他們對金錢重要性的看法。二十年後，他們又塡了一份問卷，其中包括了 1995 年的收入，以及對生活滿意度整體的評估。

有沒有目標造成很大的差異。在他們說出他們對金錢的抱負後十九年，大部分人都達到了這個目標。在這個樣本群的 597 名醫生和醫學專業人員所塡的金錢重要性量表中，每增加一分的人，平均收入就增加了 14,000 元，這是 1995 年的美元，比現在更值錢。沒有上班的已婚婦女也可能有滿意的財務情況，她們在量表上每升高一分，就會增加 12,000 元以上的家庭收入，因爲她沒有出外做事，這顯然是來自她先生的收入。

人們在十八歲時對收入重要性的看法，同時也代表了他們長大後對他們收入滿意度的預期。我們比較了高收入組家庭（收入超過 20 萬美金）和低到中收入家庭（收入少於 5 萬美金）兩組人的生活滿意度。對那些把金錢看得很重要，達到財務安全感爲重要目標的人，收入對於生活滿意度的效用更大，在總分爲五分的量表上是 0.57。那些說金錢不重要的人，收入對生活滿意度的相關只有 0.12。那些想要錢也賺到錢的人，比一般人更滿意生活；想要錢卻沒有賺到錢的人，比一般人更不滿意生活。同樣的原則可以適用到別的目標——要有不滿意的成年期，方法就是設定一個很難達到的目標，讓你自己一直不滿意自己。用二十年以後生活滿意度來測量時，「在表演藝術上出人頭地」是年輕人最難以實現的目標。青少年期的目標影響了發生在他們身上的事，使他們最後變成什麼樣的人，也影響了他們對自己有多滿意。

在一定程度上，這些發現改變了我對幸福的定義。人們爲自己設定的目標對他們將來要做什麼，是如此的重要，只聚焦在經驗到的幸福上是不對的。我們無法建立一個幸福的概念，因爲概念忽略老百姓的需求；從另一方面來說，一個忽略人們平日生活感覺的幸福概念，而只聚焦在被問到生活的滿意度時的感覺也不能代表他的幸福感，我們必須接受一個複雜的混合主張，兩個自我的幸福都必須涵蓋在內才行。

聚焦的錯覺

我們可以從人們回答他們生活感覺的速度來推論，也可以從他們反應時的心情來推論。當他們在評估他們的生活時，他們並沒有很仔細地去考量這個問題。他們一定是用捷徑在回答，這正是替代和 WYSIATI 的例子，雖然他們對自己生活的看法受到了約會或影印機旁一毛錢的影響，這些實驗的受試者並未忘記生命並不是只有約會或運氣很好而已。快樂的概念不會因爲撿到了一毛錢而突然改變，但是系統一馬上就拿生活的這一小部分去替代了整個，注意力被導至生活的任何一個層面，立刻就被放大了。所以在做整體評估時，就只看到它了。這就是聚焦的錯覺（focusing illusion），它可以用一個句子來描述：

當你在想它時，生命中沒有任何一個東西比它更重要。

這個想法來自我們家要不要從加州搬到普林斯頓去的辯論，

我太太認爲人們在加州比在東岸快樂，我則認爲我們已經看到氣候不是幸福的決定因素，北歐國家的人民是世界上最快樂的人民，所以這點不予考慮。我觀察到永久性的生活情境對幸福的效應很小，所以一直試著去說服我太太，她對加州人比較快樂的直覺是個感情預測的錯誤。

不久以後，當這個爭辯還在我心中時，我參加了一個全球暖化的社會科學工作坊。一位同事就他對下一世紀地球居民幸福感的看法提出辯論。我認爲現在就去預測人們居住在溫暖的地球上會如何太早了，我們都還不知道住在加州是什麼感覺。在那個言語交鋒不久，我的同事施卡德（David Schkade）和我就拿到一筆錢去研究兩個問題：第一，住在加州的人有比住在別州的人快樂嗎？第二，一般人認爲住在加州的人比較快樂，這個信念究竟是什麼？

我們找了加州、俄亥俄州和密西根州立大學的許多學生來做這個實驗。我們從一些學生身上，得到了那門對生活中各個層面滿意感的詳細報告。再從另一些學生身上，我們得到了一個預測，關於你認爲與你「同樣興趣、同樣價値觀」，但是住在別州的人會如何回答同樣這份問卷。

當我們分析資料時，我很明顯地看到我贏了這場家庭辯論[1]。如我預期的，住在這兩個不同地區的人對氣候的態度很不一樣；加州的大學生享受加州的氣候，中西部的大學生討厭他們的氣候，但是氣候不是決定幸福的重要因素。的確，加州學生和中西部學生在生活滿意度上，沒有任何差異。但是我也發現，我太太

---

1 這裡値得提一下就是，康納曼的太太Anne Treisman是個非常有名的認知心理學家，她是美國科學院的院士，也是英國皇家學會的會員。她是Donald Broadbent的學生，當她還是牛津大學心理所的研究生時，就提出新的注意力理論，推翻她指導教授的看法。Broadbent是當時認知心理學中，注意力領域的泰斗。在我念書時，Anne Treisman是比康納曼有名的。

並不是唯一認爲加州人比別州人幸福的人。住在加州和中西部的學生也有這個錯誤的觀念，我們得以追蹤他們這個錯誤，來自一個把氣候重要性誇大的信念上。我們把這個錯誤叫做聚焦的錯覺。

聚焦的錯覺主要來自 WYSIATI，把太多的權重加在氣候上，把太少的權重加在決定幸福的其他因素上。爲了說明這個錯覺有多強，請看下面這個問題：

你的車子帶給你多大的快樂感覺？

這個答案馬上跳入你的心中，你知道你有多喜歡你的車，多愛開它出去兜風。現在請看一下不同的問題：「你什麼時候從你車子得到快樂？」這個問題的回答可能會使你驚訝，但是它非常的直接。當你想到你的車時，你得到快樂（或不快樂）的感覺，但是你不會常常想到車子。正常的情況下，你在開車時，其實不會想到車子，你是在想其他的事情，你的心情是看那時在想什麼而定。所以當要你評比你有多喜歡你的車時，你實際上回答的是一個比較窄的問題：「當你想到你的車子時，你從你的車子上得到多少快樂？」這個替代使你忽略了一個事實，就是你其實很少想到你的車，這是一個時間長度的忽略，其結果是聚焦的錯覺。假如你喜歡你的車，你很可能誇大這個快樂，當你想到你現在這車子的優點時，以及在考慮購買一部新車時，這個錯覺會誤導你。

同樣的偏見也扭曲了加州人有多快樂的判斷。當問到住在加州有多快樂時，你的腦海裡可能浮現一些很清楚的加州經驗，例如夏天去登山或是冬天的氣候溫和。其實加州人花很少的時間在做這些事情，這是聚焦的錯覺；此外，長住加州的人在你問到他對他生活整體的評估如何時，也很少會去想到加州的天氣。假如你在加州住了一輩子，又很少出外旅行時，住在加州就像你有十根腳趾頭一樣，它很好，但是沒什麼值得你特別去想的地方[2]。對於生活各個層面的思想，只有在有鮮明對比的可能性浮現你的心頭時，它才會引起你的注意。

但是剛剛搬到加州來的人，他的反應就不一樣了。去想像一個人從美國中西部的俄亥俄州搬到加州來尋求好天氣帶來的快樂。在剛搬過來的頭幾年，問他對他生活的滿意度，這個問題可能會使他想到這次搬家，使他想起這兩州氣候的對比。他的比較絕對是搬來加州是對的，他對冬天溫暖的天氣絕對會扭曲他經驗的加權，聚焦的錯覺也會帶來舒適，不管這個人在搬家後，有沒有比較快樂，他會說他有比較快樂，因爲關於氣候的想法會使他相信自己更快樂了。這個聚焦的錯覺會引起人們對自己目前的幸福狀態、別人的快樂程度，以及他自己未來的幸福感產生誤判。

一個下半身癱瘓的人，一天有多少比例的時間是心情不好？

這個問題幾乎一定會使你想到一個下半身癱瘓的人，他現在正在想他目前的情況。你對他心情的猜想是，他在意外事件發生的時候，心情一定不好。在意外剛發生時，你的猜想很可能是正確的，然而時間久一點了，他的注意力就慢慢移到別的東西上去了，因爲下半身癱瘓這件事已經變成熟悉的事了。現在他的注意力會放在長期的痛苦上，如一直處在吵雜的環境下和嚴重憂鬱。痛苦和噪音是生理上的訊號，它要吸引你的注意力，沮喪和憂鬱是憂煩念頭的自我增強。在這情況下是沒有「適應」(adaptation)發生。下半身癱瘓者也不例外。詳細的觀察發現，下半身癱瘓者

2 這很對，我在加州住了22年，我的確很少想到加州的氣候是溫和的，只有偶爾在電視上看到東部暴風雪、車子被埋在雪堆裡時，會想到一下加州的氣候。

大半的時間都是心情不錯的，而且早在意外之後一個月，他們的心情就相當平穩了，雖然在想到自己現在的情境時，心情還是會低落，但是，大部分的時間，下半身癱瘓者工作、讀書、跟朋友開玩笑跟平常人一樣，在讀到報上的政治新聞時也會生氣。當他們在做這些事時，他們跟別人沒有任何差別，我們可以預期下半身癱瘓者經驗的幸福在大部分的時間跟正常人是一樣的。適應一個新的情境（不論它是好的還是不好的），有一大部分就是愈來愈不去想它。就這點來講，大部分的長期生活情況，包括下半身癱瘓和結婚，都是只有刻意去想到它時，才會感覺到。

在普林斯頓大學的一個好處就是有機會去指導聰慧的大學部學生去做研究論文。我最喜歡一個經驗就是指導科恩（Beruria Cohn）去蒐集和分析一般人認爲下半身癱瘓者心情不好的時間比例。她把受試者分爲兩組，一組是告訴他們這個嚴重意外發生在一個月以前，另一組則告知是在一年以前。此外每一個受試者都要塡他自己有沒有認得下半身癱瘓的朋友的問卷。關於一個月前受傷者的心情評估，那些認識下半身癱瘓者的受試者，估計下半身癱瘓者有 75% 時間心情不好；那些沒有下半身癱瘓朋友的受試者，必須靠想像的，估計下半身癱瘓者 70% 的時間心情不好。相反的，這兩組在估計一年前受傷的情境差別就很大了。有下半身癱瘓朋友的，估計 41% 的時間心情不好，沒有認識下半身癱瘓朋友的，則估計有 68% 的時間心情不好。顯然那些認識下半身癱瘓者的受試者觀察到下半身癱瘓者逐漸把他的注意力從下半身癱瘓這件事上轉移開，但是其他人未能預測到這個適應的發生，所以估計的百分比就不一樣。判斷贏了樂透獎的人一個月和一年以後的心情，也顯現一樣的模式。

我們可以預期下半身癱瘓者生活的滿意度和那些有長期病痛的人一樣，與他們經驗的幸福感是低度相關的，因爲要他們去評估他們的生活，無可避免地提醒了他們，別人的生活以及他過去所過的生活。最近結腸造口術（人工肛門 colostomy）的研究在病人經驗到的幸福和他們評估自己的生活上，也有巨大的不一致性。經驗的取樣顯示，這些病人和健康的一般人在經驗的幸福上並沒有什麼差別。然而，結腸造口術的病人願意用他幾年的生命去換不必拖著人工肛門袋子的生活，活短一點也無妨。此外，那些現在不必掛著人工肛門袋子的病人，他們對過去的情形記得很清楚，他們甚至願意犧牲更多的生命，只要不再回到掛人工肛門袋子的日子。看起來，對於經驗自我所覺得相當舒服的生活，記憶自我有著大量的聚焦錯覺。

吉爾博特和威爾生介紹了一個新字「錯誤欲望」[3]（miswanting）來描述來自感情預測錯誤的壞選擇。這個字應該納入我們日常生活的語言中，聚焦的錯覺（吉爾博特和威爾生把它叫做 focalism）就是產生錯誤欲望的來源。它使我們傾向於誇大血拚或環境改變對未來幸福有改變的效力。

請比較一下會改變你生活的兩件事：買一台很舒適的新車和參加一個每週聚會的團體，如橋牌俱樂部或讀書會。這兩個經驗都是新奇的，一開始時都很興奮，它主要的差別是你最終會不再注意你的車子，但是你會一直去參加社會互動的團體。根據 WYSIATI，你會誇大車子的長期效益，但是你對社交的聚會或需要注意力的活動（如打網球或學拉中提琴），你就不會犯同樣的錯誤。聚焦的錯覺創造出一個偏見，使你喜歡那些一開始時，令

3 誤以為得到某樣東西就可以使自己快樂的錯誤欲望。

人興奮的物品和經驗，即使它們後來會慢慢失去光彩。時間被忽略了，使長期需要維持注意力價值的經驗，愈來愈沒有受到它應該有的重視。

一再重複

時間的角色在本書的這個部分是一再重複了。把經驗自我的生活描述成一序列有價值的片段是很合邏輯的，每一片段都有它的價值。這個片段故事的價值——我把它叫成快樂總分——就是這些片段價值的總和，但是我們的心智並不是這樣來表示事件（episodes）的。如我前面描述的，這個記憶自我也會說故事和做選擇，但是它的故事和選擇都未能恰當地表示時間。在說故事的模式裡，一個故事是以幾個重要的片段來代表，尤其是開始、中間的高潮和結尾。時間的長度是被忽略掉了。在「冷－手」情境和在「茶花女」的故事中都有看到單一聚焦的情形。

在展望理論中我們看到不同的時間長度忽略的形式，贏了樂透獎，你的財富就是在一個新的狀態，這狀態會維持一段時間，但是決策效用會呼應到對這個消息反應的強度上，注意力移轉以及其他新狀態的適應現象被忽略了，只考慮那一小段時間。對轉移到新狀態時的聚焦以及同時忽略時間和適應的現象，在對長期慢性疾病快樂的反應的預測上也有看到。人們在聚焦錯覺上所犯的錯誤包括選擇性的注意某一時段，而忽略發生在其他時段的事情。我們的心智很會說故事，但是它對處理時間好像不是很內行。

在過去的十年裡，我們對幸福這個概念學到很多新發現的事實。但是我們同時也學到幸福這個字並不是只有簡單的意義，不應該把它當作簡單的意思來用。有的時候，科學的進步反而使我們比以前更迷惑了。

說到想到生活

「她以為買一部昂貴的好車會使她快樂，結果這是一個感情預測的錯誤。」

「他的車在去上班的路上拋錨了，所以他的心情不好，這不是一個恰當的時機去問他的工作滿意度。」

「她大多數時候看起來十分快樂，但是問起來，她說她很不快樂，這個問題一定是使她想起最近的離婚。」

「買一個大房子長期來看，不見得會使我們更快樂，我們可能會受到聚焦錯覺之累。」

「他選擇把時間平分在兩個城市裡，這可能是嚴重的錯誤欲望的例子。」

總結

我在本書一開始時，介紹了兩個虛構的人物，花了一些時間來討論這兩個物種，最後得到兩個自我。這兩個人就是直覺快速思考的系統一，和費力的、緩慢的系統二。系統二在其能力和資源之內，盡其所能地監控系統一。這兩個物種一個是虛構的「經濟人」，它住在理論的國度，一個是「普通人」，是在眞實的世界中活動。這兩個自我是經驗自我，這是替你生活的自我，以及記憶自我，這是替你記分，做選擇的自我。在這最後一章，我要來討論一下它們的應用，但逆序討論。

兩個自我

記憶自我和經驗自我在利益上衝突的可能性，比我一開始時想的還更難處理。在一個早期的實驗，即「冷－手」研究中，時間長度的忽略和「頂峰－結尾」規則兩者的綜合，導出一個不合理的選擇。爲什麼人們願意忍受不必要的痛苦？我們的受試者把這個選擇權交給了記憶自我，寧可去重複最後留下比較好記憶的實驗情境，雖然那會使他的手忍受更多的痛苦。用記憶的品質來選擇可能是一些極端個案的理由，例如在創傷後壓力產生時。但是「冷－手」實驗並非創傷，如果是一個客觀的觀察者，他一定會爲受試者選短一點的時間（即浸在冷水中 60 秒的那一組），傾向於經驗自我。受試者自己所做的選擇（手浸在冷水中 90 秒，但最後的 30 秒有一些溫水注入，減少冰冷的程度）只能說是錯誤。時間長度的忽略和「頂峰－結尾」規則在評估一個故事時，例如在歌劇和判斷珍的生活中，二者是同樣站不住腳的。如果不給時間長度加權，只用生命的最後一刻鐘去評估這個人的整個人生過得好不好是沒有意義的。

記憶自我是系統二的建構。然而，它評估事件和生活方式所用的獨特性質卻是我們記憶的本質。時間長度的忽略和「頂峰－結尾」規則源自系統一，它不一定呼應到系統二的價值。我們認爲時間長度很重要，但是我們的記憶告訴我們說不是。這些管理我們評估過去事件的規則，對決策制定來說是個很糟的指南。我們存在的一個中心事實就是時間最終是有限的資源，但是記憶自我忽略這個眞實性。時間長度的忽略加上「頂峰－結尾」規則，兩者共同引發喜歡短期強烈享樂的偏見，而不喜歡長期持久的微快樂。這個同樣的偏見也使我們害怕時間短暫、但可忍受的強痛，而寧可接受長時間但比較輕微的弱痛。對長度的忽略也使我們傾向於接受一個長期輕微的不愉快，因爲結尾可能會比較好。如果它的結尾可能會不好，就傾向於放棄任何機會去得到過程中長期的快樂。把這個想法應用在不舒服上時，請想一下你常聽到的訓戒：「不要做，你會後悔的。」這個忠告聽起來很聰明，因爲預期的後悔是記憶自我的判決，我們也傾向於去接受這種最終不可上訴的判斷。然而，我們不要忘記，記憶自我的觀點常常是錯誤的。一個客觀的快樂觀察者，將經驗自我的益處放在心中，可能會給出不同的忠告。由於記憶自我對時間長度的忽略，對「頂峰－結尾」的誇大強調，及它容易受到馬後炮的影響，加起來就使我們對實際的經驗產生扭曲的自省了。

相反的，幸福對時間加權的概念把生命中所有時刻都當作一樣的東西，不管值不值得回憶。有些時刻比別的時刻更值得加權，有時是因爲它比較重要，有的時候是它比較值得記。人們花在值得記的事情上的時間應該包括在時間的長度之內，增加它的權重。一個時刻可以因爲改變了下一個時刻的經驗而變得重要。例如，花在練小提琴的一個小時可以加強拉小提琴很多小時的經驗[1]。同樣的，一個短暫可怕的事件引起了創傷後壓力症候群（PTSD），那麼這個事件在它所引起的長期痛苦上，加權應該比較重。從時間長度加權的觀點來看，我們只能在確認這個時刻是有意義的，或值得記憶的事實之後，才決定是否要加權。這種句子：「我永遠記得⋯⋯」或「這眞是一個有意義的時刻」是被當作承諾或是預測，它很可能是假的，它們通常也是假的——即使在講的時候很眞誠。許多我們說我會一輩子記得的事件，十年後忘得一乾二淨。

時間長度加權的邏輯是很顯而易見的，但是它無法被認爲是完整的幸福理論，因爲個人是認同他們的記憶自我，在乎他們的故事。一個忽略人們要什麼的幸福理論是沒有辦法持久的。從另一方面來說，忽略人們生活中眞實發生的事情，完全聚焦在他認

1 這是說，練一個小時使琴藝進步，使很多很多小時拉琴的經驗強化，更願去拉琴，這個時刻就改變了後面的時刻，或很多年以後，聽音樂的經驗。

爲他的生活是什麼樣子的理論，也是無法成立的。記憶自我和經驗自我兩者必須同時被考慮到，因爲它們的利益並不見得總是一致，哲學家可以花很多的時間去考慮這個問題。

至於哪一個自我比較重要，並不是哲學家的問題而已。它對很多領域的政策都有關係。尤其是醫療和社會福利。請想一下對各種醫療方式應該做的投資，包括盲、聾、或腎臟衰竭。這項投資應該決定於人們有多恐懼這個情境嗎？難道投資不該以病人實際經驗到的痛苦爲指引嗎？還是它們應該依據病人有多希望從這情境中被解救出來的強度，以及他們有多願意去犧牲以求達到這個解脫？對聾、瞎、人工肛門和洗腎的投資排序可能會因使用哪種痛苦程度測量法而有所不同，我目前沒有看到解決的方法，但是這個問題太重要不該被忽略。

用幸福的測量來做爲政府政策制定的指引，最近引起很多人的注意，在學術界和歐洲各國政府中皆如此。現在已經可想像（雖然幾年前還無法），一個社會痛苦的指標有一天會被放入國家統計資料中，跟測量失業率、殘障率和收入一樣。這個想法是走了很久才達到今天的共識。

經濟人和普通人

在每天的生活中，我們叫那些可以說理的人有理性，假如他們的信念跟眞實世界同調，他們的偏好也跟他們的利益和價值觀相符合。「理性」這個字傳達出一個很謹愼、很會計較，沒什麼人味的影像。但是在一般的語言中，一個理性的人是絕對可講理的。對經濟學家和決策理論學家來說，這個形容詞有個完全不同的意義。對理性的唯一測驗不是這人的信念和偏好是否合理，而是它們是否有內在的一致性。一個理性的人可以相信有鬼，只要她所有的其他信念都跟鬼的存在有一致性；一個理性的人可能寧可被人恨而不要被人愛，只要他的偏好是有一致性的。理性就是在邏輯上一致的——不管它有沒有道理。就這個定義，經濟人是理性的，但是有壓倒性的證據指出，普通人是不可能理性的。一個經濟人不可能受促發、WYSIATI、窄框、內在的看法，或偏好逆轉的影響，但普通人卻一致性地無法避免這些影響。

把理性定義爲思想理論的連貫性和一致性是個不可能突破的限制，它要求符合邏輯的規則，光就這一點，一個有限的心智就無法去實行。合理的人無法符合那個定義的理性，但是你不能因此就說他沒有理性。不理性（irrational）是個很強烈的字，它帶有衝動、情緒化，和倔強抵制理性說法的味道。我常常在人們說我跟特維斯基的研究展現了人類的選擇是非理性時，感到畏縮。事實上，我們的研究只是顯示普通人不是理性代理人模式描述的那樣而已。

雖然人們不是無理性，他們常常需要幫助才能做出比較正確的判斷和比較好的決策，在有些情況下，政策和機關可以提供幫助。這樣的說法也許看起來無害，但是事實上，它是頗有爭議的，就如重要的芝加哥經濟學派的解釋，對人類理性的信心是跟一個理念緊緊連接在一起：防止人們做出錯誤選擇是不必要甚至不道德的。理性的人應該是自由的，他應該要負責照顧自己，芝加哥學派的領導人佛瑞曼，在他的暢銷書《選擇的自由》（*Free to Choose*）中表達了這個看法。

代理人是理性的假設，爲自由主義支持者對公共政策的看法提供了一個學術基礎：不要干涉個人選擇的權利，除非這個選擇會傷及他人。而對能夠把貨物分配到願意付最多錢的人是市場效能，對市場效能的讚嘆更有力支持了自由主義的政策。芝加哥學派一個著名的例子就是〈理性成癮理論〉（A Theory of Rational Addiction）。它解釋一個對強烈且立即的滿足有極大偏好的理性代理人，可能會做出理性決策，接受未來成癮這個結果。我有一次聽到這篇論文的作者之一貝克（Gary Becker）（他同時也是芝加哥學派的諾貝爾獎得主）輕鬆地在爭辯，但並非開玩笑地說：我們應該從人們相信糖尿病的解藥馬上就要出來的信念去解釋肥胖症的流行[2]。他這句話很對：當我們觀察到人們的行爲很奇怪時，我們應該先檢視一下他們可能有一個好理由去這樣做。只有當理由是非常不可能時，才去動用心理學來解釋——這就是貝克對肥胖症可能的解釋。

在一個經濟人的國家，政府應該讓經濟人去做他的選擇，只要這個選擇不危害到他人。假如一個騎摩托車者選擇不戴安全帽，自由主義者會支持他的選擇權利。老百姓知道他在做什麼，即使他們決定不要爲老年而儲蓄，或願意爲吸毒去上癮。有的時候，這個立場會招來批評：因爲年輕時沒有存足夠的錢來做退休金而老年衣食無著落的人，比那些吃完大餐再來抱怨帳單太貴的人得到較多的同情。所以在芝加哥學派和行爲經濟學家之間的辯論還有得瞧的，行爲經濟學家拒絕極端的理性代理人模式。自由是一個不可被挑戰的價值，所有參加辯論的人都贊成自由，但是行爲經濟學家認爲生活遠比相信人類是理性的人主張的複雜得多，沒有任何一個行爲經濟學家贊成國家強迫它的國民去吃健康食物，去看只有對靈魂好的電視節目；然而，對行爲經濟學家來說，自由是有代價的，這個代價是由做出壞選擇的人來承擔，以及覺得應該幫助他們的社會。對行爲經濟學家來說，要不要保護個人使他不要做出錯誤的決策，是一個兩難的問題。芝加哥經濟學派的人不必面對這個問題，因爲理性代理人不會做出錯誤的決定。對支持這個學派的人來說，自由是免費的。

2008年，經濟學家瑟勒和法律學家孫斯坦兩人合作寫了一本書《推力》，很快就變成國際暢銷書，成爲行爲經濟學家的聖經。這本書介紹好幾個新字到我們的語言中，包括經濟人（Econs）和普通人（Humans），同時也對如何在沒有限制自由的情況下，幫助人們做出良好的決定，爲這個兩難問題提出了解答。瑟勒和孫斯坦贊成自由主義的溫和專制主義（libertarian paternalism），國家和政府機關可以輕輕去推（nudge）人們做出對他自己有長期利益的決定。僱員和老闆共同出錢使員工退休時，有退休金可拿就是一個例子。你很難去說，公司規定你自動加入退休金計畫是剝奪了你的自由，因爲你只要勾一下格子就可以不要。我們前面有看到，個人決策的框架——瑟勒和孫斯坦把它叫做選擇建築（choice architecture）在結果上有很大的影響，這個「推力」是根據有效的心理學設計的，我在前面已說過了。不參加的選項被理解爲正常的選擇，從正常選擇脫離出來的行爲是需要更費力、特意去做的行爲，做比不做會得出更大的後悔。這個巨大的力量會使一個本來不確定該怎麼做的人，去做出決定。

普通人比經濟人更需要保護，使他們的弱點不被利用，尤其是系統一的俏皮和系統二的懶惰的傷害。理性代理人是被假設很仔細地做出重要的決策，而且會利用手邊所有的訊息去做這個決策。經濟人會在讀完並且了解契約底下的小字後才去簽名。但是

2 因為解藥就要出來了，所以可以放膽大量吃。

普通人不會，一個設計出讓顧客不會仔細去讀而習慣性馬上簽名的不法公司，有很大的法律空間把重要的訊息隱藏在光天化日之下，而讓你沒有注意到。理性代理人極端形式的有害應用是，假設顧客不需要保護，只要確定相關的訊息都有公開揭露就好了。印刷字體的大小和所用語言的複雜度被認爲是不相干的——當小字很重要時，一個經濟人知道如何去處理小字。相反的，《推力》要求公司給出去的契約要很簡單，能夠讓一般的老百姓看得懂。瑟勒和孫斯坦的這些建議遇到了很大的反對，反對的當然就是那些如果顧客被更有效地告知，他們的利益就減少了的那些公司。但一個公司之間能用它更好產品來競爭的世界，當然比企業競相以朦騙顧客來賺錢的世界更好。

自由主義的溫和專制主義的特質是它對所有政客都有吸引力。行爲政策的一個最好例子是「明天儲蓄更多」（Save More Tomorrow）的案子，在國會中很不尋常得到所有人的支持，從極端保守的到自由派的都贊成。「明天儲蓄更多」是公司給它職員的一個財務計畫，參加的職員不管什麼時候，只要升級加了薪，公司就從他加的薪水中扣更多做儲蓄，固定比例的錢會自動存入他的戶頭，直到職員說要提出來用了爲止。這個強迫儲蓄計畫是瑟勒和班納茲（Shlomo Benartzi）在 2003 年提出來的，它增加了幾百萬勞工的儲蓄率，替他們搭了一座橋使可以望得見未來。它是根據一個心理學的原則，本書的讀者一定會認得出，它用加薪的方式去增加儲蓄，把損失轉移成過去的「獲得」，避免了人們對立即損失的抵抗，這比較容易去忍受。而這自動化非常符合懶惰的系統二的胃口，公司這樣做是爲了員工長期的利益，當然，這一切都沒有強迫任何人去做任何他不想要做的事，也沒有任何誤導或詭計。

這個自由主義的溫和專制主義被很多國家所採用，包括英國和南韓，也被許多不同黨派的政客所支持，包括工黨和歐巴馬總統的民主黨。的確，英國政府創造了一個新的單位，它的任務就是應用行爲科學的原則去幫助政府完成它的目標。這個辦公室的名字叫做「行爲卓見團隊」（Behavioural Insight Team），但是政府內和外的人都叫它「推力單位」。瑟勒是這個團隊的顧問。

寫完《推力》之後，孫斯坦就被邀請到白宮，擔任歐巴馬總統資訊與管制事務局的局長，這個位子給了他很多機會去鼓勵官員把心理學和行爲經濟學的原理用在政府機關上。他的任務在 2010 年管理與預算局的報告上有列出。本書的讀者會感謝這個建議背後的邏輯，包括鼓勵：「清楚、簡單、有重點，有意義地說明一件事」。讀者也會看到這種句子背後的意義：口頭報告非常重要，例如，「如果一個重要的結果被框成損失，它所造成的影響就會比它被框成是得利來的大。」

我們在前面談到了汽油的消耗在不同的框架下所造成不同的影響，其實還有更多的應用，例如自動加入健康保險，一個新的鮮明的形象——一個盛滿均衡食物的盤子取代了大家看不懂的舊食物金字塔，以及美國農業部允許貼在肉類食品外面的「90% 無脂」（90% fat-free）的標示規則，它其實就是有 10% 的肥油，現在這個說明也要標示了，同時要用和「90% 無脂」同樣顏色、大小、字體的字印在同樣背景的顏色上，確保消費者有看到。不像經濟人，我們普通人常需要幫助才能做出好的決策，而這可以透過提供資訊、不干擾的方式來協助你。

兩個系統

本書把心智的運作描述成兩個虛構人物之間的互動：自動化的系統一和需費力的系統二。你現在相當熟悉這兩個系統，可以預期他們在不同的情境下會怎麼反應。當然，你也記得這兩個系統並不是眞的存在大腦中，「系統一做 X」（X 指活動）是「X 自動出現的」簡單說法。「系統二啓動去做 Y」是指「提升警覺、瞳孔放大、注意力聚焦，Y 活動開始進行」的簡單說法，我希望你覺得系統的語言跟我一樣覺得很有用。我希望你已經有一個直覺的感覺，知道它們是怎麼運作的，而不會爲他們是否存在所迷惑。在說完這些必要的警告後，我會繼續用這個語言，直至本書結束。

這個有注意力的系統二就是我們以爲的自己，系統二說出我們的判斷，做出決定，但是它常常替系統一的感覺背書或替系統一的想法和感覺找理由。你可能不知道你爲什麼對某個專案很樂觀，因爲專案領導人在某個方面使你想起你深愛的妹妹，或你不喜歡某個人，因爲他看起來有點像你的牙醫生。假如被問到理由，你會搜索你的記憶，找出說得過去的理由，而你一定找得到一些，而且你會很相信你所編造的故事，認爲自己就是爲了這個原因不喜歡這個人。但是系統二不是只是系統一的辯護士，它同時可以阻止很多愚蠢的念頭，以及不恰當的衝動明顯的表露出來。在數不清的活動上，注意力的投注會改善表現——試想在一個很窄的巷子裡開車而你心不在焉的風險——注意力對很多的作業都是關鍵，包括比較、選擇，和排序的推理。然而，系統二不是理性的模範，它的能力是有限的，它所能提取到的知識也是有限的。我們在思考時，常常頭腦不清，而錯誤也不總是因爲突然想到的或不正確的直覺。通常我們犯錯是因爲我們（系統二）不知道什麼是對的。

我花了很多篇幅來描述系統一，談了很多直覺判斷的錯誤和選擇，然而，篇幅多寡並不做爲直覺思考的好壞之間平衡判斷。系統一的確是很多我們做錯事的源頭，但是它同時也是很多我們做對事的原因，而我們畢竟是做對的比做錯的多。我們的思想和行動每天都受到系統一的指導，通常也都是恰到好處，系統一了不起的地方是它的聯結記憶中儲存了很多很詳細的外在世界的模式：它只要幾分之一秒就能馬上區辨出平凡事件中的驚奇，它可以立刻得出我們應該會有的想法和念頭，而不會在旁瞠目結舌說不出話來，不論發生的事是驚奇還是例行公式，它都會立刻搜尋出因果關係的解釋。

記憶同時也是我們窮一生之力所蒐集各種技能的資料庫，當挑戰來臨時，它自動地產生適當的解決方式，從避開步道上的大石頭到避免顧客的破口大罵。這些技術的習得需要一個規律的環境，適當的練習機會，及快速明確的回饋，馬上知道這個想法和動作是對還是不對。當這些條件都被滿足後，技術最後就被發展出來，那些立即進入心中的直覺判斷和選擇就大部分是正確的了。這些都是系統一的工作，表示說它是很快的，自動化出現的。什麼叫做技術精準的表現呢？就是很快速很有效率的處理很大量訊息的能力。

當一個挑戰出現而我們有技術精準的反應可用時，這反應會馬上被喚起，但是假如缺少這樣的技術，怎麼辦呢？例如 17×24＝？它需要的是特定的答案，這時，很明顯的，系統二得立刻上場。但是系統一很少會驚慌失措而不做任何反應。它不受到能量容積的規範，在計算上是可以很揮霍的，所以在找問題的答案時，它會同時找出很多類似問題的答案，比起原來被要求回答的那個問題，這些答案說不定更快進入心中以取代回應。在這個捷徑的概念裡，捷徑的回答不一定就是比較簡單或是比較簡化——它只是比較容易取得，計算得比較快，比較容易而已。捷徑的回答不是隨機的，它們通常都很接近正確的答案。不過有的時候，它們也會錯得離譜。

系統一在處理訊息上採用的是認知放鬆，但是輕鬆不代表可靠，系統一並沒有對不可靠的訊息送出警訊，直覺的回答是快速有自信的進入我們的心中，不論它們是來自技能還是來自捷徑。系統二很難區分得出這反應是有技能背書的還是僅是捷徑的。它唯一的方式就是慢下來，想辦法自己找出答案。但是系統二不喜歡這樣做，因爲它很懶惰，所以很多時候，系統一的提案，它稍微檢查一下就讓它通過，就像球棒和球的例子中那樣。這是爲什麼系統一有著錯誤和偏見的壞名聲。它的操作特質，包括WYSIATI、強度配對，和聯結的連貫性等等，使我們的預測有偏見並產生認知錯覺，例如錨點效應、非迴歸預測、過度自信，以及種種其他的問題。

那麼，對這些偏見該怎麼辦呢？我們如何能改善判斷和決策呢？最簡短的回答是，這些判斷和決策來自我們，也來自我們所服務並且爲我們服務的機構，除非投資很多的精力，否則沒什麼辦法。我從自身經驗中得知，系統一是不大受教的，除了我歸因到年齡的一些效應外，我的直覺思考跟我在做這些研究前，沒什麼兩樣，我還是會犯過度自信、極端預測、計畫的謬誤等錯誤。

我唯一增加的只有辨認這些情境的能力，像是「這個數字是個錨點……」、「假如重新界定這個問題的框架，決策會不一樣」。比起看出我自己的錯誤，我在辨識別人的錯誤的能力上，進步了很多。

原則上，阻擋源自系統一的錯誤其實很簡單：了解你正在認知地雷區，慢下來，請系統二來增強你的選擇。當你下次再碰到「慕勒－賴爾」錯覺時，這就是你該做的事，當你看到一條有箭頭的線朝著不同的方向延伸出去時，你就知道這是一個不可相信的長度感覺情境。很不幸的是，這個理性的程序卻是在它最需要被應用時，最不被應用的。當我們要犯一個嚴重的錯誤時，我們都希望有個警鈴能夠大聲地響起，警告我們。但是卻沒有這種鈴存在，而認知的錯覺，一般來說是比知覺的錯覺更難辨識。理性的聲音往往比錯誤的直覺聲音小且不易聽見，當你在面對一個重大決定的壓力時，懷疑你的直覺是一件不愉快的事。當你有麻煩時，你最不想要的就是對你自己懷疑。這結果就是當局者迷，旁觀者清，你很容易看到別人踩地雷，卻看不見自己的腳正要踩上去。觀察者永遠比行動者在認知上比較不忙，對訊息比較能接納。這是爲什麼我寧願寫一本書來批評或講別人閒話，而不願去寫做決策的書。

在避免錯誤上，團體做得比個人好，因爲團體總是想得比較慢，有權力去要求有秩序的流程。團體、組織或機構可以制定並強制執行勾選檢查表（checklists）的流程，每做完一件事，在那個格子裡勾一下。它也可以做比較精細的事，例如參考類別的預測，以及「事前」就討論可能失敗原因的練習。機關和組織最少可以用清楚的詞彙，鼓勵人們在走到地雷區時相互提醒，彼此小心，形成一種文化。不管產品是什麼，機構和組織就是製造判斷和決策的工廠。每個工廠都必須有方式來確保它的產品在原始設計、製造過程，及最後檢驗上的品質。在決策制定上，最重要的就是界定一個待解決問題的框架，蒐集導致決定的相關資訊，以及最後的反思與回顧。一個尋求改進決策產品的組織和機構應該定期、慣例地去尋找每一個階段的有效改進方法。這個操作的概念是要定期形成慣例。持續的品質管制是組織和機構在災難來臨之前必須要做的事。要改進決策的制定還有很多該做的事，一個例子就是缺乏系統化的訓練如何有效率的開一個會。最後，詞彙的豐富在建設性的批評上是必要的，就像醫學一樣，辨識出判斷的錯誤就像診斷一個疾病，它需要精準的語言。這個疾病的名字就像一個勾子一樣，所有跟這個疾病有關的東西都附在上頭，包括易感染處、環境因素、症狀，預測病情的發展，以及治療的方式。同樣的，「錨點效應」這個名詞，「窄框」或是「過度的連貫性」都會把記憶中我們對這個偏見所有的東西，它的原因、效應，該怎麼做，統統聯結在一起。

茶水間旁用詞更精確的閒聊跟更好決策之間有一個直接的連接。決策制定者有時比較能去想像目前閒話的聲音和未來的批評，比較不會聽到他們自己懷疑的猶疑聲音。當他們相信這些批評是公平的、嚴謹的，當他們知道別人會從這決定是如何制定出來，而不只是光看結果如何，來判斷他們的決策時，他們就會做出比較好的選擇了。

附錄A

不確定情況下的判斷：
捷徑和偏見

Amos Tversky and Daniel Kahneman

許多決定是基於對不確定事件的信念，如選舉的結果、被告的罪惡感、美元未來的價值。這些信念通常是用這種話來表達：「我認爲……」「機率是……」「它不太可能……」等等。偶爾，對於不確定事件的信念是用數字型式來表達，如勝算或主觀機率。是什麼因素決定這樣的信念？人們如何從不確定事件中得出機率？又如何從不確定的量中得出它的值？本論文顯示人們依賴有限的捷徑原理，把複雜的機率評估和價值預測任務，轉換成簡單的判斷操作。一般來說，這個捷徑是很有用的，但是有時候它會導致嚴重且系統化的錯誤。

主觀的機率評估跟主觀的物理量（如距離和大小）評估一樣，這些判斷都基於有限效度的數據，這些數據是以捷徑的規則處理的。例如，與某物體的視距有一部分是以它的清晰度來決定的。我們看得愈清楚，這物體離我們愈近。這個規則有一些效度，因爲在任何情境裡，遠的東西都不及近的東西清楚。然而，依賴這個規則會導致估計距離上的系統性錯誤。尤其當能見度不高時，距離常會被高估，因爲物體的輪廓變模糊了。從另一方面來說，當能見度很好時，距離又會被低估，因爲物體的輪廓明確。所以依賴清晰度來判斷距離會導致常見的偏見。這種偏見在以直覺判斷機率時也會看到。本文描述三種用來評估機率和預測價值的捷徑。這些捷徑導致的偏見不勝枚舉，而本文也討論了這些觀察的應用和理論上的意義。

* This article originally appeared in *Science*, vol. 185, 1974. The research was supported by the Advanced Research Projects Agency of the Department of Defense and was monitored by the Office of Naval Research under contract N00014-73-C-0438 to the Oregon Research Institute, Eugene. Additional support for this research was provided by the Research and Development Authority of the Hebrew University, Jerusalem, Israel.

表徵

人們關心的許多機率問題屬於下面這些類型中的一種：A 物體屬於 B 類別的機率是多少？ A 事件來自 B 歷程的機率有多少？ B 處理會得出 A 事件的機率有多少？在回答這些問題時，人們多半依賴表徵捷徑。也就是說去看在 B 類別中，A 的表徵有多少個，即 A 像 B 的程度有多少。例如，假如 A 非常能代表 B，那麼 A 來自 B 的機率就很高。從另一方面來說，假如 A 和 B 不像，那麼 A 來自 B 的機率就會被判斷為低。

為了說明表徵的判斷，請看一下這個例子：某人曾被之前的一位鄰居形容為「史提夫非常害羞內向，常很幫忙，他對人沒什麼興趣，對眞實的世界也沒什麼興趣。一個很溫和、很愛整潔的人，他需要秩序和結構並對細節狂熱。」請問，人們如何從下面列出的可能性（如，農夫、銷售員、民航機師、圖書館員或醫師）中，判斷史提夫從事某特定職業的機率？人們會怎樣排序，把史提夫可能從事的職業，從機率最高的排到最低呢？當人們採用表徵捷徑時，史提夫是圖書館員的機率，舉例來說，受他代表或相似大家心目中圖書館員刻板印象的程度影響。的確，這種問題的實驗發現，人們對職業的機率排序，以及相似性排序，用的方法都一樣①。這種判斷機率的方法會導致嚴重錯誤，因為相似性或表徵並不受到機率判斷因素的影響。

對結果的先驗機率不敏感（Insensitivity to prior probability of outcomes）。一個對表徵沒有效應，但是對機率應該有很大效應的因素，是結果的先驗機率（基率）。在史提夫的例子中，母群裡的農夫人數遠多於圖書館員，在理性評估史提夫是圖書館員而不是農夫的機率時，應該要把這個事實列入。然而這個基率的考慮，並沒有影響史提夫跟圖書館員或農夫刻板印象的相似性。假如人們用表徵來評估機率，就會忽略先驗機率。我們用一個操弄先驗機率的實驗證實了這個假設②。實驗者先給受試者看過某些人的簡單描述，告訴他們這些人是從 100 名專業人士（如律師和工程師）中隨機取樣出來的，請受試者依這些描述，判斷這個人是工程師還是律師。在其中一個實驗的情境中，受試者被告知，取樣的團體中有 70% 是工程師，30% 是律師。在另一個實驗情境中則被告知，團體中 30% 是工程師，70% 是律師。因此，所描述的人是工程師而非律師的勝算，在第一個情境（團體中大部分是工程師）中，會大於第二個情境（團體中大部分是律師）。如果用貝氏定理來表示，勝率應該是 $(.7/.3)^2$，也就是 5.44。然而兩個情境下的受試者，基本上做出相同的機率判斷，嚴重違了反貝氏定理。顯然，受試者在判斷這個人可能是律師還是工程師時，主要看描述是比較符合工程師或律師的刻板印象，幾乎或完全沒有受到這個類別先驗機率的影響。

但是在沒有其他訊息時，受試者會正確的應用先驗機率。在沒有人格描述時，他們判斷陌生人是工程師的機率，在兩個情況下分別是 .7 以及 .3，符合基率。但是一旦加入描述，先驗機率就完全被忽略了，即使這個描述沒有提供任何訊息。受試者對下面這個描述的反應說明了這個現象。

迪克是一個三十歲的男人，他已婚，沒有小孩。他是能力高、效率高和動機也高的人。他在他的領域中很成功，很受同儕的尊敬。

這個描述傳達的訊息跟迪克是工程師還是律師無關。因此，迪克是工程師的機率，應該跟樣本群中工程師的機率一樣，也就是跟沒有給任何描述時一樣。但是受試者判斷迪克是工程師的機率是 .5，而不管已經說明工程師在這團體中的機率是 .7 還是 .3。顯然受試者在沒有證據和收到無用證據的情況下，反應是不同的：當沒有特定證據時，會採用先驗機率，但是當無用證據出現時，就忽略了先驗機率③。

對樣本大小不敏感。評估從某個特定母群取得某個特定結果的機率時，人們通常採用表徵捷徑。也就是說，他們評估這個樣本結果的可能性，會以這個結果與相關參數的相似性爲判斷標準，例如隨機抽十個男人，他們的平均高度是 6 呎的可能性，這個結果就由與相關參數（在此，就是母群中男性的平均身高）的相似性得來的。樣本統計量和母群的相似性，跟樣本的大小無關。因此，假如是用表徵來判斷機率，那麼判斷出的樣本統計量機率就和樣本的大小無關。的確，當受試者在評估各種大小樣本的平均高度分布時，會產生相同的分布。例如，要受試者估計在 1,000 人、100 人和 10 人的樣本群中，平均高度高於 6 呎的機率時，他們通常給予同樣的機率值④。此外，受試者不了解樣本大小的作用，即使在闡述問題時特別強調也一樣。請看下面這個問題：

> 某一城鎮有二個醫院，在大醫院中，每天有 45 名嬰兒誕生，在小的醫院中，大約每天只有 15 名。你知道，一般來說，50% 的寶寶是男生，不過正確的百分比每天都不同，有的時候高於 50%，有的時候低於 50%。
>
> 在一年的時光中，每一家醫院都記錄了男嬰超過 60% 的日子，你認為哪一個醫院會記錄到較多的這種日子？
>
> 大醫院（21）
>
> 小醫院（21）
>
> 差不多相同（也就是說，兩者相差不到 5%）（53）

括弧中的數字是選那個答案的大學生人數。

大部分的受試者判斷，大醫院得到 60% 男孩的比例應該和小醫院差不多，大概因爲這事件是用同樣的統計量來描述的，所以有同樣的母群表徵。相反的，以抽樣理論（sampling theory）來看，在小醫院裡，60% 爲男嬰的日子，比大醫院多，因爲大樣本群比較不可能跟 50% 偏離得太遠。這個統計學的基本概念顯然不包含在人們的直覺中。

對樣本大小的不敏感，在後驗機率（posterior probability）的判斷上也可看到，後驗機率即是一個樣本是從這個母群中隨機抽取而來，還是從另一個母群中而來的機率，請看下面這個例子。

> 想像一個罐中裝滿了小球，2/3 是一種顏色，1/3 是另一種顏色，一個人從罐中取 5 個小球，發現 4 個是紅的，1 個是白的。另一個人從罐中取 20 個小球，12 個是紅的，8 個是白的，這兩個人中，哪一個人會對罐中是 2/3 紅球，1/3 白球比較有自信？他們兩人各給的勝率是多少？

在這問題中，正確的後驗勝率（posterior odds）在 4：1 的樣本時是 8：1，在 12：8 的樣本時是 16：1。然而，大部分的人覺得，第一個樣本對紅球占多數的假設提供了較強的證據，因爲在第一個樣本中紅球的比例比第二個樣本中的大。我們在這裡再一次看到直覺的判斷受樣本比例所操控，不受樣本大小的影響⑤，而樣本大小其實在決定實際的後驗勝率中，扮演了關鍵的角色。此外，直覺估算出的後驗勝算跟正確值相比，不那麼極端。我們在這類型的問題裡，重複觀察到對證據影響力的低估⑥。這稱為「保守主義」（conservatism）。

對機遇的誤解。人們預期用隨機過程得出的事件序列，會代表這個過程的基本特質，即使序列很短也一樣。例如在擲銅板時，人們認為「正－反－正－反－反－正」比「正－正－正－反－反－反」有可能，因為後者看起來不像是隨機的，「正－反－正－反－反－正」也比「正－正－正－正－反－正」有可能，因為後者不能顯示銅板的公平性⑦。所以人們預期過程應該要跟銅板的公平性相符，不但在整體序列上如此，在局部的序列也應如此。但是在局部表現的序列，會系統性的跟預期的機遇產生偏差：因為它有太多機會出現另一面，而丟的次數也太少[1]。這個信念的另一個後果，就是著名的賭徒謬誤（gambler's fallacy）。在輪盤賭局中，紅色連續出現很多次後，大部分的人會錯誤的認為黑的要出現了，我們一般把機遇看成會自動改正的過程，偏向哪一邊多了，就會自動改正來回復平衡。事實上，如同機遇過程呈現的，偏差並沒有改正，它只是在持續的進行中被稀釋了。

對機遇的誤解不是只限於沒經驗的受試者。一個對有經驗的心理學家進行的統計直覺研究顯示⑧，很多研究者心中都存在所謂的「小數定律」（law of small numbers）——即使是小樣本也很能代表它的母群。他們認為只要樣本的研究呈現統計上顯著的結果，就可得到有效的假說，而不用考慮樣本的大小。結果，研究者對小樣本的結果賦予過多的信心，過於高估了這個結果的再現性。在實際執行研究時，這個偏見導致選擇出不恰當的樣本大小，並且會過度闡釋研究成果。

對可預測性的不敏感。人們有時需要對股票的未來價值、某個商品的需求量或足球賽的結局，做數據的預測。這種預測常依表徵而定。例如，某人收到一個公司的描述，然後被要求對它未來的獲利做預測，假如這公司的描述很好，那麼這人會預估公司未來獲利很高，因為這最能代表對這公司的描述；如果描述只是普通，這人就會預測公司的獲利也很普通。這

1 這就像許多人認為生了六個女的，第七個應該是男的，不了解每一次的機率是獨立事件，當N很大時，男女會各半，小樣本則一定會有偏差。

個描述的正面程度，並不受到這個描述可靠性（信度）與準確性的影響。所以假如人們只依照描述的好壞來預測，得出的預測會對證據的信度不敏感，對預測的預期準確性也不敏感[2]。

這種判斷違反了標準統計理論（normative statistical theory），這理論說，預測的兩個極端數字（最高和最低）以及預測的範圍是受可預測性所控制，當可預測性是零時，所有個案的被預測值應該都相同。例如，假如某些公司的描述都沒有提供跟獲利有關的任何訊息，那麼對這些公司的判斷，就應該是同樣的值（如平均獲利）。假如可預測性是百分之百，當然，被預測的值就會符合實際值，預測的範圍就等於結果的範圍。一般來說，可預測性愈高，被預測值的範圍愈廣。

好幾個數值預測的研究顯示，直覺預測違反了這個規則，受試者很少或完全不考慮可預測性⑨。在一個這種實驗中，受試者看到好幾段文字在描述一個實習老師試教的表現。有些受試者被要求以百分比的方式去評估教學品質，另一些受試者也被要求用百分比的方式去預測每位實習老師五年後的表現。這兩個情境的判斷是相同的，也就是說，預測幾乎無關的標準（五年後，這老師是否是成功的老師）跟評估實習教學的品質，是根據同樣的訊息。做這些預測的人，無疑知道教學能力可預測性的限制，因爲它只基於五年前的一堂試教課，雖然如此，他們的預期還是跟評估一樣的極端。

效度的錯覺。我們在前面看到，人們常選擇輸入資料（如對人的描述）中最具表徵性的結果（如職業）來預測。他們對自己預測的信心完全取決於表徵性的強度，也就是說，被選的結果和輸入的訊息之間配合的品質，而忽略或不去管限制預測正確性的那些因素。所以人們在這個人的描述，符合他心目中圖書館員的刻板印象時，他對自己的預測非常有信心，即使這個描述是很微不足道、不可靠的或過時，仍不影響他的信心，這個不應有的信心來自描述與刻板印象的密合，這叫做「效度的錯覺」（illusion of validity）。這個效度即使在判斷者知道他預測的正確度有限時，仍然如此。我們常看到心理學家對他們自己做的選擇性面試很有信心，雖然文獻已告訴他們，選擇性的面試是很容易出錯的，也不影響他們的自信。雖然一再展示這種選擇性面試的不恰當性，很多人還是持續信賴臨床的選擇性面試。充分的表明了這個效應的強度。

在根據輸入訊息做預測時，輸入訊息內在的一致性，是一個人自信心的主要來源。例如，第一年成績各科均是 B 的學生，人們對他以後表現預測的自信心，會高於第一年學業成績有很多 A 與很多 C 的學生，當輸入訊息高度重複或相關時，我們最容易觀察到高度一致性的形態。所以人們對由重複的不同輸入變項得出的預測最有自信。然而相關的統計基本結果就告訴你，如果輸入的變項都有效度，那麼幾個這種輸入的預測有最高準確性，假如這些變項都是彼此獨立，而不是彼此相關或重複的話。所以輸入訊息的重複，事實上是減低它的準確性，即使它增加了預測者的自信心。所以人們常對偏失紅心的預測信心滿滿⑩。

對迴歸的誤解。假設有一群兒童在做兩個版本的性向測驗，這兩個版本在各個變項上很相似。假如從一個版本中選取十名考得最好的學生，通常會發現他們在另一個版本考得不盡人意。相反的，如果選擇在一個版本中考得最爛的十名學生，一般來說，會發現他們在另一個版本上的表現較好。更普遍一點的說，假設二個變項，X 和 Y，有同樣的分布，假如選擇出一些人，他們的平均分數 X 偏離平均數（mean）有 k 單位之遠，那麼他們的平均分數 Y 對 Y 的平均數偏離，會少於 k 單位。這個觀察說明了一個現象，就是它們都是朝著平均迴歸，這是一百多年前，由高頓最早發現的。

在人的一生中，我們碰到很多向平均迴歸的現象，在比較父子高度、夫妻智商或同一個人在兩場考試的表現都有看到。即使有觀察到這個現象，我們還是沒辦法對這個現象發展出正確的直覺來。第一，人們對遲早會發生的事不會去預測有迴歸；第二，當看到迴歸時，他們通常編造出假的因果關係來解釋它⑪。我們認爲迴歸現象一直讓人捉摸不定，主要是因爲它與我們的信念不符，我們都認爲預測的結果應該是輸入的最大表徵，所以結果變項的價值，應該和輸入變項一樣極端。

看不到迴歸的重要性會導致有害的後果，如下面這個例子⑫。在討論飛行訓練時，有經驗的教官注意到，如果稱讚飛行員超平穩的降落，那麼這位飛行員下次的降落就會較差；而當破口大罵批評一個很糟的降落後，這個飛行員下次的表現就好很多。教官的結論是口頭獎勵有害學習，而口

2 不能只看書面報告，要看實際的數字，會作文的人可以巧妙的把真相隱藏在表象之下。

頭責罵會帶來好處，這跟一般心理學的學說正好相反。這個結論是不對的，因爲這些教官觀察到的完全是「向平均數迴歸」的現象。就像你重複做一件事時，表現好常會跟著表現不好，而有一個不好的表現通常在下一次就會進步很多。即使教官一開始沒有獎勵或沒有罵，這現象仍然會出現。教官以爲是他們的責罵才使學員有好表現，就帶來錯誤且有傷害性的結論，以爲懲罰比獎勵有效。

所以，不了解迴歸效應，導致我們高估了懲罰的效果並低估了獎勵的作用。在社會互動以及訓練時，我們一般在表現好時，都會獎勵，而表現不好時，才會懲罰。所以就迴歸本身來說，行爲在懲罰之後，最容易改進，在獎勵之後，最容易下降。因此，人類的境況以機遇來說會是，最常在處罰別人後得到報償，也最常在獎勵別人後得到懲罰。很多人都不了解這個偶然性。事實上，迴歸在決定獎賞和懲罰的序列上所扮演的難以捉摸的角色，使研究這個領域的人都沒有注意到迴歸的厲害。

可用性

在有些情況下，人們對某個類別的頻率或某個事件出現的機率，是用這些事件有多容易進入我們的心頭來決定的。例如，我們在評估中年人心臟病發作的機率時，常會想到某某朋友就是這樣。同樣的，我們在評估某個創投會不會失敗，也是去想這個投資可能會遇到的困難，這個判斷的捷徑叫做「可用性」（availability）。可用性在評估頻率或機率時，是個很有用的線索，因爲大類別的東西通常回憶得比較好也比較快，較不常用的類別常會想叫卻叫不出名字來。然而，「可用性」其實是受到頻率和機率以外的因素所影響。因此，依賴可用性會導致預測偏見，我用下面這個例子來說明。

來自於提取例子的偏見。當我們用可用性來判斷某個類別的大小時，如果這個類別的例子很容易提取出來，我們就會認爲它比另一個有同樣頻率，但不容易提取例子的類別來得大。例如給受試者聽男女兩個性別都有的著名人物，然後請他們判斷他們覺得在聽到的名單中，是男的多還是女的多？把不同的名單唸給不同的受試者聽。在有些名單中，男的比女的有名，在別的單子中，女的比男的有名。結果受試者會因爲比較有名的人是男的多還是女的多，而誤判這個名單是男的多還是女的多⑬。

除了熟悉度，還有其他的因素，如鮮明性，也會影響提取的容易度。例如，在主觀機率上，親眼看到房子火災的影響，就大於在報紙上讀到火燒房子的影響。此外，最近發生的事也比以前發生的事容易提取。我們都有這個經驗，就是當你看到一輛車翻覆在路旁時，你心中對於交通意外的主觀機率就會暫時升高。

來自搜索效率的偏見。假設你隨機去找一段英文，請問在其中，r 開頭的字比較多，還是 r 在第三個字母的字比較多？人們會去想有多少個字是 r 開頭的（road），有多少字是 r 在第三個字母位置（car），再用這兩種字來到心中的容易度和頻率來做判斷，因爲去搜索 r 開頭的字比 r 在第三個位置的字容易得多，大部分人會判斷 r 開頭的字比較多，其實子音 r 或 k 在第三個位置的比在第一個位置的多⑭。

不同的任務激發不同的搜索，例如，抽象的字，像「想法」、「愛」在英文書中會比具體的字（如「門」、「水」）多嗎？一個很自然的回答這個問題的方式，是去搜尋這個字會出現的情境，你很容易想到抽象概念會出現的情境，如「愛」出現在愛情小說中，但是你不太想得起什麼時候會提到具體的字，如「門」。假如字的頻率是用文章情境中的可用性來判斷的話，抽象字會被判斷比具體字多。這個偏見在最近的一個研究中觀察到了⑮。在客觀的頻率相同時，抽象的字被判斷出現頻率比具體的字高很多。抽象字也被判斷出現在更多的不同情境中。

想像度的偏見。有的時候，我們要去評估一個類別的頻率，這個類別裡的例子不是儲存在記憶中，而是可以根據某個規則產生出來的。在這情形下，一個人基本上可以得出很多例子，再以哪些例子容易建構，來評定它有較高的頻率或機率。然而，建構出例子並不一定反映出它實際的頻率，所以這種評估方式容易導致偏見。要說明這一點，請想像有 10 個人的團體，形成 k 個委員的委員會，其中 $2 \leqq k \leqq 8$。請問，這 k 個人可以組合出多少個不同的委員會？這個問題的正確答案可以由二項式係數（10/k）得出，在 $k = 5$ 時，最多可以到 252 個。k 個人可以形成的委員會數量等於（$10 - k$）人所能組成的委員會數量，因爲任何 k 個人的委員會，定義出一個獨特的（$10 - k$）的非委員會成員團體。

不用計算而回答這個問題的一個方式，是在心智上建構一個 k 個委員的委員會，然後用它們有多容易進入你的心中來評估它們的數量。人很少的委員會，比如說 2 個人的，比人數多的，如 8 個人的，容易進入心中。建構委員會最簡單的方式，就是把這團體區分成小團體，你馬上看到你很容易建構出五個不同成員的 2 人委員會，但是不可能建構出兩個完全不同成員的 8 人委員會。因此，假如頻率是用想像度或用建構的可用性來測定，小的委員會看起來比人數多的大委員會，數量更多，這跟正確的鐘型曲線函數正好相反。的確，當沒經驗的受試者被要求去估計各種大小委員會的數目時，他們的估計會是委員人數的遞減單調函數⑯。例如估計 2 人委員會數量的中位數（median）是 70，而估計 8 人委員會數量的中位數是 20（但兩者的正確答案都是 45）。

想像度在評估眞實生活情境上扮演了重要角色，例如去評估一支探險隊的風險，人們很容易想像出探險隊無力應付的情況。假如太多這種困難在腦海中生動浮現，你會覺得這支探險隊太危險了，雖然你也知道想像出這些災難的容易度，並不一定反映出它們眞實發生的可能性。反過來說，如果一些可能的危險是很難去想像或根本沒有進入心中，那麼它的風險就很可能被大幅低估了。

相關的錯覺。柴浦曼和柴浦曼（Chapman and Chapman）⑰曾經指出一個有趣的偏見，當人在判斷兩個事件共同發生的頻率時，常會看見此錯覺。他們給無經驗的受試者好幾個虛構的心智病人的資料，每一個病人的資料都是一張臨床診斷書及一張病人畫的畫，然後要受試者去估計每一種診斷（如妄想症或懷疑症）伴隨著圖畫的各種特質（如奇怪的眼睛）出現的頻率。受試者都高估了自然關聯（如懷疑症和奇怪的眼睛）共同發生的頻率，這個效應叫做相關的錯覺。這些受試者根據數據，做了錯誤的判斷，「重新發現」了很多普遍、但沒有根據的臨床「知識」去解釋病人的畫。這個錯覺效應很強，即使跟資料相矛盾，也不受影響。甚至在症狀和診斷是負相關時，仍然會持續，使受試者無法看到眞正存在的關係。

可用性提供了相關錯覺效應的合理解釋。要判斷兩件事有多常共同發生，是基於這兩個事件的聯結強度。當聯結很強時，你很可能下結論這兩個事件常常成對出現。因此，強的聯結會被判斷常常共同發生。根據這個看法，懷疑症和奇怪眼睛相關的錯覺，是因爲懷疑症比較容易和眼睛聯結，而比較不易和身體的其他部分聯結。

我們一生的經驗告訴我們，一般來說，大類別的例子比較好也比較快回想，很容易想像到它的發生，當兩個事件常常一起發生時，這兩個事件之間的聯結比較強。因此，每個人都有他自己的程序（可用性捷徑）來估計一個類別的多寡、一個事件有沒有可能發生，或兩個事件一起出現的頻率，根據的是相關的心智操作有多容易提取、建構或聯結。然而，就如前面的例子顯示的，這個很有價值的估計歷程，導致了系統性的錯誤。

調整和錨點

在很多情況中，人們從一個起始值去調整，得到最後的答案。這起始值或起始點，可能是問題給你的，或是來自部分的計算。隨便是哪一種情況，一般來說，調整得都不夠⑱。也就是說，不同的起始點會得到不同的估計，但都偏向起始值。我們把這個現象叫做錨點效應（anchoring effect）。

不足夠的調整。在一個顯示錨點效應的實驗中，受試者被要求用百分比來估計各種數量（如估計非洲國家在聯合國的百分比）。在每一個估計開始時，實驗者會先在受試者面前轉動一個賭場用的大輪盤，出現一個在0到100之間的數字，受試者要指出這個數字是高於還是低於他心目中非洲國家的百分比，然後調整輪盤到他心中的數字爲止。不同的組會看到不同的輪盤數字，而這隨機出現的數字對受試者的估計有顯著的影響。例如，受試者看到的輪盤數字是10，他們估計非洲國家在聯合國總數的中位數是25%，若是看到的輪盤數字是65，他們估計非洲國家在聯合國的中位數就是45%。也就是說，起始點（在這裡分別爲10與45）有很大的關係，即使猜對了給錢，也不能減少這個錨點效應[3]。

這個錨點效應不但在你給受試者起始點時會出現，在受試者根據未完成的計算去做評估時，也會出現。有一個直覺的數字評估研究說明了這一點。兩組高中生要在五秒鐘內，估算出黑板上所寫的乘積。

8×7×6×5×4×3×2×1

3 表示不是隨便敷衍，而是為了得到報酬，有好好在做。

另一組看的是

1×2×3×4×5×6×7×8

若要很快回答這個問題，學生先要做幾個計算，然後再用外推或調整來估計乘積，因爲調整一般來說是不夠的，因此這個歷程會導致低估。此外，因爲前幾個數字的乘積（從左到右乘）在降序順序中比升序順序的大，所以第一個題目的乘積，會被認爲比第二個題目大，這兩個預測都得到證實了。對升序順序的第二個題目，中位數的估計是 512，而降序順序的第一個題目，中位數的估計是 2,250。正確答案是 40,320。

評估結合和分離事件的偏見。巴希列（Bar-Hillel）最近做了一個研究⑲。他給受試者機會去對兩個事件中的一個下注。他用了三種事件：（1）簡單事件，如從一個裝有 50% 紅彈珠和 50% 白彈珠的袋子中，摸一個紅彈珠出來。（2）結合事件（conjunctive event），例如在一個裝有 90% 紅彈珠，10% 白彈珠的袋子中，連續七次摸出紅彈珠（摸出後可以放回去）。（3）分離事件（disjunctive event），在一個裝有 10% 紅彈珠，90% 白彈珠的袋子中，連續七次摸，摸出後可再放回去，其中至少有一次是摸出紅彈珠。在這個問題中，絕大多數的受試者選擇結合事件（它的機率是 .48），而不去選簡單的事件（它的機率是 .50）。在簡單事件和分離事件的選擇中，受試者偏好簡單事件（.50）而不要分離事件（它的機率是 .52）。所以大部分的受試者下注在機率比較小的事件上，這個選擇形態說明了一個大體的發現：在賭局的選擇和機率判斷的研究中，人們高估結合事件的機率，低估分離事件的機率⑳。這些偏見可以用錨點效應來解釋。簡單事件給了個機率（.50），這就對結合和分離事件兩者都提供了一個自然的起始點（錨點）來作估計。因爲從起始點所做的調整一向是不足夠的，所以最後的評估都跟簡單事件的機率很接近，請注意，結合事件的整體機率低於個別簡單事件的機率，而分離事件的整體機率高於個別簡單事件的機率，因爲錨點效應的關係，結合事件的整體機率會被高估，而分離事件會被低估。

在計畫一件事情時，複合事件（compound event）的評估特別受到偏見的影響。成功完成一件任務，例如研發一個新產品時，它基本上有結合性質，序列的每一個事件都得發生，任務才有可能成功，即使每一個事件都很相似；假如事件的數量很大，那麼成功的整體機率有可能很低。人們一般會高估結合事件的機率，導致對這計畫的成功或準時完成過度樂觀。相反的，分離事件的結構一般來說被認爲有風險，一個複雜的系統，如原子反應爐或是人體，只要任何一個重要的部件出了問題，就會功能不彰，即使每一個部件失敗的機率很小，假如它牽涉到很多部件的話，整體失敗的機率還是很高。因爲錨點效應的關係，人們傾向於低估複雜系統成功的機率。所以，錨點效應的方向有時可以從事件的結構中推論出來。像鏈條一樣的複合事件導致高估，像漏斗一樣的分離事件導致低估。

評量主觀機率分配的錨點效應。在分析決策時，專家常常被要求把他們對某個值，例如某一天美國道瓊（Dow Jones）工業平均指數，用機率分布的形式來表示信念。這個分布通常是請這個人選擇一個量的值，這值呼應到他主觀機率分布上的某一個百分點。例如，這個人可能被要求去選擇 X_{90} 這個數字，表示對於他的值（X_{90}）高於道瓊工業平均指數，他的主觀機率是 .90。也就是說，他選擇 X_{90} 這個值的話，對於道瓊工業平均指數不會超過它，願意接受 9 比 1 的勝率。我們可以從好幾個這種不同百分比的判斷，來建構出道瓊工業指數平均值的主觀機率分布。

蒐集許多不同量的主觀機率分布後，就可以去測試判斷的校準恰不恰當。假如 Π% 所評估的眞值落在他說的 X_{Π} 值之下，那麼這個問題的判斷有經過恰當的校準，或說外部校準（external calibration）。例如，1% 的量，眞值應該在 X_{01} 之下，而有 1% 的量，其眞值高於 X_{99}。所以，對 98% 的這些問題，眞值的「信賴區間」（confidence interval）應該在 X_{01} 至 X_{99} 之間。

好幾個研究者㉑從許多判斷上得到許多量的機率分布。這些分布指出，恰當的校準中有大而且系統化的偏差。在大多數的研究中，有 30% 的評估量，其實際值不是小於 X_{01} 就是大於 X_{99}。也就是說，受試者所定的「信賴區間」太窄了，它反應出過度的確定，他們以爲自己對評估量很有知識，其實，是自信過頭了。這個偏見在有經驗和沒經驗的受試者身上都有看到，而且導入恰當的記分規則也不能去除，這個效應至少有一部分來自錨點。

要選擇道瓊工業指數平均值的 X_{90}，你會很自然的從你對道瓊工業指數的最佳估計開始，然後往上調整。假如這個調整——就如大部分的調整——是不夠的話，那麼 X_{90} 就不夠極端。同樣的錨點效應會產生在 X_{10} 的選擇，這是假設把你最佳估計往下調整所得到的。因此，X_{10} 和 X_{90} 之間的信賴區間會太窄，所評估的機率分布會太緊。支持這個解釋的證據來自：主觀機率的系統化改變，是因爲程序中的最佳估計並不能當作錨點。

對某個量（如道瓊工業平均指數）的主觀機率可以由下列兩個方式得到：（1）請受試者選擇一個道瓊工業指數值，這個值跟他機率分布的某個特定百分比相呼應；（2）請受試者評估道瓊工業指數的眞值，會超越一些特定值的機率。這兩個程序是完全相同的，應該得到完全相同的分布，但是它們是不同錨點的不同調整模式。在程序（1）中，自然的起始點是你對這個量的最佳估計。在程序（2）中，受試者的錨點可能是問題中所給的數字。他可能定錨在 50 － 50 的機率上，這是估計機率的自然起始點，任何一個情況中，程序（2）得到的勝算，都應該不如程序（1）的極端。

爲了把這兩個程序進行對照，把一組 24 個量（如從新德里到北京的航空距離）放給學生看，請他們對每一個問題估計 X_{10} 或 X_{90}。另一組的受試者是看第一組學生對這 24 個量進行估計所得到的中位數，他們要評估所給每一個値，超越這個量的眞値的勝算。在沒有偏見時，第二組的學生應該得到跟第一組一樣的勝率，即 9：1。然而，假如他們用 50 － 50 的平均勝算或題目給的值當錨點的話，第二組的勝率就比較不會那麼極端，也就是說，接近 1：1。的確，綜合全部問題，這一組所說的中位數勝率是 3：1。當把這兩組的判斷來作外部校準測試時，發現第一組的受試者太極端了，這跟先前的研究相符合，他們界定爲 .10 的機率的，其實是全部判斷的 24% 發生了。相形之下，第二組的受試者又太保守，他們給 .34 平均機率的，其實只占全部判斷的 26%。這個結果顯示計算的程度決定於所用的程序。

討論

本文主要是討論由判斷捷徑而來的認知偏見。這些偏見無法歸因到動機效應，例如痴心妄想（wishful thinking）或因獎懲而導致的判斷扭曲，的確，先前報告過的好幾個嚴重的判斷錯誤，即使在受試者被鼓勵要正確，而且做對有獎的情況下還是會發生㉒。

這個對捷徑的依賴和偏見的普遍性並不是只有外行人才如此，有經驗的研究者也會傾向犯同樣的偏見——當他們做直覺思考時。例如，以最符合數據的方式去預測結果，而不考慮先驗機率，這個現象在統計學家身上有觀察到㉓。雖然統計的知識可以避免基本的錯誤，如賭徒謬誤，他們直覺的判斷在比較複雜和比較不透明的問題中，也會落入同樣的陷阱。

所以，這些有用的捷徑，如表徵和可用性，即使偶爾會導致錯誤的預測或估計，還是會被保留就不令人驚奇了。或許應該驚奇的是，人們沒辦法從一生的經驗中，推論出基本的統計規則，如迴歸到平均數或樣本大小在抽樣變異性中造成的效應。雖然每個人在日常生活中，都有接觸到許多例子，應該可以從這些例子經驗中，演繹出這些統計規則，但是很少人會發現抽樣的原則和迴歸。統計的原則不是從每天的經驗中得來的，因為相關經驗不是很恰當的被標示。例如，人們沒有發現英文文本中，連續幾行中每一行英文單字的平均長度差異，大於連續幾頁的平均單字長度，這是因為我們在看書時，不會去注意每一行單字的平均長度，也不會去注意某幾頁單字的平均長度。所以人們不會學到樣本大小和抽樣變異性之間的相關，雖然這種學習的數據到處都可見。

為什麼人們不能在他們的機率判斷中偵查到偏見，另一個原因是缺乏恰當的標示。一個人可以用記錄實際發生事件的比例來看他給的機率：從正不正確中來學習他的判斷有沒有外部校準。然而用判斷的機率把事件分類是不自然的。在沒有分成這些小團體時，一個人是不可能去發現他給予.9 或更高的機率，其實只有 50% 的機率後來是眞的。

認知偏見實證的分析，對判斷機率的理論和應用都有很大的影響。近代決策理論㉔認為，主觀機率是某個理想化的人的量化意見。尤其是某事件的主觀機率是定義為，這樣一個人願意去接受這事件的這組賭注。如果這個人的選擇是滿足某些特定原則，也就是這個理論的定理，就可以得到內在一致或連貫的主觀機率測量。這個得出的機率是主觀的，因為不同的人對同一個事件可以有不同的機率。這種研究法主要的貢獻在它提供了一個嚴謹的機率主觀解釋。這個解釋可以應用到獨特的事件，而且包含在理性決策的一般理論中。

讀者也許該注意，主觀機率雖然有時可以從對賭注的偏好中推論出，但它平常並非用這個方式得來的。一個人下注 A 隊而非 B 隊，是因爲他認爲 A 隊比較可能贏。他不是從他下注的偏好推論出他的信念。所以，在眞實世界中，主觀機率決定偏好的賭注，而不是從偏好的賭注中得出主觀機率。這在理性決策理論中是不言自喻，顯而易見的㉕。

機率主觀的天性導致很多學生相信，連貫性或內在的一致性是判斷機率有效的唯一標準。從主觀機率正式理論的觀點來看，任何有內在一致性機率的判斷都一樣好。這個標準並非完全令人滿意，因爲內在一致的主觀機率，可以跟這個人其他的信念不相容。請想一想，一個人對丟銅板賭局所有可能結果的主觀機率，其實反映出的是賭徒謬誤。也就是說，他對某一次投擲出來是反面的機率，估計會隨正面連續出現而增加，這個人的判斷可以是內在很有一致性，所以根據正式理論的標準，它被接受爲合適的主觀機率。然而這些主觀機率與一般認爲銅板沒有記憶的想法不相容，所以沒有辦法得出非獨立事件。判斷出的機率要被認爲是合適或理性的，只有內在一致性是不夠的。這個判斷必須跟這個人的整個信念相容才行。不幸的是，對評估判斷機率與這個人全部信念系統是否相容，並沒有一個簡單的正式程序可行。理性的判斷者還是會努力去找相容性，即使內在一致性是比較容易達到，也比較容易取得。特別是，他會想辦法使他對機率的判斷跟他的主題知識、機率規則和他自己判斷的捷徑和偏見相容。

摘要

本文描述三個在不確定狀態下所用的捷徑：（1）表徵：人們在被要求去判斷，某個物體或 A 事件是否屬於 B 類或 B 歷程的機率時，通常所用的方式；（2）例子或場景的可用性：當人們被要求去評估某一類別的頻率，或某一特定發展的可能性時會用到。（3）從錨點所做的調整：通常是人們被要求做數字的預測，而有相關的值在手邊時會用到。這些捷徑非常省時省事，而且通常很有效。但是它們會導致系統性且可預測的錯誤。對這些捷徑和偏見有更多的了解，會改進在不確定情況下，判斷和決策的正確率。

NOTES

① D. Kahneman and A. Tversky, "On the Psychology of Prediction," *Psychological Review* 80 (1973): 237-51.
② Ibid.
③ Ibid.
④ D. Kahneman and A. Tversky, "Subjective Probability: A Judgment of Representativeness," *Cognitive Psychology* 3 (1972): 430-54.
⑤ Ibid.
⑥ W. Edwards, "Conservatism in Human Information Processing," in *Formal Representation of Human Judgment*, ed. B. Kleinmuntz (New York: Wiley, 1968), 17-52.
⑦ Kahneman and Tversky, "Subjective Probability."
⑧ A. Tversky and D. Kahneman, "Belief in the Law of Small Numbers," *Psychological Bulletin* 76 (1971): 105-10.
⑨ Kahneman and Tversky, "On the Psychology of Prediction."
⑩ Ibid.
⑪ Ibid.
⑫ Ibid.
⑬ A. Tversky and D. Kahneman, "Availability: A Heuristic for Judging Frequency and Probability," *Cognitive Psychology* 5 (1973): 207-32.
⑭ Ibid.
⑮ R. C. Galbraith and B. J. Underwood, "Perceived Frequency of Concrete and Abstract Words," *Memory & Cognition* 1 (1973): 56-60.
⑯ Tversky and Kahneman, "Availability."
⑰ L. J. Chapman and J. P. Chapman, "Genesis of Popular but Erroneous Psychodiagnostic Observations," *Journal of Abnormal Psychology* 73 (1967): 193-204; L. J. Chapman and J. P. Chapman, "Illusory Correlation as an Obstacle to the Use of Valid Psychodiagnostic Signs," *Journal of Abnormal Psychology* 74 (1969): 271-80.
⑱ P. Slovic and S. Lichtenstein, "Comparison of Bayesian and Regression Approaches to the Study of Information Processing in Judgment," *Organizational Behavior & Human Performance* 6 (1971): 649-744.
⑲ M. Bar- Hillel, "On the Subjective Probability of Compound Events," *Organizational Behavior & Human Performance* 9 (1973): 396-406.
⑳ J. Cohen, E. I. Chesnick, and D. Haran, "A Confi rmation of the Inertial-Ψ Eff ect in Sequential Choice and Decision," *British Journal of Psychology* 63 (1972): 41-46.
㉑ M. Alpert and H. Raiff a, unpublished manuscript; C. A. Stael von Holstein, "Two Techniques for Assessment of Subjective Probability Distributions: An Experimental Study," *Acta Psychologica* 35 (1971): 478-94; R. L. Winkler, "Th e Assessment of Prior Distributions in Bayesian Analysis," *Journal of the American Statistical Association* 62 (1967): 776-800.
㉒ Kahneman and Tversky, "Subjective Probability"; Tversky and Kahneman, "Availability."
㉓ Kahneman and Tversky, "On the Psychology of Prediction"; Tversky and Kahneman, "Belief in the Law of Small Numbers."
㉔ L. J. Savage, *Th e Foundations of Statistics* (New York: Wiley, 1954).
㉕ Ibid.; B. de Finetti, "Probability: Interpretations," in *International Encyclopedia of the Social Sciences*, ed. D. E. Sills, vol. 12 (New York: Macmillan, 1968), 496-505.

附錄B

選擇，價值和框架

Daniel Kahnment and Amos Tversky

摘要：我們討論在風險和無風險的情境下，決定選擇的認知和心理物理因素。相較於中度機率的事件，機率的心理物理學導致對確定事件和不太可能事件的過度加權。決策的問題可以有很多種方式來描述，或從不同的角度來框架，使達到不同的偏好，這點是與理性選擇的不變性標準相違背的。人們組織交易結果的心智會計程序，解釋了一些消費者行為的不正常原因，尤其是人們是否接受一個選項，是決定於這個負向結果被解釋為成本或損失。本文也討論了決策價值和經驗價值的關係。

做決策就像說話——人人都在做，不論是否知道自己在做。所以，決策這個主題被許多研究領域所探討，也就不足爲奇了，從數學和統計學到經濟學和政治學，再到社會學和心理學，大家都在談如何做決策。決策的研究討論了規範和描述的問題，規範的分析是談理性的本質和決策制定的邏輯。相反的，描述的分析是談人們的信念和偏好，是就它們本身而言，而不是說它們應該是怎麼樣。這個規範和描述之間的緊張關係是很多判斷研究和選擇研究的特點。

決策的分析有風險和無風險兩種選擇。風險下的決策制定最典型的就是賭局的下注，這牽涉到金錢的結果和特定的機率。典型的無風險決策就是交易，也就是貨物或服務與金錢或勞力的交換。在本文的第一部分中，我們討論在有風險情況下，決定風險價值的認知和心理物理因素。在第二部分，我們延伸到交易行爲的分析。

* This article was originally presented as a Distinguished Scientific Contributions Award address at the American Psychological Association meeting, August 1983. This work was supported by grant NR 197-058 from the U.S. Office of Naval Research. Originally published in *American Psychologist*, vol. 34, 1984.

風險的選擇

今天出門要不要帶傘，兩國要不要開戰，是風險的選擇，是在沒有更多後果知識的情況下，所做的選擇。因爲這種行動的後果決定於不確定的事件，如氣象和對方的決心。一個行動的選擇可以看成接受一個賭局，這賭局會帶來不同的結果，因爲每一個結果的機率是不一樣的。所以很自然的，研究風險下的決策制定，就聚焦到有金錢結果的簡單賭局和特定機率的賭局，希望這些簡單的問題可以讓我們看到人們對風險和價值的基本態度。

我們要先描述一個研究風險選擇的研究方法，這是從分析人們對金錢的反應和對機率的心理物理選擇假設而來的研究法，心理物理學對決策的研究可以追溯到 1738 年，白努利所發表的一篇論文（Bernoulli 1954），在那篇論文中，他解釋爲什麼人們一般來說會選擇風險規避，以及爲什麼當財富上升時，風險規避的行爲就減少了。爲了說明這個風險規避及白努利的分析，請看下面這個選擇：有 85% 機會去贏 1,000 美元（但是有 15% 的機會什麼都沒有），和現在就拿 800 美元，這是確定的，沒有風險的。絕大部分的人會選擇確定的 800 美元，而不要賭一下，雖然賭贏的話，拿的錢更多。金錢賭局的預期是一個加權的平均值，而每一個可能的結果是用它發生的機率來加權。在這例子中，賭局的期望值是 0.85×1,000 美元 +0.15×0 美元＝ 850 美元，超過確定的 800 美元。這種偏好確定的獲得，就是一個風險規避的例子。一般來說，偏好一個確定的結果而不選擇有比較高或相同的期望值的賭局，叫做「風險規避」（risk averse）。拒絕確定的結果，去選擇比較低或同樣期望值的賭局，就叫做「風險尋求」（risk seeking）。

白努利認爲，人們並沒有用金錢結果的期望值來評估前景（prospect），而是用對那些結果的主觀價值的預期來決定的。一個賭局的主觀價值是加權平均，但現在是每一個結果依其機率來加權的主觀價值。爲了在這個框架下來解釋風險規避，白努利提出一個假設：主觀價值或效用是金錢的凹函數（concave function），在這函數中，200 美元和 100 美元的效用差異大於 1,200 美元和 1,100 美元的效用差異。根據這個理論，贏 800

美元的主觀價值大於贏 1,000 美元的 80% 價值。因此，效用函數的凹性就解釋了：為什麼風險規避會使人去偏好 800 美元的確定結果而不要 1,000 美元的 80% 機率，雖然這兩案都有相同的金錢期望值。

在決策分析上，一般會把決策的結果用整體財富來表達。例如，給你 20 美元去賭丟銅板，會用這個人目前的財富 *W* 和從 *W* 移到 *W* ＋ 20 美元或 *W* － 20 美元做選擇。這種表達方式顯示了心理上的不真實性，人們一般不會用整體財富的狀況，來想小小的賭博賭贏結果，而是用贏、輸，或是不輸不贏來形容賭博的結果。假如有效的主觀價值承載者（carrier）是財富的改變，而不是我們提議的財富的狀態，那麼賭局結果的心理物理分析應該是應用到輸和贏上，而不是應用到整個資產上，這個假設在對待風險的選擇上扮演了重要的核心角色，這是我們稱之為展望理論的重點。反思法和心理物理的測量都看到主觀的價值是一個獲利大小的凹函數。這同樣的原理也適用於損失。損失 200 美元和損失 100 美元的主觀價值差異，比損失 1,200 美元和損失 1,100 美元的主觀價值差異來得大。當贏和輸的價值函數放在一起時，我們得到一個 S 型的函數，見圖 1。

圖 1 所顯示的價值函數是（a）定義贏和輸，而不是全部的財富，（b）在贏面是凹函數，在輸面是凸函數，（c）輸的曲線斜率比較陡，這一點，

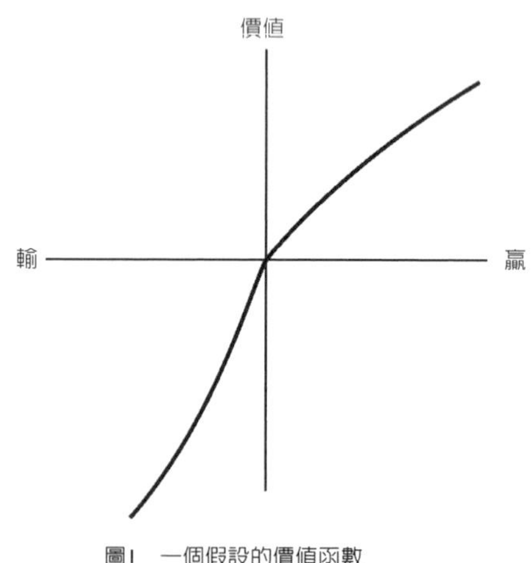

圖1　一個假設的價值函數

我們稱之爲「損失規避」(loss aversion)。在直覺上，輸 X 美元的感覺是比贏 X 美元的感覺差（即贏 X 美元的快樂小於輸 X 美元的懊惱），損失規避解釋了，當贏的和輸的賭注是一樣的時候，人們不願去賭丟銅板，因爲可能贏所帶來的吸引力不及可能輸所帶來的厭惡，這補償是不足的。例如，在一個以大學生爲樣本的丟銅板實驗中，大部分的大學生不願意拿出 10 美元去玩丟銅板的賭局，假如他們贏的收益少於 30 美元的話。

這個風險規避的假設在經濟學原理上扮演了核心的角色。然而，就像贏的價值函數的凹性，說明了風險規避，輸的價值函數的凸性，則說明了風險尋求。的確，在輸的時候，風險尋求是個很穩健的效應，尤其當輸的機率很高時。例如在一個情境中，一個人被迫去選擇 85% 的機會損失 1,000 美元（15% 不輸任何錢）或是確定輸 800 美元，絕大部分的人會選擇去賭一下。這就是風險尋求，因爲預期的賭博結果（− 850 美元）比確定的損失預期（− 800 美元）更差。在輸面時的風險尋求，已被好幾項研究所確定（Fishburn and Kochenberger 1979；Hershey and Schoemaker 1980；Payne, Laughhunn, and Crum 1980；Slovic, Fischhoff, and Lichtenstein 1982）。它也在非金錢的結果中有觀察到，如痛苦的時數（Eraker and Sox, 1980）和生命的流失（Fischhoff, 1983；Tversky, 1977；Tversky and Kahneman 1981）。那麼，在贏面時風險規避，在輸面時風險尋求，是錯的嗎？這些偏好跟我們對贏和輸的主觀價值有很強的直覺關係，而人們有權去決定他自己的價值觀。不過，我們馬上會看到這個 S 型的價值函數有一個規範上不可接受的含意。

要說明規範（normative）議題，我們得從心理學轉向決策理論。近代的決策理論可以說是從馮紐曼和摩根史坦開始的（1947）。他們建立了好幾個定性的原理或公理，來說明一個理性的決策制定者的偏好，他們的原理或公理包括「傳遞」(transitivity，假設 A 比 B 討人喜歡，B 比 C 受人喜歡，那麼 A 比 C 受人喜歡），和「替代」(substitution，假如 A 比 B 受人喜歡，那麼得到 A 或 C 的機率比得到 B 或 C 的機率受人喜歡），以及其他比較技術性的條件。這個理性選擇公理已受到廣泛討論，特別是現在有令人信服的證據顯示人們並非總是服從替代的公理，對規範的好處也有相當不認同的聲音（如 Allais and Hagen 1979）。主流派認爲假如 A 的前景在每一個層面都至少跟B一樣，或在至少一個層面上比B強，那麼應該選A。不變性（invariance）要求前景偏好的排序不應受到他們被描述方式的影響，尤其是同一選擇問題的兩個被認爲是一樣的版本並排陳列時，它們應該引發同樣的偏好，即使在不同的時候呈現。我們現在知道這個不變性的要求，不管多麼基本和無害，一般來說，無法被滿足。

結果的框架

風險前景的特質來自它們可能的結果，以及這些結果的機率。然而，這同樣的選擇可以用不同的方式來框架或描述（Tversky and Kahneman 1981）。例如，一個賭局的結果，可以被框架爲贏或輸（相對於現狀或把初始財富包含進來的資產情況），不變性要求在描述結果的贏或輸時，不能改變偏好的次序。下面的問題說明了對這個要求的違逆，每一個問題的反應總和爲N；每一個選項的被選百分比，列在該案末尾的括弧中。

問題一（$N = 152$）：想像美國在準備應付一場不尋常的亞洲疾病爆發，專家預期它會殺死600人。他們提出兩個對付這個疾病的專案。這兩個專案的科學估計如下：

假如採取A案，可以救200人。（72%）

假如採取B案，有三分之一的機會，這600人可以獲救，三分之二的機會沒有人獲救。（28%）

你會選哪一個？

問題一提供了一個參考點：這個疾病會奪去600人的生命。這兩個專案的結果都包括了參考點以及正向陳述（有多少人獲救）。正如我們預期的，大部分人偏好風險規避：大部分的人喜歡確定可以救200個人，而不喜歡有三分之一機會救600人的賭局。現在請想像另一個問題，同樣的故事，但是不同的描述方式。

問題二（$N = 155$）

假如採用專案C，400人會死。（22%）

假如採用專案D，在這600人中，有三分之一的機會沒人會死，

有三分之二的機會 600 人會死。（78%）

你很容易看出問題二的 C 和 D 選項跟問題一的 A 和 B 選項，在實質上是完全相同的。但是問題二所假設的偏好（參考點）是沒有人死於這個疾病，最好的結果是維持這個偏好情況。但它的陳述是用死於這個疾病的人數來測量損失，用這個方式來評估選項時，大部分人會採取風險尋求，也就是選 D 而不會選 C，因爲不願 400 人確定會死亡。的確，實驗結果顯示：在問題二中，人們採取風險尋求，不像問題一中，人們採取風險規避。

這個不變性的失敗，非常的普遍且效應很強。即使在有經驗、受過統計訓練的專家中也是如此。而且它很難去除，即使給同一個人，相隔幾分鐘，做這兩個問題，結果仍然一樣。受試者的反應很令人困惑，即使在重新讀這兩個問題後，他們仍然希望在「拯救生命」版本中採取風險規避，在「失去生命」的版本中採取風險尋求。他們也希望服從不變性，對這兩個版本給出一致性的答案。在他們的倔強中，框架效應比較像知覺的錯覺，而不像計算的錯誤。

下面這兩個問題所引發的偏好，違逆了理性選擇的主流要求：

問題三（$N = 86$），請選擇：

E. 25% 機會去贏 240 美元，75% 機會輸 760 美元。（0%）

F. 25% 機會去贏 250 美元，75% 機會輸 750 美元。（100%）

你很容易看到 F 是主控，的確，所有的受試者都選了 F。

問題四（$N = 150$），想像你面對下列並列的決策，

先檢視兩個決策，然後說明你的偏好。

決策 (1)，請選擇：

A：確定拿到 240 美元。（84%）

B：25% 機會贏 1,000 美元，75% 機會什麼都沒得到。（16%）

決策 (2)，請選擇：

C：確定輸 750 美元。（13%）

D：75% 機會輸 1,000 美元，25% 機會什麼都不輸。（87%）

從前面的分析中，我們預期大部分的人在第一個決策中會風險規避，而選擇確定的 240 美元，不願去賭，而在第二個決策中，有更多的人願意去風險尋求，而不願選擇一定輸的 750 美元。事實上，有 73% 的受試者選 A 和 D，只有 3% 選 B 和 C。這同樣的反應型態在修改過的版本中也一樣看到，我們降低了賭注，大學部學生選擇了他們可以眞的玩的賭局。

因爲受試者是同時看到兩個選擇，他們還是選了 A 和 D，而沒有選 B 和 C。這個複合的偏好其實是因爲拒絕 B 和 C 的關係。若增加「確定拿到 240 美元」（選項 A）的陳述到 D 選項中，會得到 25% 的機會贏 240 美元、75% 機會輸 760 美元的結果，這正是問題三中 E 的選項。同樣的，若增加「確定輸 750 美元」（選項 C）到 B 選項中，可得到 25% 機會贏 250 美元、75% 機會輸 750 美元的結果，這正是問題三中的 F 選項。所以框架的易接受度和 S 型價值函數在同時並列的決策問題中，產生了違逆主流的情形。

這個結果令人不安，不變性是規範教條的核心，但是在直覺上和心理上不可行。的確，我們只看到兩個方法可以確保不變性。第一是採取可以轉變任何問題到同樣典範表徵的版本的程序。這個是給商學院學生標準訓誡的理由，他們應該用全部資產去考慮每一個問題的決策，而不是用輸和贏去想（Schlaifer 1959）。這種方式可避免前面問題中出現的違逆不變性的現象。但是給忠告比去執行來得容易，除了在可能毀滅的情境中，考慮贏和輸往往比考慮財富狀態自然得多。此外，風險前景的典範表徵需要把所有並列決策的結果綜合起來看（如問題四），這即使在簡單的問題中，都超越了直覺計算的能力。在別的情境，如安全、健康或生活品質，就更難了。我們應該勸告人們用疾病的整體死亡率，或是用跟這疾病有關的死亡人數做標準，去評估公共衛生政策（如問題一和二）的結果嗎？

另一個可以保證不變異的方法是用他們實際精算的，而不是心理上的後果來評估選項。精算的標準對人的生活情境有些吸引力，但它很明顯的不適用在財務的選擇上，至少自白努利以來，一般都是這樣認爲的。它完全不適用於沒有客觀測量的結果上。我們下結論說，框架的不變性不可能成立，在某個選擇上的信心並不能保證這個選擇在另一個框架下會被選擇。因此，用不同的框架去測試決策問題偏好的強度，是一個很好的方式

（Fischhoff, Slovic, and Lichtenstein 1980）。

機率的心理物理學

到現在爲止，我們的討論都是假設白努利的預期規則是來自增加可能結果的效用，每一個效用依它的機率而加權。要檢視這個假設，讓我們再來看一下心理物理的直覺會怎麼說。把目前的價值設爲零，假設有一個現金禮物 300 美元，你給它價值爲 1。現在再想像你有一張樂透彩券，它的獎金也是 300 美元。這張彩券的價值如何依贏的機率的函數而變？它的價值應是從零（當贏的機率是零）到 1（當贏 300 美元是確定的）。

直覺告訴你，這張彩券的價值不是一個贏的機率的線性函數，如預期規則所示，尤其是從 0% 到 5% 的增加效果比 30% 到 35% 的增加效果大，而 30% 到 35% 的增加效果又比從 95% 增加到 100% 的效果小。這些情況顯示了一個類別邊界的效應（category-boundary effect）：從不可能到可能的改變或是從不可能到確定的改變，它的效應大於量表中間相同差距的改變。這個假設被納入圖 2 的曲線中，它把每一個事件的加權畫成它數值機率的函數圖。

圖 2 最顯著的特質就是決策的加權依所呈現的機率而迴歸。除了兩端之外，增加 0.05 贏的機率所增加的前景價值，不到獎金價值的 5%。我們下面來看一下在風險選項中，對偏好的心理物理假設。

在圖 2 中，決策的加權就整個來說，是低於相對應的機率。對確定事項在中高機率的低加權，使受試者風險規避，因爲它減少了正向賭局的吸引力。同樣的效果在輸的時候，使受試者去做風險尋求，因爲它減輕了負向賭局的厭惡感。然而，低機率是被過度加權的，使得決策的加權在那個區域非常的不穩定。低機率的過度加權逆轉了上面描述的形態：它加強了長期的價值，放大了嚴重損失的規避效應，雖然這機率很小。因此，人們在處理不太可能的贏局時會進行風險尋求，在處理不太可能的損失時，會採行風險規避。所以，決策加權的特質使得彩券和保險單變得有吸引力。這個非線性的決策加權，無可避免的，一定會導致不變性的違逆，這可從下面這兩個問題中看出：

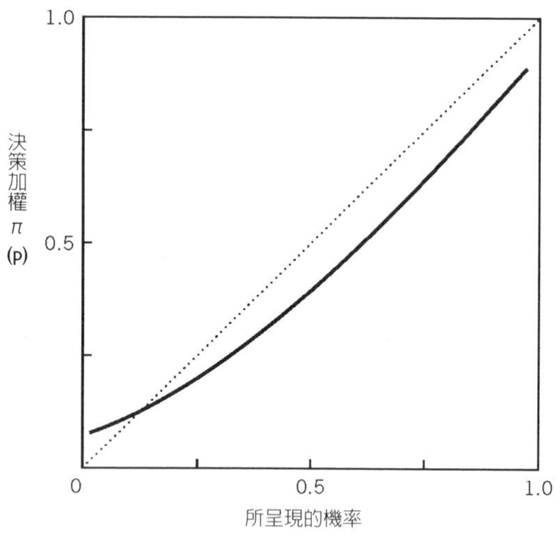

圖2 一個假設的加權函數

問題五（$N = 85$）：請看下面這個二階段的賭局，在第一階段，有75% 的機會去結束賭局而沒有贏任何東西，有 25% 機會進入第二階段，假如你進入了第二階段，你可以選擇：

A：一定贏 30 美元。（74%）

B：80% 機率贏 45 美元。（26%）

你的選擇必須在賭局開始前決定，也就是說，在第一階段的結果揭曉前，必須表示你的偏好。

問題六（N ＝ 81）：下面哪一個你比較喜歡？

C：25% 機會去贏 30 美元。（42%）

D：20% 機會去贏 45 美元。（58%）。

因爲在問題五中，有四分之一的機會進入第二階段，A 案有 0.25 機率贏 30 美元，而 B 案是 0.25×0.8 ＝ 0.20 機率贏 45 美元。問題五和問題六因此在機率和結果上是一模一樣的，然而，受試者的偏好卻不一樣，在問題五中，絕大多數人喜歡比較高的機率去贏比較少的錢，但是在問題六中就倒過來了。這個不變性的違逆在眞的贏錢和假設的贏錢情況下，都被證實了（目前這個實驗是用眞的錢）；在以人的生命為結果，以及沒有序列關係的機會歷程中，也都得到證實。

我們把不變性的失敗歸因到兩個因素上：問題的框架和非線性的決策加權。在問題五，人們忽略第一階段，因為不論決策是什麼，它的結果是相同的，他們把注意力集中到假如你們到達第二階段後會怎樣，當然，在那種情況下，他們選 A 就有確定的獲利，假如想賭，也有 80% 的機率贏。的確，在這序列的版本下，人們的選擇跟「在確定拿 30 美元與 80% 贏 45 美元之間做選擇」是相同的，因為確定的事是有加權。在跟「在圖 2 中間到高機率相比，這個可能會贏到 30 美元的選擇」在這序列的版本中，就比較有吸引力，我們把這個現象叫做假確定效應（pseudo-certainty effect），因為一個其實是不確定的事件，把它當作確定事件加權了。

一個很類似的現象可以在機率範圍的低端顯現出來，假設你不能決定要不要去買地震保險，因為保費很高，在你猶疑時，你的保險公司友善的經紀人給了你另一個保法：你可以用原來一半的保費去買全額的保險，假如地震發生在單日的話，你就會獲賠。這是一個很好的條件，因為只花一半的錢而你被保了比一半還多的天數，「為什麼大部分的人覺得這個保險不吸引人？」圖 2 給你了答案，在低機率的任何一點，把機率從 P 減到 P/2 的決策加權，比從 P/2 到 0 減少的風險小很多。減少一半的風險並不值得一半的保費。

對機率保險的規避有三個原因，第一，在凹效用函數上，它破壞保險的古典解釋；根據預期的效用理論，當正常的保險是可接受的，機率保險應該絕對是偏向正常的保險（見 Kahneman and Tversky 1979）。第二，機率保險代表了許多保護行為的形式，如健康檢查、買新的輪胎、或裝防盜警鈴系統。這種行為，一般來說，是減少危險發生的機率而不是全部消滅它。第三，保單的可接受度可以用應變框架（framing of the contingency）來操弄。一張保火險而沒有保水災險的保單，可以被看成對某個特定風險的完全保險（即火），或是看成財產損失總機率的減少。圖 2 顯示人們大大低估了危險機率的減低，這是對比於完全消除這個危險而言。所以，假如把保險框成消除風險，而不是把它描述成減少風險，保險會看起來比較有吸引力。的確，Slovic、Fischhoff 和 Lichtenstein（1982）顯示一種假設的疫苗可以減低感染到這個疾病的機率，把感染率從 20% 降到 10%，但這對民眾並沒有多大的吸引力；假如它可以被描述爲在一半的個案有效，那麼它就會比前者更有吸引力。

表述效應

到現在爲止，我們已經討論了框架，把它當作工具來呈現不變性的失敗。我們現在把注意力轉到控制結果和事件的框架的歷程。公共衛生的問題說明了表述效應在那裡，只要改變說法，把「拯救生命」換成「失去生命」，就會引發完全不同的偏好，從風險規避轉到風險尋求。很明顯的，受試者用問題所給予的結果描述來評估結果，把它當成得或失。另一個表述效應是 McNeil、Pauker、Sox 和 Tversky（1982）發現的，他們發現醫生和病人對肺癌假設的治療法這個問題的結果，是被描述成死亡率或存活率時，有很大的差別。外科手術不像放射治療法，在治療時是有危險，可能會喪命的，因此，手術的選項相較之下，就比較沒有吸引力，尤其把治療的結果用死亡率而不是用存活率來表達的時候。

一個醫生，或許總統的顧問也是，會影響病人或總統的決策，他們不必扭曲或壓抑訊息，只要框架結果和應變計畫的方式不同，就能造成改變了。表述效應可以在沒有人知覺這個框架對最後決策的影響下，偶然的發生。它們也可以特意去操弄相關選項的吸引力。例如，瑟勒（1980）注意到信用卡公司的國會遊說人員，堅持把現金購買和信用卡購買價錢上的差異叫成「現金折扣」，而不是「刷卡費」。這兩個標籤把價錢框成不一樣，一個是得，一個是失，看它是把低的或是高的當作正常的價錢。因爲損失的感覺比賺得的感覺大很多倍，消費者比較不會去接受刷卡多加的費用，而會去用折扣。就如我們預期的，市場和政治人物常用框架來影響消費者和老百姓[1]。

結果的評估會受到表述效應的影響，因爲價值函數是非線性的，以及人們會用題目給的、或是題目暗示的參考點來評估選項。值得注意的一

1 這個差異的確非常的顯著，1969年我去美國讀書時，汽油一加侖是29美分，所以沒有人在乎是用現金或信用卡，後來汽油貴了，大家身上不習慣帶現金，就開始用信用卡，但是信用卡要加手續費，就有人為了加油特地去上銀行，因此信用卡公司才堅持要用現金折扣，而不肯用信用卡手續費。

點是，在其他的情境裡，人們會把相同的訊息自動轉換成同樣的表徵，語言理解的研究顯示人們很快的把他們所學的重新登錄成抽象的表徵，轉換後，我們就不再知道這個想法是主動的還是被動形式，也不再知道它當時是怎麼說的，只知道當時那些話的意思是暗示的說、假設性的說，或含蓄的說（Clark and Clark 1977）[2]。不幸的是，表現這些操作的心智機器是無聲的，不費力的，所以它們不適合去把公共衛生問題的兩個版本重新登錄之事，或把死亡率、存活率的統計數字重新登錄到一般抽象形式的工作。

交易和貿易

我們對框架的分析和價值的分析，可以延伸到多重屬性選項的選擇，如一個交易的可接受度。我們提出，爲了要評估一個多重屬性的選項，應一個人建立一個心智的帳戶；根據多重屬性的參考點，專門來登記這個選項是優點還是缺點。這個選項整個的價值，可以從它的優點和缺點與參考點相比較就知道了。所以假如它優點的價值超越它缺點的價值，那麼這個選項是可以接受的，這個分析是假設心理上我們可以區分開優點和缺點，這個模式沒有規範分開的屬性用什麼方法組合成一個整體的測量去評估優點和缺點，但是它把凹性和損失規避加到測量的假設上。

我們對心智會計的分析要感謝瑟勒（1980, 1985）非常有激發性的研究，他讓我們在消費者的行爲上看到這個相關。下面這個問題是改自沙維克（1954）和瑟勒（1980）的例子，它介紹了控管心智帳戶和會計建構的一些規則，說明了價值函數的凹性延伸到交易的可接受度。

> 問題七：想像你要買一件125美元的外套，和一個15美元的計算機。計算機的售貨員告訴你，你要買的計算機在別的分店正好減價，只要10美元就可買到。這分店只在開車20分鐘車程的地方，你會去另外一家店買嗎？

這個問題討論的是選項的接受度，這個選項的缺點是不方便，要另外開車去，好處是它可以省5美元，但是它是好和壞都組合在一起了。這個問題可以有三個方式來框它：最低額（minimal）、主題的（topical）和

2 這是如果沒有錄音，毀謗罪很難成立的原因。因為中文的同義詞很多，當別人說你漂亮時，你只知道他說你好看，但是究竟是用美麗還是漂亮，你就分不清了。

綜合的（comprehensive）帳戶。最低額帳戶包括兩個選項的差異，不必管它們共同的特質。在最低額帳戶中，開車去到另一家分店的好處是框成可以賺 5 美元。主題的帳戶是把選擇的結果跟參考點相比，由情境來決定，在這例子中，相關的主題是買計算機，以及這一趟的好處是被框成價錢的減低，從 15 美元減爲 10 美元。因爲節省下來的百分比只有跟計算機有聯結，外套的價錢是沒有包括在主題的戶頭內的。外套的價格以及其他的花費可以包括在比較綜合性的帳戶中，它所省下的錢，是跟每個月的家用開銷來相比的。

前面例子的表述，對採用最低額、主題式或綜合帳戶的人來說是中性的，然而，我們認爲人們會自動用主題式帳戶方式去框架問題，主題式在決策制定上扮演了重要角色，它類似在知覺中的「好的形狀」（good form）或是在認知中基本的類別。主題式的組織，結合價值的凹性，就使這個人願意開 20 分鐘車子去省 5 塊錢，這個決定也跟外套的價錢無關。爲了測試這個預測，我們把這個問題修改了一下，使外套和計算機的錢可以互換，計算機在第一家店是 125 美元，在另一家是 120 美元，外套是 15 美元，如我們所預期的，願意開 20 分鐘去省 5 美元的人數大大降低。有 68% 的人（N ＝ 88）在計算機是 15 美元時，願意開車去另一家店，省 5 美元，但是在計算機是 125 美元時，只有 29% 的人願意開 20 分鐘，就爲了省 125 美元計算機的 5 美元。這個發現支持了主題式的帳戶組織，因爲兩個問題在最低額和綜合帳戶上是一模一樣的。

主題式帳戶對消費者行爲最顯著的地方是它確定了我們的觀察——同一城市中，不同店家對同一物品的標價的標準差，與那個物品的平均價格成正比（Pratt, Wise, and Zeckhauser 1979）。由於價錢的分散是控制在消費者努力要買到最便宜、最好的物品（the best buy），這些結果顯示，消費者在 150 美元的商品上，幾乎不願意花力氣去省個 15 美元，但是在 50 美元的商品上，他們卻願意花同等的力氣去省了 5 美元。

這個主題式的組織心智帳戶方式，導致人們用輸和贏相對的標準來評估事情，而不是用絕對的標準，這個結果在交易上有很大的變異性，例如打很多的電話只爲了找到最便宜的一家，或願意開幾十哩路去買便宜貨。大部分的消費者覺得買車子的音響設備或是買波斯地氈，跟買車子和買房子比起來，是件很容易的事，但是單獨抽出情境，沒有比較點時，就不見得容易了。這些觀察，當然與標準理性主義的消費者行爲是不符的，理性主義假設不變性，不承認心智帳戶的效應。

下面的問題，說明了另一個主題的帳戶組織把價錢或成本貼在心智帳戶上的例子。

問題八（N ＝ 200）：想像你想去看戲，已經花錢買了票，一張 10 美元，當你去到戲院要進場時，突然發現你的票不見了，你不記得座位號碼，你找不到票。

請問，你會花 10 美元再買一張票嗎？

會（46%）不會（54%）

問題九（N ＝ 183）：想像你想去看戲，一張票是 10 美元，當你到達戲院時，你發現身上的 10 美元不見了。

請問你還是會再花 10 美元去買一張票嗎？

會（88%）不會（12%）

這兩個問題的兩個不同反應很有意思。爲什麼這麼多人在票丟掉了以後，不願再花 10 美元去買票？爲什麼在丟掉同樣的現金後，卻願意再花 10 美元去買一張票？我們把差異歸因到主題式組織的心智帳戶上。去看戲一般來說是個交易，花錢買票，交換坐在劇院中看戲的權利，買第二張票會增加看戲成本，對很多人來說，這是不可接受的。相反的，丟掉現金這件事不會貼到看戲這個帳戶上，它只是使這個人覺得少富裕一點罷了。

有一件很有趣的事，就是當我們把這個問題的兩個版本都給同一個受試者看時，他願意再買一張票去替代丟掉的票的意願增高了，因爲後面跟著的是失去現金的版本。相反的，願意在失去現金後再去買票的人並未受到問題八的影響。並列這兩個問題，顯然使受試者了解，把丟掉票想成丟掉現金是合理的，但是反之卻不亦然。

心智帳戶效應的規範地位會有問題。它不像前面的例子，如公共衛生問題，計算機問題和戲票問題這兩個版本只有在形式上不同，你也可以說它們在實質上也有不同。尤其，15 美元的東西省了 5 美元，它帶給你的快樂超過了比較大額的交易。而買同一張票卻付了兩次的錢，心中的懊惱也是大於丟掉 10 塊錢。後悔、挫折和自我滿意，也可以被框架所影響（Kahneman and Tversky 1982）。假如這種次級後果是合法的，那麼觀察到的偏好就沒有違逆不變性標準，就不能把它排除，說它是不一致或是錯誤。從另一方面來說，次級後果在反思後可能會改變。假如消費者發現她不必花同樣的力氣，就可以在 200 美元的物品上省 10 美元，那麼，在 15 美元的東西上省了 5 美元的滿意度可能會有點損傷。我們並不希望去建議，任何兩個有著同樣後果的決策問題都應該用同樣的方法去解決。不過我們建議，系統化的檢查另一個說法的框架，會帶給你一個有用的反思工具，幫助你去評估這選擇的價值是應該貼附到主要的還是次級的後果上。

損失和成本

許多決策的問題都是以保持現狀或是接受另一版本的形式呈現。這有好有壞。前面單一向度風險的價值分析可以延伸到這裡來，只要假設：現狀就是所有屬性的參考點。那麼，另一選項的優點就是被看成「得」，它們的劣點就是「失」。由於「失」放大得比「得」大，決策者會偏向維持現狀。

瑟勒（1980）創造了一個名詞叫「稟賦效應」，來描述人們不情願與他們的資產分開，當放棄這個資產的痛苦大於得到的喜悅時，買價會比賣價低很多。也就是說，一個人願意買這份資產的最高價錢，會比讓這個人放棄這份資產所得到的最低補償，小很多。瑟勒用消費者和創投者的行爲來解釋這個現象。好幾個研究都報告買價和賣價在假設性和眞實的交易上有很大的差異（Gregory 1983；Hammack and Brown 1974；Knetsch and Sinden 1984）。這些結果對標準經濟理論來說是個挑戰，因爲這個理論認爲，撇開交易的成本和財富的效應，買價和賣價應該一樣。我們同時也在不同週薪（S）和不同工作場所溫度（T）的假設性工作上，看到受試者不願交換的現象。我們要求受試者去想像他們有一份工作（S_1, T_1），老闆給他選擇，他可以換到不同的部門（S_2, T_2），但是新工作有一個層面很好，另一個層面不好。我們發現大部分分配到（S_1, T_1）的受試者不願換到（S_1, T_1）去。大部分早先被分配到（S_2, T_2）的也不願換到（S_1, T_1）。顯然，薪水和工作條件的同樣差別在缺點上被放得比優點大。

一般來說，損失規避使人喜歡穩定，不喜歡改變。想像兩個一樣快樂的同卵雙胞胎，發現有兩個環境一樣的吸引人，再想像造化弄人，這兩個雙胞胎被放到兩個不同的環境去了，當他們採用新環境做爲參考點去評估彼此環境的優點和缺點時，這兩個雙胞胎就不再對這兩個地方無動於衷，他們會喜歡留在他們現在所處的地方。所以，偏好的不穩定性會產生對穩定性的偏好，除了喜歡穩定、不喜歡改變之外，適應和損失規避兩者結合起來會提供有限的保護來對抗悔恨和羨慕，因爲它減低了過去的選項的吸引力和其他人擁有的東西的吸引力。

損失規避和稟賦效應的後果，不太可能在例行公事的經濟交換上扮演什麼重要的角色。例如，商店的老闆不會覺得付錢給供應商是個損失，而從顧客手上接過來的錢是獲利。這個商人會把成本和收益加上去，過了一段時間後，再來看收支有沒有平衡。在評估之前，收和支是先互相抵消掉才來看最後的所得。消費者付出去的錢也不是看成損失，而是買賣。根據標準經濟學分析，錢是很自然的看成商品和服務的代表，是可以買的。這個評估的方式是外顯的，任何人都可以說，「我要買一台新的相機」，或是「買一頂新的營帳」。在這個分析裡，此人會去買照相機，假如照相機的主觀價值超越買照相機的錢的價值。

在某些情況，缺點可以被框架爲成本或損失。尤其是買保險，它可以被框架成一個確定損失和更大損失的風險兩者中間的選擇。在這情況下，成本－損失的差異會導致不變性的失敗，請看這個例子，一個確定的損失是 50 美元，另一個是有 25% 的機會損失 200 美元，Slovic、Fischhoff 和 Lichtenstein（1982）報告有 80% 的受試者選擇去賭一下機率，他們進行風險尋求。然而，只有 35% 的受試者拒絕去付 50 美元的保險費，寧可去面對 25% 的風險輸 200 美元。同樣的效果也在 Schoemaker 和 Kunreuther（1979）及 Hershey 和 Schoemaker（1980）的研究上看到。我們認爲同樣數量的錢在第一個例子中是被框架成不可補償的損失，但是在第二個例子中它被框架爲保護的成本。在這兩個例子中，偏好被倒過來了，因爲損失比成本更令人想要規避。

我們在正向的領域也觀察到同樣的效應，請看下面的問題：

問題十：你會接受一個賭局，它有 10% 贏 95 美元，90% 的機會輸 5 美元？

問題十一：你會花 5 美元去買一張彩券，它有 10% 的機會贏 100 美元，90% 的機會什麼都沒贏？

有 132 名大學部學生回答了上述兩個問題，這兩個問題呈現時是被其他問題隔開的。有一半的學生是先看問題十一再看問題十。雖然這兩個問題在客觀的選項上完全相同，55% 的學生對這兩個版本卻有不同的偏好。在他們之間，有 42% 的人拒絕賭博，但是願意買問題十一的彩券。這些看起來沒有什麼重要性的操作非常有效，說明了成本－損失中間的差異和框架的力量。把 5 美元想成付款，就使買彩券這件事，比把它想成損失更能接受了。

前面的分析暗示一個人的主觀狀態可以用框架的方式來改變，把負向結果框成成本，就比它是損失更能接受。這個心理操作可以解釋兩個行爲上的兩難，這叫做「完全損失效應」（dead-loss effect），瑟勒（1980）討論一個例子，一個人在加入網球俱樂部不久，患了網球肘，但是他繼續去打網球，因爲他不願浪費那麼貴的俱樂部會員會費。假設這個人沒有付會費，他就不會去打。問題就出來了，怎麼可能忍痛去打，會改善一個人的損失？我們認爲，痛苦的打球以維持會員資格是成本，假如他不去打了，他被迫承認會費是完全損失，這可能比他忍痛在打更痛苦。

結論

效用和價值的概念在兩個不同的情況下，常常被用到：(a) 經驗的價值，快樂和痛苦的程度，感受到結果的滿意和生氣；以及 (b) 決策價值，一個預期的結果對整個選項的吸引力和規避的作用。這個差異在決策理論上很少明顯的表示出來，因爲它默認決策價值和經驗價值是同樣的，這個假設有一部分來自人是理性的。理想的決策制定者是個概念，他能夠非常準確的去預測未來的經驗，而且正確的評估選項。然而，對一般的決策者來說，經驗價值和決策價值離完美遠得很，它常是不正確的，有差異的（March 1978）。有些影響經驗的因素並不是很容易可以預期，而有些影響決策的因素對經驗的結果也沒有同樣的效力。

跟相當多決策研究相反的是，很少人有系統的去探索心理物理學上，快樂經驗對客觀狀態的影響。快樂心理物理學最基本的困難是去區分正向和負向結果的適應或激發程度，快樂的參考點很大一部分決定於客觀的現況，但是它同時也受到預期和社會比較的影響。一個客觀的進步可以經驗成損失，例如當一個職員的加薪比辦公室其他人的調薪少的時候。跟隨著情況而改變的快樂或痛苦的經驗，也與快樂適應的動態有密切相關。Brickman 和 Campbell（1971）的快樂像個跑步機（treadmill）的概念，就提出一個大膽的假設：快速的適應快樂，會使任何客觀改進的效果短命。快樂經驗的複雜度和微妙性，使決策者很難去預期結果會產生什麼樣的實際經驗。許多人在肚子很餓時所點的餐，後來都很後悔，因爲當第五道菜端上來時，他已經吃不下了。決策價值和經驗價值之間的不配合，在許多決策問題上增加了不確定的元素。

框架效應的普遍性和違逆不變性，更加複雜化了決策價值和經驗價值之間的關係。結果的框架方式常常影響決策的制定，使決策價值沒有相對應的經驗來支持。例如，把肺癌治療的結果用死亡率或存活率來框架，就不太可能影響經驗，雖然它對選擇有很重大的影響。不過，在別的個案裡，決策的框架不但會影響決策，同時也影響經驗。例如把一項開支框成一項不可彌補的損失，或框成保險的價錢，都可能影響那個結果的經驗。在這種情況下，在做決定的情境下，評估結果不但預期了經驗，同時也改變了經驗。

Reference

Allais, M., and O. Hagen, eds. 1979. *Expected Utility Hypotheses and the Allais Paradox*. Hingham, MA: D. Reidel.

Bernoulli, D. 1954 [1738]. "Exposition of a New Th eory on the Measurement of Risk." *Econometrica* 22: 23-36.

Brickman, P., and D. T. Campbell. 1971. "Hedonic Relativism and Planning the Good Society." In *Adaptation Level Th eory: A Symposium*, ed. M. H. Appley. New York: Academic Press, 287-302.

Clark, H. H., and E. V. Clark. 1977. *Psychology and Language*. New York: Harcourt.

Erakar, S. E., and H. C. Sox. 1981. "Assessment of Patients' Preferences for Th erapeutic Outcomes." *Medical Decision Making* 1: 29-39.

Fischhoff , B. 1983. "Predicting Frames." *Journal of Experimental Psychology: Learning, Memory and Cognition* 9: 103-16.

Fischhoff , B., P. Slovic, and S. Lichtenstein. 1980. "Knowing What You Want: Measuring Labile Values." In *Cognitive Processes in Choice and Decision Behavior*, ed. T. Wallsten. Hillsdale, NJ: Erlbaum, 117-41.

Fishburn, P. C., and G. A. Kochenberger. 1979. " Two- Piece von Neumann-Morgenstern Utility Functions." *Decision Sciences* 10: 503-18.

Gregory, R. 1983. "Measures of Consumer's Surplus: Reasons for the Disparity in Observed Values." Unpublished manuscript, Keene State College, Keene, NH.

Hammack, J., and G. M. Brown Jr. 1974. *Waterfowl and Wetlands: Toward Bioeconomic Analysis*. Baltimore: Johns Hopkins University Press.

Hershey, J. C., and P. J. H. Schoemaker. 1980. "Risk Taking and Problem Context in the Domain of Losses: An Expected- Utility Analysis." *Journal of Risk and Insurance* 47: 111-32.

Kahneman, D., and A. Tversky. 1979. "Prospect Th eory: An Analysis of Decision under Risk." *Econometrica* 47: 263-91.

——. 1982. "Th e Simulation Heuristic." In *Judgment Under Uncertainty: Heuristics and Biases*, ed. D. Kahneman, P. Slovic, and A. Tversky. New York: Cambridge University Press, 201-208.

Knetsch, J., and J. Sinden. 1984. "Willingness to Pay and Compensation Demanded: Experimental Evidence of an Unexpected Disparity in Measures of Value." *Quarterly Journal of Economics* 99: 507-21.

March, J. G. 1978. "Bounded Rationality, Ambiguity, and the Engineering of Choice." *Bell Journal of Economics* 9: 587-608.

McNeil, B., S. Pauker, H. Sox Jr., and A. Tversky. 1982. "On the Elicitation of Preferences for Alternative Th erapies." *New England Journal of Medicine* 306: 1259-62.

Payne, J. W., D. J. Laughhunn, and R. Crum. 1980. "Translation of Gambles and Aspiration Level Eff ects in Risky Choice Behavior." *Management Science* 26: 1039-60.

Pratt, J. W., D. Wise, and R. Zeckhauser. 1979. " Price Diff erences in Almost Competitive Markets." *Quarterly Journal of Economics* 93: 189-211.

Savage, L. J. 1954. *The Foundation of Statistics*. New York: Wiley.

Schlaifer, R. 1959. *Probability and Statistics for Business Decisions*. New York: McGraw- Hill.

Schoemaker, P.J.H., and H. C. Kunreuther. 1979. "An Experimental Study of Insurance Decisions." *Journal of Risk and Insurance* 46: 603-18.

Slovic, P., B. Fischhoff , and S. Lichtenstein. 1982. "Response Mode, Framing, and Information-Processing Eff ects in Risk Assessment." In *New Directions for Methodology of Social and Behavioral Science: Question Framing and Response Consistency*, ed. R. Hogarth. San Francisco: Jossey- Bass, 21-36.

Th aler, R. 1980. " Toward a Positive Th eory of Consumer Choice." *Journal of Economic Behavior and Organization* 1: 39-60.

——. 1985. " Using Mental Accounting in a Th eory of Consumer Behavior." *Marketing Science* 4: 199-214.

Tversky, A. 1977. "On the Elicitation of Preferences: Descriptive and Prescriptive Considerations." In *Conflicting Objectives in Decisions*, ed. D. Bell, R. L. Kenney, and H. Raiff a. New York: Wiley, 209-22.

Tversky, A., and D. Kahneman. 1981. "Th e Framing of Decisions and the Psychology of Choice." *Science* 211: 453-58. von Neumann, J., and O. Morgenstern. 1947.

von Neumann, J., and O. Morgenstern. 1947. *Theory of Games and Economic Behavior*, 2nd ed. Princeton: Princeton University Press

國家圖書館出版品預行編目資料

快思慢想／康納曼（Daniel Kahneman）著；洪蘭
譯. -- 第一版. -- 臺北市：遠見天下文化, 2012.10
面；　公分. --（財經企管；CB490D）
譯自：Thinking, fast and slow
ISBN：978-000-216-135-0（精裝）

1. 思考

176.4　　101021059

財經企管 490D

快思慢想

作　　者／康納曼（Daniel Kahneman）
譯　　者／洪蘭
總編輯／吳佩穎
責任編輯／鄭佳美、張奕芬、林榮崧
封面完稿／李健邦

出版者／遠見天下文化出版股份有限公司
創辦人／高希均、王力行
遠見・天下文化 事業群榮譽董事長／高希均
遠見・天下文化 事業群董事長／王力行
天下文化社長／王力行
天下文化總經理／鄧瑋羚
國際事務開發部兼版權中心總監／潘欣
法律顧問／理律法律事務所陳長文律師　　著作權顧問／魏啟翔律師
地　址／台北市104松江路93巷1號2樓
讀者服務專線／(02) 2662-0012
傳　真／(02)2662-0007；(02)2662-0009
電子郵件信箱／cwpc@cwgv.com.tw
直接郵撥帳號／1326703-6號　遠見天下文化出版股份有限公司

電腦排版／綠貝殼資訊有限公司
製版廠／東豪印刷事業有限公司
印刷廠／中原造像股份有限公司
裝訂廠／精益裝訂股份有限公司
登記證／局版台業字第2517號
總經銷／大和書報圖書股份有限公司　電話／(02) 8990-2588
出版日期／2012年10月31日第一版第1次印行
2024年8月27日第三版第8次印行

定價／700元
原著書名／**Thinking, Fast and Slow**

4713510943779
英文版 ISBN : 978-0-374-27563-1
書號：BCB490D

天下文化官網 —— bookzone.cwgv.com.tw